U0964343

中国文化常识 2

干春松　张晓芒◎主编
汤一介　楼宇烈　方克立　沙莲香◎顾问

中国友谊出版公司

图书在版编目（CIP）数据

中国文化常识. 2 / 干春松, 张晓芒主编. -- 北京：中国友谊出版公司，2017.10（2020.7重印）
ISBN 978-7-5057-4155-3

Ⅰ.①中… Ⅱ.①干… ②张… Ⅲ.①中华文化—通俗读物 Ⅳ.①K203-49

中国版本图书馆 CIP 数据核字(2017)第 196358 号

书名 中国文化常识. 2
作者 干春松 张晓芒 主编
出版 中国友谊出版公司
发行 中国友谊出版公司
经销 新华书店
印刷 天津中印联印刷有限公司
规格 710×1000 毫米 16 开
23 印张 410 千字
版次 2017 年 10 月第 1 版
印次 2020 年 7 月第 5 次印刷
书号 ISBN 978-7-5057-4155-3
定价 49.80 元
地址 北京市朝阳区西坝河南里 17 号楼
邮编 100028
电话 （010)64678009

序 言

Foreword

从起源的时间看，中华文明并不是最久远的。然与其他主要的文明相比，中华文明却更具有连续性和包容性，这为大多数人所认同。分析其原因，除了中华民族所具有的顽强的生命力之外，中华文明在发展的过程中所形成的独特的价值观和思维方式是更为重要的依据。

从价值观的层面，中华文明主张仁爱，既肯定家庭和社群的重要性，也将与天地万物为一体视为人类所追求的境界。在政治理念上，儒家、道家等诸子百家，都特别重视民众的利益。儒家坚持民为贵，道家主张以百姓心为心，虽然对秩序建构的理解有所不同，但终极价值却都是将百姓视为政治的目标。在人与人的交往中，提倡诚信和互助、尊长爱幼，倡导“己所不欲，勿施于人”的处事哲学。在社会秩序的原理中，主张公道和正义，并以此作为处理人与自然、人与社会和人与人的关系的准则。因为将人看作自然的一部分，所以追求人与环境的整体平衡；因为将他人看作是“同胞”，所以，天下一家，平等友爱，并设计了平等大同的社会理想。这些价值虽因社会发展程度的限制，并不可能完全实现，但千百年来一直作为我们祖祖辈辈坚守的信念。这些价值也是建基于中国人独特的思维方式，比如倾向于从整体和局部的统一、客观和主观的结合等方式来看待事物，肯定现世的生活秩序，在信仰生活中充满了美德和伦理的光辉。这些都构成了中华文明有别于西方文明、印度文明的一些特点，为人类文明的繁荣做出了巨大的贡献。

然而，一百多年来的现代化运动和中西文化交流，特别是军事和经济上一度失败的影响，导致国人对于自身的文化传统以及独特的价值观和思维方式的意义产生了怀疑，在20世纪出现了全盘西化和彻底否定中国文化的倾向。而白话文的普及和现代的教育体制也导致人们不再集中心力阅读儒家的经典和其他的传世作品，客观上造成了人们对于中国文化的隔膜。

进入21世纪以来，国人对于文化传统的价值有了新的认识，文化自觉和文化自信成为全社会的共同认知，因此，形成了全国范围的国学热。越来越多的人希望通过阅读传统经典提升文化品位，并以此修身养性。但是，国学的熏染对于大多数国人而言，是一个漫长的过程，而掌握一些中华文化的基本知识，是做到这些的第一步。因此，我们编写了这样一部以“常识”为名的中国文化简明读本。

本书从思想、制度、习俗、礼仪、文学、教育等方面介绍了对于了解中国文化所必须要知道的一些内容，并以比较轻松和活泼的文字加以介绍，具有通俗性和趣味性相结合的特征。

在本书的编写过程中，已故的北京大学汤一介教授在生前就十分关心，后来又得到了楼宇烈先生、方克立先生和沙莲香教授的指导，保证了这部常识不会因为其通俗性而失去其准确性。本书由我和南开大学的张晓芒教授共同主编，因为术业有专攻，邀请了其他院校的许多教师共同撰写，我想大家都是本着让中华文化浸润每一个读者的内心世界的态度来做这项工作的，因此在撰写过程中尽心尽力，以求满足读者的需要。

干春松
于北京海淀万柳
2016年9月

目 录

Contents

一、中国　世界

二、思想　智慧

三、典章　制度

四、体育　健身

五、风俗　节日

六、天文　历法

七、人口　民族

八、法律　刑罚

九、军事　兵法

十、语言　文字

十一、戏剧　影像

十二、姓名　称呼

十三、交通　运输

十四、中医　中药

十五、工商　赋税

一

中国　世界

中国古史的传说时代

世界上许多民族和国家，都曾有过自己的传说时代。这些古史时期，有的称为“史诗时代”，有的称做“神话时代”，更有的称为“英雄时代”。这个“传说时代”所包含的时间范围，历史学家各有不同的说法。南开大学著名先秦史家王玉哲先生认为：“各民族远古的历史都是很渺茫的，而且都是人、神杂糅的传说。古代流传下来的这类传说，虽然杂以神话，但毕竟与单纯的神话有本质的区别。古代传说系口耳相传，时间愈久愈易失真。可是它们大都具有真实历史为之素材，并非完全向壁虚造。”徐旭生先生（1888～1976）则为中国古史传说时代的研究创立了一个新的体系。他认为，世界上任何一个民族最初的历史总是用“口耳相传”的方法流传下来的。在中国丰富的文化典籍中保存下来的大量古代传说，大都有其史实渊源，是未经后人加工过的零散资料，应比经过加工的系统化的“正经”或“正史”中的史料更为质朴、更为可靠。

中国上古神话及传说时代内容丰富多彩，《盘古开天辟地》、《女娲创造人类》、《共工触不周山》、《夸父追日》、《精卫填海》、《后羿射日》、《嫦娥奔月》、《大禹治水》、《巴蛇吞象》、《西王母》、《十日所浴》、《土伯》、《刑天与黄帝争神》、《黄帝征伐蚩尤大战》、《尧、舜、禹时代》等，这些神话与传说代表了中国上古神话及传说时代的精华。

从汉代的司马迁写成《史记》一书以来，在2000多年中，中国人对于中华古史的认识几乎没有多大变化。大致是：中华民族发源于西北的黄土高原，始祖是黄帝，黄帝生存的时代距离现在大约5000年，自黄帝起历经五帝，以后是夏、商、周三代。从周代的公元前841年开始，有了比较可信的历史记载，进入已有历史记载的时代，在此之前，叫做史前时代，又叫做传说时代。

有学者认为，“关于中国古代传说时期的具体时间范围，从它的上限说可以推溯到很远”，可至“三皇时期”。学者王大有的专著《三皇五帝时代》（中国社会出版社2000年出版）就是从古史传说时期的燧人氏、伏羲氏说起的。在该书的内容提要中写明，“三皇五帝时代”和“古史传说时代”实际是一种历史内容的两种不同表述。王玉哲先生在其《中华远古史》（上海人民出版社2000年出版）中则将古史传说时代和我国古代“部落战争及民族社会进一步解体”联系起来，即基本上叙述炎黄和尧舜禹时代。自“夏商周断代工程”第一阶段成果于2000年年底公布于众后，将禹建夏的约公元前2070年作为我国阶级国家出现和我国文明社会的开始，已为共识，加上近若干年来关于夏朝二里头文化、东下冯文化等越来越多的考古资料，夏朝不再作为“传说”，越来越为史学界所公认。

在过去的2000多年中，对传说时代的中华古史的认识，一直依靠古代典籍文献。但在20世纪的100年中，由于西方历史知识的传入，由于我国考古工作的起步，对中国古史的认识产生了翻天覆地的变化，过去已有的历史知识一件又一件地被否定了。有学者认为，传说时代的中华古史需要从头再写。20世纪是中国古史大规模地被推翻的时代，21世纪将是需要大规模地重写中华古史的时代。

（赵永伟）

夏、商、周断代工程

“夏商周断代工程”是我国“九五”期间，以自然科学与人文社会科学相结合的方法来研究中国历史上夏、商、周这三个历史时期的年代学的重大科技攻关项目。直接参加的专家学者达到了200多人。《夏商周断代工程1996~2000年阶段成果报告（简本）》已经出版，连同附录、后记在内，有118页，约10万字。这是200余位专家学者5年心血的结晶。

中国古代文明的起源和发展是整个人类文明起源和发展的一个重要的、不可缺少的组成部分。夏、商、周是中国古代文明由兴起到繁盛的重要时期，早在汉代就有学者对其年代学进行研讨。可是，对这个历史时期的年代，用这样大规模的多学科结合方式来研究，则是空前的。“夏商周断代工程”研究的是夏、商、周三代的年代学，这一目标决定了必须有历史学、考古学、古文字学、天文历法、科技测年等学科的通力合作。从夏初到西周末，时间跨度长达一千二三百年，需要研究的材料和问题非常复杂繁多，不少是从单一学科或个别时段难以解决的。

从科学研究方面来说，这个工作为研究中国古代文明的起源及其发展给予了一个时间上的尺度，提供了比较好的有科学依据的基础，所以在科学研究方面具有重大的意义。“夏商周断代工程”还要进行更广泛的探索，首先要研究和夏、商、周有关的中原地区的文明，然后再扩大到周围地区。在年代上要往前追溯，把主要的视线放在公元前3000年一直到公元前1000年。“夏商周断代工程”还有一个更重要的意义，就是为在21世纪里开展大规模的自然科学与人文社会科学相结合的研究积累经验。

（赵永伟）

诺贝尔奖获得者要汲取孔子的智慧

“人类要在21世纪生存下去，必须回首2500年前，从孔子那里汲取智慧。”这一句话在中国的学界流传已久，也颇有争议。

不过，1988年1月24日，澳大利亚的《堪培拉时报》发表了一篇发自法国巴黎的题名为《诺贝尔奖获得者说要汲取孔子的智慧》的文章，文章的作者是帕特里克·曼海姆。该文称，1988年在巴黎召开的“面向21世纪”第一届诺贝尔奖获得者国际大会上，一批国际著名学者和诺贝尔奖获得者探讨了21世纪科学的发展与人类面临的问题。在会议的新闻发布会上，1970年诺贝尔物理学奖获得者、瑞典科学家汉内斯·阿尔文博士发表了一场非常精彩的演说。他在其等离子物理学研究领域的辉煌生涯即将结束的时候，得出了如下结论：“人类要生存下去，就必须回到2500多年前，去汲取孔子的智慧。”瑞典有着悠久的汉学研究的传统，阿尔文博士在其物理学研究生涯中曾读过关于孔子思想的著作，他被“孔子的智慧”所感动。并且，在晚年因对人类生存与发展的忧患意识而加深了对孔子思想的理解。因而他认为，人类要生存下去，就必须“汲取孔子的智慧”。加之，阿尔文博士深知科学技术对人类的生存与发展所具有的负面作用，痛切感受到科学技术给人类生存所带来的现实危险，因此，他所说的“孔子的智慧”，当指人类能够合理控制科学技术的应用，使人类能够和平、和谐地生存与发展下去的智慧。

孔子像

文章说，这次会议的与会者有75人，其中有52名科学家。在为期4天的会议中，与会者讨论了艾滋病、保护环境、人权等问题。会议得出了16个结论，结论之一就是“人类要生存下去，就必须回到2500多年前，去汲取孔子的智慧”。这些科学家显然是崇尚知识的，他们的结论还包括诸如“许多国家存在的政治权利和知识界之间的鸿沟应当缩小”；“教育应当在所有的国家预算中享有绝对的优先”；“应当鼓励促进医学进步的分子生物学”；“裁军可以让更多的资金用于经济和社会发展”，等等。

人类已经进入21世纪了，面对当前的国际形势和人类生存危机，更重要的是要对诺贝尔奖获得者所说的这句话的深刻内涵有所理解。需要从孔子的智慧中汲取什么样的精华，怎样古为今用，这恐怕更有现实意义。

（赵海燕）

中国一度是世界上最大的贸易中心

古代中国，曾经创造了源远流长的华夏文明，也曾为世界的经济文化交流做出过自己杰出的贡献。唐朝是中国历史上最为辉煌的朝代之一，它国力强盛，经济繁荣，文化灿烂，达到了中国封建社会发展史上的最高峰。唐朝的经济和文化均处于世界先进地位，一度曾是世界上最大的贸易中心。当时，对外交通要远远比以往发达，大唐王朝和亚洲、欧洲等各国之间的往来出现了前所未有的盛况。例如，唐朝和朝鲜半岛的新罗一直保持着友好关系。唐朝和日本的关系更加密切，唐文化对日本影响甚大，从政治制度到生活习俗，日本都受到当时中国文化的影响。唐朝和印度半岛有频繁的通使往来，玄奘西游成为中外关系史上的佳话。唐朝和西亚的波斯、大食也有通好关系，中国陶瓷源源不断运往该地，西亚的物品也输入到中国。就当时的世界范围来看，唐朝也是最重要、最强盛的国家之一。当时欧洲的封建强国主要有法兰克王国和拜占庭帝国，但就社会发展阶段而言，它们都远远落后于唐朝。当时，东方重要的国家有印度和日本。印度戒日王重新统一次大陆前后刚刚确立了封建制，可他死后次大陆随即分崩离析，割据局面一直持续到12世纪末。日本的“大化改新”则尽量模仿唐朝的制度。

大唐帝国崇高的国际地位和辉煌的经济文化成就，使亚洲各国乃至欧洲、非洲国家对之产生了由衷的欣羡之情，它们争相与唐朝交往，遂使中国成为亚洲诸国经济文化交流的桥梁和中心，在东西方交往中发挥了显著重要的作用。在当时的世界中，文化交流中心主要有印度、阿拉伯和中国的唐朝，其中又以唐朝地位最为突出。唐代是继汉代之后，中国历史上中外经济文化交流的又一高峰期，具有特别重要的地位。

（杨名）

朱舜水和日本文化

朱舜水（1600～1682），原名朱之瑜，字鲁玙，浙江余姚人，是明末清初的著名学者、思想家，中日文化交流的先驱。他寓居日本后取号舜水，意为“舜水者敝邑之水名也”，以示不忘故国故土之情。

朱舜水自幼天资聪颖，好学不倦。明崇祯十一年（1638），他以“文武全才第一”被推荐至礼部，又被礼部推举为“开国以来第一”人才。但鉴于“世道日坏、国是日非”，朝政紊乱，“官为钱得，政以贿成”，自己不能为流俗所容，决心放弃入仕晋升之路，专注于学问的研究。自崇祯末至南明永历末，曾先后多次力辞朝廷征召，拒绝任官。

崇祯十七年（1644）三月，李自成起义军攻破北京城，明亡后，清兵长驱南下，朱舜水就投入反清复明的斗争中，与浙东抗清义师首领王翊相佐，打算以舟山为抗清根据地。失败后亡命日本，开始了自己的旅日讲学生涯。

作为明末清初的博学大儒，朱舜水对中国文化在日本的传播做出了自己杰出的贡献。朱舜水寓居日本期间，正值日本已进入封建社会末期，处于社会改革的前夕。由于朱舜水传播了中国的儒学，促进了日本儒学的发展，德川幕府时代成为日本儒学隆盛的时代。朱舜水的文学观点和治史方法的传授，促成了《大日本文》一书的编纂。当时日本史馆第一位总裁就是朱舜水的学生安积觉。朱舜水不仅传播儒学、史学，还把中国的农艺知识、手工业、建筑业等技艺介绍给日本。德川光国修建邸第的林苑，朱舜水参与其事，其取名“后乐园”，也是朱舜水的建议。此外，朱舜水还把中国传统的日常器用和服饰的制作技术传授给日本工匠。

朱舜水在日本培养了大批学生，他们都精通儒学、礼仪，成为研究中国文化的学者。尤其是安东守约，他是日本儒学发展史上的重要代表人物。德川光国是日本儒学“水户学派”的始祖，而“水户学派”在日本学术界享有崇高的地位。

在日本期间，朱舜水坚持儒家学说，他的学说以平实真切的根基，极力倡导“实学”、“致用”。他认为“圣贤之学，俱在践履”；主张“实理实学”、“平平常常做”。他非常重视教育对国家的作用，曾说道：“敬教劝学，建国之大本；兴贤育才，为政之先务。”他还经常引用先哲遗言：“遗子黄金满籝，不如教子一经（儒家的经典）。”朱舜水的“实学”学说不但对当时日本国的巩固统一发生作用，而且一直影响到一个半世纪之后日本的“明治维新”。朱舜水强烈的民族意识和崇高的爱国热情，也得到日本学者很高的评价，他在中日学术文化交流史上的功绩是不朽的。

（赵海燕）

莱布尼茨和《易经》

莱布尼茨（Gottfried Wilhelm Leibniz，1646～1716）是17、18世纪之交德国最重要的哲学家、数学家和物理学家，一位举世罕见的科学天才。他自幼博览群书，涉猎百科，对丰富人类的科学知识宝库做出了不可磨灭的贡献。

作为一位博学的思想家，莱布尼茨对人类所创造的一切文明成果都充满了浓厚的兴趣，有人把他称为“一个各种理念的综合家，一个宗教思想家，也是一个喜欢并如饥似渴地了解中国文化的人”。由于对逻辑秩序的信仰，莱布尼茨曾致力于搜寻一种“宇宙的语言”，以便帮助他对全部人类知识进行有序化的探索。在这个搜寻的过程中，他发现了中国的《易经》上所记载的神奇思想。莱布尼茨所见的《易经》是由耶稣会的传教士从中国带到西方的。当莱布尼茨发现《易经》上所记载的思想竟和自己酝酿已久的“二进制”理论有不谋而合之处时，就开始醉心于研究神秘的东方文化，把自己天才的思想和中华民族的古老智慧结合起来，终于完善了自己的二进制理论。

（杨名）

古代的占卜和相面法

古代预占吉凶的数术主要有三种：卜法、筮法、梦占。三者的地位，卜法居首，筮法次之，梦占只起到参考的作用。卜筮是占卜与占筮的合称，是中国古代流行的决疑问难、预测吉凶祸福、推知事物的发展趋势的一种方法，是体现人与神灵交流、人求助于天意或神灵意志的主要方式之一。《诗·卫风·氓》有“尔卜尔筮”。《毛传》有“龟曰卜，蓍曰筮”（龟指龟甲、蓍指蓍草）。这是从两者使用材料不同来区分的。龟和蓍都被认为是最灵验的，因而被选做卜用的材料。卜筮，通常是先卜后筮，卜不吉，再筮。除了卜筮，也通过观星相的星占和解梦、释梦的梦占来决疑问难、预测吉凶祸福、推知事物的发展趋势。

古代相术起源很早，它的特点是根据人的面相、骨相、手相、气色等推断其命运。相面，是古代相术的一种，是通过人的发相、额相、眉相、眼相、鼻相、耳相、口相、长相、面貌体态、言行举止推知一个人的命运和运程、未来发展趋势的方法。

龟占

古代最早的占卜方式主要是龟占，也就是烤龟壳，根据壳上的裂纹判断吉凶。供占卜用的龟甲与兽骨一般都经过整治。它们用于占卜时大致经过三个步骤：首先是选材；其次是锯削、刮磨，即将牛胛骨的骨臼部分锯削、磨平；最后是凿、钻、灼。凿是在甲骨背面挖出枣核形凹槽；钻是在槽的一边用刀或钻头钻出圆形的穴；灼是用火在钻、凿的地方烧灼，使因钻凿而变薄的甲骨正面出现爆裂的卜兆。根据卜兆辨别吉凶祸福，并将卜问的结果刻在甲骨之上。龟占是根据裂纹的断续占断吉凶的，殷墟发现的甲骨文，是契刻在龟甲、兽骨上的占卜文字，故甲骨文又称甲骨卜辞。卜辞有一定的格式。一条完整的卜辞，可分为前辞、命辞、占辞、验辞等部分。前辞，也叫做叙辞，记占卜的时间和人名。命辞，指所要占卜的事项。占辞，记兆文所示的占卜结果。验辞，记事后应验的情况。

蓍占

蓍占也称占筮，是用蓍草为卜具进行筮问吉凶。蓍占在周代成为主要占卜方式，它以计算所问事项特有状况的变化趋向为主要手段。因此，在礼官列举的用于蓍占的三种经文中，最重要的经文便是至今硕果仅存的《易经》。

蓍占不同于龟占，它不再提供反映所问事项结构特征的卜兆，而仅以数字表现促成结构特征变化的原动力。这就是说，蓍占是属于第二层次的占卜术，遇到难题时，还得回过头来进行龟占。正因为如此，即使在蓍占广泛使用之后，龟卜依然是古代主要的占卜方式，而蓍占则始终是次要的占卜方式。

蓍占所要得到的是显示所问事项性质的一个数字，此数字称做营，营数非六或七，即八或九。龟卜最多反复进行五次，蓍占则连续进行六次，结果不以数字直接显示，而以一些图符显示。从这一点可以看出，蓍占起源于骨卜和龟卜。表示蓍占结果的图符只有两种，这是因为只需要知道它们所代表的是奇数还是偶数即可。营

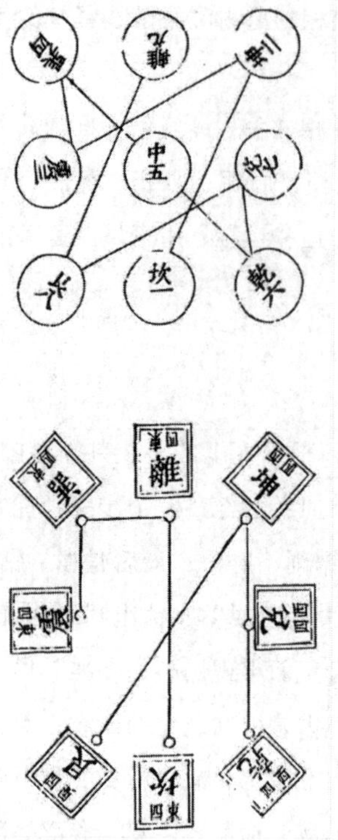

明·《三才图会》中的《阳宅九宫图》和《东西四宅式》

数七和九是奇数，属阳，由一条长而不断的横线表示；营数六和八是偶数，属阴，由两条短而断开的横线表示，这两条短横线相加的长度，应与表示阳的横线长度相等。六个营数得出后，占人将六个图符相叠，组成一个图形，古代人称此图形为卦。卦既指由六个图符组成的全卦，也指由三个图符组成的上卦和下卦。龟卜发展到相当完善后，人们已经可以从大量不同的卜兆中归纳出一种形态理论，借以对所问事项作出推断，而不同的卜兆爻可以归并成若干典型的大类和小类。于是，只要分别赋予这些类型以一个数字编号，就可以用抽签方法得到一些数字，从而免去灼烧龟甲的麻烦。换句话说，蓍占中得到的营数不是别的，只不过是龟卜中不同卜兆所属类型的编号。贾公彦称，巫咸是这种新方法的始作俑者。据《史记》记载，巫咸是帝太戊的臣子，这个名字多次作为祭祀的对象出现在现存的卜辞中。巫咸既然是帝太戊的卜官，他就有可能想到，通过摆弄蓍草可以获得卜兆所表示的营数，因为，蓍草的茎干如同后来发明的算盘上的算珠，在古代中国是用来计数的工具。

梦占

梦占即通过解释梦兆、预测吉凶，推知事物发展趋势的占卜方式。人类的占梦活动有极为久远的历史，古今中外各种占梦的理论及方法很多，占梦活动应该是古人类极为重要的活动。梦是人的活动最主要的象征，所以梦在原始人那里的作用就如同思维在现代人这里的作用一样巨大。梦占主要就是通过解释梦兆的象征意义来预测吉凶，来推知事物发展趋势。如梦兆是吉兆还是凶兆，就预示了吉凶。黄帝和尧舜禹时代的梦与占梦活动，都系远古的传说，在中国历史上，从殷人开始，梦和占梦才有了可靠的记载。中国古代的许多文献中有占梦的记载，据学者刘文英总结，根据现有文献，提到占梦最早的人物是黄帝。皇甫谧《帝王世纪》有："黄帝梦大风吹天下之尘垢皆去，又梦人执千钧之弩，驱羊万群。"醒后黄帝自我分析：

“风为号令，执政者也；垢去土，后在也。天下岂有姓风名后者哉？夫千钧之弩，异力者也；驱羊万群，能牧民为善者也。天下岂有姓力名牧者哉？”于是“依二占而求之”，得风后、力牧两位名臣。殷王在卜辞中所占问的梦景或梦象，有人物、有鬼怪、有天象、有走兽，还有田猎、祭祀等。从《周礼》当中我们还可以看到，周人在占梦时把梦分为六类：“一曰正梦，二曰噩梦，三曰思梦，四曰寐梦，五曰喜梦，六曰惧梦。”古人既然相信梦预兆吉凶，做了噩梦，当然不愿意坐以待毙，因而种种禳除噩梦的法术也就应运而生。

星占

星占是通过观察天象和星宿位置的变化，来预测事物的吉凶和发展趋势。星占学起源很早，《周礼》中专有冯相氏掌“二十有八之星位，辨其叙事，以会天位”的记载。《左传》中也有不少星占资料，如《左传·昭公十年》记载：“十年春，王正月，有星出于婺女。郑裨灶言于子产曰：七月戊子，晋君将死。”这里，星占家郑裨灶利用星出于婺女位，从而断定晋君将在七月戊子日死去。就是记载最早的星占例子。

星占学的起源，应当说早于筮法。清代顾炎武在《日知录》中说：“三代（夏商周）以上人人皆知天文。‘七月流火’，农夫之辞也；‘三星在户’，妇人之语也；‘月离于毕’，戍卒之作也；‘龙星伏辰’，儿童之谣也。”在卦爻辞中，至今仍有部分资料保存了原始星占内容。如《易·离卦·九三》中的“日昃之离，不鼓缶而歌，则大耋之嗟。凶”；《丰卦·六二》中的“丰其蔀，日中见斗”和《丰卦·九三》的“丰其沛，日中见沫”，等等。

最初，星占与易学无直接的联系，但二者都是天人合一或者天人感应的产物。因此，在更深意识层次上的一致，导致以后星占学与易学的联系。但二十八宿与易学联系后，致使星占学利用易学作为理论基础。

排八字

研究命运规律的方法多种多样，如星相、六壬、奇门、太乙、河洛、紫微诸类。唯有五代时期的徐子平创造的八字术最具有代表性、普通性和实用性。它在吸取前人成果的基础上，以人的出生年月日时组成的天干、地支为基本材料，用阴阳五行的变化评定人生的吉凶祸福、寿夭贵贱，人称子平术。宋人徐升整理为《渊海子平》，进一步确立了子平术的地位，被崇奉为算命术的大宗之法。从此以后，八字算命术日趋流行，久盛不衰。命理是古代研究人的生命规律的一门学问，简单地说，“八字”也叫做四柱（年柱、月柱、日柱、时柱），每柱两个字，上为天干，下为地支，正好八个字，所以称为“八字”。

排四柱是推命的第一步，即由命主出生之年月日时排出其四柱，由于四柱是由八个干支组成，因此也叫做排八字。年柱，即人出生的年份用农历的干支表示，上一年和下一年的分界线是以立春这一天的交节时刻划分的，而不是以正月初一划分。月柱，即用农历的干支表示人出生之年月所处的节令，月干支不是以农历每月初一为分界线，而是以节令为准，交节前为上个月的节令，交节后为下个月的节令。日柱，即用农历的干支代表人出生的那一天，干支记日每 60 天一循环，由于大小月及平闰年不同的缘故，日干支需查找万年历。时柱，用农历干支表示人出生的时辰，一个时辰在农历记时中跨两个小时，故一天共 12 个时辰。古人认为，四柱为命，也就是一个人出生时所属的阴阳五行就决定了这个人的“命”，是天生的；他走过的每一刻所属的阴阳五行，就是他的“运”，是后天的；“命”和“运”合为人一生的命运，命运结合方知吉凶祸福。

骨相

古代相术起源很早，先秦时就已经提到某些有名的相士。它的特点是根据人的面相、骨相、手相、气色等推断其命运。骨相术是相术的一种，据说，麻衣、陈抟所用的是骨相术，故有“相面不如相骨”之说。骨相有两种，一是人的筋骨相连，二是人的骨节分离。古人认为人所以有骨法，犹如万物有种类，材木有常宜。如王充《论衡·骨相》篇有：“人命禀于天，则有表候见于体。察表候以知命，犹察斗斛以知容矣。表候者，骨法之谓也。”又说：“贵贱贫富，命也。操行清浊，性也。非徒命有骨法，性亦有骨法。”还有：“知命之人，见富贵于贫贱，睹贫贱于富贵。按骨节之法，察皮肤之理，以审人之性命，无不应者。”总的说来，古代的骨相术认为，一个人的骨骼生成什么样子，与一个人的吉凶、祸福、贫富、夭寿有关，其理论基础是天人感应论。但也认为，骨相并不能完全决定一个人的命运，还需要其他条件，“十种之地，膏壤虽肥，弗耕不获。千里之马，骨法虽具，弗策不致”（《相列·第二十七》）。

（罗昆）

十二生肖的排列

十二生肖的产生，有着天文学的背景。按中国传统的纪年历法，是“干支纪年法”。“干”是“天干”，以甲、乙、丙、丁、戊、己、庚、辛、壬、癸十字组成，称为“十干”；“支”是“地支”，由子、丑、寅、卯、辰、巳、午、未、申、酉、戌、亥十二字组成，称为“十二地支”。将天干和地支顺序搭配，可以记年、月、日、时。十二生肖是古代术数家用十二个动物配十二地支的纪年方法，排列顺序为子鼠、丑牛、寅虎、卯兔、辰龙、巳蛇、午马、未羊、申猴、酉鸡、戌狗、亥猪。后人以一个人生于某年就肖某种动物，如子年生肖鼠，卯年生肖兔等，这就是所谓的“十二生肖”。至于十二地支为何与这十二种动物相配和按如此顺序排列，没有一种说法认为是根据动物每天的活动时间确定的，一种说法认为十二生肖起源于图腾。十二生肖源于何时，长期以来没有定论。据考古出土资料《日书》可知，秦代已大体将十二地支与十二兽相联系（尽管当时的十二兽与后来的十二兽有所不同）；西汉刘安的《淮南子》中已有关于十二生肖的记载；东汉王充的《论衡》也有关于十二生肖的文字记载；在《周书》卷十一《晋荡公护传》中，对生肖属相已有详细记载，如“昔在武川镇生汝兄弟，大者属鼠，次者属兔，汝身属蛇”。因此，十二生肖的说法最迟在西汉时就应当出现了。

古人认为，一个人的生肖属相对人的婚姻、丧祭、日常生活中的事情等等都有影响，如属相的相生相克对婚姻的影响，属相相克的男女不能成婚，要属相相合者才能成婚。对于这种“十二生肖相胜”的理论，近2000年前的东汉哲学家王充就在其《论衡·物势》篇中进行了有力的批驳，认为“夫物之相胜，或以筋力，或以气势，或以巧便。小有气势，口足有便，则能以小而制大；大无骨（编者注：“骨”可能应为“筋”）力，角翼不劲，则以大而服小”。

十二属相不仅中国有，像朝鲜、日本、越南、印度都有，只是有些动物名称和中国的不一样。

（罗昆）

孔子和西方的重农学派

孔子（前551～前479）名丘，字仲尼，春秋时代鲁国人，是春秋末期伟大的思想家和教育家，儒家学派的创始人。

中国古代有着民本主义思想的传统，早在夏、商、周时期，人们对农业生产就非常重视。儒家的创始人孔子就提出了“富民”及“轻徭薄役”的思想。自此以后，历代的统治者都汲取了孔子的“富民”思想，重视农业生产，在他们看来，“农，天下之本也”。

孔子的思想在传入西方后，对西方的物质文明和精神文明产生了很大影响。尤其是在18世纪下半期以后，以魁奈和杜尔哥为代表的重农学派非常重视中华文明的代表——孔子的思想，其所开创的重农学派的基本理论就是以农为本。魁奈曾指出：“一切利益的本源，实际是农业”，“土地是财富的唯一源泉，只有农业能够增加财富。唯有农人的劳动才能产生超过劳动工资以外的东西。因此，它是一切财富的源泉”。其次，他还把农业生产看做社会的生理形式——从生产本身的自然必然性产生的，不以意志、政策为转移的形式。这种重农主义思想事实上和中国的传统文明有着密不可分的关系。魁奈本人也将中国看做一个符合自然秩序的完美楷模。他曾说：“自然秩序为人类所有立法、所有政治、经济及社会行动的最高原则。”他认为，中国正是由于遵守了自然规律，才得以年代绵长，疆土辽阔，繁荣不息，并拥有一个稳定而持久的政府。后来，他用这些范例来证明自己的经济理论，即只有从事农业的民族才能组成稳固持久的国家，这样的国家有能力进行稳固的全面管理，确切地服从于自然规律的不变制度。农业本身构成了这些国家的基础，土地成为能够满足人民需要的财富的重要来源。更值得一提的是，魁奈还建议和指导法国的国王路易十五效仿中国皇帝郑重其事地举行春耕仪式，以此来鼓励法国农业的发展，并公开表示同意重农学派的意见。

（赵海燕）

《孙子兵法》和《战争论》

《孙子兵法》和《战争论》是世界兵学宝库里的两朵奇葩，历来被军事理论家奉为“兵家圣经”，是军事理论研究和战术训练进行的不可或缺的军事著作。但是，这两本“兵学圣经”之间也存在着千丝万缕的联系，《战争论》的作者克劳塞维茨在写作该书的时候，就受到了《孙子兵法》颇多的影响，汲取了《孙子兵法》中大量富有价值的养分。

清版《孙子兵法》书影

《孙子兵法》是世界上最早的兵书，也是中国兵学的奠基之作，中国古典军事文化遗产中的璀璨瑰宝，是中国优秀文化传统的重要组成部分。作者孙武，字长卿，齐国乐安（今山东惠民县）人。春秋末期著名的军事理论家，被后人誉为“兵学鼻祖”。《孙子兵法》大约成书于春秋末年，内容博大精深，思想精邃辩证，逻辑缜密严谨，充满了谋略的智慧。孙武总结了当时的战争经验，认为战争是关系国家生死存亡的大事，他把道、天、地、将、法归结为战争制胜的要素，并提出了许多驾驭战争的理论原则。在春秋战国时期，该书经常被军事家引用，以作为他们军事行动的理论根据。自从《孙子兵法》问世以来，就对中国古代军事学术的发展产生了巨大而深远的影响，历代兵学家、军事家无不从中汲取养料，用于指导战争实践和发展军事理论。同时，这部中国兵学的谋略宝库在世界上也久负盛名。自从18世纪传入欧洲以后，也对西方的军事思想产生了深刻的影响。许多军事思想家都在汲取《孙子兵法》军事思想精华的基础上，撰写自己的军事理论著作。普鲁士的军事理论家克劳塞维茨就是其中的一位。

克劳塞维茨（1780～1831）是普鲁士著名的军事理论家，西方近代军事理论的奠基人，曾参加过欧洲反法联盟对拿破仑的战争。其代表著作《战争论》就是他在被拿破仑战败后，在狱中冥思苦想、冷静反思的产物。同《孙子兵法》中的兵法一样，克劳塞维茨也对自己亲身经历的大量实战案例进行了研究，并在充分汲取东方古老军事思想《孙子兵法》的基础上，写出了这部体系庞大、内容丰富的军事理论著作。《战争论》全书共8篇、124章，内容包括论战争的性质、论战争理论、战略概论以及战争计划和一些战术等，提出“战争是政治的继续”这一经典论断。他进一步指出：在任何情况下，都不应把战争看成独立的东西，而要把战争看做政治的工具，是为政治服务的，军事观点必须服从于政治观点。其次，战争的目的就是消灭敌人。最后，战略包括精神、物质、数学、地理、统计五大要素，战略战术的基本原则就是要在巧妙调遣部队的基础上，造成相对优势。战争中的攻防是相互联系、相互转化的。还有就是要积极向战史学习，战史是最好的、最有权威、最能说服人的教师。只有在学习的基础上，灵活地加以运用，才能赢得战争的最终胜利。克劳塞维茨的《战争论》被誉为西方近代军事理论的经典之作，和中国的《孙子兵法》一起，为世界军事思想的形成和发展起了重大作用。

（赵海燕）

《孙子兵法》和西点军校

《孙子兵法》是中国古典军事文化遗产中的璀璨瑰宝，是中国优秀文化传统的重要组成部分。该书自问世以来，对中国古代军事学术的发展产生了巨大而深远的影响，被人们尊奉为“兵经”、“百世谈兵之祖”。该书是迄今为止可以见到的最早的军事理论著作，它构筑了一个精美恢弘的兵学体系，影响了后世兵学发展的方向。它不仅是中国的谋略宝库，在世界上也久负盛名。早在唐代，《孙子兵法》就传入日本，后又相继传入朝鲜、越南等国家，并出现了不少注疏之作。1772年，法文版《孙子兵法》在巴黎出版，开始了《孙子兵法》在西方的传播。时至今日，《孙子兵法》一书已以近30种文字在世界范围内广泛流传。历代兵学家、军事家们无不从中汲取养料，用于指导战争实践和发展军事理论。

世界上著名的军事院校之一——美国的西点军校（westpoint）曾为美国培养了大批优秀的军官。就是这样一所著名的军事院校也将《孙子兵法》列为正式教材。

美国的西点军校将《孙子兵法》作为参考书，源自于20世纪70年代末或80年代初。美国军校的教法或许与中国军校略有不同，美国军校很注重失败的战例，很重视分析失败的原因，尤其是对朝鲜战争和越南战争的反思：为什么在各项战争工具都占尽优势的情况下会失败？反思后的总结是多种多样的，其中一点是，美国人认为自己不了解东方人和东方文化。为此，他们引进了《孙子兵法》等东方著作，加以探讨，并以此作为其实现“知己知彼，百战不殆”的一种方式。在美国的西点军校中，有两门课程涉及对《孙子兵法》的学习。这两门课程都是西点军校历史系（不是军事系）开设的课程，一门课程是“亚洲战争的历史”，涉及的主要亚洲国家是中国和日本，而《孙子兵法》被用做对古代中国战争情况的一种分析来源，即是从历史的角度来看待《孙子兵法》的，而不是从《孙子兵法》的军事哲学思想来探讨的。另一门课程是“战争和军事理论家”，这门课程是将孙子与众多的西方军事理论家们（如克劳塞维茨、马汉、富勒等）放在一起学习，主要探讨战争的基本特点，攻和守的相对辩证性，战争中物力和其他战争条件对最后战争胜负的关联性。

孙武像

（赵海燕）

黑格尔眼中的中国哲学

黑格尔（1770～1831）是德国古典哲学的集大成者，辩证法大师。黑格尔哲学以绝对精神为其理论核心，构成了一切社会现象的本源和基础。在黑格尔看来，人类的历史和精神文化只是绝对精神自我展现、自我认识过程的一个环节。他认为，中国所在的东方是世界的开端，与此相应，中国精神是绝对精神自我认识的直接阶段，是一种“实体性精神”。这种精神缺乏主体和客体的分离，缺乏内在性和主观性。在哲学上，因为精神缺乏与自身的自由联系，中国哲学处在宗教哲学的阶段。中国哲学不属于哲学史。黑格尔认为，中国哲学首先注重的是孔子的道德哲学。孔子只是一个注重实际的智者，在他那里没有一点思辨哲学，只是善良、道德的教条。孔子道德哲学所包含的义务，古人早就道出。道德义务本身就是法律、规律、命令的规定。中国人没有所谓的法律，也没有所谓的道德，只是一个国家的道德。这种道德包含臣对君的义务，子对父、父对子的义务以及兄弟姐妹之间的义务。这种义务的实践只是形式的，不是自由内心的情感，不是主观的自由。孔子哲学就是国家哲学，构成中国人教育、文化和实际活动的基础。

黑格尔认为中国没有哲学。到底“中国有没有哲学”或者“中国哲学是不是哲学”的问题，中国学术界长期处在争论中，也没有取得普遍一致的认识。有人十分反感黑格尔对于中国哲学特别是对孔子的“贬低”，因为黑格尔认为孔子的《论语》只不过是一些道德教条，是非哲学性的。当然，我们也应该肯定黑格尔的思维敏锐。孔子关注的重点是为现实的政治和社会生活提供准则与合法性的依据，这也是儒家一如既往的特征。儒者的安身立命之本不在于对概念进行抽象、为思想提供逻辑基础。如果我们以康德那样的哲学家的形象来描述孔子及儒门后学，那么许多信息已经被遗漏了。因为无论是从这个角度还是从西方文化中哲学家的通常形象来看，哲学家更关注的是智慧的问题，而儒家更关注的是现实秩序的建构，体现的是政治伦理精神。

（赵海燕）

海德格尔翻译《老子》

老子画像

1946年夏季，德国哲学家、存在主义的创始人海德格尔与中国学者萧师毅合作将《老子》（《道德经》）译为德文。这次合作完成了《老子》中有关“道”的八章翻译后，由于萧师毅的退出而于当年夏季中止。

按北京大学教授张祥龙的看法，从20世纪20年代末30年代初起，海德格尔已对中国的“道”有了强烈的兴趣和关注。他在演讲稿或学术谈论中都引用《老子》的言论来说明自己的思想。但由于其不懂中文而只能通过德文译本来阅读老子，总有因未能登堂入室而产生的惴惴不安之感。直到20世纪50、60年代，才在他的公开出版物中讨论“道”并引用《老子》和《庄子》。1945年，海德格尔开始受到政治审查，此时巧遇了已将《老子》译成了意大利文的中国学者萧师毅。这次见面虽没有能产生直接结果的合作，但海德格尔在一定程度上进入了中文的《老子》世界，对于“道”有了某种实际的语言体验。这样，他才敢于在其20世纪50年代的著作中谈及“道”和引用《老子》，并阐述他对“东西方思想”的“交汇”的看法。除萧师毅之外，还有相当一些德国学者、海德格尔的其他亲属们回忆他们亲身听到海德格尔谈“道”或论老子和庄子的事情。因此，海德格尔在所有东方的思想中，独对中国的“道”有着不寻常的热情并从中受益良多。

（赵海燕）

最早去西天取经的人是玄奘吗

公元627年，唐朝高僧玄奘法师西行印度，历尽千辛万苦，终于取经回国，为弘扬中国的佛教事业做出了巨大的贡献，由此而名扬华夏。玄奘其人其事，由于《西游记》的广泛流传而家喻户晓，许多人误把玄奘当做去印度取经的第一人。其实，早于玄奘法师228年前，东晋高僧法显大师就为寻求佛教戒律而西游印度，法显大师应是中国历史上有明确文字记载的赴印度取经最早的人。

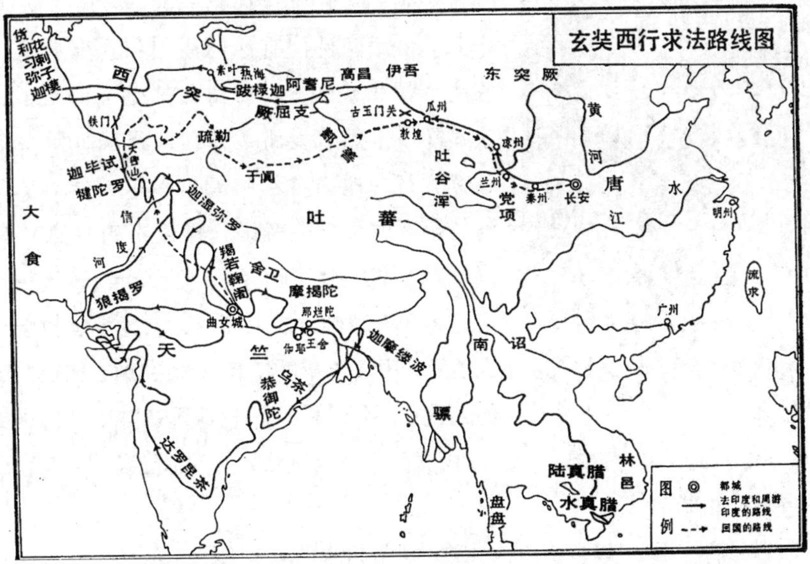

玄奘西行求法路线图

法显（334～420），俗姓龚，平阳武阳（今山西襄垣）人。法显家中本有兄弟四人，但三个哥哥都夭亡，父母担心他也会夭折，便在他3岁时送他进佛寺度为沙弥，20岁时受大戒。史称他“志行明敏，仪轨整肃”，是晋代高僧。法显还是一位大旅行家、翻译家，在中外文化交流史和佛教史上具有重要地位。

东晋安帝隆安三年（399），65岁高龄的法显慨叹佛教传入中土后佛法戒律残缺，于是“欲令戒律流通汉地”，矢志西行求法，遂与慧景、道整、慧应、慧嵬4人从长安出发，沿丝绸之路北线亲往天竺（今印度）取经求律，瞻仰佛迹。次年，他们到达张掖（今甘肃张掖），遇到了智严、慧简、僧绍、宝云、僧景5人，组成了10人的“巡礼团”，后来，又增加了一个慧达，总共11个人。“巡礼团”西进至敦煌，得到太守李浩的资助，西出阳关渡“沙河”（即白龙堆大沙漠）。穿过茫茫戈壁，法显一行又经停鄯善、于阗等西域小国西行，翻越葱岭，于402年进入北天竺，后遍历西、中、东天竺，巡礼佛教故迹。

法显和尚西域行旅图

东晋安帝义熙元年（405），法显走到了佛教极其兴盛的达摩竭提国巴连弗邑。他在这里学习梵书梵语，抄写经律，收集了《摩诃僧祇律》、《萨婆多哥钞》、《杂阿毗昙心律》、《方等般泥洹经》、《摩诃僧祇阿毗昙》等多部佛教经典。法显一行在巴连弗邑一共住了3年，道整十分仰慕此间佛门有沙门法则和众僧威仪，追叹故乡僧律残缺，发誓留住这里不回国了，而法显却一心想着要将戒律传回祖国，便一个人继续旅行。他周游了南天竺和东天竺，又在恒河三角洲的多摩梨帝国（印度泰姆鲁克）写经画（佛）像，住了两年。东晋义熙五年（409），法显离开多摩梨，搭乘商船，纵渡孟加拉湾，去到了狮子国（今斯里兰卡）。他在狮子国住在王城的无畏山精舍，求得了《弥沙塞律》、《长阿含》、《杂阿含》以及《杂藏》等四部经典。至此，法显身入异域已经12年了。

东晋义熙八年（412）阴历八月底，法显搭乘两条由大秦（东罗马帝国）回国的中国大商船，与400余名乘客同舟蹈海东归故国。他们回国的目的地是中国著名的港口广州，船上携带了自斯里兰卡经马六甲海峡到广州航行的50天的口粮和淡水。两天后，船遇大风，迷失了航向。在海上漂流了105天，到了南海的“耶提婆国”（今印度尼西亚的爪哇）。在此居住了5个月后，法显一行起程西归。船行一个月后，突遇“黑风暴雨”。商船主认为此行诸多不顺的原因是由于船上搭乘了和尚，硬要将法显推入海中。幸而多位乘客挺身而出，法显才免于一死。经过两个多月的漂流，船上粮食、淡水耗尽，船又向西北航行 12 天，于东晋义熙九年（413）五月十三日到达青州长广郡牢山（今山东省即墨县）南岸。

从前和法显一同西行求法的先后 10 人，其间或半途折回，或客死他乡，或久留异邦不还，只有法显一人最终回到了祖国。法显回国后，受佛教净土宗创始人、庐山东林寺高僧慧远之邀，南下东晋都城建康（今南京）从事佛经的翻译工作，直至逝世。卒时 86 岁，一说 82 岁。他在临终前的 7 年多时间里，一直紧张艰苦地进行着翻译经典的工作，共译出了经典 6 部 63 卷，计 1 万多言。他翻译的《摩诃僧祇律》，也叫做《大众律》，为五大佛教戒律之一，对后世的中国佛教界产生了深远的影响。在抓紧译经的同时，法显还将自己西行取经的见闻写成了一部不朽的世界名著——《佛国记》。《佛国记》全文 9500 多字，别名有《法显行传》《高僧法显传》《历游天竺纪传》《佛游天竺记》等。这部书在世界学术史上占据着重要的地位，不仅是一部传记文学的杰作，而且是一部重要的历史文献，是研究当时西域和印度历史的极重要的史料，也是研究中外交通史的重要史料。

法显以年过花甲的高龄，完成了穿行亚洲大陆又经南洋海路归国的大旅行的惊人壮举，并留下杰作《佛国记》，不仅在佛教界受到称誉，而且也得到了中外学者的高度评价。唐代名僧义净曾说过：“自古神州之地，轻生殉法之宾，（法）显法师则他辟荒途，（玄）奘法师乃中开正路。”近代学者梁启超也曾说道：“法显横雪山而入天竺，赍佛典多种以归，著《佛国记》，我国人之至印度者，此为第一。”斯里兰卡史学家尼古拉斯·沙勒则说：“人们知道访问过印度尼西亚的中国人的第一个名字是法显。”日本学者足立喜六把《佛国记》誉为西域探险家及印度佛迹调查者的指南。印度学者恩·克·辛哈等人也称赞说：“中国的旅行家，如法显和玄奘，给我们留下了有关印度的宝贵记载。”

（赵海燕）

成吉思汗的版图

成吉思汗（1162～1227），名铁木真，姓孛儿只斤，乞颜氏。著名的军事统帅，蒙古汗国的建立者，忽必烈追尊其为元朝皇帝、庙号太祖。其父也速该在铁木真还是少年的时候，被塔塔儿人毒死，此后，也速该的遗孀月伦带着铁木真和他的几个弟弟过着艰难的生活。少年时期的艰险经历，培养了铁木真坚毅勇敢的素质和强壮的体魄。后来，铁木真投靠当时实际控制蒙古的札木合，随他游牧。其间开始笼络人心，招徕人马，最后脱离札木合，建立起了自己的斡鲁朵。1189 年，他被部分奴隶主推选为蒙古部的首领。其时，蒙古部的奴隶主互相倾轧、极端腐朽。铁木真利用奴隶和自由民的力量，不断与之斗争，经过 16 年的征战，兼并了塔塔儿、克烈、乃蛮等部落，统一了蒙古草原。

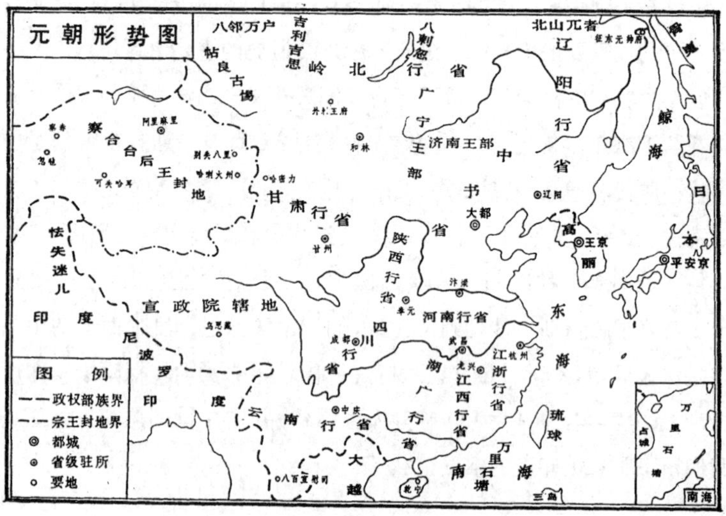

元朝形势图

1206 年，由蒙古各部在斡难河畔（今鄂嫩河，在蒙古东北边境）召开忽里勒台（首领会议），铁木真被推为全蒙古大汗，号成吉思汗，建立了蒙古汗国。成吉思汗即位后，建立了一套较为完整的政治、军事制度，并开始凭借强大的骑兵力量，展开大规模军事行动。他利用金对蒙古施行民族压迫政策激发蒙古人民的反金情绪，发动了反金战争。为了免受西夏牵制，在攻金之前，先对西夏三次用兵，迫使西夏降服。1211～1214年蒙古军大举攻金，“凡破九十余郡”，并占据金中都城（今北京）。由于金的顽强抵抗，蒙古军暂时停止攻金，转而西征。1219年，成吉思汗大举西征，降维吾尔、西辽（今新疆伊犁河流域及塔里木河流域一带），灭花剌子模（今里海东、咸海西、锡尔河南）、亚速（今里海西、黑海北）、康里（今里海东北）、伐钦察（今里海西、黑海北）及斡罗斯（即俄罗斯，今伏尔加河以西、莫斯科、基辅一带）等国，占领了今中亚直到欧洲东部和今伊朗北部地区，建立起横跨亚欧的蒙古大汗国。

经过多年的征战，成吉思汗建立了一个以和林（今蒙古乌兰巴托西南）为中心的、横跨欧亚大陆的世界版图最大的大汗国。据有关史料记载，当时成吉思汗的版图相当于3000万平方公里，是现在中国版图的3倍之多。著名学者巴托尔德说：“成吉思汗帝国的建立从某一点上说是世界上独一无二的事件，把远东和前亚的文明国统一在一个王朝的政权下是空前绝后的。”因此，成吉思汗以“世界征服者”称号被载入史册。

（赵海燕）

林则徐和“开眼看世界”

林则徐（1785～1850），字元抚，又字少穆、石麟，晚号俟村老人、俟村退叟。福建侯官（今福州市）人。清嘉庆九年（1804）中举，嘉庆十六年（1811）中进士。林则徐是近代爱国政治家、诗人，史学界称其为近代中国“开眼看世界的第一人”。他曾与龚自珍、魏源、黄爵滋等人提倡经世致用之学。曾历任编修、监察御史、江苏巡抚、湖广总督等职。为官清廉正直，关心民生，为民众所称颂。清道光十八年（1838）底受命为钦差大臣，赴广东查禁鸦片，积极开展了历史上著名的“禁烟运动”，收缴焚毁鸦片，积极组织海防，击退英帝国主义的武装挑衅和进攻，是当时禁烟运动和抗战派的领袖。后因投降派诬陷，于1840年10月被革职，不久被流放新疆。1845年被重新起用，先后任陕甘总督、陕西巡抚、云贵总督等。1849年因病辞职归故里。1850年又被任命为钦差大臣，派赴广西镇压太平军，于途中病故。

在林则徐所处的时代，清王朝奉行“闭关锁国”的政策，夜郎自大，闭目塞听，长期对西方先进的科学采取拒绝的态度。清王朝内部政治腐败，统治阶级在思想领域充斥着迷信愚昧，对于中国以外的世界茫然无知，许多朝廷大员甚至不知道世界有多大，以至于被外国人讥笑为“中国官府全不知外国之政事，又不询问考求，故至今中国仍不知西洋”。

林则徐像

但是，在朝廷里，还是有不少有识之士为国家的现状感到担忧，林则徐就是鸦片战争前后开明士大夫的代表。为了寻求自强之路，林则徐在内政方面，不墨守成规，敢于依据实际情况进行兴利除弊的改革；对外方面，能打破“天朝”自居的妄自尊大和闭关锁国的保守思想，肯于了解外国情况，吸收新事物。在广东开展禁烟运动期间，他非常注意了解外国情况，组织翻译西文书报，供制定对策、办理交涉参考。所译资料，有英国人慕瑞写的《世界地理大全》，林则徐把它编译成《四洲志》。在《四洲志》中记述了世界五大洲30多个国家的地理和历史。后来又译辑了《华夏夷言》一书，以了解外国对中国事情的看法。还编译了《滑达尔各国律例》、《澳门新闻纸》等中国最早介绍外国的文献，使国人对外国有了进一步的了解。为了御敌于国门之外，在军事上，林则徐大力整顿海防，积极备战，购置外国大炮加强炮台，主张“师夷长技以制夷”，他搜集了大量的外国船炮图样准备仿制，购买外国军舰武装自己的海军，这些准备都在以后同西方殖民者的激战中发挥了重要的作用。

在当时清王朝的统治者闭目塞听、故步自封的时候，林则徐作为近代维新思想的先驱，努力冲破闭关自守的封建意识的禁锢，认真地调查中国之外的世界，这无疑给当时处于闭目塞听、盲目排外的封建社会带来了自救的一丝曙光。在林则徐等开明士大夫看来，要救国，就必须使国家强盛；而要使国家强盛，就应该向西方学习，学习西方先进的科学技术，从而改变中国贫穷落后的面貌。因此，要学习西方，首先要了解西方。于是，林则徐首先提出“开眼看世界”，在此号召下，《四洲志》、《海国图志》、《瀛环志略》等一批帮助人们“洞悉夷情”的著作应运而生。但是，我们也要看到，尽管以林则徐为代表的开明士大夫希望通过引进西方先进的技术文明来改变中国的落后面貌，但是由于中国积弱积贫的根子在于制度的腐朽和政府的腐败，所以不改变半殖民地、半封建的社会制度，不推翻对内专制、对外媚敌的清朝政府，纵有西学洋器、先进的武器和技术，也不能使中国真正成为一个强国。

（赵海燕）

魏源的《海国图志》和中国人对世界的认识

在中国近代史上，有位著名的思想家，对于如何抵抗外国的侵略，有力地打击侵略者，提出了一句名言——“师夷长技以制夷”。在如何“睁眼看世界”问题上，他写出了一本名著——《海国图志》。他就是爱国主义者魏源。

魏源（1794～1857），原名远达，字默深，湖南邵阳金潭人。魏源21岁时，父亲魏邦鲁由地方调往京师做官，他就随父到了北京。他和林则徐、龚自珍等爱国志士交往甚密，经常议论时政。

鸦片战争爆发前，林则徐被任命为钦差大臣去广东禁烟，他为了了解外国的情况，组织了一个班子翻译外国的报纸和书籍，并主持汇编《四洲志》一书，记述了世界五大洲30多个国家的地理和历史。后来，林则徐把《四洲志》的全部资料送给好友魏源。魏源在《四洲志》的基础上写成《海国图志》。

1840年鸦片战争爆发，由于战事的失利，魏源义愤填膺，爱国心切，于1841年3月，愤然弃笔从戎，投入两江总督、抵抗派将领裕谦幕府，到定海前线参谋战事。并于1842年写成50卷的《海国图志》一书。他在该书序中清楚地表明写作的目的：“是书何以作？曰：为以夷攻夷而作，为以夷款夷而作，为师夷长技以制夷而作。”

所谓的“师夷”，就是学习西方的先进军事技术。魏源认为，外国的长处有三：一是轮船，二是枪炮，三是练兵的方法。他主张设立工厂制造轮船枪炮，创办民用工业；学习西方的练兵方法，改造军队；改革考试制度，增设水师科。他还特别强调向俄国彼得大帝学习，改革中国内政。

所谓的“制夷”，就是抵抗外国侵略的方法。魏源提出“战”、“守”、“攻”三项军事原则。“战”是在军事上展开针锋相对的斗争，是抵抗敌人侵略的总原则。“守”是诱敌深入的战术方法。魏源认为守海洋不如守海岸线，守海岸线不如守内地；调外地兵作战，不如训练本地士兵。“战”、“守”、“攻”这三项军事原则，不是孤立的消极抵抗，而是有机地配合为统一的整体，积极地进攻敌人、消灭敌人。魏源认为，以守为战，牵着敌人的鼻子走，就是“以夷攻夷”。

魏源编写《海国图志》的目的，就是为了了解“夷情”，帮助人们习其“长技”，以抵御外侮，振奋国威。这给那些妄自尊大、把西方先进的科学技术视为“奇技淫巧”、盲目排外的顽固派，无疑是击一猛掌。

1847～1848年，魏源又将《海国图志》增补为60卷本，刊于扬州；到1852年又扩充为百卷本。这是中国近代史上最早的一部由国人自己编写的有关世界各国情况介绍的巨著。《海国图志》百卷本，除了以《四洲志》为基础外，先后征引了历代史志14种、中外古今各家著述70多种。另外，还有各种奏折十多件和一些亲自了解的材料。应当注意的是，其史料来源还有外国人的著述，包括英国人马礼逊的《外国史略》、葡萄牙人马吉斯的《地理备考》等20种左右。

《海国图志》在中国近代史学史上，是第一部较为详尽、系统的世界史地著作。应该说，开始在中国介绍有关世界史地知识的，当推西汉司马迁的《史记》。以后，历代正史中多立有外国传，但这些记载大多集中于中国边境的国家。到近代才有《四洲志》和姚莹编撰成的《康辅纪行》。《四洲志》纯是一部译作，《康辅纪行》系合日记杂录而成。《海国图志》不仅在编纂体系和内容上弥补了《四洲志》和《康辅纪行》等书的缺憾，而且初步形成了自己的结构和理论方法。书中征引中外古今近百种资料，系统地介绍了世界各国的地理位置和历史沿革等史地知识。所记各国气候、物产、交通贸易、民情风俗、文化教育、中外关系、宗教、历法、科学技术等，都超过了前人。所以有人赞誉《海国图志》为国人谈世界史地的开山之作，因为它不但详细记载了外国情况，还首次从理论上肯定了研究世界史地的必要性。

《海国图志》的划时代意义，还在于给闭塞已久的中国人以全新的近代世界概念。尽管此前有过明朝的郑和下西洋，但中国人基本上没有参与人类探索海陆轮廓、搞清地球全貌这样一个伟大的过程。因此，在中国的古地图中竟然找不到一张世界地图。直到明万历年传教士利玛窦献给明朝皇帝一张“万国堪舆图”之前，中国人对世界的认识还是模糊不清的。鸦片战争爆发前，妄自尊大的清廷皇帝和达官显贵，竟不知英国在何方，为什么成为海上霸王。《海国图志》的刊出，打破了这种孤陋寡闻的状况，它向人们提供了80幅全新的世界各国地图，又以66卷的巨大篇幅，详述了各国史地。这样就使当时的中国人可以通过《海国图志》这一“望远镜”，“开眼看世界”，既看到了西洋的“坚船利炮”，又看到了欧洲国家的商业、铁路交通、学校等情况，使中国人的视野越出了国界，认识了近代世界的新鲜事物。

在百卷本的《海国图志》中，作者不仅重视工商业，并由经济扩展到政治，由原来对西方“坚船利炮”等奇技的惊叹，发展到对西方近代资本主义民主政体的介绍。至此，魏源的“师夷”思想发展到了他那个时代的高峰。

《海国图志》不愧是中国近代思想史和史学史上的一部杰作，它对海内外起到深远的影响。晚清的洋务派，就是受魏源“师夷”思想的影响而加以运用和发挥的。此书出版后传入日本，在日本维新运动中也起过一定的作用。

（赵海燕）

中体西用

“中学为体，西学为用”，是清末洋务派首领张之洞在他的著作《劝学篇》中提出的观点。“体用”是一对哲学范畴，“体”指事物的本性、根本，“用”指作用、效用。“中学为体”，就是以中国封建制度及纲常名教为治国之本；“西学为用”，就是以西方国家的先进技术为辅助。“中体西用”的观点集中概括了戊戌变法之前整整一代人对中西学关系的认识。

鸦片战争后，魏源首先提出“师夷长技以制夷”，即学习外国的军事技术，用以对抗侵略。稍后，地主阶级改革派冯桂芬运用“本末”范畴，论述了同一问题，他认为：“如以中国之纲常名教为原本，辅以诸国富强之术，岂不善之善哉?”（《校邠庐抗议·采西学议》）按冯桂芬的想法，一方面要坚持封建的君主制度和伦理纲常；另一方面要学习外国的军事、工商业技术，以这些外来之“末”辅佐中国原有之“本”。到了张之洞这里，这一思想得到进一步的发展，并被明确概括为“中学为体，西学为用”，或是“旧学为体，新学为用”。

张之洞所讲的“中学”以“四书”、“五经”为首，“中学为体”，实质就是以孔学、孔教、三纲五常、君主专制为核心；而“西学”的范围大大超过了他的前辈的眼界，不仅有军事和工业技术，也包括“算、绘、矿、医、声、光、化、电”等科学知识，甚至包括国际公法在内。张之洞认为：“中学为内学，西学为外学；中学治身心，西学应世事，不必尽索之于经文，而亦无悖于经义。”（《劝学篇·会通》）西学能应用于日常事务，救一时之急，但不能成为统帅人心的力量，讲西学必须以不违背“经义”为原则，这就是“西学为用”。

张之洞像

张之洞本人有办洋务的多年实践，加之维新思想日渐高涨，他不可能漠视西方国家的先进技术，所以承认在这些方面要向西方国家学习。不过，可以变通的仅此而已，“夫不可变者，伦纪也”（《劝学篇·变法》）。一旦涉及纲常名教就是绝对不可触动的了。要讲西学，必先确立中学之“体”，才能有西学之“用”；“今日学者，必先通经，以明我中国先圣先师立教之旨……然后择西学之可以补吾缺者用之”（《劝学篇·循序》）。按照张之洞的看法，学西学是有限度的，在政治制度、伦理道德方面，绝不能离经叛道。他勾画了这样一幅中学与西学合璧的图画：“以孝悌忠信为德，以尊主庇民为政，虽朝运汽机，夕驰铁路，无害为圣人之徒也。”（《劝学篇·会通》）一方面是近代的工业交通兴旺发达，另一方面是孔孟之道万古不变。封建的政治制度和资本主义国家的先进技术奇妙地嫁接在一起，以西学之用，护卫中学之体。“中学为体，西学为用”的实质只在于此。

张之洞虽然看到了一些西方工艺技术的长处，但是他不懂得资本主义国家的先进科技成果与资产阶级的政治制度、资本主义的生产关系是不可分离的，他更不能理解在封建专制制度这个朽败母体内不可能培育出高度发达的科学技术，“中学之体”与“西学之用”是无法合二为一的。张之洞提出的这个观点在理论和实践两方面都是站不住脚的。严复曾著文对张之洞的这一观点加以严厉驳斥，指出“中学”与“西学”各有自己的体用。如果说“中学之体”可以有“西学之用”，无异于说牛之体可以有马之用，这是非常荒谬的。

张之洞在戊戌维新前提出“中学为体，西学为用”，是与维新派的变法主张相抗衡的，它理所当然要遭到严复等人的批驳。但在保守势力仍相当强大的情况下，这一观点的提出，对突破长期的闭关自守仍有一定的作用，故而不能对之全盘否定。

（赵海燕）

胡适和“全盘西化”

胡适（1891～1962），原名胡洪骍、嗣穈，字希疆，后改名适，字适之，安徽绩溪人。胡适是著名的现代学者，历史学家、文学家、哲学家，以倡导“五四”文学革命著称于世，历任北京大学教授、北京大学校长、中国台湾“中央研究院”院长等。

胡适是20世纪中国的重要历史人物之一，他一生曾扮演过许多角色：“五四”启蒙运动的思想家，白话文运动的理论奠基者，中国现代化高等教育与高深研究的倡导者。

自“五四运动”以来直到逝世，胡适一直坚持自由主义的立场，关注着中国政治、社会、经济与文化的前途，致力于自由、民主、法治与科学的精神和制度的建立与落实。作为一个充分领会了西方自由主义主流的政治思想与文化思想的中国学者，胡适在应付政治与文化问题上，确有自己独特的智慧。这些智慧在他所提出的种种思想观点中予以体现，“全盘西化”的观点就是其中一个。

“全盘西化”是胡适极力提倡的一个观点，是胡适对待中国传统文化和西方文化的一个态度。胡适集中论述这一观点的文章有《充分世界化与全盘西化》。从胡适私人的言谈与学术论著中来看，他并不对传统思想持全盘否定态度，而且对孔子与朱熹的思想中的一些部分颇为肯定。所以，“全盘西化”的观点是胡适对中国传统文化的一种整体上的看法。作为实用主义的代表人物杜威的学生，胡适对美国的现代文明和杜威的工具主义思想有着深厚的了解和坚实的信念，在胡适看来，杜威工具主义所阐释、所主张的现代美国文明，将是世界一切文明的标准。所以胡适说，这样的现代美国文明“正在迅速地成为世界文明”，因此，中国要改变积弱积贫的现状，就要从知识、技术等各个方面学习西方的先进文明成果，也就是要“全盘西化”。但是，后来鉴于“全盘西化”的观点容易导致人们误以为是要全然抛弃中国的传统文化，同时从现实上来说，“全盘西化”也是不可能的。所以胡适提出用“充分世界化”来代替“全盘西化”，要“尽量”、“用全力”使中国文明变成杜威式工具主义所阐释、所主张的现代美国文明（《试评所谓“中国本位的文化建设”》,《胡适论学近著》)。

总之，对胡适而言，中国人民所应采取的文明变迁的纲领，无论称之为“全盘西化”也好，“全心全意接受西方文明”也好，或者“充分世界化”也好，就是需要在最大程度上接纳现代西方文明（即杜威式工具主义所阐释、所主张的美国文明)。但是，尽管胡适后来对“全盘西化”作了修辞上的修正，就其对文明变迁的正面态度而言，他肯定“全盘西化”的根本立场并未改变；他仍继续主张全盘西化或整体主义的西化。因此，有的学者在此基础上认为，胡适并未找到一种能够妥善解决其时的中国困境的可行途径。而且，胡适“全盘西化”的思维模式是以“藉思想、文化以解决问题的途径”为前提的。因此，尽管他感到“全盘西化”论颇有不妥之处，却只是在修辞上对其进行修正。最终“发展自由精神与建设民主制度所需要面对，如何对中国传统文化进行创造性转化的问题，皆被他的一元式反传统主义与一元式西化论所搪塞，这也是作为启蒙运动思想家的胡适的不足之处”(陈子伶《胡适文化观研究》)。

（赵海燕）

季羡林和“河东河西”说

“河东河西”说是国学大师季羡林在1989年的《从宏观上看中国文化》一文中提出的观点。在该文中，季羡林认为东方文化和西方文化这两大文化体系之间存在着“相互学习”的关系。从当前世界文化的总体趋势来看，西方文化占据着统治地位，但是从历史上来看，两种文化的关系是“三十年河东，三十年河西”。这就是“河东河西”说的由来。

在季羡林看来，“文化、文明的起源是多元的，不能说世界上的文化是一民族创造的，文化的产生不是一元的，不能说一个地方产生文化。一个民族自己创造文化，并不断发展，成为传统文化，这就是文化的民族性。一个民族创造了文化，同时在发展过程中它又必然接受别的民族文化，要进行文化交流，这就是文化的时代性。民族性与时代性有矛盾，但又统一，缺一不可”。东西方文化各有自己不同的思维模式，这种思维模式上的差别决定了两种文化的质的差别，可以说，“思维模式是一切文化的基础”。相对于由希腊文化延续发展而来的西方文化而言，中国文化、印度文化和阿拉伯伊斯兰文化则组成了东方文化。西方文化以分析的思维模式见长，而东方文化则以综合的思维模式为自己的特色，两种文化既有自己的长处，又有各自的不足。

先就西方文化而言，自文艺复兴以来，西方的文化已经昌盛了数百年，发达的科学技术在不断地推动着社会生产力的迅猛发展，从而也促进了人类社会的进步，使世界人民大受其利。但是由于西方文化自身的思维模式是以分析为基础的，这种文化是在抓住一个东西，特别是物质的东西，分析下去，分析到极其细微的程度。但在这个分析的过程中却忽视了整体的联系，从而导致各种弊端的接连出现。其次，西方文化以征服和改造自然为主，要通过对自然的改造来满足自身的物质需求，但是如此一来，就在无形中破坏了人类和大自然的“合一”关系，最终导致许多威胁人类生存的弊端，比如，生态平衡的破坏、酸雨横行、淡水资源匮乏、臭氧层破坏、森林砍伐、江河湖海污染、动植物物种不断灭绝、新疾病出现等。因此，从长远的角度来看，西方这种以分析见长的思维模式必然要走向没落、走向衰退，需要其他思维模式的补充。

在此，以综合见长的东方文化的思维模式恰好可以作为已经难以为继的西方文化的补充，或者接替西方文化在世界文化中的主流地位。东方文化以综合的思维模式为主，注意考虑事物的整体，讲普遍联系，讲究从整体上把握事物。中国“天人合一”的思想、印度“梵我一体”的思想就是东方思想文化中的典型例子。在由分析见长的西方文化的思维模式导致对环境破坏层出不穷的今天，应该用东方文化来取代西方文化，用季羡林的话来说，就是“西方形而上学的分析已快走到尽头，而东方文化寻求综合的思维方式必将取而代之。以分析为基础的西方文化也将随之衰微，代之而起的必然是以综合为基础的东方文化。这种代之而起，是在过去几百年来西方文化所达到的水平的基础上，用东方的整体着眼和普遍联系的综合思维方式，以东方文化为主导，吸收西方文化中的精华，把人类文化的发展推向一个更高的阶段”。

因此，季羡林在某种意义上将“三十年河东、三十年河西”解释为一种“东西方文化互补论”。这两个论断都是以文化交流论为立论基础。总之，在处理东西方文化的态度上，应该认识到，各种文化的发展都有一个此消彼长的过程，经过数百年的发展，西方文化的衰退已端倪渐显，而以综合的思维模式见长的东方文化将逐渐显示出自己在合理协调人与自然关系问题上的巨大优势，21 世纪将是东方文化占主流的世纪。

（赵海燕）

二

思想　智慧

庄周梦蝶

在《庄子》的内篇《齐物论》中，对“庄周梦蝶”作这样的描述：“昔者庄周梦为胡蝶，栩栩然胡蝶也，自喻适志与！不知周也。俄然觉，则蘧蘧然周也。不知周之梦为胡蝶与，胡蝶之梦为周与？周与胡蝶，则必有分矣。此之谓‘物化’。”庄子梦蝶作这样的描述意指庄子梦醒之后反思，不知道一切是庄子做梦变为蝴蝶，还是蝴蝶做梦变为庄子。可见，在庄子的梦觉之时，作为认识主体的庄子与作为认识客体的蝴蝶的区分全然消失、变为一体，主体进入了一种“无我”的精神境地。

（赵前苗）

八卦和六十四卦

“八卦”在《周易》中由阳爻“—”和阴爻“— —”两个基本符号构成，每次由三个爻构成一个“卦”。阳爻“—”和阴爻“— —”每次由三个爻上下组合，总共有八种情形，于是形成了“八卦”，即☰“乾”、☷“坤”、☳“震”、☴“巽”、☵“坎”、☲“离”、☶“艮”、☱“兑”。

“六十四卦”在《周易》的《经》部分，由“八卦”中每两卦重叠搭配建构而来。每卦的构成部分是标题、卦画、卦辞、爻辞。标题指示卦辞、爻辞的意蕴，卦画由六爻组成，卦辞表明题意，爻辞则是解释六爻的含义。“八卦”每卦有三爻，于是“六十四卦”每卦有六爻，由下而上为“初、二、三、四、五、上”。后来人们就是运用《周易》中的“八卦”和“六十四卦”的变化来推演与预测人事、自然和社会。

（赵前苗）

中庸之道

中庸之道是孔子最为重要的思想方法之一。中，有中正、中和、不偏不倚等义；庸，有平常、常道、用等义。中庸合称始于孔子："中庸之为德也，其至矣乎！民鲜久矣。"（《论语·雍也》）以"中庸"为最高的美德，但没有阐发。后人发挥了孔子的中庸思想，不仅认为"中庸"是一种美德，而且还是道德修养和处理事务的基本原则和方法："舜其大知也与！舜好问而好察迩言，隐恶而扬善，执其两端，用其中于民，其斯以为舜乎！"（《中庸》第六章）意指万事万物虽皆有"两端"，如大小、厚薄之类，却可"用其中"，无过无不及，不偏不倚，言语、行动要追求折中、适中，调和、适度、恰如其分，不偏向任何极端，追求对立两端的统一和中和。中庸之道为历代众多思想家所推崇，例如，北宋理学家程颢说："不偏之谓中，不易之谓庸。中者，天下之正道；庸者，天下之定理。"又如，明清之际的思想家王夫之说："道之至者，人不可违也，则中庸而已。"

（赵前苗）

邹衍和孟子

邹衍（约前305～前240），又作驺衍，是战国末期齐国人，居稷下，阴阳家的代表人物。阴阳家是战国时主要学派之一，以提倡阴阳五行学说为宗旨，《汉书·艺文志》将其列为"九流"之一。邹衍把阴阳五行说运用于社会发展中，创五德始终说，认为历史的发展按照土、木、金、火、水五行相克的顺序而循环。每一朝代受五行之一支配，一个朝代的帝王将兴，天必将预先显示支配该朝代兴盛的兆头。这是汉代天人感应学说的重要来源。他把其前的阴阳、五行学说进一步系统化，司马迁在《史记·孟子荀卿列传》中评价他说："深观阴阳消息，而作怪迂之变……然要其归，必止乎仁义节俭，君臣上下六亲之施。"

阴阳学说与儒家有密切的关系，特别是思孟学派。

子思、孟子学派是儒家的一个重要流派。子思、孟子都曾以儒者的身份论述五行学说。荀子批评他们说："略法先王而不知其统，犹然而材剧志大，闻见杂博，案往旧造说，谓之五行。甚僻违而无类，幽隐而无说，闭约而无解。案饰其辞而祇敬之，曰此真先君子之言也。子思唱之，孟轲和之。世俗之沟犹瞀儒，嚾嚾然不知其非也，遂受而传之，以为仲尼子游为兹厚于后世。”子思与孟子关于五行的具体论述，今已不可见，但荀子的话可以说明子思与孟子之说五行，在当时有相当大的影响。后于孟子的邹衍，是以阴阳五行之说著称于世的，而他却归结于儒术。战国时期局势的急剧动荡，使人们格外关注自己的命运，特别是当权人物更为敏感。子思、孟子和邹衍学说中的神秘观点和定命论的基调，都是当时社会思潮中的支流，对于相当一部分人有吸引的魅力。

但是，据当时史料记载，孟子提出的主张主要集中于“仁政”，所以并不是十分受欢迎，梁惠王看见孟子的第一句话是“叟”，也就是现在我们所说的“老头”，极为轻蔑。而邹衍的“五德始终”说却特别受欢迎。当时王公大人初见邹衍之术，“惧然顾化”，一般要见到邹衍，还需要预约，比如梁惠王郊迎邹衍，执宾主之礼；燕昭王请列弟子之座而受业。可见他们在当时的不同处境。

战国之后，阴阳五行之说大为当道者所重视。西汉儒家，也有人汲取阴阳家言以为世用。

（潘宁）

阴阳家是“儒家之别流”

这句话是章太炎说的，当然章太炎爱做一些大胆的结论，但对这一点，还不能算是空穴来风。他引用荀子《非十二子》中的话来作为证明。荀子说：“略法先王而不知其统，犹然而材剧志大，闻见杂博，案往旧造说，谓之五行，甚僻违而无类，幽隐而无说，闭约而无解……子思唱之，孟轲和之。”章太炎说，虽然我们现在所看到的子思和孟子的书中，并没有有关五行的文字或说法，但荀子之反对思孟一派，单单挑出“五行”来说事，表明五行思想必然是他们这一派的重要特征。因为“盖荀子专以人事为重，怪诞之语（五行之说，后邹衍辈所专务者），非驳尽不可也。汉儒孟荀并尊，余谓如但尊荀子，则《五行传》、纬书一流不致嚣张。今人但知阴阳家以邹衍为首，察荀子所云，则阴阳家乃儒家之别流也”（《国学讲演录》176 页，华东师范大学出版社 1995 年出版）。

（潘宁）

孔子的圣人化

孔子的与众不同，在先秦的文献中已经充分地表现出来了。孔子的博学多能使他在活着的时候就已经声望卓著，即使是孔子自己，也并没有将自己等同于一个普通的熟悉礼仪的人。他有很高的自我期待，孔子将自己看做上天意志的传达者，所以尽管他“不语怪力乱神”，但期待着凤鸟和河图这些祥瑞的出现而接受天命。因此，在晚年他会发出如此的叹息：“凤鸟不至，河不出图，吾已矣夫。”（《论语·子罕》）孔子也让他身边弟子切身感受到他的魅力，在他的弟子眼里，他是为万世立规则，甚至于是超越传说中的圣王尧舜的贤者。如弟子子贡说：“见其礼而知其政，闻其乐而知其德，由百世之后，等百世之王，莫之能违也。自生民以来，未有夫子也。”（《孟子·公孙丑上》）弟子颜回则从切身感受出发说：“仰之弥高，钻之弥坚。瞻之在前，忽焉在后。夫子循循然善诱人。博我以文，约我以礼，欲罢不能。”（《论语·子罕》）虽然有时孔子并不承认自己已经达到圣人的境界，“若圣与仁，则吾岂敢？”但这并不能掩盖他对自己的很强的使命感。所以，他在面临匡人的围困时仍会镇定自若：“子畏于匡，曰：文王既没，文不在兹乎？天之将丧斯文也，后死者不得与于斯文也。天之未丧斯文也，匡人其如予何？”（《论语·子罕》）孔子也对自己有着很高的期待，这从《论语》中所记述的孔子和他弟子的言行谈话中清晰可见。他早年周游列国，为的也是实现自己的政治理想。但到处不如意，使孔子感到失望。越是到了晚年，孔子的失落感越强。“甚矣吾衰也！久矣吾不复梦见周公。”（《论语·述而》）而《礼记·檀弓》中所讲述的孔子预知自己不久于人世时的一段话，更是感人。孔子早上起来，拄着拐杖，在门口摇晃着，唱道：“泰山其颓乎？梁木其坏乎？哲人其萎乎？”

孔子在当时甚至被视为殷遗民预言中那个复兴殷商的圣王。因为孔子距殷武的灭亡有500多年。这听上去有点像《圣经》中有关“弥赛亚”的故事，但显然当时人接受了这种看法。如《左传·昭公七年》记孟僖子临死时说：“吾闻将有达者，曰孔丘，圣人之后也。”而孟子的话似乎也印证了这种说法在当时是被普遍接受的：“由尧舜至于汤，五百有余岁……由汤至于文王，五百有余岁……由文王至于孔子，五百有余岁。”（《孟子·尽心下》）

孔子的理想虽然没有实现，但孔子的学说却得到了广泛的传播。儒家和墨家的思想是当时的“显学”。《史记·儒林列传》说：“自孔子卒后，七十子之徒散游诸侯，大者为师傅卿相，小者友教士大夫，或隐而不见。”另一方面，先秦诸子和后来的各种典籍，不载“夫子言行”的很少，既有墨子和法家的批评，也有庄子的寓言和调侃，儒家学派的作品自然以阐述孔子的理想为己任。

因此当时的士人中有许多人修儒业，即使是在法家思想大行于世的秦朝，扶苏也说过：“诸生皆诵法孔子。”（《史记·秦始皇本纪》）同时，儒者以通晓古代的礼仪和典籍见长。因此，当时的博士多为儒生。《史记·儒林列传》说：汉承秦制，依然设立博士制度。孝文帝时，对博士还“颇征用”，“及至孝景，不任儒者，而窦太后又好黄老之术，故诸博士具官待问，未有进者”。这也从反面说明了战国、秦、汉初的博士中，大多数是儒生。

到汉武帝时，受“八王之乱”等事件的刺激，汉武帝采纳了董仲舒“独尊儒术”的策论，这样儒家正式成为汉代统治合法性的依据。而孔子本人作为儒家思想体系的集大成者，成为有德无位的“素王”，儒家经典则成为“百王之道”。董仲舒说：“（孔子）西狩获麟，受命之符是也。然后托乎《春秋》正不正之间，而明改制之义。一统乎天子，而加忧于天下之忧也，务除天下所患，而欲以上通五帝，下极三王，以通百王之道。”（《春秋繁露·符瑞第十六》）司马迁在《太史公自序》中也说孔子“为天下制仪法，垂《六艺》之统纪于后世”。因此，孔子在今文经学和谶纬之风合力的浓厚的神秘气氛中，也逐渐走上了神坛。

与西方宗教中人和神之间存有严格的界限不同，中国人的观念中此岸和彼岸之间的桥梁一直畅通。而且，在中国的神灵谱系中，更多的是由人升迁上来的“神”。也正是如此，所以，我们很自然地将人间的政治和自然事件之间紧密地联系起来。而在吸收了阴阳家的思想之后，儒家的“天人感应”论显然是解释天人之间关系的最佳方式。而孔子当然也就是最了解神意的人了。

这中间谶纬中的孔子形象对后世影响最大，他们在手法上与神仙方士并无两样。孔子的出生首先被说成是其母感黑帝而生，其姓名也像其他圣人一样是“吹律听声”而得来的。《春秋演孔图》说：“孔子之胸有文，曰：制作定世符运。孔子长十尺，大九围；坐如蹲龙，立如牵牛；就之如昴，望之如斗。”在《孝经钩命诀》中，孔子是“海口”、“牛唇”、“骈齿”、“辅喉”、“舌理七重”、“虎掌”。

儒生们认为孔子有帝王的才干，也具备帝王的道德，但是他却没有帝王的命运，所以只能做“素王”。而他生下来的主要工作就是为汉制法。他生下来时胸前就有文字“制作定世符运”。《春秋演孔图》说：“圣人不空生，必有所制。以显天心。丘为木铎，制天下法。”后来上天又以“获麟”的祥瑞来启示孔子为汉代制定法度。孔子所制的法就是《春秋》和《孝经》，还有《诗》、《书》和《易》。因此，《春秋》和《孝经》的出现也是云山雾罩的。如《越绝书·外传·纪十九》中说《春秋》是孔子“感精”而作。“孔子感精，知后有强秦丧其世，而汉兴也。赐权齐、晋、越，入吴。孔子推类，知后有苏秦也。权衡相动，衡五相发。道获麟，周尽证也。故作《春秋》以继周也。此时天地暴清，日月一明，弟子欣然，相与太平。孔子怀圣承弊，无尺土所有，一民所子，睹麟垂涕，伤民不得其所，非圣人孰能痛世若此。”另一本重要的经典《孝经》则是“神示”而成。如《孝经中契》说：“丘作《孝经》，文成道立，斋以白天。则玄云踊北，紫宫开北门，角亢星北落司命。天使书题，号《孝经篇》。云神星裔孔丘知元，今使阳衢乘紫麟，下告地主要道之君。后年麟至，口吐图文，北落郎服，书鲁端门，隐形不见。子夏往观，写得十九字，余字退消。其余飞为赤乌，翔摩青云。”

不但是孔子，而且孔子的弟子也有许多异相，如子贡嘴边绕有斗星，曾子长着犀角，其他弟子不是额头就是手掌，都异于常人。

在汉代的神秘主义色彩消散之后，孔子的神圣性便开始转入朝廷不断加封的程序中了。北魏时就封孔子为“宣尼公”；唐贞观时又以孔子为“先圣”；虽有反复，但唐玄宗“依贞观故事”，于唐开元二十七年（739），诏孔子为“先圣”，并谥为“文宣王”。这是朝廷首次封孔子为王。宋代孔庙的礼仪进一步升格，宋真宗谥孔子为“玄圣文宣王”，后又改为“至圣文宣王”。宋仁宗时又封孔子后代为“衍圣公”，世代相传，直到民国时期才废止。宋徽宗将孔庙之正殿命名为“大成殿”，“并增文宣王冕十又二旒”，与天子相同，并将祭孔仪式看做与社稷大礼同等重要。元大德十一年（1307）加号孔子为“大成至圣文宣王”；明嘉靖九年（1530）题“至圣先师孔子神位”；清顺治二年（1645）定谥为“大成至圣先师孔子”；顺治十四年（1657）改称“至圣先师孔子”。

（干春松）

儒曾是一种职业

据《汉书·艺文志》引《别录》，儒家者流，最早可能出于“司徒之官”。其功能是助人君顺阴阳明教化，其特征是游文于六经之中，留意于仁义之际，祖述尧舜，宪章文武，宗师仲尼，以重其言，以道为高。按儒的原初本意——柔来看，早期的儒就是术士，他们精通所在地区多年形成的丧葬礼仪。因此，久而久之便形成相对独立的职业。这种职业地位低微，收入菲薄，既无固定的财产收入，还要看主人的眼色行事，故而形成比较柔弱的性格。

（吴彩强）

鬼谷子

鬼谷子，相传是战国时期楚国人，本名王诩。生前隐居于清溪鬼谷，在山中采药或修道，自称“鬼谷先生”，后被世人称为“鬼谷子”。鬼谷子为纵横家所宗，生平写《鬼谷子》一书，其弟子众多，最为著名的要数战国时期的辩士苏秦和张仪。鬼谷子及其弟子们倡导的是一些谋划权力的策略、言谈论辩的方法，不为正统所称道。唐代柳宗元就曾批评说：“鬼谷子言益奇，而道益陋。使人狙狂失守，而易于陷坠。”（《辨鬼谷子》）

（单春梅）

秦始皇和韩非子

韩非（约前280～前233），战国末期韩国人，先秦时代法家学派的集大成者。其法治理论，集法家“法”、“术”、“势”于一身，强调国君必须行法、执术、恃势。韩非法治理论的核心在于加强君主集权，以适应建立统一的封建中央集权国家的历史趋势。其主张基本上被秦始皇所采用，对秦以后的封建专制主义有深刻的影响。

韩非所处的时代，韩国日益削弱。身为韩国公子，有些口吃、不善言谈但善著书的韩非，多次给韩王安上书，建议采用他的学说，以富国强兵，但不为韩王赏识。韩非为此“悲廉直不容于邪枉之臣，观往者得失之变，故作《孤愤》、《五蠹》、《内外储》、《说难》十余万言”。后来有人将韩非的书传到秦国，秦王嬴政（后来的秦始皇）读了其中的《孤愤》、《五蠹》两篇后，十分赞叹，说“寡人得此人与之游，死不恨矣”。这时韩非的同学李斯说这是韩非所写的书，秦国就在这个

韩非像

阶段里持续不断地攻打韩国。公元前234年，韩非为韩王出使秦国。秦王很高兴，但始终不能信任韩非，这时李斯和姚贾对秦王说：韩非终究是韩国人，他总是要向着韩国，而不是秦国，这是人之常情。今天王不用他，如果还把他留着，必然会后患无穷，所以不如将他杀了。秦王认可了这个建议，就开始对韩非治罪。李斯派人送毒药给韩非。韩非想找个机会向秦王辩白，但没有得到机会。后来秦王又后悔了，派人赦免韩非，但此时韩非已经死了。

按说，身为秦国重臣的李斯，与韩非本是同窗好友，曾同师从于荀子，但“自以为不如非”的他，还是难以遏制嫉妒之火，最终逼死了韩非。这也算是千古一冤案吧！

（潘宇）

邓析的“两可之说”

“两可之说”是《吕氏春秋》所记载的春秋末年郑国人、名家最早的代表人物邓析（约前560～前501）的一个论辩：“洧（wěi）水甚大，郑之富人有溺者。人得其尸者。富人请赎之。其人求金甚多，以告邓析。邓析曰：‘安之。人必莫之卖矣。’得尸者患之，以告邓析。邓析又答之曰：‘安之。此必无所更买矣。’”

“两可”之说的基本特点在于从两个相反的角度考察同一个事物，使两个截然不同的结论均得以成立。在处理郑人得尸的案例中，邓析就机智地捕捉住了双方各自的优劣之势，用死者家属的优势（只有死者家属才有可能赎买尸体）去攻得尸者的劣势（如果死者家属不着急赎买尸体，得尸者就无处获得赎金）；用得尸者的优势（只有他这里有富人尸体）去攻死者家属的劣势（不到得尸者这里赎买，就没有别处可买）。这种处理案件的方法，使邓析能够从相反的角度认识到对立双方的着急与不着急都是相对的，有它形成的条件性。所以，邓析能从着急中发现有所不着急，从不着急中发现有所急。于是，邓析在肯定一方的“不着急”时，是以另一方的“着急”为条件的；在肯定另一方的“不着急”时，又是以这一方的“着急”为条件的。这样，邓析就把相对的“着急”与“不着急”从事物本身的静态是非判断中抽取出来，放到了一个动态的是非判断中，使对立双方的矛盾性质在事物的发展变化中具有了一定的统一性。这是从事物的两方面来分析问题，将事物本身看做发展变化的、相对的。因此，从肯定中看出否定，肯定包含着否定；从否定中看出肯定，否定有助于肯定的认识方法，似乎有一点辩证的态度，也就是反对绝对地肯定一切，也反对绝对地否定一切。

但邓析的“两可”之说不是辩证法，而是混淆确定标准的诡辩。即“两可”之说虽然认定了事物是相对的，因此思维判断在一定的条件下具有相对性，但这种相对性又没有一个确定性的一面，使是非判断没有一个客观的尺度。从“两可”的故事中，我们并没有看到最终解决的结果。“两可”之说虽然体现了邓析的思维技巧，但历来被说成诡辩不是没有道理的。因此，他被正统思想家认为是“别类”，名声不大好。如荀子认为他“不法先王，不是礼义，而好治怪说，玩奇词。甚察而不惠，辩而无用，多事而寡功，不可以为治纲纪，然而其持之有故，其言之成理，足以欺惑愚众，是惠施、邓析也”（《荀子·非十二子》）。《吕氏春秋》则说邓析“以非为是，以是为非”，“是非无度，而可与不可日变”。《淮南子》更说“邓析巧辩而乱法”。

（张晓芒）

惠施与庄子

惠施与庄子是一对辩友，两人经常为各自的学说主张进行激烈的富有哲理且又充满情趣的论辩。由于两人都是善于比喻的高手，曾有过以各种自然事物做“譬”的“有用”与“无用”之争、“有情”和“无情”之争、“是”与“非”之争等。其中，最为著名的论辩是“濠梁之辩”：

庄子与惠子游于濠（濠水）梁（河堰）之上。庄子曰：“鯈（tiáo 白鲦鱼）鱼出游从容，是鱼之乐也。”惠子曰：“子非鱼，安知鱼之乐？”庄子曰：“子非我，安知我不知鱼之乐？”惠子曰：“我非子，固不知子矣；子固非鱼也，子之不知鱼之乐，全矣（这就够了）。”庄子曰：“请循（追溯）其本（开头的话题）。子曰：‘汝安知鱼之乐’云者，既已知吾知之而问我，我知之濠上也。”（《庄子·秋水》）

“濠梁之辩”是千古奇辩。在这则论辩中，双方都在斗智斗巧，辩才均为无与伦比，但各自的逻辑毛病还是可以分析出来的。

按这则论辩的焦点是“异类能不能相比”与“异类能不能相知”的问题。庄子根据“鱼出游从容”断定是“鱼之乐”。惠施提出反驳，明确表示了“子”与“鱼”是异类，不存在“相比”、“相知”的问题。但庄子却开始玩弄诡辩，把惠施说的异类不可以相知、相比的“子”与“鱼”偷换成了“子”与“我”，从而把同类可以相知、相比的“子”与“我”说成是不可以相知。

惠施当然不会放过庄子的逻辑矛盾，进一步反驳，既然你认为我不是你就不能知道你，那么，你不是鱼，当然也就不知道鱼是否快乐了。虽然惠施的这个反驳使庄子陷入了困境，但惠施的这个反驳也不是无懈可击。首先，从思维规律角度讲，惠施一方面肯定“子固非鱼也，子之不知鱼之乐，全矣”，表明自己对庄子已经有所知；另一方面却又说“我非子，固不知子矣”，又承认了自己不知道庄子。这样就使得自己也陷入了自相矛盾之中。其次，从认识论角度讲，惠施错误地把本来属于同一物类的“子”与“我”（可以相知）混同于不属于同一物类的“子”与“鱼”（不可以相知），从而使自己也陷入了不可知论。

在最后一轮论辩中，庄子继续玩弄诡辩。他利用了“安”的语义上的歧义性，以偷换概念的手法，将惠施所说的：“你怎么知道鱼乐呢?”偷换成：“你从哪里知道鱼乐呢?”并大大方方地回答说：“我知之濠上也。”

在“濠梁之辩”中，持“类与不类，相与为类”这一抹杀事物类别界限的相对主义观点的庄子，其“人”与“鱼”相比实在是“不类”，庄子是错误的；而“人”（庄子）与“人”（惠施）相比则是“同类”，惠施是对的。

对于惠施的辩才，庄子曾给过很高的评价：

庄子送葬，过惠子之墓，顾（回头）谓从者曰：“郢人垩（è 石灰）慢其鼻端若蝇翼（在鼻尖上涂了如苍蝇翅膀一样薄的石灰），使匠石（工匠名）斫（zhuó 削）之。匠石运斤（挥动斧子）成风，听（任意）而斫之，尽（削尽）垩而鼻不伤，郢人立不失容。宋元君闻之，召匠石曰：‘尝试为寡人为之。’匠石曰：‘臣则尝能斫之。虽然，臣之质（对手）死久矣。’自夫子（惠施）之死也，吾无以为质矣，吾无与言之矣。”（《庄子·徐无鬼》）

在这个评价中，虽然庄子认为自己的辩才无与伦比，但无“运斤成风”的搭档也是枉然。惠施的辩才同样是无与伦比的。由此可以看出两人是“不是冤家不聚头”的论辩好友。

（张晓芒）

荀子的“成相”

“相”是古代一种由舂米或筑地的劳动工具发展而成的打击乐器，用来击节说唱，又称做“舂牍”。“相”遂成为古代民间流传的说唱歌谣体裁，所谓“成相”就是演唱相歌。“成相”一般是4句一韵，其基本形式为：3字—3字—7字—11字（或4字—7字），可以按照一定的节奏朗读。《汉书·艺文志》记载有《成相杂辞》11篇，但后佚。

《荀子》中共有3首“成相”，都是以“请成相”起首，宣扬了荀子的为君治国之道，因而以名篇，成为荀子借民间说唱词表达自己主张的一种形式。如：

请成相，世之殃，愚暗愚暗堕贤良。人主无贤，如瞽无相（又名扶工，专门扶持、导引盲人的人），何伥伥（目无所见，茫然无所适从之貌）。

请布基（陈述基本），慎听之，愚而自专事不治。主忌苟胜（人君治理国家，最忌讳侥幸成功），群臣莫谏，必逢灾。

论臣过，反其施（违反为臣之道而行事），尊主安国尚贤义。拒谏饰非，愚而上同，国必祸。

曷谓罢（音疲，与“贤”对文，指“不贤”、“无能”）？国多私，比周还主党与施（比周：结党营私；还：读营，做迷惑解；党与：同党；施：施展）。远贤近谗，忠臣蔽塞，主势移。

曷谓贤？明君臣，上能尊主下爱民。主诚听之，天下为一，海内宾（臣服归附）。

主之孽，谗人达，贤能遁逃国乃蹶。愚以重愚，暗以重暗，成为桀。

世之灾，妒贤能，飞廉知政任恶来（飞廉与恶来是父子，共同辅佐商纣王，是谗邪之臣的代表人物）。卑其志意（飞廉父子不鼓励纣树立远大理想，而是劝他贪图眼前享受），大其园囿，高其台。

武王怒，师牧野，纣卒易乡启乃下。武王善之，封之于宋，立其祖。

世之衰，谗人归，比干见刳箕子累。武王诛之，吕尚招麾，殷民怀。

世之祸，恶贤士，子胥见杀百里徙。穆公任之，强配五伯，六卿施。

世之愚，恶大儒，逆斥不通孔子拘。展禽三绌，春申道缀，基毕输。

请牧基，贤者思，尧在万世如见之。谗人罔极，险陂倾侧，此之疑。

基必施，辨贤罢，文武之道同伏戏。由之者治，不由者乱，何疑为？

1975年，我国考古工作者在云梦睡虎地秦墓出土的竹简中，发现了一篇与荀子所做格式基本一致的“成相”。说明这是古代民间的说唱词。

（张晓芒）

两刀论法

两刀论法是韩非运用矛盾对立现象辩难的一种论辩方法，其形式是由一个包含两个选言判断和两个假言判断构成的假言选言推理，常用于论辩。即论辩的一方提出一个断定事物两种可能性的选言前提，再由这两种可能前提引申出对方均难以接受的两个结论，使对方在两种可能的选择中处于进退两难的困境。

运用两刀论法进行论辩，韩非不是第一人，但韩非却是在充分认识了大量存在的矛盾对立现象的基础上，利用矛盾现象“势不两立”的特点，在论辩中大量使用两刀论法的行家里手。在《韩非子》的《难一》、《难二》、《难三》、《难四》、《难势》、《问辩》、《问田》、《定法》、《显学》等诸篇中，韩非常常采用两刀论法进行辩难。如《韩非子·说林上》记载：

“有献不死之药于荆王（楚王）者，谒者（主管通报传达的官吏）操之以入。中射之士（为宫中办事的官吏）问曰：‘可食乎？’曰：‘可。’因夺而食之。王大怒，使人杀中射之士。中射之士使人说王曰：‘臣问谒者曰可食，臣故食之，是臣无罪，而罪在谒者也；且客献不死之药，臣食之而王杀臣，是死药也，是客欺王也。夫杀无罪之臣，而明（证明）人之欺王也，不如释臣。’王乃不杀。”

我们将中射之士的辩解分析为如下形式：

如果这药是不死之药，那么王杀不死我；

如果这药不是不死之药，那么就是“客”在欺骗王；

或者这药是不死之药，或者这药不是不死之药。

所以，或者王杀不死我，或者是“客”在欺骗王。

又如《韩非子·难一》记载：

“齐桓公时有处士曰小臣稷，桓公三往而弗得见。桓公曰：‘吾闻布衣之士，不轻爵禄，无以易万乘之主；万乘之主，不好仁义，亦无以下布衣之士。’于是五往乃得见之……仁义者，不失人臣之礼，不败（破坏）君臣之位者也……使小臣有智能而遁桓公，是隐也，宜刑；若无智能而虚骄矜桓公，是诬也，宜戮。小臣之行，非刑则戮……故曰：桓公不知仁义。”

我们将韩非的这则论辩分析为如下形式：

如果小臣有智慧但又躲避桓公，则是隐藏不露，应该判之以刑罚；

如果小臣没有智慧但又在桓公面前没把握地说话，则是捏造事实，应该判之以杀戮；

小臣之行或者是隐藏不露，或者是捏造事实。

所以，或者应该判小臣以刑罚，或者应该判小臣以杀戮。

韩非之所以在论辩中大量运用省略式的二难论式，原因在于由假言判断构成的大前提中，两相矛盾对立的事物已经构成了明显的“不两立”或“不两存”的关系，因此，按照矛盾律思想，对这两相对立的现象，只能肯定其中的一个判断并且否定其中的另一个判断。所以，两刀论法是韩非进行驳难时的一种强有力的论辩工具。

（张晓芒）

王安石和司马光

这是一对冤家。王安石是北宋政治改革家，官至宰相，推行新法，提出青苗法、方田均税法和免役法等改革措施。由于触犯了官僚地主阶级的利益，遭到了以司马光为首的保守派的强烈反对，变法失败。在思想上，王安石提出道气一元论和“道立于两”的辩证发展观；而司马光则相信天是自然和社会的主宰，重视礼仪道德说教。

（吴彩强）

王安石像

当王艮遇见王阳明

王艮是明代哲学家，明代哲学家王守仁（阳明）的弟子。王艮提出“百姓日用即道”，肯定“圣人之道，无异于百姓之用”，主张从日常生活中贯彻儒家伦理道德，将儒学平民化。王艮在投王阳明门下之前就有自己的思想，当他遇到王阳明时便与之争论，认为自己的学说比王阳明的更好。争论后，王阳明对他的问题一一作了解答，于是王艮拜王阳明为师。过后不久，王艮认为不能轻易认输，于是又找王阳明辩论，结果还是让王艮输得心服口服。

（吴彩强）

戴震的科举路

戴震是清代思想家，安徽休宁人。戴震博闻强记，精通古音，对经学、语言、历史、天文、地理、数学、水利等均有精湛研究，但他的科举路走得却很是辛苦。他28岁时才补诸生，40岁时才举乡试中举人，后6次考进士，都因思想与程朱理学不符而落第。多年后乾隆修《四库全书》，特召任纂修官，命与会试中试者同赴殿试，被乾隆赐为同进士出身，授翰林院庶吉士。

（吴彩强）

北大的“哲学门”

北京大学哲学系始建于1914年，是我国高等学府中最早成立的哲学系。创建之初为北大文科哲学门，亦称“中国哲学门”，1919年更名为哲学系。历史上，著名学者蔡元培、胡适、蒋梦麟、熊十力、唐钺、邓以蛰、汤用彤、梁漱溟、金岳霖、冯友兰、宗白华、朱光潜、冯定、陈康、贺麟、沈有鼎、洪谦、张岱年、胡世华等先后在这里执教，培养了数代中国最优秀的哲学家，使这里成为现代中国哲学的摇篮。

1937年，由于日本发动全面的侵华战争，北京大学哲学系随校南迁，在云南昆明与清华大学、南开大学的相关科系合组为西南联合大学哲学系。抗战胜利后，1946年北京大学复校，哲学系也随校北上，恢复为北京大学哲学系。

90年来，北京大学哲学系共培养了8000余名毕业生，其中有张申府、冯友兰、孙本文、罗常培、顾颉刚、杨晦、潘菽、朱自清、朱谦之、牟宗三、何其芳、胡世华这样的大学者，也有邓中夏这样的革命志士，还有各行各业的大批骨干力量。这些毕业生遍布海内外，为中华民族的振兴和人类文明的发展做出了巨大的贡献。

2000 年 5 月 4 日，北京大学哲学系创办一份专业学术辑刊，其名称就为《哲学门》，其宗旨是学术性、原创性和批判性。它的创办预示着中国哲学界正在走出漫长的译介和评述期。

（吴彩强）

"哲学"一词的传入

中国本无"哲学"一词，它是舶来品。其最早的译名见于艾儒略的《西学凡》（1623），这是对中世纪以来欧洲大学所设学科和所授课程的大概介绍。其中的理科之学称为"理学"，即"裴禄所费亚之学"（Philosophy）。这里，对西文"哲学"一词既有音译，也有意译。近代早期将 Philosophy 译为当时通用的"科学"（Science），译名"格致学"或"格学"，或许是为了强调科学的地位。如《格致汇编》（1877）和《心灵学》（1889）都是如此译。近代另一重要哲学译名是"理学"、"性理学"，如《性学举隅》（1898）。严复早年译著也多用"理学"作为哲学的译名。现在我们所用的"哲学"乃取自日本的汉字译名，是由日本明治初期著名的启蒙思想家西周提出的。19 世纪 80 年代，井上哲次郎编纂日本第一部《哲学字汇》采纳了这种译名，"哲学"便成为日本学界普遍习用的译名。在中国，"哲学"一词被黄遵宪在《日本国志》中最早采用。梁启超为"哲学"译名的传播起了很重要的作用，在他创办的《清议报》和《新民丛报》上多次使用"哲学"一词。另外，蔡元培对"哲学"的使用也功不可没，在他的《哲学总论》中论述了哲学的性质及其与其他各门自然科学的关系。他把"哲学"与"理学"分开，说哲学是探究整个宇宙的普遍规律的，理学是指各门自然科学，两者是"统和与部分"的关系。

（吴彩强）

三

典章　制度

“亲亲”和“尊尊”

“亲亲”和“尊尊”是中国礼文化中最核心的两个概念，“尊尊”涉及君尊臣卑的国家政治制度，“亲亲”涉及亲疏远近的血缘宗法关系，其渊源可以追溯到西周的宗法等级制度。西周社会以宗子、宗孙和姻亲等血缘关系为纽带，亲缘关系是社会的基础。所以，要维护宗法关系最要紧的是坚持长幼相谐，尊卑有序，也即维护“亲亲”和“尊尊”。

“亲亲”和“尊尊”概念曾频繁地出现在儒家的多种典籍里，《孟子·尽心上》说：“亲亲，仁也；敬长，义也；无他，达之天下也。”《中庸》说：“仁者人也，亲亲为大，义者宜也，尊贤为大。”《礼记·大传》说：“上治祖祢，尊尊也；下治子孙，亲亲也。旁治昆弟，合族以食，序以昭穆，别之以礼义。人道竭矣。”又说：“立权度量，考文章，改正朔，易服色，殊徽号，异器械，别衣服，此其所得与民变革者也，其不可得变革者则有矣：亲亲也，尊尊也，长长也，男女有别也，此其项可得与民变革者也。”“亲亲”和“尊尊”遂成了儒家思想中两条万古不易的伦理原则。

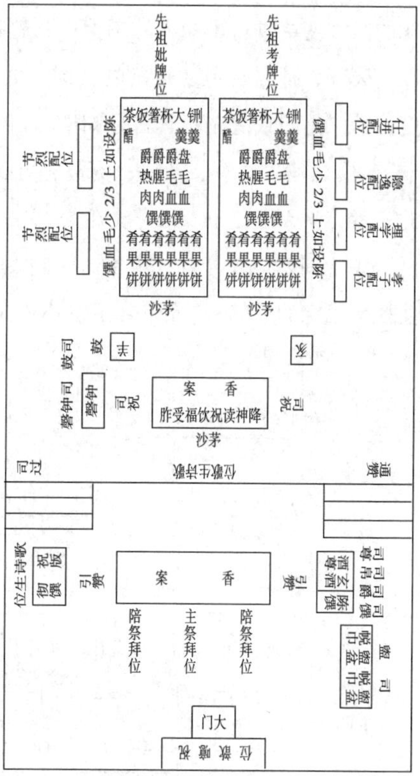

立春祭先祖图

明代儒学集大成者朱熹也对“亲亲”和“尊尊”进行了进一步解释，《文集》卷三十二说：“仁但主爱，若其等差，乃义之事。仁义虽不相离，然其用则各有主而不可乱。”又《中庸章句》卷二十说：“欲尽亲亲之仁，必由尊贤之义，故又当知人。亲亲之杀，尊贤之等，皆天理也，故又当知天。”从而把儒家“亲亲”和“尊尊”的基本原则解释成普天下都适用的“天理”。

作为礼文化的本质以及中国传统社会最重要的伦理原则，“亲亲”和“尊尊”在追求社会阶级之间的秩序与和谐，维护中华民族的团结与稳定上起了重要作用。

（潘道正）

王国维的《殷周制度论》

《殷周制度论》是我国著名古史研究专家王国维晚年的力作，撰写于 1917 年。《殷周制度论》以王国维所倡导的“两重证据法”对殷、周之际中国政治与文化的巨大变革进行了深入的考察，其着眼点是中国宗法制度。文章认为，周朝之所以定天下，是因其制度开始的，周人之制度异于商者有三：其一是立子立嫡之制度；其二是庙数之制；其三是同姓不婚制。王国维断定，周朝的典礼为“道德之器械”，周礼是“尊尊、亲亲、贤贤、男女有别四者之结体”，“然尊尊、亲亲、贤贤此三者，治天下之通义也”。在文章中，王国维考证出我国历代皇位的“传子之制”始于周朝，并充分肯定了这一制度的历史进步性，认为其可以达到平息争斗，使社会稳定的目的：“兄弟之亲本不如父子，而兄之尊又不如父，故兄弟间常不免

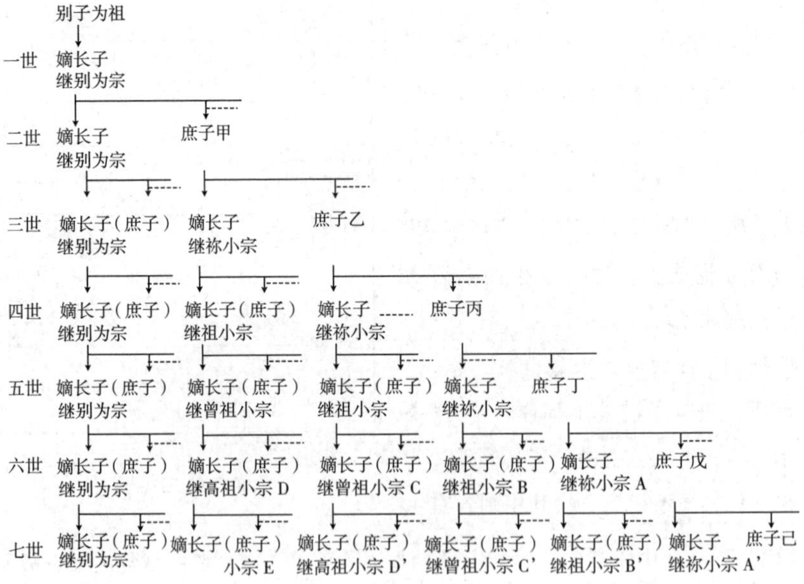

周代的宗法制度

有争位之事，特如传弟既尽之后，则嗣立者当为兄之子欤？弟之子欤？以理论之，自当立兄之子；以事实语之，则所立者往往为弟之子。此商人所以有中丁以后，九世之乱，而周人传子之制，正为救此弊而设也。”王国维在《殷周制度论》还进一步考证了中国宗法制度产生的原因，认为其本在于“嫡庶之制”：“周人嫡庶之制，本为无子诸侯继统法而设，复以此制通之大夫以下，则不为君统而为宗统，于是宗法生。”王国维的《殷周制度论》是我国古史研究史上一部里程碑式的作品。

（潘道正）

皇位的传递

中国古代，皇帝临死之前要把皇位传递给继承人，皇位的传递有严格的原则，即嫡长子继承制，也就是立男不立女、立嫡不立庶、立长不立幼。嫡长子继承制是封建礼教中最基本的宗法原则，它深深植根于中国的宗法姻亲关系之中。据王国维在《殷周制度论》中考证，皇位传子源于周朝，当武王驾崩，天下未定时，以周公“勋劳最高，以德以长，以历代之制，则继武王而自立，固其所矣”。但周公没有这样做，而是立周武王之子成王而自摄之，后又返政于成王。其所以摄政，只为时局未稳，为“济变”也，因此以后“子继之法，遂为百王不易之制矣”。王国维认为皇位传子制是中国社会的一大进步。皇位的传递是我国宗法制度中的一个核心问题，它关系到皇权的延续和王朝的稳定与兴衰。

（潘道正）

世袭制的四种方式

预立太子

皇位世袭制中最正统的方式，即沿用宗法制度嫡长继承、顺序嗣位的原则，皇位由正后所生的长子继承，如长子早死，有子即立其子，无子再由嫡次子顺序继承。只有在正后无子的情况下，才考虑庶生的长子。皇帝无子则依照亲疏顺序选立继位人。

密定皇储

皇帝在自己诸子中物色、选择继承人。皇帝将选中的继承人的名字及有关诏旨写好密贮，等到临去世前或去世后，才将密旨公布，被选定者立即登位，一切嫡庶兄弟尽列臣位。选立继位人之权全由皇帝一人掌握，任何人不得进言推荐。

内禅于子

皇帝依然健在而把皇位传给自己的子嗣。据顾炎武考证，此世袭法始自春秋战国时："《左传》：晋景公有疾，立太子州蒲为君，会诸侯伐郑。《史记》：赵武灵王传国于子惠文王，自称主父。此内禅之始。"（《日知录》卷一四）"内禅于子"是封建皇族自我协调以维系家天下的特定机制之一。

逼宫夺位

法定继承权之外的子嗣或皇族为了夺取皇位，用武力逼迫皇帝退位使自己登基。尽管我国古代有一整套严格的皇位传递法则，但仍无法避免宫廷中的争权夺利，逼宫夺位时有发生。唐朝玄武门之变即是典型的逼宫夺位。李渊次子李世民按嫡长子继承制不可能继承皇位，但他占有军事优势、人才优势，并控制中枢决策权。凭借强大的地方势力和社会舆论的支持，李世民发动了玄武门之变，成功地登上了皇帝宝座。

（潘道正）

后妃制度

古代帝王妻妾成群，为便于管制，必须确定名分，遂有后妃制度。后妃制度又是一种特殊的婚姻家庭制度，它与一般普通家庭的婚姻制度有着明显的不同，只局限和发生在帝王显贵之家。一般认为，后妃制度源于周代，《礼记·曲礼》中说："天子有后、有夫人、有世妇、有嫔、有妻、有妾。"《礼记·昏义》中也记载有："古者天子后立六宫、三夫人、九嫔、二十七世妇、八十一御妻。"在一夫一妻多妾婚姻制度的基础上，周代确立了其以帝王为中心，依照尊卑等级秩序，由帝王的正妻（后）及众姬妾（妃）组成的一套等级森严、名分职责严明的后妃制度，以后各朝代虽然其姬妾的称谓或数量各有变化，然而基本制度没有大的变化。后妃制度不仅满足了皇帝的各种私欲，而且是培育皇位继承人，使皇权世代相传的重要保障。在这种制度下，当出现皇帝幼小昏庸、懦弱或皇嗣中断的情况时，皇后有权以监护人名义，监督和选立后嗣，甚至临朝称制或垂帘听政，代行使皇权。作为我国古代政治制度的重要部分，后妃制度是人类社会一定发展阶段的产物，集中体现了男权思想。

（潘道正）

顶戴和花翎

清朝官员冠服佩饰制度。“顶戴”即官员戴的帽顶，可以从颜色上分官阶：一品为纯红色；二品为杂红色；三品是亮蓝色；四品为暗蓝色；五、六品为白色；七品以下都为金色。“花翎”即孔雀翎，可以从“眼”的多少了解等级的高下。所谓“眼”，就是孔雀翎上的眼状圆花纹，一个圆圈就算作一眼。世袭贵胄佩戴三眼花翎；王公大臣佩戴双眼花翎；一般官员，只能佩戴单眼花翎。据清代朱彭寿《旧典备征》所载：“亲王、郡王、贝勒、贝子及固伦额驸准戴三眼花翎。乾隆以来，大臣中亦有特赏者，然勋戚如傅文忠，当时尚不敢戴用，是以受赐者尤稀。按二百年来膺是赏者，惟傅恒、福康安、和琳、长龄、禧恩、李鸿章、徐桐七人。”所有的顶戴和花翎，均由皇帝批准赏赐。

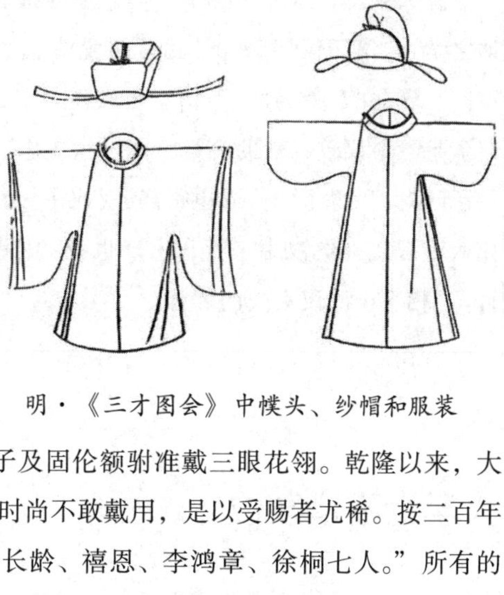
明·《三才图会》中幞头、纱帽和服装

（潘道正）

中国古代的博士制度

博士制度是一项重要的政治、文化制度，源于战国时期的齐国而形成于秦汉时期。“博士”一词首见于战国时代，最初并非一种官名，只是对博学士人的称谓。如《战国策·赵策》有：“郑同北见赵王。赵王曰：‘子，南方之博士也，何以教之？”《史记·循吏列传》有：“公仪休者，鲁博士也。”《汉书·贾山传》有：“祖父祛，故魏王时博士弟子也。”“博士”作为官名，可能较早出现于齐国。明代董说《七国考》引许慎《五经异义》说：“战国时，齐置博士之官。”战国末期，为适应统一战争日益加剧的社会局面，各国不得不礼贤下士以确保统治安全，在这种情况下，齐国、魏国等国都设置了博士官。秦朝承袭战国传统设立博士制度，当时博士多达70人（《史记·秦始皇本纪》）。汉代初期继承了秦朝的博士制度，人数和秦朝相仿。以后汉武帝罢黜百家，独尊儒术，将诸子传记方技等博士一律废除，只立“五经博士”，所以人数大减，汉宣帝时博士才12人，博士弟子数十人。东汉立十四博士，人员稍增，但都是今文经学的博士。博士制度由汉代历经魏、晋、隋、唐、宋、元，一直到明清时的国子监博士，长达2000多年，源远流长。博士即博学之士，是贯通古今的学者，其职任之一就是通古文训诂之学，《汉旧仪》说：“武帝初置博士，取学通行修，博识多艺，晓古文《尔雅》，能属文章者为之。”博士可教授弟子，故称“老师”、“先生”。博士的主要职责是参与议政，辅助决策，据《续汉志》载：“博士……掌教弟子，国有疑事，掌承问对。”博士的待遇也很高，《汉书·百官公卿表上》说博士“掌通古今，秩比六百石”。《续汉书·百官志》也说：“博士祭酒……六百石……博士……比六百。”相当于谏议大夫的俸禄。

（潘道正）

大学士不是学位

大学士是官阶。明太祖废丞相，以大学士当顾问，至明中叶遂以大学士为内阁长官，起草诏令，批签奏章。官职虽较低，但实握宰相之权。清代，大学士堪称文臣之极，与太师、太傅、太保同为正一品。乾隆时期把大学士具体化了，定出三殿、三阁、大学士之制。三殿为保和殿、文华殿、武英殿，三阁为体仁阁、文渊阁、东阁。每一大学士分别有殿阁之衔，如文华殿大学士、东阁大学士等。著名奸臣和珅在乾隆五十一年（1786）实授后，所兼殿名即为文华殿。因大学士办公处在内阁，中书居东西两房，大学士居中，所以大学士又称“中堂”。明代还没有普遍称大学士为“中堂”，到清朝时，皇权更加集中，雍正皇帝设立军机处，此后大学士职权为军机大臣所替代，此时大学士品级虽有提高，但职任反不重要，“大学士”已成空名。为了满足其对权力的要求，调节统治阶级内部的关系，皇帝往往令其管一个部。当时各部的“尚书”一般满、汉族各一人，就座时，两个尚书分坐东西，中间是大学士，故称大学士为“中堂”。大学士后来成了赞语美称。

（潘道正）

贝勒是什么爵位

贝勒是满语“天生贵族”的音译。在清朝，贝勒是仅次于王（亲王和郡王）的爵位。清朝一般只有爱新觉罗氏才能封王。王爷则有亲王和郡王之分。清朝的爵位是这样的：亲王——郡王——贝勒——贝子——辅国公——辅国将军。

（潘道正）

中国古代官员的俸禄

俸禄即官员的“薪水”。我国古时历代俸禄制度不一样。汉代官员分为十六个等次，当时称为“秩次”，用“石”来表示。官员的俸禄按其秩次给以谷物。隋代开始实行官品制度，官分九品，每品又各分正、从，共十八级。京官俸禄开始以官品为标准来定。唐代官品变为九品三十级，京官、地方官全按官品定俸禄。这时俸禄的名堂比较多，除规定俸禄外，还有永业田、职分田、禄米、奉料（仆役衣食费用及杂用钱）等。宋代的俸禄按官阶定，官阶当时称为“散官”。官员根据散官定俸禄，同时按职务大小发给“职钱”，不担任职务者无职钱。宋代俸禄的名堂比唐代更多，其俸禄收入一般包括俸禄、职田、祠禄、恩赏等。其中，俸禄包括正俸、添支、职钱、禄粟、衣赐，还有仆人（随从）衣粮，以及茶酒、厨料、薪炭、饲刍，等等。元代初期官员没有俸禄，后来虽然有俸禄，但非常少。明代确定俸禄的依据不再是散官，而改为官品。明代九品十八级，俸禄据此分为十八等。明初，官员俸禄全给米，后改为“米钞兼给”，只给少部分米，其余的米折成钱。清代的俸禄“按品颁发”，每品的正、从在俸禄上没有什么差别，所以俸禄只有九等。按清制，文官京员的正俸有俸银和俸米，文官外员有俸银而无俸米。正俸均按品支给。如正、从一品官俸银180两、禄米90石；正、从二品官俸银155两、禄米77石5斗；正、从八品官俸银40两、禄米20石。另外，外省文官还加发养廉银，各省均依品级发放，标准不等，省与省之间还有较大差别。但不管哪个省，养廉银的数额都比正俸要高得多。养廉银的经费由各省自己筹集。

（潘道正）

清代官员铨选制度

铨选是清代的选官制度。清代举人有“大挑”的规定，即举人连考3次不中者可以参加挑选。参考的次数后来改为连考6次，后来又改为4次。因此在清代，落第举人一般经过十余年就有被挑选的资格，只是具备资格不一定能被挑中，而且选中后也不能立即赴任。被选中的举人先得在吏部挂号排队，等待分配，届时到部里抽签决定去向。这种选任方法就叫做“铨选”。

（潘道正）

察举

察举是汉代自上而下选拔人才的一种制度。察举，原为选拔之意。最早始于汉高帝十一年（前196）的求贤令，其后朝廷屡诏公卿郡国察举贤才。真正形成制度则始于汉武帝建元元年（前140），《汉书·武帝纪》有：“建元元年冬十月，诏丞相、御史、列侯、中二千石、二千石、诸侯相举贤良方正直言极谏之士。”又有“元光元年（前134）冬十一月，初令郡国举孝、廉各一人”。察举的科目有两种：孝廉和茂才。孝廉即孝子廉吏之谓。孝与廉是古人非常推崇的两种德行，尤其是孝，更是被作为天下之本。所以，孝廉首先成为察举的常科，也是汉代入仕的主要途径。孝与廉原本是分开的，汉武帝时令郡国举孝、廉各一人，到后来则同为一科。所以，史书中多为孝廉并称。每年地方郡国都要向中央推荐人才，并且有人数限定：“岁举二人”。由于各郡国人口多少不等，所以到东汉和帝时期举孝廉的名额改以人口为标准，每20万人每年推荐一人，不足20万人的小郡每2年推荐一人，10万人以下的小郡则每3年推荐一人。对少数民族地区则加以优待，10万人以上的每年推荐一人。孝和廉的评判方法是"光禄四行"，即凡应孝廉之选者，先隶属光禄勋，拜为郎官，郎官享国家俸禄，却非实职，为"备选官"。一旦官职空缺，光禄勋即可按"四行"——质朴、敦厚、逊让、有行的标准推荐属下郎官出任。古代许多名公巨卿都是孝廉出身，如曹操、孙权等。

茂才，又作茂材，是汉代的另一种察举常科，西汉时原作秀才，到东汉时因避汉光武帝刘秀的讳而改为茂才。"茂"有美的含义，"茂才"即是有"美才"之人，即优秀人才。据《汉书》记载，汉武帝元封五年（前106），因汉武帝感到朝廷里文臣武将缺乏，急需选拔新的人才，就下诏令各州郡察举吏民中有"茂才异等"之士，举荐给朝廷。开始察举茂才只是特举而非常科。东汉光武帝建武十二年（36），光武帝下诏令三公、光禄、御史、州牧等每年推荐茂才各一人，从此茂才由特举变成了岁举常科，成为仅次于孝廉的一种察举科目。茂才作为汉代的一种察举常科，主要是由中央和地方的高级官员举荐，名额少，故所得推荐的人不如孝廉多，但因为察举严格，且地位高、任用重，许多著名人物都出自茂才，如班彪、郑玄等，这就远非孝廉可以与之相比了。

（潘道正）

武状元

我国古代科举考试武科殿试第一名称为武状元。我国科举取士的制度始自隋代。古代士人参加科举考试，先会试，会试之后，天子亲临策士之制，为"殿试"。会试中式者称为"贡士"。举子在取得贡士的资格后，才可以参加殿试。殿试中式之榜，号称"金榜"。会试中式的贡士，被正式赐出身为"进士"。进士分三甲，一甲三人赐进士及第，第一名即为"状元"。"状元"的称谓，最早出现于汉代，但直到明代，政府才正式明文规定。武举制度创始于武则天长安二年（702），但在整个科举历史中，武科考试很不受重视，五代十国和元代甚至都不设武科，直到南宋以后，武科考试才逐渐系统化、制度化。清代沿袭明制而采取文武并重的办法，武科在清朝达到了鼎盛。武科与文科一样，分为童试、乡试、会试和殿试。在文科考试之后的下月进行。考试分内、外场。外场分一场和二场，一场考马射，合格者再试二场，即步射、硬弓、舞刀等武艺。外场通过以后，继续内场，内场原试策论，后改默写武经七书。童试、乡试、会试和殿试中试无定额，中试者称为武生、武举人、武贡士和武进士。殿试一甲第一名称为“武状元”。

（潘道正）

丁忧

古代官员如果父母去世了，就需要向上级报告，要求去职回家服丧，叫做丁忧。丁忧是孝道的表现，在我国古代历来有详细的规定。比如宋代的丁忧制度就明确规定官员在获悉父母去世时应该奔丧，但必须履行一定的程序，即首先要向朝廷相关部门申请，批准后才能服丧。武官由于职守的重要还有特别的规定。武官的申请出中书下御史台，经过验实后才能决定是否能奔丧，如果是边界军事要地，则必须等候替代的武官到位后才能离任奔丧。一般情况下，丁忧作为一种伦理道德，在古代得到了普遍的认可，不服丧被认为是大逆不道而受到指责。宋朝王安石变法时期，王安石的学生李定就因为没有服他生母的丧而受到对手旧党的攻击，后来弄得身败名裂。但也有例外，有时由于官员责任重大，皇帝觉得不能离开他，就下旨让官员不必服丧，而是留在原有的岗位上，继续为国效力，这叫做“夺情”。明朝张居正的父亲去世时，张居正就被皇帝“夺情”，继续留在任上。

（潘道正）

中国古代官员是终身制的吗

中国古代官员不是终身制。古代史书中把官员退休称“致仕”、“致事”、“致政”等。早在商周时期，历史文献中即已有“致仕”之说，秦汉时期则基本上形成了一种制度，发展到唐代时期，此系统更趋完善。中国古代官员任职制度中最重要的一条是“七十致仕”的规定，即官员不论官职高低，一律70岁退休。据《通典》卷三三《职官·致仕官》载：年七十以上应致仕。这条规定代代相传，虽说有时运用得比较灵活，但基本原则一直没有改变过，直到清光绪三十年（1904）的《陆军营制饷章》问世。《陆军营制饷章》并没有废除这一成规，而是进一步规定了官员的退休制度，在“退休制略”一节明确规定：“军营最贵朝气，最忌暮气”，因此，兵丁要“更番训练”，军官要按时退休。退休年龄要根据职务确定，因为“官秩愈小，则职务愈劳。至于都守千把，上承命令，下赖指挥，按日督操，更非精力稍衰者所能胜任”。于是，开始对各级军官规定了五个不同等级的退休年龄：提镇不限龄，副将65岁，参将、游击60岁，都司、守备55岁，千总、把总50岁，到龄“皆令退休矣”。清宣统二年（1910），又对官佐的最高服役限龄作了修订，并写入《陆军任职试行章程》。章程规定，除荣获大将军、将军称号的正都统，以及奉皇帝特旨留用者，不受年龄的限制外，其余官佐满规定年龄后，一律退为后备役。服后备役的年限一律为6年。服满后备役后退休。但是凡获得军衔的军官军佐，“终身保有官阶，享受分内之待遇”。这个规定表明官职不是终身制，一旦到了规定年龄，就得交出职位，但官衔却可终身保有。这是实行军衔制度国家的一般通例。

（潘道正）

中国古代家族制度的演变

我国家族制度萌生于殷商后期。至西周初年，经过周公的总结与创制，形成了一套完整的宗法制度。其制度依照宗族血缘关系的不同，将其严格区分为大宗与小宗、宗子与别子等尊卑贵贱各种等级，核心是设立宗子与实行长子继承制。这种制度既是规范家族制度的原则和办法，同时也是当时政治统治的基本制度，周天子依宗法之制分封建国，从而使这一制度十分盛行。

至春秋战国之际，周王室衰微，诸侯称霸，社会形势的巨大变动强烈地冲击了西周以来的宗法制度。家族与家族制度发生了深刻的变化。于是产生了诸子均分制，并从总体上取代了长子继承制。战国秦汉之后，诸子均分制成为家族制度史中广为遵循的规约，得到普遍实行。所谓诸子均分制，即是当父（母）亲遗传家产时，按其儿子人数平均分配，每人各得一份。其原则可概括如下：一是以私有制为基础；二是以房分为析分单位；三是平均析分。

我国古代的家族制度以强烈的宗法等级性与传统文化（主要是儒家文化）有机地结合起来，导致一般民众的宗法社会心理，这种心理表现在政治生活中就是宗法的政治心理。《诗经·小雅·北山》中的“溥天之下，莫非王土；率土之滨，莫非王臣”，就是对我国古代家族制度下，人们政治心理的最好写照。孔子曾经对中国家族制度做过最简约的概括：君君、臣臣、父父、子子。

（潘道正）

宗谱和家谱

家谱又称为族谱、宗谱、家乘等，目前存世的中国家谱计有5万多种，其中又有2万多种家谱流落海外。家谱是记载本族世系及其相关内容的历史图籍，其内容涉及姓氏源流、家族迁徙、世系图录、族规礼仪、人物传记、艺文图志、风土人情等。历史学家章学诚在《文史通义》中曾说：“且有天下之史，有一国之史，有一家之史，有一人之史。传状志述，一人之史也；家乘谱牒，一家之史也；部府县志，一国之史也；综纪一朝，天下之史也。比人而后有家，比家而后有国，比国而后有天下。”家谱和正史、方志一起构成了中国社会历史的三大支柱，是我国传统文化形式之一，不仅具有一定的形式与内容，而且有丰富的思想内涵和持久的社会文化效应，是历史研究的重要内容之一。

中国家谱最早可追溯到周代，魏征《隋书·经籍志》记载：“周家小史，定系世，辨昭穆，则亦史之职也。”周代“小史之官”的职责是专管“定系世，辨昭穆”。秦统一天下后，原有的王侯将相失去世袭势力，社会格局重新划分，即“秦兼天下，划除旧迹，公侯子孙，失其本系”。制谱有了其必要性。不过先秦时，家谱体例简单，一般只按世系先后记述宗族人名和交代人物关系。汉代以后，家谱不仅记世谱，而且记姓氏起源及官职等。汉代初期问世的《世本》有“叙黄帝祖世所出”，记载了从黄帝到春秋时期，诸侯大夫的姓氏、世系、迁居、名号等，被认为是中国家谱的首创之作。三国两晋南北朝时，制定家谱为官方掌握，官方的重视使修谱之风盛行。当时门阀等级森严，流行以婚姻集团为核心的综合家谱。隋唐时期，修谱继续为官方掌握。在唐代中后期，民族大融合，门第更替，谱学得到进一步发展，且私家修谱逐渐流行。到了宋代，中国家谱得到了广泛的发展。宋代许多文人学士都积极参加修谱并创制谱例，著名的“小宗谱法”和“大宗谱法”就是由欧阳修和苏洵两个大文学家创立的，对后世产生了很大的影响。与前代相比，其功能由以往的“别选举，定婚姻、明贵贱”转变为“尊祖、敬宗、收族”的本族伦理教化作用。在这一时期，私家修谱进一步发展，取代了官方修谱，成为家谱主要的编纂方式。明清时期，私家修谱蔚然成风，家谱的形式结构、内容也更加完善精密。一部体例完备的家谱大约包括谱名、谱序和凡例等30多项。

家谱的价值主要有两个：一是丰富的史料价值；二是具有纽带作用，即所谓“家之有谱，如木之有本，水之有源”。中国人有着尊祖敬宗的优良传统，这跟千百年来家谱的维系有很大的关系。

（潘道正）

族田

族田是宋代以后属于某一宗族所共有的土地。每个宗族一般都有一定数量的公有财产族田，它是族权的经济基础。族田分两种：一种是由一个家族拨出一部分土地，征收地租，专做该家族祭祖开支的祭祀田，也叫做祭产、祀田。这种祭祀田一般数量不大，但极为普遍。另一种是由族内为官者、殷富者捐置或合伙捐置，用以接济贫穷、赈恤孤寡及协济族人读书应试的赡族田。这类族田又称义田、义庄。义庄原指掌管族田及租米分配的机构，后来不加区别，义庄和赡族田成为一个族姓土地的通称。

（潘道正）

族规

族规是家族祠堂所订的约束族人的祠规。在传统社会里，一个宗族必定有其充满儒家伦理纲常的规、约、训、范，一般来说，训范之类的规定，多从抽象的伦理方面要求族人，起教导作用；而规约之类的规定，则是要求族人的具体行为，法规、祠规多是此类，体现了祠堂的一定的司法权力。但二者并非截然分开，可以统称为族规。族规的第一条往往是讲孝，要求族人移孝做忠。一方面，做官的族人平时工作要极尽职守，不贪污，不结朋党，不苟和他议，公而忘私，到了国家发生特殊事情时，为君主视死如归；另一方面，对大多数平民族人来讲，忠君为国，主要是遵守法令，缴纳赋税。这种培养顺民的规定，作为基本思想，要求族人安分守己，所谓“安常处顺，乐天知命，受用此八字，自不为富贵人所动，万钟千驷，只似浮云一般”，从而达到维护传统社会秩序的目的。祠堂的审判权是由在祖宗牌位前论辩是非的审理权和依据家法的判决权（包括将族人送官惩治）组成。家法，常常是体罚族人，如鞭杖、罚跪、关押、捆绑示众等；或是经济制裁，如罚款入公、设酒服罪、演戏敬祖、办理公务等，或是上述惩罚之后开除宗籍。

（潘道正）

族长

族长是宗族祠堂的最高领导者，一般由家族德高望重的长辈担任。族长权力很大，他可以依据族规惩处族人，甚至可以处死族人。

（潘道正）

祠堂

祠堂又称宗祠、家庙公堂。祠堂里供奉祖先的牌位，是祭祀祖先的场所。祭祖为尽孝道，使族众团结在冥冥中的祖先之下，祭祀以昭穆世次为序，是一次尊卑等级关系的演习。祠堂又是处理宗族事务的地方，由各种人员组成，组织严密，类似国家机构，可以看做“宗族的朝廷”。一般的祠堂由族长负责，族众繁衍，下设房长（或支长、分长）分别管理族众，凡遇大事由他们在祠堂举行联席会议处理。一般强宗大姓皆有祠堂。

（潘道正）

著名的《家训》

家训，又称家教、家诫、家规、家仪、家约、帝范、庭训、内训等，是指在中国传统社会里形成和繁盛起来的关于治家教子的训诫，是以一定社会时代占主导地位的文化内容作为教育内涵的一种家庭教育形式。在文体上，中国古代家训，产生于西周，成熟于隋唐，完善于明清。作为一种文化形态，家训蕴藏着强制性、约束性和训诫性等特点。作为传统文化的重要组成部分，古代家训文化不仅体现了文化传承关系，更是直观地反映了不同朝代、不同社会阶层对传统美德的认同、阐释和深化，体现出了很高的哲学伦理价值、文化价值和美学价值。中国是典型的家族宗法制社会，家训传统源远流长，作品洋洋大观，但影响最大最有名的要数《颜氏家训》和《曾氏家训》。

《颜氏家训》是由南北朝时期的颜之推精心撰就的家训专著。颜之推因战争曾历仕梁、北齐、周、隋四朝。《颜氏家训》行世时间为题署的北齐时所作。其大致内容如下：其一，不慕虚名，注重实际本领。“积财千万，不如薄伎在身。”其二，知足常乐，洁身自好。如《止足》篇：“宇宙可臻其极，情性不知其穷，唯在少欲知足，为立涯限尔。”其三，多一事不如少一事，明哲保身。如《省事》篇：“无多言，多言多败；无多事，多事多患。”其四，安身儒流，不入行伍。明确指出读兵书经略，行纵横说诱，终是“陷身灭族之本也”。

《曾氏家训》是由清末一代大儒曾国藩所作。曾国藩一生共写家书千余封，内容主要从三个方面论述其家训思想。一是持家，其原则是“尚勤”、“崇俭”和“倡和”；二是治学，其原则是“立志”、“有恒”和“专一”；三是修身，其原则是“不忮不求”和“戒嫌贫爱富”。

（潘道正）

《仪礼》中的丧礼

《仪礼》又名《礼》、《士礼》、《礼经》、《礼古经》，或称《礼记》、《古文礼》，是儒家的一部重要经典，十三经之一，对中国礼仪制度影响极大。在《仪礼》一书中，有一半篇幅讨论了与丧礼有关的各种仪节，其中《士丧礼》、《既夕礼》等篇则专门记载了古代士人死后，他们的子孙为其操办丧事的礼仪。丧礼是极为复杂的仪礼，根据《士丧礼》，人属纩时，必先有招魂复魄之举，由人持死者的衣服，登屋面，呼喊三次死者的名字。招魂无效之后，丧家才开始办丧事。此时亲人及同宗兄弟毕集，国君也使人来吊唁致襚。柩上有铭，书写死者的姓名，这为魂魄之所依。商祝（习商礼的祝，应是由商代即属专业的祝）则以米及贝壳置于死者口中，然后为死者袭覆。夏祝（习夏礼的祝）将二鬲粥饭，放在西墙，作为未设铭以前，魂魄之凭依。此后小殓，为死者备衣物，大殓入棺。在此过程中都有哭诵，也都需献祭食物，使死者如在生时。葬日则由族人宗亲聚集占卜。国君吊唁及宗族的集会，事实上也有立嗣，或承认已立嗣子地位的作用。丧服，因亲疏远近而有严格的等级。在传统社会里，丧礼也是厘定社会关系的场合，整个丧葬过程实际上具有了表现社会关系的意义，这种意义大于个人的情感意义。所以，丧葬礼仪一方面表现了纵向的封建等级关系，另一方面也表现了横向的宗族联系。

（潘道正）

中国古代帝王的陵寝制度

中国古代的帝王陵墓包括陵墓及其附属建筑两部分，合称为陵寝。历代帝王对陵寝都十分重视，3000余年来逐渐发展出一套严格的陵寝制度。

夏、商时基本上比较简单，实行“子随父葬，祖辈衍继”的埋葬制度，帝王陵墓都按照家族血缘关系集中建造在一个地区。在陵墓和附属建筑的周围通常还有划定的陵区，不准外人轻易涉足。陵区面积非常大，通常少则十数里，多则百多里，里面按照严密的规划布局建造了各种建筑物。这时的陵寝一般选在离都城不远的地方。

中国古代陵寝制度至秦朝时有了较大的发展。秦始皇好大喜功，陵园按照都城宫殿的规划布置，规模宏大。这时的另一个新特点是在陵区附近设置城邑，并以陵号来命名。同时，秦朝延续了建造用于祭祀的建筑的做法。秦始皇生前就在渭水南面为自己建立了宗庙，设立了神主，并且在陵侧建立寝宫，摆设衣冠用具以便就近接受日常祭祀。秦朝的陵寝制度奠定了我国古代历代帝王陵寝制度的基础，影响深远。

西汉继承了秦代陵寝制度并且有所发展。陵园里只有一个重城，陵墓在陵园的中央，坐西朝东。陪葬墓区也在陵墓前方。西汉初期，帝、后在一座陵园内异穴合葬。从汉文帝开始，帝、后各建一座陵园。到汉景帝的时候，在汉文帝霸陵旁也建造庙宇。以后这种陵旁边立庙的制度一直延续到西汉末。西汉开始，帝王陵墓除了掘地起坟之外，还可以“凿山为陵”。到了西汉的中晚期，墓室结构发生了重大变化。“凿山为陵”的墓室大多数是横穴式，并且分为耳室、前室和后室等很多部分。

而竖穴式的陵墓则改用砖和石料构建墓室，形制和结构完全模仿了现实生活中的房屋、宫殿和院落。这种墓室起到了椁的作用，所以墓室里的葬具只有棺而没有椁。在这些墓葬里，墙壁上大都绘有彩色的壁画，或者有模印的画像砖，而在石结构的墓葬里则大都是雕刻画像。壁画的题材很广泛，除了神灵怪兽、历史故事之外，主要是表现帝王生前的各种生活场面。西汉时期从汉高祖开始，出于政治目的，各陵都安置了很多陪葬墓，被称为“陪陵”，形成规模宏大的陪葬墓地。陪葬者大都是当时的朝廷重臣和皇亲国戚。

唐代建都西安，地势依山背原，“凿山为陵”特别盛行。皇陵最特出的特点是气势恢弘。另外，陵区内有很多殿宇楼阁组成的地面建筑；功臣陪葬，皇亲从葬；有大量威武雄壮、富有时代感的陵墓石刻。陵园坐北朝南呈正方形，布局分上宫和下宫，分别为上陵谒拜祭祀和日常供奉起居的场所。和前朝不同，唐代后妃自唐高祖李渊时期开始，附葬帝陵不单独起陵。

宋代的陵寝制度大体上沿袭了唐代初期的制度，只是改变了汉唐预先营建寿陵的制度。北宋的陵寝在皇帝死后才开始建造，而且全部工程必须在 7 个月内完成。由于这个原因，宋代的陵园规模不如唐代。另一个不同是，宋代恢复了汉代后妃单独起陵的规制，后妃单独起陵园于帝陵的西南隅。后陵建筑与帝陵相同，但规模较小，除宋太祖庄怀皇后潘氏有陵号“保泰”外，其他后陵都没有陵号。

明朝朱元璋恢复了预造寿陵的制度，并且对汉唐两宋时期的陵寝制度作了重大改革。这些改革表现在很多方面。首先，陵墓形制由唐宋时期的方形改为圆形，以适应南方多雨的地理气候，便于雨水下流不致浸润墓穴。所以，这一时期非常讲究棺椁的密封和防腐措施，墓中的尸体一般都保存较好。其次，陵园建筑取消了下宫建筑，保留和扩展了谒拜祭奠的上宫建筑，相应地取消了陵寝中留居宫女以侍奉亡灵起居的制度。明代对陵寝的保护，比以前更加严密和制度化。比如，图谋要毁山陵的，以“大逆”罪论，不分主谋从谋一律凌迟处死；偷盗大祀神祇中御用的祭器、帷帐等东西一律斩首；山陵内盗砍树木的斩首，家属发配边军。另外，明代专门设有神宫临军，专门掌管陵寝保卫。还设有一卫驻兵屯军保卫陵寝外部。真可谓壁垒森严。

清朝除了在陵冢上增设了月牙城外，陵寝制度基本上沿袭明代。陵园的布局与明代相比也发展到更成熟的阶段。按照从南到北的顺序，都由石像生、大碑楼、大小石桥、龙凤门、小碑亭、神厨库、东西朝房、隆恩门、东西配殿、隆恩殿、琉璃门等大小建筑组成。每座帝陵附近一般都附有皇后和嫔妃的园寝。清东陵和清西陵，是中国现存规模最大、保存最完整的帝王陵墓群。

（潘道正）

殉葬

人死后陪葬的分人殉和物殉两种。

人殉即用人陪葬。中国的人殉兴于殷周时期，至秦代依然有大规模的人殉。秦二世在埋葬秦始皇时，就曾下令始皇宫内没有子女的宫女全部殉葬。为了防止泄密，参加修建墓葬的工匠也都被活埋在墓里。秦汉以后因其过于残忍而基本改用假的偶人或器物。明代初期，人殉曾再度发生。至明英宗时，下令废止人殉。但清朝初年，满族仍实行人殉。满族曾有人殉的传统，据《宁古塔记》风俗卷中载："男子死，必以一妾殉，当殉者必于主前定之，不容辞，不容僭也，当殉不哭，艳妆坐炕上，主妇率皆下拜而享之，及时，以弓弦扣弦而殒之。当不肯殉，则群起而扼之死矣。"清朝最早的人殉发生在明万历三十一年（1603）九月，当时清太祖孝慈高皇后叶赫纳喇氏"疾笃"而崩，努尔哈赤生殉四婢女，杀牛马致祭。最初人殉兼有男女，后来男权思想日盛，妇女社会地位低下，在男女之间、主仆之间处于从属地位，于是，妇女成了殉葬的主要对象。

物殉即以器物陪葬，至今在某些地区依然风行。

殉葬是一种世界性的古老风俗，起源于神秘的宗教仪式，大致出于这样一种信念：存在一个同此岸现实世界相似的彼岸世界，为了能在彼岸世界进行正常的生活，一些器物和人是必需的。

（潘道正）

中国古代对于死的不同说法

石油大学（北京）外语系的戴卫平和大连理工大学外语学院的高鹏在《中英文化的生死观——汉英"死亡"委婉语解读》一文中，通过对不同宗教背景下的死亡观的比较，对中国古代对于死的不同表达作了比较详细的整理。

从等级的角度看，他们指出：古代中国的制度文化曾使中国成为一个官本位的社会，皇权至高无上，官僚等级制度森严。封建统治者生前要高人一等，死后也要别于庶民。《礼记·曲礼（下）》就明文规定：“天子死曰崩，诸侯曰薨，大夫曰卒，士曰不禄，庶人曰死。”到了唐朝，据《新唐书·百官志一》记载：“凡丧，三品以上称薨，五品以上称卒，自六品达于庶人称死。”“崩”和“薨”都采用比喻的手法来渲染夸张天子和诸侯之死的影响。至于“不禄”，则采用迂回陈述法，改变叙事的角度，也称“弃禄”，意思是“不再享用皇上的俸禄”，这种说法的身份限制也是显而易见的。采用迂回陈述，帝王之“死”，也称“弃朝”、“弃群臣”、“弃天下”。历代帝王专用的死亡委婉语有：“千秋万岁”、“山陵崩”、“晏驾”、“升遐”、“宾天”、“大行”等。然而，平民百姓只能叫做“弃世”、“弃平居”、“弃馆舍”、“弃堂帐”。古汉语中这类“死亡”委婉语界定清楚、等级分明，一点儿含糊不得，谁也不敢跨越雷池半步。其中只有“卒”例外，因为“卒”即“结束”，是一个模糊词，没有明显的等级差别，后来也就平民化，并一直沿用至今。随着时代的变迁，某些特定阶级和宗教的委婉语在现代已不流行，如婉指帝王、帝后死亡的“崩”、“驾崩”、“大行”、“弃群臣”；专指诸侯或王公大臣死亡的“薨”、“薨殒”、“捐宾客”，等等。

从宗教的角度，他们论述道：道教是中国本土产生的宗教，源自老子和庄子的道家思想。道教把先秦道家的理论概念“道”加以神秘化，作为根本的信仰，把得道成仙作为追求的最高境界。道家否认世间万事万物的差别，认为“生”与“死”也没有极端差别，所谓“圣人之生也天行，其死也物化”（《庄子·刻意》）。于是，人死便婉称为“物化”，以及“隐化”、“遁化”。由道家思想发展而来的道教则进一步追求生命不死、肉体成仙，称人死为“仙逝”或“仙游”。道教认为，经过一定的“修炼”，世人是可以脱胎换骨、超凡成仙的，没有必要等到死后才来超度灵魂。因此，源于道教的死亡委婉语大都与成仙有关。道教认为人死犹蝉之脱壳，称“蝉蜕”或“蜕化”；或如鸟生双翼飞升，称“羽化”；或传说得道成仙便乘白鹤而去，于是，称“骑鹤”或“化鹤”。中国自远古以来便有“不死”的观念与鬼神之说，经过道教追求长生不死的神仙构想，更是吸引了帝王及众多的达官显贵的向往。道教的神仙方术为秦汉帝王们所钟情：秦始皇兴师动众，让人入海求仙；汉武帝被神仙方士所鼓吹的得道成仙之术搞得神魂颠倒，深信不疑；唐代自唐太宗李世民始，至以后数代，都是笃信神仙方术。道教把神仙分为“三品”：能乘云御气升天入天堂的天仙，可任意逍遥遨游于名山大川的地仙，再下一品是由尸骸蜕化成仙的尸解仙。得道成仙者不是升入方外的天堂就是去往蓬莱仙岛等处。源于道教的死亡委婉语反映了人们希望延年益寿、长生不老的愿望，以及希望通过自身努力去超越死亡，寻找生命寄托这种自强不息的进取心态。

佛教的最高境界，称为“涅槃”，意为进入一种永恒寂灭的精神状态，而其根本宗旨，则是为人指点迷津，灭绝苦源，使人能无忧无虑、自由自在地生活。佛教从印度传入中国后，经过长期的流传、渗透，对中国的传统文化产生了很大的影响。今天汉语中的许多词汇就是源自佛教词语。但是，源于佛教的“死亡”委婉语却大都未能跨出佛门，如圆寂、归寂、顺化等。“涅槃”源自音译的梵语（nirvana）。佛教提倡修行，其最高境界为“诸德圆满俱足，诸恶寂灭净尽”，所以梵语nirvana意译为“灭度”、“圆寂”、“示寂”、“入寂”、“入灭”。佛家功德圆满，达到“四大皆空”，死时心平气定，盘膝端坐如生，曰“坐化”；而此后必“登莲界”——这就是佛教对“死亡”的最高赞誉。“诸德圆满俱足，诸恶寂灭净尽”是佛教修行所能达到的最高境界，是一种不可思议的解脱境界，也是凡人所不能达到的境界。因此，上述佛教所用的“死亡”委婉语至今只用于指僧尼之死。一个佛教徒若能达到“涅槃”的境地，也就意味着他能超脱红尘，出世成佛。许多高僧在行将辞世之时，沐浴更衣，盘坐合十，用意念控制肉体，达到“物我两忘”的境界，无痛苦地安详地死去。这就是“坐化”。佛教以业报轮回来解释人的生死，实际上同以灵魂肉体来解释人的生死一样，最终赋予人以超越死亡达到不朽的性质。

在宗教信仰问题上，中华民族素持宽容的心态，是为多神论信仰。从各自的宗教视角出发，对死这一自然现象，不同的宗教自然有不同的说法。当然，不同宗教对“死亡”的解释也有一些相通之处，例如道家认为人死即归于自然，返归本原，故称“返真（元）”或“登真”；佛家也认为人死后灵魂则回归本真，故称“归真”；同时，伊斯兰教也称“死”为“归真”。这里值得注意的是，比起英语来，汉语这方面的委婉语少得多；而且，由于宗教的多元化，汉语中这类来源于宗教的“死亡”委婉语，绝大多数未能作为全民语言进入《现代汉语词典》。进入者除了道教的“仙逝”、“物化”和佛教的“归西”等少数几个外，也多数保留着鲜明的语域特征，如“归真”是佛教、伊斯兰教指人死；“羽化”是道教徒称人死；“圆寂”则是佛教用语。这些语域标记式的附加注释，说明它们一般仅在宗教圈内使用，在无神论思想占主导的现代中国，很难被接受而沿用。

（潘道正）

“暮鼓晨钟”和中国古代的报时系统

在中国许多古城中，都有钟楼和鼓楼，如北京、西安、南京等。而现在已经成为人们旅游点的钟鼓楼在古代的主要作用是报时。

在中国古代，人们就开始了各种各样的计时尝试，比方沙漏，朝廷中有专门的官员来确定历法和时间。为了更为准确地测定时间，人类不断地总结改进计时的工具和方法，钟鼓楼中的“铜壶滴漏 + 钟 + 鼓”的计时报时模式应该就是人们这种努力的结晶。

漏刻的具体计时方法是：通过漏壶中的水面与箭刻上的刻度来确定时间。北京鼓楼上的铜刻漏相传为宋代故物，宋代漏刻是我国漏刻发展史上的高峰，在形式、结构、精确度等方面都有新的进展。在下漏的基础上，研制出著名的浮漏。在漏刻上使用报时装置，成为现代机械报时系统的先驱。鼓楼之铜刻漏为方漏斗形，共有四个漏壶，漫流平水壶的增设，稳定了供水壶的水位，使第一漏壶的水位线始终保持在同一水平线上。为了计时更加精确，冬天提高水温以保持壶水的流速。利用水动力与机械原理相结合，击铙报时。由于漏壶技术的提高，日误差仅在20秒左右。该漏壶后在转运中遗失，去向不详。另外，鼓楼也曾一度采用时辰香计时。

之所以将铜壶漏刻置于鼓楼而不是在钟楼，原因是钟楼、鼓楼功能有别，鼓楼是为了定更、定时而用的，鼓楼用于定更的鼓共25面，1面主鼓，24面群鼓，现仅存1面主鼓已残破不堪。鼓楼二层现陈列的25面更鼓是依据清嘉庆年间的史料记载仿制的。主鼓面径1.60米，鼓高2.40米；群鼓面径1.12米，鼓高1.60米。如此壮观的定更鼓群是非常罕见的，鼓腔大、数量多，汇集在一起敲击时声音雄浑，产生极强的共振，满足了定时功能及扬威的需求。

说过了鼓楼定时、定更，要看看钟楼上用于报时的钟了，现在钟楼上所悬之钟为明代永乐年间铸造，重约63吨，堪称“古钟之最”。该钟重量居世界钟重量第四，与古钟博物馆的“永乐大钟”同期铸造，是现存古钟中重量最重、铸造最早的。钟通体高7.02米，直径3.40米，钟厚0.245米。钟体高大呈圆状，声音洪亮，且延展性好，延长音多；钟壁厚度自上而下分布均匀，上下口径相当，使声音缓慢荡漾而出，便于将钟声向四面八方传递，以达到最好的声响效果。

北京钟鼓楼的暮鼓晨钟流传了600多年，为古代都城报时，每日始于暮鼓，止于晨钟。依时定更，以更报时是有严格规定的。“铜壶滴漏＋鼓＋钟”的报时机制成为了帝都报时文化的一条主线。

作为一种常规性的报时方式，一般在佛教寺庙也采用暮鼓晨钟的方式。

据新华社2001年12月22日北京电：

“在北京沉寂百年的暮鼓晨钟盛况，将于今年12月31日起重现。

届时，按照清朝嘉庆时期尺寸精心制作的25面巨大更鼓和钟楼的永乐铜钟将相继奏响。人们不但可以登上修缮一新的钟鼓楼一饱眼福、耳福，目睹元、明、清时的报时盛况，聆听那深沉辽远的钟鼓声所传递的盛世华音。而且，还可以根据专门编制的鼓谱亲手击鼓，向亲友表达祝福的心愿和新年的问候。”

根据有关历史资料记载，所谓暮鼓晨钟，就是钟鼓楼击鼓定更、撞钟报时的规律。鼓楼二层原有25面鼓，其中1面主鼓，24面群鼓，象征24节气。每天19时至21时为定更；每天凌晨3时至5时为五更，从定更到五更都要先击鼓后撞钟，从二更到四更则只撞钟。昔日文武百官上朝，京城百姓生息劳作均以此为度，后来随着清朝的衰亡而逐渐失去功能。

（潘宇）

衍圣公

宋代时期宋仁宗赐给孔子嫡长孙的封号。自汉代开始，历代封建统治者对孔子后裔开始加封，汉高祖刘邦封孔子的九代孙孔腾为“奉祀君”，汉元帝将孔子的第十三代孙孔霸封为“关内侯”。魏晋南北朝时期，孔子的思想继续得到尊崇，孔子后裔仍有封爵。唐代，孔子后裔地位进一步提高，唐高祖封孔子第三十代孙孔德伦为褒圣侯，唐玄宗将孔子后裔的爵位由“侯”升为“公”。宋代更加尊崇孔子，孔子第四十六代孙孔宗愿被封为衍圣公。这个封号一直持续到清末，前后持续了32代，有41人袭封。与此同时，孔子后世嫡系长孙居住的府第也被称为“衍圣公府”，简称为“圣公府”、“圣府”等，民国后改称为“大成至圣先师奉祀官府”，简称“至圣府”。中华人民共和国成立后，通称为“孔府”。

（潘道正）

四

体育　健身

六艺

所谓“六艺”有两种概念，一种是指《易》、《诗》、《书》、《礼》、《乐》、《春秋》六种课本。但更多的是指六种为古代儒家所推崇的学识技术，即：礼、乐、射、御、书、数。

“礼”是奴隶社会的行为法则、规范、仪式的总称，是严格遵守奴隶社会的等级、名分、上下、尊卑和礼节的教育。它是关于人社交能力的学问，重在通过约束人的外在行为来控制人的内在欲望。这是“六艺”的核心，其他的训练也都是为了养成和达到它。

“乐”是音乐、诗歌、舞蹈等，是陶冶情操、节制欲望、缓和奴隶主内部矛盾的精神修养教育。“乐”是一门综合艺术，是关于对情感的理解和表达等方面能力的学问。它能够调和人内在的情感，和今天的艺术类学科相近，如“音乐”、“舞蹈”等。

“射”指射箭。通过它可以培养人的意志力。“射”甚至含有现今的联想论、意识论、意志论和目的论的内容，与今天的“体育”类学科相近。古人练“射”与狩猎或战斗并无太大关系，而是一种类似今人练气功一样的身心修养。藉此修养，射者才能够在礼仪秩序中怡然得体，培养出立身立国、尽职尽志的道德。

“御”指驾车，是关于实践能力的学问，与今天的“劳技”类学科相近。春秋时期对御手的要求是非常全面的，而且诸侯子弟们练此术也不仅仅只是为了打仗。他们在“御”的学习中渐渐磨炼出自身对纷繁事务的统筹安排能力，遇事的果敢机智应变能力。所以说，习“御”是人自身发展的需要，不仅仅是培养一种职业技术。

“书”指写字，能培养人对事情的记述能力、对书法艺术的理解和审美能力，与今天的“书法”、“美术”类学科相近。

“数”指计算，是对人思维分析能力与综合能力的操演训练。相当于今天的“理科”。“数”艺要求培养人算术、测算等方面的能力，它是今天的几何学、数学的源头。

（张雨）

田猎

田猎活动本是原始人类早期的一种主要生产活动，也就是围猎。后来逐渐演化成为奴隶主贵族阶级的娱乐享受和练兵阅兵活动。

田猎是先秦王室贵族生活中不可或缺的方面，集娱乐、健身、军事训练于一体。西周时期把田猎作为校阅军队的手段，在一年的春夏秋冬四季，每季都举行一次大规模的田猎活动。据《左传》记载："春搜、夏苗、秋狝（音 xiǎn），冬狩，皆于农隙以讲武事也。"所谓"春搜"指的是在春天进行编队训练，打不孕之兽；"夏苗"指的是训练野外宿营，除禾苗害兽；"秋狝"的任务是进行基本技术战术的训练，猎取壮大之兽；"冬狩"是进行全面的军事演习活动，猎取百兽。

田猎野生动物时也有"时禁"。这种"时禁"是为了保护幼小和怀孕的禽兽以及尚未孵化的禽卵，反对斩尽杀绝式的狩猎。目的是保证野生动物种群能够正常地生长延续。

在春秋战国诸侯争霸的年代里，不少有识之士在政治、经济和军事方面，实行了不同程度的改革，从而直接推动了军事体育的发展。田猎的军事演习色彩也越来越浓。军事训练与狩猎活动高度结合起来，既增强了体质、提高了武艺，又使军事训练的内容丰富多彩，取得了良好的效果。

公元前 613 ~ 前 591 年，楚庄王在位，为了增强国家的军事力量，他正式决定通过田猎来挑选勇猛的武士。当时就有人问他，现在天下大乱，大王你怎么会有闲心去打猎呢？楚庄王说，我哪里是在打猎呢，我是在猎获人才呀。因为在狩猎的时候，我才能发现谁最勇敢，而在分配猎物的时候，我还能看出谁最有道德。把既勇敢又有道德的人挑选出来，楚国的安全才有保障。由此可见，楚庄王是把狩猎作为遴选勇士的一种手段，而不纯粹是为了享乐。

魏晋以后，田猎活动就主要以娱乐为目的了，开展得也是有声有色，人们在"阳春嘉日，讲肆余暇，逍遥于郊野，聊娱游于骋射"，当他们满载而归的时候，"目送归波，手挥五弦，优哉游哉，聊以永年"，又显得飘逸自在。

（张雨）

射御

“射”指射箭，“御”指驾车，是古代十分受重视的两种技术。

夏商时期的学校非常重视习射教育，到了西周，更是把“射”、“御”列为学生的必修课。贵族奴隶主的子弟，13 岁“学乐、诵诗、舞勺”，15 岁“舞象、学射御”。射御既是军事技术的训练，也是体力的锻炼。

西周时期的射箭比赛，就是一种运动竞赛，比赛时有发令员、记数员、记分员、拾箭员等，有一定的方法和严格的规则，并通过比赛进行道德品质和意志的培养，与近代的运动竞赛相似。当时的射箭，教授五种技术，称为“五射”，即：白矢、参连、判注、襄尺、井仪。

“白矢”指的是射穿箭靶；“参连”指的是连续射箭的方法；“判注”意为水平射；“襄尺”是平时射箭的方法；“井仪”指的是四箭射穿箭靶，形如井字。

唐·骑射俑

以上五种技术，其实就是射箭的全过程，包括持弓、开弓、瞄准、发矢，为后世的习射提供了一定的依据。

西周时期，还把“礼”和“射”结合起来，从而出现了射礼。射礼因射箭具有严格的礼仪程序和等级规定而得名，分为大射礼和乡射礼两类，前者是天子、诸侯、卿大夫的射礼；后者是卿大夫、士、庶民的射礼。不同的射礼，所奏的乐不一样，设的箭靶也不一样，目的是为了“明君臣之义”和“长幼之序”。在射箭的时候，要求每个人的动作如进、退、周、还，都要合乎周礼的规定。

“御”是驾驶战车的技能。

西周时期的战争，以战车作战为主，一国武力的大小，常以战车的多寡为标准，所以有“千乘之国”的说法。每辆战车用 4 匹马牵引，车上有甲士 3 人，1 人在前驾车，后面左右各站 1 人，左边的是持弓箭的射手，是主要战斗员，也是一车的指挥员；右边的持矛击刺，并负责跳下车排除障碍。另有车甲士 7 人在车旁步行，以备替换车上的甲士。此外，每辆战车还附属有步兵数十人，随同作战。奴隶主阶级是军队的指挥者，也是军队的主力，因此，他们必须锻炼身体，掌握射御军事技术，他们的子弟在学校中也要受射御的训练，也就是军事体育。

当时传授的驾车技能叫做“五御”，也就是五种驾车的方法或礼节，即“鸣和鸾、逐水曲、过君表、舞交衢、逐禽左”。

“鸣和鸾”指的是“和”在轼上，“鸾”在衡上，马行车行，两相呼应，合于节奏。“逐水曲”指的是车傍水而行，道路蜿蜒曲折，能驾车逐水势之曲而不至于掉到水里去。“过君表”指的是驾车经过国君所在地时，御车向辕门直入，中而不偏，表示行礼致敬。“舞交衢”指的是御车于十字街道中，马的步度，车的旋转，彼此合拍，应于舞节。“逐禽左”指的是驾车田猎时，要能够把猎车驾御到禽兽的左侧，以便射杀。

这五种驾车控马的基本技术，是适应车战的需要，体现了由浅入深、由易而难、循序渐进的教学原则。

此外，古书中常讲到战车甲士的“超乘”技能，就是跳上战车的技能，所以，“御”实际上包括驾车技术、射箭本领、长矛技能和全副武装跳下和跳上战车的技能，对身体运动能力的要求是很高的，学校中“御”的训练，必然包括有身体运动能力的训练。

射御除在学校训练外，还在田猎中实践。周代金文中刻记说，周王命王子静和一些贵族子弟与臣仆们在学宫学射箭，两个月后，他们又参加了在“大池”地方的田猎，更证实了《礼记》等书上关于贵族子弟学习射御的记载。

（张雨）

养身方术

导　引

“导引”是古代用来保健与治病的一种方法，具体内容包括后代所说的气功和体育疗法两种形式，是我国传统的卫生保健、祛病延年的体育项目。它主要由肢体运动配合呼吸控制及按摩等组成，所以又叫做导引行气术。

导引有着非常悠久古老的历史。据传说，在久远的“阴康氏”时代，洪水连年，泛滥成灾，人们长期生活在潮湿寒冷的环境中，得了关节凝滞、肢体肿胀等疾病。阴康氏就编制出一套治疗这种疾病的舞蹈，这就是最早的导引操。

六禽戏复原图

到了殷周时代，随着生活的相对稳定和人民生活水平的提高，人们逐渐产生了“长寿”的思想和愿望。

据《尚书》记载，当时人们认为有五件幸福的事，第一件就是“寿”。《诗经》中也出现了许多祝福人们健康长寿的诗句，如“使君寿考”、“万寿无疆”等。

为了增进健康，祛病延年，古代人十分注意总结有关卫生保健方面的成功经验。在我国最古老的医学巨著《黄帝内经》中，就已经有了“食饮有节，起居有常”的卫生知识。到了战国时代，古代养生保健思想已发展到了相当高的水平，在《吕氏春秋》一书中，就用“流水不腐、户枢不蠹”的道理来说明运动的重要性。

也正是在这些运动养生观念的正确引导下，人们创造出了导引术。

“吹呴呼吸，吐故纳新，熊经鸟伸，为寿而已矣。此导引之士，养形之人，彭祖寿考者之所好也”，庄子的这一段话，表明所谓的导引术，有两个方面的内容。前者是锻炼内脏器官的呼吸吐纳，后者是模仿各种动物形态的肢体运动，这也是最早的仿生学。它们的核心是突出一个“动”字。就是肢体的动作常常模仿某些动物的形象，如汉代人们所创造的“六禽戏”。古人发现某些动物的寿命很长，认为模仿这些动物，便可以长寿。东汉末年华佗“五禽戏”的问世，标志着导引术发展到了一个更高的水平。

服　气

“行气”（也叫做“服气”、“调气”，今称“气功”），是指吸纳大自然中的清新之气，以求延年益寿的方法，又叫做“食气”，它是一种主要以采集日精月华、松涛流泉等自然精气，来更替体内浊气为主的呼吸吐纳运动。

服气的历史非常悠久，自春秋战国时代始，在诸子百家尤其是道家思想的直接影响下，逐渐形成了一种统一的形神一体思想及运动与静养相结合的养生思想。古人发现某些动物的寿命很长，认为模仿这些动物，便可以长寿。有一个很有意思的传说：有人在很小的时候，曾经拿了一个乌龟来垫床腿，几十年之后，这个人死了，他的家里人来抬床时，发现这只几十年不吃不喝的乌龟还活着。古人认为乌龟不死，是因为它的头一伸一缩在“食气”，于是创造了导引行气术。古人认为只要“食气”，就不但可以“辟谷”——不食人间烟火，而且还能长生。

按《楚辞·远游》：“餐六气而饮沆瀣兮，漱正阳而含朝露”；《庄子·逍遥游》有：“御六气之辩”；《抱朴子·释滞》有：“仙人服六气”。这些都是服气之法。《庄子·逍遥游》还载有神人“不食五谷，吸风饮露”，《三国志·华佗传》则有“古之仙者，为导引之事，熊颈鸱顾，引挽腰体，动诸关节，以求难老”。这就是辟谷。所有这些，都被道教内丹学说所吸收，成为积精累气的重要方法。

以后随着道教的发展，内丹学逐步发达、完善，大大促进了气功学的发展，成为中国传统养生学说的重要组成部分。

（张雨）

五禽戏模仿了哪五种动物

“五禽戏”是我国传统的体育健身术，其内外兼练、体用兼备。

据考证，早在4000多年前，就有人模仿鸟兽运动之形来健身治病。如《庄子》中就有“熊经鸟伸，为寿而已矣”的记载。西汉马王堆三号墓内的帛画导引图有一些动作就是模仿动物的形态和姿势的。后来，东汉末期的医学家华佗总结了前人的实践经验和丰富理论，创编了“五禽戏”。据《后汉书·华佗传》记载：华佗曾对其弟子吴普说：“‘人体欲得劳动，但不当使极耳。动摇则谷气得销，血脉流通，病不得生，譬犹户枢，终不朽也。是以古之仙者，为导引之事……吾有一术，名五禽之戏。一曰虎、二曰鹿、三曰熊、四曰猿、五曰鸟。亦以除疾，并利蹄足，以当导引。体中不快，起作一禽之戏，沾濡汗出，因上着粉，身体轻便，腹中欲食。’普施行之，年九十余，耳目聪明，齿牙完坚。”华佗的功绩在于将以前的功法进行了系统的总结，并组合成套路，通过口授身传进行传播，让大家强身健体。五禽戏开始并没有文字流传，到了南北朝时期，陶弘景的《养性延命录》用文字记录了下来。

五禽戏的内容主要包括虎戏、鹿戏、熊戏、猿戏、鸟戏。如虎之威猛、熊之沉稳、鹿之温驯、猿之轻灵，鹤之轻翔舒展，都属于刻意模仿。

（张雨）

象棋趣话

中国象棋步围棋之后，虽说在古代成熟得较晚，但仍是一项拥有广泛群众基础、雅俗共赏的棋艺活动。

据古籍记载，早在战国时代，盛行着一种原始的象牙制的六博棋，每方有棋子6枚，可说是中国象棋的前身。《楚辞·招魂》有“菎蔽象棋”之语，是中国象棋出现的最早的文字资料。

关于象棋的趣话历史上多有记载。

唐太宗李世民特别喜爱象棋，女皇帝武则天，简直可说是个象棋迷。据《梁公九谏》记载，武则天竟做了一个与天神大罗天女下象棋的梦，结果被天女战败，醒来后坐立不安，不知道这个梦是吉是凶，还专门招人占卜。其实，做梦梦到下棋，只是因为她平时迷恋下棋的关系。

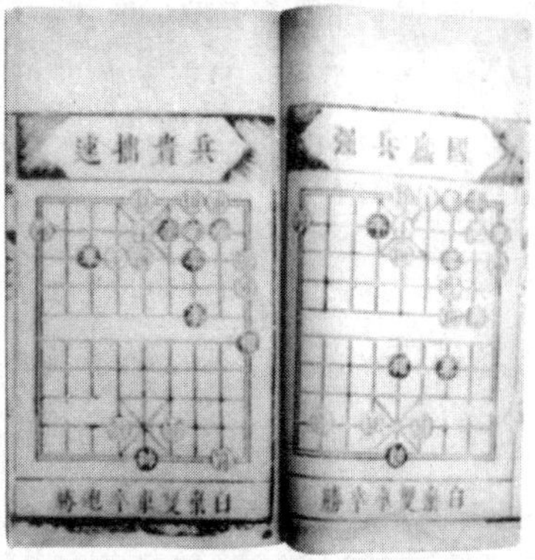

古代象棋棋谱

唐明皇李隆基既喜欢围棋也喜爱下象棋。他常与杨贵妃对弈，其下象棋的方法又十分别致，不是在棋盘上落子，而是以人代棋子。命数十名宫女为棋手，在胸上缀以棋子名称，棋盘则绘图在宫殿金砖地上，在杨贵妃那“莺声燕语”中，宫女随之走动弈棋，其博弈的情景实在奢华。以人代棋的走法被传入日本后，演变成日本的“将棋”。

按《宋人轶事汇编》卷十九载：文天祥也非常喜欢下棋，著有《单骑见虏》等40局。相传即便他与象棋国手周子善游泳时，两人也在水中凭记忆用语言“盲棋”对弈。

明朝开国元帅徐达也善于象棋，年幼时就有“象棋神童”的美誉。有一次，明太祖朱元璋和徐达在莫愁湖畔下象棋，两人本来棋艺差不多，正是棋逢敌手。历来弈棋，各有输赢，当时朱元璋棋兴勃发，因此他向徐达打赌许诺，以莫愁湖作赌注，若是徐达赢了这盘棋，朱元璋就把莫愁湖赐给他。后来经过一番对弈苦战，结果，朱元璋还是棋差一着，被徐达胜了，朱元璋果然将莫愁湖赐给徐达，并在此建一座豪华的亭楼，名曰“胜棋楼”。

清代的乾隆皇帝也是个象棋迷。他经常与被清太祖封为铁帽子王的老豫王多铎的第四代小豫王下棋。俗话说“棋找对手，将寻良才”。两人棋艺相当，不分上下。有时，小豫王受命去宫中与乾隆皇帝下棋，有时，乾隆皇帝干脆去豫王府（北京东城区帅府园东口）找小豫王“博弈”。据传有一次，乾隆皇帝与小豫王下棋时，小豫王说：“这次要论输赢和高低，我若输了，皇上可拔掉我府门钉一颗。”乾隆皇帝表示同意。小豫王紧接着又提出一个条件：“皇上要输了，得给我加一份俸禄。”乾隆皇帝也高兴地答应下来。于是两人摆开阵式，拼杀激战起来，最后杀了个五比五平。小豫王对乾隆皇帝说：“我输给皇上五盘，皇上拔我五颗门钉。我赢皇上五盘，皇上给我加五份俸禄。”皇上是金口玉牙，哪能反悔，只好勉强答应下来了。小豫王走后，乾隆皇帝越想越不是滋味，我赢他五盘只拔去五颗门钉，输他五盘，却要给他增添五份俸禄，这不是有欺君之罪吗？但又一寻思，豫王是铁帽子王之一，不能加罪服刑，但为了教训小豫王的贪婪，乾隆皇帝下旨工部将豫王府院墙加高3尺，形同大狱的院墙一般。

末代皇帝爱新觉罗·溥仪在《我的前半生》一书中也谈及慈禧太后与一个陪伴她的太监下棋。只因太监下棋到兴奋处，脱口说了句“奴才杀老祖宗的这只马”，竟惹得慈禧太后大怒道：“我杀你一家子！”然后即刻叫人把这位太监拉出去活活打死了。据文献资料记载，慈禧太后下棋玩牌时十分霸道，宫女、太监等人陪她玩时，都十分小心规矩，生怕发生意外。即使下棋时能赢慈禧太后，也要在不露任何破绽的情况下，将这一局输掉。慈禧太后的跋扈，于此也可见一斑。

（张雨）

关于下棋的两则成语

作为琴、棋、书、画四大艺术的一部分，围棋在中国古代传统文化中占有显著位置。自古以来，在探寻围棋艺术与人类智慧完美结合的同时，人们从中领悟到许多至理名言，因而出现了一些与围棋有关的成语，其中有的对后世产生了深远的影响。

举棋不定

出自春秋时期的《左传·襄公二十五年》：“弈者举棋不定，不胜其耦。”说的是下围棋而举棋不定，犹犹豫豫者无法取胜。这也是现存中国历史上最早关于围棋的确切记载。

当局者迷，旁观者清

此成语源起于南朝宋时《宋书·王微传》中的一封书信，据史书记载，从晋朝到南北朝时期，王氏家族不倒，之所以如此，则是其不为眼前个人利害所动，而能综观全局，考虑整体利益。

（张雨）

唐代王积薪的围棋《十诀》

唐代统治者对围棋的重视，使围棋在更广大的范围内获得更快的发展。因此，唐代棋手多如星云，其中最负盛名的当推王积薪。

王积薪是唐玄宗时的棋手，生卒年月不详，是唐玄宗开元、天宝间翰林院棋待诏。他从小就勤奋学棋，据说每次出游都会带上棋具，以便于随时与人交流棋艺。当时流传着这么一个故事：王积薪成名后，从不以名家自居，每次外出游玩，身边总带着一个竹筒，里面放着棋子和纸画的棋盘。他常把竹筒系在马车的辕上，途中不管遇见谁，哪怕是平民百姓，只要会下棋，都要下马来对弈一盘。谁要赢了他，还可以享用他所款待的一顿佳肴。开元初，王积薪在太原尉陈九言府的“金谷园”与另一名国手冯汪连弈九局，大胜之。加以评注后，名为《金谷园九局谱》。

传说天宝年间，安禄山叛乱，王积薪随玄宗入川，遇两妇人高手深夜盲弈，于是甘拜两人为师。两人为王积薪讲解深夜对局，使其棋艺更加精湛。

王积薪在当时之所以名震天下，不仅是因为他棋艺高超，而且还在于他根据前人和自己的实践经验，提出了一套围棋理论，总结出围棋《十诀》。这《十诀》为：

一、不得贪胜；二、入界宜缓；三、攻彼顾我；四、弃子争先；五、舍小就大；六、逢危须弃；七、慎勿轻速；八、动须相应；九、彼强自保；十、势孤取和。

围棋复杂多变，而王积薪仅仅以这十条，40 字，极其简练、准确而又通俗地概括了围棋实战中的战略和战术；总结了全局和局部、进攻和防守中的一些重要原理。有了这十条，便可把握住围棋实战各个阶段的关键之处。

《十诀》的影响十分深远。宋、明、清的棋手，莫不以《十诀》为座右铭。他们在探讨围棋理论时，也都把《十诀》作为基本原理，在《十诀》的基础上，不断发挥和提高。《十诀》是我国古典围棋理论中的瑰宝之一。

（张雨）

蹴鞠与现代足球

足球运动在中国的历史，最早可上溯到 2000 年多前的战国时代。据史料记载，在当时的齐国和楚国，被称为“蹴鞠”的古代足球颇为流行，是民间的主要娱乐活动之一。“蹴鞠”一词，最早载于《史记·苏秦列传》，苏秦游说齐宣王时形容临淄：“临淄甚富而实，其民无不吹竽鼓瑟……蹋鞠者。”“蹋”即“蹴”，踢的意思。“鞠”，球，即古代的足球。汉代的《西京杂记》、《盐铁论》、《蹴鞠新书》、《刘向别录》中都有关于蹴鞠的记载。三国两晋南北朝时，蹴鞠的习俗依旧流行未衰。

唐代时，蹴鞠仍是一项很普遍的运动，但是有了相当大的发展，已经有了充气的球。以前的球是用皮作面，里面填充毛发，而唐代的球却是充气的了。出现了带球门的踢法。而且踢法也更加多样，仅仅无球门的踢法就有一人或几个人单独踢，称为打鞠；两人对踢叫做白打；三人以上共踢称为场户，如三人场户、四人场户。

宋代蹴鞠在唐代蹴鞠的基础上又有了很大的发展。鞠球的制作工艺有了很大的发展。它已不是以前的由两片球壳合成，而是由六片或八片尖片缝成，使得球更加容易踢。宋代还取消了双球门踢法。唐代的双球门，对抗性较强。宋代仅保留单球门踢法，对抗性减弱。这是蹴鞠运动的退步，但是它的表演性增强，使得宋代的蹴鞠逐渐向杂耍方向发展。

历经汉代和唐宋时期的不断改良和发展，“蹴鞠”活动不但在民间不断兴盛，甚至成为王宫贵族的宠物。但从元代开始，人们的价值观出现了改变，“蹴鞠”被看做是不务正业人的活动，因此，它的活动范围逐渐缩小，及至明清时期，古代足球活动已经越来越呈现一种衰落的态势。

真正意义上的现代足球诞生在英国。足球运动在英国的历史也久远，相传中世纪的英国人就已经开展了足球活动。1490 年，英国人正式把这项活动定名为“足球”。1863 年 10 月 26 日，英国一些足球组织的负责人在伦敦召开代表会议，成立了世界上最早的现代足球运动组织——英国足球联合会，并统一了 14 条足球比赛规则。其中具有划时代意义的是，规则中规定足球比赛中只能用脚踢球，而不能用手触球，这一规定大大促进了足球运动的发展。后来，国际足坛把这一天定为现代足球的诞生日。

现代足球是随着战争来到中国的。1840 年的鸦片战争，英国人用大炮轰开了清王朝封闭的国门，足球也随着殖民者由香港传入内地。19 世纪 80 年代前后，香港皇仁、圣约瑟等学校的华人学生开始模仿英国人踢足球，随后，足球运动开始在一些沿海城市学校发展起来，校际之间交往频繁，对足球运动在我国的发展起到了积极的作用。以香港南华足球会为班底的中国队在 1915 ~ 1934 年间，曾连夺九届远东运动会的足球冠军，并远征澳大利亚，用足球改变了中国人在外国人眼中的“东亚病夫”的印象。这期间，涌现出包括亚洲球王李惠堂在内的一大批中国现代足球先驱者。

新中国成立后，在毛泽东、周恩来和贺龙等中央领导的亲切关怀、支持以及广大足球工作者的共同努力下，新中国的足球运动得到了较快的发展。新中国的足球在蹒跚中起步，发展的道路上又充满了曲折。但是，我们有自信，蹴鞠活动的现代版——现代足球，将越来越得到人们的青睐，中国的足球水平也将不断提高。

（张雨）

唐代的马球运动

马球是一项骑马持杖击球的体育活动，唐人称其为击球、打球、击鞠等。大约在唐太宗贞观年间由吐蕃（今西藏地区）传入中国内地，故有人认为马球当起源于今天的西藏地区。由于藏族人从古到今都以畜牧为主，唐时吐蕃又拥有一支精锐强悍的骑兵部队，故这项以马为主的体育活动源于西藏之说当较为可信。

马球是一项竞技性很强的体育运动项目，又和古代以骑兵为主的作战形式极为相似，故又具军事训练的特殊性质。因此，马球一经传入，就和唐初盛行的“尚武”之风一拍即合，当即受到了唐朝达官贵人的青睐，唐代皇帝更是喜球入迷，竞相在宫殿亭台内外和禁苑御汤附近修建球场，经常组织禁卫军部队和神策军士进行比赛。因此，宫廷的马球运动异常活跃。

据有关文献记载，唐中宗李显就是唐代诸帝中第一个马球迷。而一代风流天子唐玄宗年轻时也嗜球入迷，经常策马挥杖，驰骋于球场，故球技高超，堪称一流。唐玄宗以后的穆宗、敬宗、宣宗和懿宗、僖宗等，大都喜爱马球，大有后来者居上之势。

由于皇帝的热衷嗜好和倡导力行，以及马球运动所具有的军事训练的独特性质，禁卫军和神策军的将士就成了宫廷马球运动的主力和骨干力量。又因马球运动能够增长军人策马控驭的技艺，提高身体素质，并培养机智灵敏的反应能力，有利于实践水平的发挥，所以宫廷经常举行“球鞠之会”，渐成惯例。更为重要的是唐代诸帝对球技出众的禁军将士，除赏赐金帛钱物以外，还往往破格提拔，甚至特设“击球将军”之职，对其进行表彰奖励。这样，马球运动便成了一些禁军将士入仕进身的重要途径。

唐代宫廷的马球运动不光神策军士、宗室诸王、内侍宦官和唐代诸帝参加，而且很多宫廷女子也经常淡妆浓抹，驱马挥杖，驰骋球场，进行角逐，从而成了亘古未有的一支女子马球队。1981 年 9 月，陕西临潼的一座唐墓中曾出土了四件小巧玲珑、造型生动的白陶彩绘打马球俑，全是宫女形象，头挽蚕形髻，身着各色紧色坎肩，左手拉缰，右手上扬，伏身向前作击球状，姿态娇柔刚健，造型栩栩如生，生动地再现了唐代宫廷女子进行马球比赛的勃勃英姿。

正是在唐代宫廷的倡导和影响下，大约从唐中宗时期开始，马球运动遂在达官贵人和地方军营中迅速兴起，并风靡全国，后来还传播到了日本、朝鲜和欧亚地区的很多国家。

宋、辽、金时代马球运动也很盛行，明代以后，马球运动逐渐走向衰落，到了清初，因政权尚未巩固，统治者害怕人民借习武和骑马起来反抗，马球运动也被禁止了。虽然在清康熙之后，随着政权逐步稳定，马球作为娱乐活动又开始出现，但与其鼎盛时期已是远不能相比了。

（张雨）

龙舟竞渡

龙是中华民族的象征。早在春秋战国时期，就有人在木船身上画上龙首、龙鳞和龙尾，这就是龙舟的最早雏形。

龙舟竞渡的习俗，相传是为了拯救战国时溺水的爱国诗人屈原。其实，在屈原未投江之前，我国各地就有了龙舟竞渡这种水上运动了，只是大多不是在端午节举行的。按《旧唐书·杜亚传》载："江南风俗，春中有竞渡之戏，方舟并进，以急趋疾进者为胜。"

到了唐代，端阳竞渡，比前代也有很大的发展。唐代竞渡的船只，被称为"龙舟"，在船首建起龙头，船后竖起龙尾，船的两侧刻画龙纹，气势非凡，壮观豪华。唐代竞渡的目的，不再只限于纪念屈原或其他英雄人物，而是一种以赢得胜利为目的的竞赛活动。竞渡时，在终点"爰挂锦彩，从风为标"，以夺得"锦标"者为胜。竞渡这一天，士民百姓、文人学士、达官贵人，都纷纷涌向现场，或呐喊助威，或一饱眼福。其规模之大，气势之伟，"崇山可破也，青天可登也"。可见，在中国古代，龙舟运动就已经深入人心，受到广泛喜爱。

到了现代，龙舟运动更加发扬光大。为了推动这项运动的开展和运动技术水平的提高，1984 年，国家体委决定把它列为全国正式比赛项目，并在广东省佛山市举行了全国首届"屈原杯"龙舟赛。1985 年 6 月 6 日在湖北宜昌市宣布成立了中国龙舟协会。龙舟竞渡既是运动项目，又是观光项目，参赛和观赛的人每每成千上万。

龙舟竞渡不仅在我国有悠久的历史，而且早已传到国外。从亚洲、非洲、大洋洲到欧洲，都有不少国家举行龙舟竞渡。20 世纪 80 年代以来，已经多次在世界各地举办了大规模的国际性龙舟比赛。

（张雨）

民族节日与体育

我国各民族的传统体育活动，与民族的传统节日有着十分密切的关系，可以说，各民族的传统体育活动，是民族节日中不可缺少的重要内容。

节日为体育活动提供了良好的场所，体育活动又为民族的节日内容增添了纷繁多姿的色彩，相得益彰，互相生辉。

祭祀性的节日活动

这类节日形成的时间较早，当时自然科学尚不发达，人们对一些自然现象还不能用科学道理加以深刻地解释，于是就通过舞蹈，模仿自然界、动物的形态及动作来表达图腾，以示对祖先的崇拜，对万物之神的敬仰，以此来取悦神灵，祛除人世间的灾难，保佑人畜平安、五谷丰登。这种原始信仰的祭祀活动，在我国一些少数民族中，逐渐演变为节日活动而固定下来，代代相传直到今天。

例如，在贵州黔东南苗族侗族自治州等地的苗族群众中，每年有祈求风调雨顺、五谷丰登的“龙船节”，届时往往有几十只龙船在清水江中比赛竞渡，参赛人数相当多，方圆几十里的群众都前往观看，江畔人海歌潮，节日气氛热闹非凡。节日期间还举行赛马、斗牛、踩鼓等体育活动。又如，生活在台湾岛最南端屏江县等地的高山族，现在还保持有最为隆重的“五年祭”节，顾名思义，即每隔五年祭祀一次。这项活动表达了人们感谢祖宗保佑丰收并求赐予来年收获和幸福的美好心愿。每到节日时，成群结队的人们聚集到村子的公共场地观看竿球比赛。此外，还有藏族以求得佛祖保佑的“朝山节”等宗教性质的节日活动，都融合有体育活动的内容。

纪念性的节日

这类节日大都是各民族为纪念本民族历史上的重大事件和缅怀本民族英雄人物而确立的。例如云南的傈僳族，每年农历二月初八要举行“刀竿”节。相传明朝时，外敌入侵云南边境，朝廷兵部尚书王骥率兵前往，依靠当地傈僳族人民的鼎力相助，很快赢得了胜利。但在班师回朝的途中，二月八日被奸佞杀害。为了纪念抗击侵略的英烈，人们以上刀竿表示前赴后继的决心，并将此定为“刀竿”节。又如，贵阳附近的苗族有纪念古代英雄“亚努”的传统节日“四月八”节。而在西藏拉萨，每年藏历四月十五日，都要在布达拉宫后面的龙王潭畔举行纪念释迦牟尼诞生、圆寂成佛和唐代文成公主进藏的纪念活动，称为“萨噶达瓦”节。这些节日活动的内容紧扣节日的主题，且伴有体育活动的内容。

庆贺性的节日

最典型的莫过于汉族的春节、藏族的藏历年、信仰伊斯兰教的少数民族的开斋节、傣族的泼水节、哈尼族的十月年节，等等。许多民族和汉族一样，也以春节作为自己的主要节日，节日期间的民俗活动、体育活动多种形式并举，异彩纷呈，构成了节日活动中的喜庆氛围。开斋节是伊斯兰教的三大节日之一，我国的回族、维吾尔族、哈萨克族、柯尔克孜族、乌孜别克族、东乡族等民族均有欢度开斋节的习俗。节日期间，除了大家互相祝贺、互致问候、唱歌跳舞、聚会言欢等民俗活动的内容外，有的民族还要举行刁羊、赛马、套马、摔跤等体育活动。哈尼族的十月年，又称"年收扎勒特"。节日中人们探亲访友、赶场聚会，男女青年除唱歌跳舞外，荡秋千、摔跤也是必不可少的内容。傣族泼水节是庆祝傣历新年、节日的第一天，称"桑刊日"。这一天，在西双版纳州的沧江畔，万人云集观看龙舟比赛是节日中的主要内容之一。壮族的春节除守岁燃放烟花爆竹迎新以外，节日期间还要举行抛绣球、耍龙、踢毽子、打谷榔等传统体育活动。此外，还有节令性的庆贺节日，如四川马尔康地区的羌族有"赏花节"，每年七月的花开季节，人们带着青稞酒来到山花烂漫、禾苗青青的野外欢度"赏花节"，除赏花品酒、唱歌跳舞外，还要进行摔跤、赛马、射箭等活动。

社交娱乐性的节日

古代少数民族由于居住分散、交通不便等原因，他们平时很少能够交往。所以，只有规定的固定日期和地点，使大家能够有个社交和经济、文化交流的机会，也包括青年人的谈情说爱的内容。在这期间，文体活动也是必不可少的。例如壮族的"三月三"节，每年农历三月三日，广西壮族地区都要举行歌圩。这天青年男女穿上节日盛装，云集在山头野地或山林草坡即兴对唱山歌、相互盘答，还要对阵抛接绣球以传递爱慕之情。姑娘们赠以绣球，小伙子则报之手帕等物来缔结百年之好。布依族在每年正月初一到二十一都要举行传统的"跳花会"节。在平坦的大草坝上，青年男女们和着雷鸣般的鼓声和铿锵悦耳的铙钹声载歌载舞。以上这些活动，除带有择偶色彩的社交娱乐外，还有不少属于体育活动的性质。白族的"绕三灵"，也属于这个范畴，人们吹拉弹唱、一路欢歌，既锻炼了身体，又愉悦了身心。

总之，在我国几乎所有的民族节日中，都伴有体育活动的内容。可以说，中国各民族传统体育与民族节日活动有机结合、密切相联，这是各民族传统体育的一大特色。

（张雨）

武术比赛项目

武术是中华民族在长期的历史演进过程中不断创造、逐渐形成的一个运动项目。

武术在发展中，出现了两大类别：一类是具有攻防格斗作用的实用性较强的技术动作，它紧密围绕军事技术的发展而发展。另一类则是适应表演需要，把攻防技术反复加工提炼而逐步形成的套路技术，艺术性较强，具有固定的动作次序；既有单练，也有对练；既有短兵对短兵，也有长兵对短兵等形式。

作为一种文化形态，武术不可避免地要受到地域因素的影响。又由于它基本属于纯粹的民间文化，所以它一直保留着原始古朴的风貌，没有受到外来文化的太多影响。

中国武术的主要流派都是从地域性文化派生出来的，这些主要流派一般称做“拳系”，每一个拳系中又包括若干个拳种。迄今为止，中国武术大致有七大拳系，即少林、武当、峨眉、南拳、太极、形意、八卦。此外，一些少数民族还有自己独特的武术流派，有些无法包容在这七大拳系之内。

中国武术还包括跤术，在汉族、回族、蒙古族、满族等民族中流传甚广，其中的蒙古族跤术更是独具一格。与拳术有不同，跤术的基本规则是双方要互相抓住，所以也无法包容在拳系之内。

民间有所谓“十八般武艺”的说法，即“一弓、二弩、三枪、四刀、五剑、六矛、七盾、八斧、九钺、十戟、十一鞭、十二锏、十三挝、十四殳、十五叉、十六靶头、十七锦绳套索、十八白打”。可见，武术内容非常丰富，踢、打、摔、擒拿、徒手、器械样样都有。

新中国成立后，对于传统武术的挖掘整理工作有了很大发展。为了推动和发扬传统的民族体育和武术，1953 年，在天津举行了规模较大的全国民族形式体育表演竞赛大会。1954 年，国家体委专门设立了民族形式体育委员会来负责武术的挖掘整理及开展工作。1956 年，国家体委负责同志在全国十二单位武术表演大会上，就武术的继承发展工作，与全国知名的老武术家们进行了座谈。从1957年开始，国家体委组织部分武术家，在继承传统的基础上先后整理出简化太极拳，甲、乙组和初级的长拳、刀术、剑术、枪术、棍术等20多种武术项目。

从1957年开始，武术被列为国家的竞赛项目，每年都举行全国性的比赛。国家体委制定以流行面较广的长拳、太极拳、南拳为竞赛主要内容的《武术竞赛规则》。竞赛、表演以及群众性武术的广泛开展，促进了武术运动技术水平的提高。武术散手自1979年3月开始试点，在1989年江西宜春举行的首届全国武术擂台赛上，又把散手技术水平推向新高度。

目前，武术分比赛项目和传统项目。比赛项目分套路和散打，散打主要是对抗，双方队员体重相同，在一定规则的指导之下，按照武术搏击的要求进行比赛；套路就是一人或多人遵循不同拳种的架式表演与对练，现在有国内比赛和国际比赛的套路。另外，武术还有器械比赛，分长、短、软、双器械四项，以及绝技表演等。

（张雨）

《易筋经》十二法

《易筋经》一书是武术气功体系形成的标志，它是在明熹宗天启四年（1624）由天台紫凝道人所著。也有传说为达摩所作，般剌密谛译，但这种说法受到许多人的质疑，从文字和内含的思想来看似乎不符。

《易筋经》的修炼原则是“炼有形者，为无形之佐”；“培无形者，为有形之辅”。所谓“无形”指人体内在的“精气与神”；所谓“有形”则指人体外形的“筋骨肉（皮）”。“炼有形”与“培无形”相互辅佐，就是武谚所谓“外练筋骨皮、内练精气神”。《易筋经》所确立的这种内外兼修观，正是武术气功的锻炼原则。

《易筋经》修炼的目的是“以血气之躯，易为金石之体”（《易筋经·总论》）。所谓金石之体，即“有形之身”之“得无形之气相倚而不相违”，内壮外强，内坚外勇之体。《易筋经》确立的这种强身与技法统一，以强身为基础的锻炼观，正是武术气功的宗旨。

《易筋经》将练功的全过程分为“内壮”和“外壮”两个锻炼阶段，并规定了先练内壮后练外壮的程序。书中还记载了“内壮药”四方；“汤洗药”一方，“下部洗药”一方。《易筋经》以药力助功效，以药力防损伤的内外用药法，正是武术气功的用药准则。书中还涉及人体各部的锻炼方法，而且形式多样。其中，“采精华法”属静功吐纳养气法，“易筋经十二式”属动功导引行气法，“十二月行功”和“内壮神勇功”中采用的揉、捣、捶、打身体法，属硬气功中的排打功练法等。《易筋经》集编的这一系列功法，比较完整地反映了武术气功功法的概况。

五

风俗　节日

中国为什么被称为“礼仪之邦”

中国是一个有5000年文明历史的国家，被称为“礼仪之邦”。“礼”是规，是天地自然之道，也是治国之法规、律条，是治乱之本；“礼”也是德，是一种道德修养。“仪”是矩，是准则，是治国和做人的尺度；“仪”也是与“礼”融合在一起的种种仪式的总称。“礼仪”，其实就是道德的规范。

民俗饰品

中国古代的礼仪分为祭祀、凶礼、宾礼、军礼、嘉礼五大类，每类各有一套依程序而行的仪式。礼有三本：祭天地，祭先祖，祭君师。随着人们长期实践，礼仪大多逐渐成为风俗习惯。中国之所以被称为“礼仪之邦”，可以从以下几方面来看：首先，中国制礼的历史悠久。三皇时期就产生了规矩，神农时期就有了较为系统的礼仪，继而，又经伏羲、轩辕、尧舜、周公等加以改进，直到春秋时代的孔子，奠定了极为完善的世袭礼仪制，如《周礼》是成书较早的关于礼仪的系统性著作。其次，礼制仪法非常完备。礼仪是人们在社会活动中应按各自身份遵循的行为规范，在古代中国，还纳入了台阁仪范、政治体制和教化程式。成书于先秦两汉时期的《周礼》、《仪礼》、《礼记》完备地记载了中国古代的礼仪规范和制度。再次，礼仪渗透到中国社会生活的方方面面。政治权力关系、家族血缘关系、人际交往关系、婚嫁丧葬、迎宾待客、行为举止、言行应对等，无一不有礼仪可循。礼仪充分体现着中华民族的人文理念和思维特色，是中国传统文化中重要的组成部分。

（罗昆）

天坛和地坛

坛是中国古代主要用于祭祀天、地、社稷等活动的台型建筑。一般祭祀祖先多在室内，这种室被称为“庙”；对神的祭典仪式多在露天的一座高台上举行，该高台即称为“坛”。天坛与地坛是明清两代皇帝举行祭天、祭地仪式的地方，分别位于北京城中轴线的南北两个方位。天坛、地坛的主体建筑分别采用圆形和方形，来源于天圆地方之说。按照古代天阳地阴的说法，现存天坛所用石料的件数和尺寸都采用阳数即奇数，地坛坛面的石块数则为阴数即偶数。

天坛圜丘

天坛是明清两代举行祭天仪式的地方，位于北京紫禁城南，总面积 273 公顷，比故宫大近 4 倍。主要建筑有祈年殿、圜丘、皇穹宇（回音壁）和斋宫等。天坛的建筑在一条中轴线上。建筑布局呈“回”字形，由两道坛墙构成内坛、外坛两大部分。外坛墙总长 6416 米，内坛墙总长 3292 米。最南的围墙呈方形，象征地，最北的围墙呈半圆形，象征天，这种设计来自远古“天圆地方”的思想。天坛设计巧妙，色彩调和，建筑艺术高超，是中国非常出色的古建筑之一。

地坛建于 1530 年，它的垣墙、祭坛都呈方形，位于北京紫禁城北，占地 42. 7 公顷，是明清两代皇帝祭地的场所。明朝前期祭地与祭天是合并在今天的天坛内举行的，直到明嘉靖九年（1530）定立四郊分祀的制度以后，才另建坛祭地，当时称为方泽坛。嘉靖十三年（1534），改叫地坛。地坛分为内坛和外坛，以祭祀为中心，周围建有皇祇室、斋宫、神库、神厨、宰牲亭、钟楼等。

（罗昆）

《礼记》中对洗澡的规定

洗澡，在古代称为沐浴，沐指洗头，浴指洗身子。洗头用“潘”，洗身用“汤”，均加有不同的原料，如香料或者药材。《礼记》中的《内则》、《玉藻》、《檀弓》、《丧大记》、《祭法》、《杂记》等篇对洗澡均有规定，如为什么要洗澡、洗澡的程序和方式、洗澡水要加什么药物和香料等都有记载。夏商时期，人们已有洗脸、洗手、洗脚的习惯，甲骨文中已有这方面的记载，殷墟的出土文物中也已有一些盥洗用具。《仪礼》中记述了当时人们定期洗头、洗澡的习惯，《聘礼》篇提出“三日具沐，五日具浴”的要求；《礼记》有疮疡应沐浴的论述，《曲礼》篇即有：“头有创则沐，身有疡则浴。”说明当时的人们已认识到沐浴对疮疡有治疗作用。从以上对洗澡的规定可以看出，洗澡不仅是为了个人的清洁卫生，也是作为一种礼仪，一种社会公德。譬如祭祀祖先和神灵、上朝谒见、会客等等，都要先焚香沐浴，以表示虔诚和尊敬。《玉藻》篇还对整个洗澡过程进行了详细描述：“日五盥，沐稷而靧粱。栉用樿栉，发晞用象栉，进禨进羞，工乃升歌。浴用二巾，上絺下绤，出杅，履蒯席，连用汤，履蒲席。衣布晞身，乃屦，进饮。将适公所，宿离斋戒，居外寝，沐浴。史进象笏，书思对命。既服，习容，观玉声，乃出。揖私朝，辉如也，登车则有光矣。”《论语·宪问》也说：“孔子沐浴而朝。”《内则》篇还特别指出洗澡所用的浴巾上下身要分开，男女分室洗浴，“外内不共井，不共湢浴”。另外，人死后要给死者洗头和擦洗身子，剪指甲和修胡须。《丧大记》篇对整个浴尸过程有具体记载：“管人汲，不说繘，屈之。尽阶不升堂，授御者，御者入浴。小臣四人抗衾，御者二人浴，浴水用盆，沃水用枓，浴用絺巾，挋用浴衣，如它日。小臣爪足，浴余水弃于坎。”“管人汲，授御者，御者差沐于堂上。君沐粱，大夫沐稷，士沐粱。甸人为垼于西墙下，陶人出重鬲，管人受沐，乃煮之，甸人取所彻庙之西北厞，薪用爨之。管人授御者沐，乃沐。沐用瓦盘，挋用巾，如它日。小臣爪手翦须，濡濯弃于坎。”而且“君沐粱，大夫沐稷，士沐粱”，死者身份不同，洗浴所用的材料也不同。

（罗昆）

为何古代的厕所一般建在猪圈旁

厕所在古代称“溷厕”、“溷轩”、“溷藩”等。“溷”有浑浊、肮脏、污秽之义，引申为污秽物、粪便；家畜的小围栏也称“溷”，如猪溷。厕所的起源最早可以追溯到5000年前在西安半坡村氏族部落的遗址，当时的厕所只是一个土坑。殷商时期，人们已开始注意环境卫生，并实行了人畜分离。甲骨文中已有关于牛栏、猪圈和室内除虫的记载。从西周到春秋，厕所多与猪圈并排，而且一旦“某个坑”被放弃，就会用一个奴隶去填坑。于是厕所是“臧”（古代对奴仆的贱称），转为“脏”，建在猪圈一旁的传统就一代代延续了下来了。

（罗昆）

《诗经》中对于床的描写

床是睡卧用具，最初多用于坐，后兼作卧具。古代的床是用竹片或木板制成的带矮足的卧榻。《释名·释床帐》说：“人所坐卧曰床”，“长狭而卑者曰榻”。约在商周时期，榻就已经出现了，春秋时期榻逐渐演进成为床。《诗经》中很早就有对于床的描写，如《诗经·小雅·斯干》：“下莞上簟，乃安斯寝。乃寝乃兴，乃占我梦”，“乃生男子，载寝之床；载衣之裳，载弄之璋……乃生女子，载寝之地；载衣之裼，载弄之瓦”。《诗经·国风·豳风》：“十月蟋蟀，入我床下”；《诗经·小雅·北山》：“或息偃在床”。这说明高出地面，用作睡觉的床的出现和使用是很早的，但还不是很普遍；能睡床的应该是地位尊贵者或者是家中受到重视的人，就如上述《诗经》中描述的生出男孩，男孩得睡床；生出女孩，女孩得睡地下。只是随着时间的推移，床才逐渐成为睡觉休息的专用卧具。

（罗昆）

孔子“席不正不坐”

“席不正不坐”出自《论语·乡党》：“席不正，不坐。乡人饮酒，杖者出，斯出矣。乡人傩，朝服而立于阼阶。”“君赐食，必正席先尝之；君赐腥，必熟而荐之；君赐生，必畜之。”春秋时代人们的坐卧用具大多为席，席可以用不同的材料制作，如蒲草、荐草、苇、高粱秆、竹、藤或丝麻皮革等。席携带方便，随时随地都可以使用。古代人坐时很讲究礼仪，严格区分长幼贵贱等级尊卑，孔子推崇礼，故如果坐席排位不按礼仪，入坐便有失体统，违背礼教。《礼记·曲礼》还有对席坐朝向的记述：“席，南向北向，以西方为上；东向西向，以南方为上。”表明席坐很重视面的朝向，南北向的席，以西方为上座；东西向的席，以南方为上座。坐席不当，有违礼仪，“割席而坐”、“割席断交”的事情就会发生。

（罗昆）

唐代开始流行椅子

古代人席地而坐，没有椅子，只有作为卧具的床，所以除了席地而坐外就只能坐床。秦汉时期家具是典型的低矮型家具。那时，人们席地而坐，所用的家具一般为低矮型，如席子、漆案、漆几等。随用随置，并没有固定的位置。我国古代椅子出现在汉代，它的前身是汉代从北方少数民族传入的胡床。胡床是一种高型坐具，后来的椅子就是在胡床的基础上发展而来的。东汉末年，出现了一种称为“交椅”的轻便坐具。所谓交椅，是指前后两腿交叉，交接点作轴，可以折叠的椅子。椅子的出现，使人们改变了席地而坐的习俗。唐代，有靠背的椅子才开始出现，在高元珪墓壁画中已出现了有靠背的椅子的画像，这样，椅子才从胡床的名称中分离出来，直呼为椅子，开始在民间流行。宋代椅子制作技术有很大发展，椅子形式多种多样，还雕饰各种花纹或动物图

清·交椅

案，椅子极大地得到普及。到了明代，椅子的式样已很多，如宝椅、交椅、圈椅、官帽椅、靠背椅、玫瑰椅等。

（罗昆）

北方的火炕和南方的怀炉

火炕在北方寒冷区域的使用，至少在2000年前就开始了。从考古资料看，火炕应该是龙江先民沃沮族人的伟大发明。火炕结束了龙江先民们以“穴居”来防御严冬的时代。在东宁县团结村挖掘的沃沮族遗址中，被考古学家称为“低火墙”或“烟道大墙式”的就是早期的火炕。人们习惯沿墙而卧，炕面上睡人，这也是最初的火炕为什么是“厂”形和“冂”形的缘故。被称为“低火墙”的，是单洞火炕。后来单洞炕变成双洞、多洞炕，“火墙”被加宽加大，能睡更多的人。火炕随着北方各民族的相互交往而逐渐成为北方人民在寒冷的天气取暖御寒的主要方式。隋唐时，渤海人和高丽人已开始普遍使用多洞的“长炕”。辽金时女真人的火炕结构已经与今天北方农家的火炕没有差别了。火炕的传播，女真人功不可没。金代女真人在占领华北后，实行大量的移民，加之两次轰轰烈烈的迁都（燕京、开封），女真人把火炕带到了华北，以山东、河北为最，改善了北方人民的生活环境，提高了人们抗御风寒潮湿的能力。

怀炉也叫做“热宝”、“暖手器”等，但更多的还是称为怀炉。怀炉是在一个容器里装上一些材料如木炭、酒精、煤油等，通过燃烧产生热能的一种生活用品，有些小到可以揣在身上取暖，故名“怀炉”。怀炉作为一种取暖用具，普遍使用于南方，这是因为南方的气候较之北方的气候要暖和得多，即使在冬天也不用像寒冷的北方烧火炕来取暖，况且怀炉同北方的火炕比较而言，体积小，可方便携带，可随时随地使用。

南方的怀炉不仅广泛适用于寒凉时节日常生活中的御寒保暖，还可利用它来辅助一些如寒症、腰痛、关节痛、受冷胃痛、妇女生理期腹痛等病症的康复。今天的怀炉样式很多，使用的燃料不限于传统的木炭、酒精、煤油等，也有用电热或以专用添加剂为燃料的怀炉。

（罗昆）

战国时期的油灯

油灯是人类文明历史中起源较早、延续和发展时间较长的生活用品之一。油灯起源于火的发现和人类照明的需要。据考古发现，在距今约 20 万～70 万年前，旧石器时代的北京人已经开始将火用于生活之中，而最迟在春秋时期就已经有成型的灯具出现。在史书的记载中，灯具见于传说中的黄帝时期，《周礼》中也有专司取火或照明的官职。灯作为照明的工具，实际上只要有盛燃料的盘形物，加上油和灯芯就能实现最原始的功用。中国古代的灯具就使用的燃料而言，分膏灯和烛灯，膏灯就是后世所称的油灯。而具有一定形制的灯的出现，则是人类将实用和审美结合的成果。早期的灯，类似陶制的盛食器“豆”。“瓦豆谓之登（镫）”，上盘下座，中间以柱相连，虽然形制比较简单，却奠立了古代油灯的基本造型。随着青铜的出现，铸造技术的提高，油灯和其他器物一样，在造型上得到发展。战国时期的油灯主要是青铜灯，已经脱离了实用的具体要求，它和其他器物一样，成为特定时代的礼器，折射了社会政治的规章法度。这一时期的代表作有河北平山三汲出土的战国银首人形灯和十五连盏铜灯。在以后的发展中，油灯的材质和造型均有较大发展。从春秋至两汉的油灯基本上全是青铜灯；魏晋南北朝时期，随着青瓷技术的成熟，青瓷灯开始取代了此前的青铜灯；隋唐时期，铜、铁、锡、银、玉、石、木、玻璃等新材质不断运用到油灯的制作中，而且品种繁多；宋代陶瓷业发达，各个窑口都有各具特色的陶瓷油灯；明清之际，青花和粉彩油灯成为较为流行的油灯；直至电灯的出现才终结了油灯的历史。

（罗昆）

蜡烛的起源

蜡烛起源于原始时代的火把。原始人把脂肪或者蜡一类的东西涂在树皮或木片上，捆扎在一起，成为照明用的火把。大约在公元前 3 世纪出现的蜜蜡可能是今日所见的蜡烛的雏形。从现存文献看，蜜蜡在我国产生的时间大致与西方相同，日本是在奈良时代（710～784）从我国传入这种蜡烛的。和现代蜡烛相比，古代蜡烛有许多不足之处。唐代诗人李商隐有“何当共剪西窗烛”的诗句。诗人为什么要剪烛呢？当时蜡烛烛心是用棉线搓成的，直立在火焰的中心，由于无法烧尽而炭化，所以必须不时地用剪刀将残留的烛心末端剪掉。

1820年，法国人强巴歇列发明了三根棉线编成的烛心，烛心燃烧时自然松开，末端正好翘到火焰外侧，因而可以完全燃烧，免去了不时剪烛心的麻烦。

1825年，法国科学家舍夫勒尔等人生产出了石蜡硬脂蜡烛，并获得了专利。石蜡硬脂蜡烛的出现，在人类照明史上开创了一个新纪元。

后来，有人在北美洲发现了大油田，于是可从石油中提炼出大量的石蜡，较理想的蜡烛因此在全球得到了普及和推广。

（罗昆）

三寸金莲

三寸金莲实际上是指缠足女性的小脚，并非缠足女性所穿之鞋称为“三寸金莲”，至多也只能说是小脚与弓鞋的组合，因为缠足女性在一生绝大部分时间里都是脚不离鞋的（睡觉时换上睡鞋），只有洗脚和缠足时例外。如果单指鞋，则用“弓鞋”、“绣鞋（履）”、“凤头鞋”等名称；而且，“小脚”也并不全等于“三寸金莲”，“金莲”是小脚的美称，小到三寸方称“三寸金莲”。真正的三寸金莲在小脚中的比例中并不是很高，以人群阶层而论，三寸金莲主要见于中、上层妇女，在下层妇女中则是凤毛麟角，因为缠足虽然使妇女步态优美，但也给从事生产劳动的妇女的行动造成很大不便。以“金莲”命名妇女的小脚，是取其义而非取其形，指小脚走路步态优美，“步步生莲”。三寸金莲把“足尚纤小”的观念发展到了极限。从缠足的起始年龄来看，最早是从3岁开始。缠足的年龄如果再提前，幼小女童的身体还不具备起码的抵御病痛的能力，这会使缠足女童不堪忍受而夭折，所以3岁左右是不可逾越的极限年龄。

传统鞋子

（罗昆）

中国古代的名片

中国古代的名片称为拜帖或名帖。旧时把访问别人时为恭敬起见而投递的柬帖称为拜帖。名帖，始于汉代，最早是用削平的木条写上姓名、里居。两汉叫做“谒”，汉末称为“刺”。后把木制的名帖改用纸制，称为“名纸”。六朝时简称为“名”，唐代叫做“门状”。宋代还别称“手刺”、“门刺”。明清时期曾叫做“寸褚”、“红单”。据清代赵翼考证，西汉时没有纸，削竹木为刺，上书名姓，叫做“名刺”。后来还用大红绒线在织锦上绣字为“名片”。拜帖或名帖根据所拜的人的身份不同、不同的场合而有许多种类，拜访者要根据与被拜访者的关系，在拜帖或名帖后签名。

（罗昆）

踏青

踏青，又叫做春游、探春、寻春。古代踏青作为一种风俗，虽有一定的时间，但出门踏青时间不都是一致的，一般为清明前后。现今踏青已不顾及清明与否，成为以娱乐为主的春游活动。秦味芸《月令粹编》卷四引冯应京《月令广义》有：“蜀俗，正月初八日，踏青游冶。”卷五引费著《岁华纪丽谱》有：“二月二踏青节，初郡人游赏，散在四郊。”卷六引李淖《秦中岁时记》有：“上巳，赐宴曲江，都人于江头禊饮，践踏青草，谓之踏青履。”苏辙的《记岁首乡俗寄子瞻诗·踏青》有：“江上冰消岸草青，三三五五踏冰行。”据《郝志》载：“至三月上巳祓禊，清明插柳于门，其前五日始，一月中扫墓郊行，谓之踏青。”清明扫墓，正值春光明媚，草木返青，田野一片灿烂芬芳，扫墓者往往“哭罢，不归也，趋芳树，择圃，列坐尽醉”，由单纯的祭祀活动演化为同时游春访胜的踏青。宋代诗人吴惟信诗有：“梨花风起正清明，游子寻春半出城。日暮笙歌收拾去，万株杨柳属流莺。”有学者认为踏青插柳的风俗与唐高宗李治在渭水举行祓禊，送柳枝给群臣以驱邪有关；有学者则认为踏青插柳的风俗与歌妓清明时折柳簪发悼念宋代诗人柳永有关；还有学者认为这种风俗与纪念神农氏有关，后发展为插柳以辟邪。

（罗昆）

贴春联

春联也叫做“门对”、“春贴”、“对联”、“对子”。贴春联作为一种春节习俗，

写春联

是从2000多年前战国时期的“桃梗”演变而来的。据《淮南子》，桃符（即桃梗）是桃木刻成的，上面刻着灭灾降福的咒语，一年一换。五代后蜀皇帝孟昶在过春节时心血来潮，令人将桃树削片，他提笔在上面题写了联句：“新年纳余庆，嘉节号长春。”这就是中国最早的春联了。至于春联这一名称的正式诞生，则在明朝。明朝开国皇帝朱元璋建都金陵后，不准在桃木板上题字，而改在红纸上，并传令公卿士家门上须加春联一副，在除夕时下旨：“公卿士庶之家，须写春联一副，以缀新年。”从此，“春联”之名才通行，沿袭至今过年时，各家各户都要贴春联，“总把新桃换旧符”了。

（罗昆）

猜灯谜

灯谜也叫做“灯虎”，原指在花灯上贴谜面以供猜射的谜语。灯谜是我国民间文学的一种艺术形式，是一种古老的传统文化游艺，是劳动人民在长期劳动实践中的智慧和结晶。它源于生活，用于生活，是人们喜闻乐见的一种智力活动游戏。人们在元宵节、中秋、七夕（七月初七）经常举行猜灯谜活动。

我国的灯谜源远流长，至今已有3000多年的历史。春秋战国时期就出现了“廋词”和“隐语”，这是灯谜的雏形。到了汉代，“隐语”开始分化为两个方向，一类是以描写特征为主的事物谜，一类是以文字形义为主的文义谜。到了魏代，则称为“谜语”。隋唐时期随着诗歌的兴盛，诗谜大量出现，并成为主流。从宋代开始，一些文人学士常在元宵之夜，将谜条张贴在各种花灯之上，吸引行人来猜，“灯谜”名称由此产生。南宋周密《武林旧事》有：“有以绢灯翦写诗词，时寓讥笑，及画人物，藏头隐语，及旧京诨语，戏弄行人。”清中叶以后，谜风大盛，涌现了许多谜师。辛亥革命后，灯谜形成了南宗北派两种风格。

一般来讲，灯谜谜面多着眼于文字意义，如一个字，一句诗，一种名称。如，娶，打一词牌名。谜底为“虞美人”（项羽的妾为虞姬）。又如一个现代灯谜，离婚，打一物理名词。谜底为“绝缘”。猜射灯谜一般有章法，有24种谜格，常用的谜格有卷帘格、秋千格、徐妃格、求凰格等。

过去，由于谜家大都是士大夫阶层，有些文人自命清高，片面强调风雅，排斥民间灯谜。传统的灯谜活动在当今得到继承和发扬，谜材谜作日益完善丰富，为建设社会主义精神文明和活跃群众文化生活做出了巨大的贡献，世界各地的华人华侨都有灯谜活动及灯谜学术交流。

（罗昆）

中国的传统节日

中国的传统节日形式多样，内容丰富，是我们中华民族悠久的历史文化的一个组成部分。最早的节日活动内容和原始崇拜、迷信禁忌、宗教、神话传说故事有关；活动的时间大多和天文、历法、数学、节气有关。节日发展到后来，逐渐从原始祭拜、禁忌神秘的气氛中解放出来，转为娱乐礼仪型，成为真正的佳节良辰。这里所介绍的只是汉民族的一些较大的传统节日，我国是个多民族的国家，各民族都有自己的文化习俗，有众多的民族节日。

春节

春节是农历正月初一，又叫做阴历年，俗称“过年”，是我国民间最隆重、最热闹的一个古老传统节日。正月初一古称元日、元辰、元正、元朔、元旦等，俗称年初一，到了民国时期，改用公历，公历的1月1日称为元旦，把农历的正月初一叫做春节。1949年9月27日，中国人民政治协商会议第一届全体会议决定在建立中华人民共和国的同时，采用世界通用的公元纪年。为了区分阳历和阴历两个“年”，又因一年24节气的“立春”恰在农历年的前后，故把阳历1月1日称为“元旦”，农历正月初一正式改称为“春节”。

春节的喜庆气氛要持续一个月。正月初一前有祭灶、祭祖等仪式；节中有给儿童压岁钱、亲朋好友拜年等内容；节后半月又是元宵节，其时花灯满城，游人满街，盛况空前，元宵节过后，春节才算结束了。过年的前一夜，就是旧年的腊月三十夜，也叫做除夕，又叫做团圆夜，在这新旧交替的时候，守岁是最重要的年俗活动之一，除夕晚上，全家老小都一起熬年守岁，欢聚酣饮，共享天伦之乐。北方地区在除夕有吃饺子的习俗，饺子的做法是先和面，“和”字就是合；饺子的“饺”和“交”谐音，合和交有相聚之意，又取更岁交子之意。在南方有过年吃年糕的习惯，甜甜的黏黏的年糕，象征新一年生活甜蜜蜜，步步高。春节是汉族最重要的节日，但是满、蒙古、瑶、壮、白、高山、赫哲、哈尼、达斡尔、侗、黎等十几个少数民族也有过春节的习俗，只是过节的形式更有自己的民族特色，均韵味无穷。

春节的历史很悠久，它起源于殷商时期年头岁尾的祭神祭祖活动。春节的起源也有一些传说：

“年”兽的传说。相传中国古时候有一种叫做“年”的怪兽，头长触角，凶猛异常，每到除夕出来吞食牲畜伤害人命，但后来人们发现“年”兽最怕红色、火光和炸响，所以人们每年除夕，家家贴红对联、穿红袍、挂红灯、燃放爆竹，以吓走“年”兽。

万年创建历法的传说。相传古时有个名叫万年的青年，设计了测日影计天时的晷仪和漏壶，发现了日月运行的规律。他去见当时的皇帝祖乙，对祖乙说：“现在正是十二个月满，旧岁已完，新春复始，祈请国君定个节吧。”祖乙说：“春为岁首，就叫春节吧。”后来，万年经过长期观察，精心推算，制定出了准确的太阳历；当他把太阳历呈奉给继任的国君时，已是满面银须。国君深为感动，为纪念万年的功绩，便将太阳历命名为“万年历”。

清明节

清明是二十四节气之一。《淮南子·天文训》有：“春分……加十五日指乙，则清明风至。”《岁时百问》有：“万物生长此时，皆清洁而明净，故谓之清明。”

龙舟竞渡

清明节传说起源于纪念割股肉给晋公子重耳吃的晋国大臣介子推。后来重耳做了国君，也就是历史上的晋文公。晋文公重赏了当初伴随他流亡的功臣，唯独忘了介子推。介子推不屑于争功讨赏，悄悄地到绵山隐居去了。晋文公听说后，很羞愧，亲自上绵山请介子推，找寻不到，依大臣计火烧绵山，想逼出介子推。大火烧遍绵山，却没见介子推的身影，火熄后，人们才发现介子推抱着一棵老柳树死了。晋文公见状，恸哭不已。装殓时，从树洞里发现一血书，上写道："割肉奉君尽丹心，但愿主公常清明。"为纪念介子推，晋文公下令将这一天定为寒食节。第二年晋文公率众臣登山祭奠，发现老柳树死而复活。便赐老柳树为"清明柳"，并晓谕天下，把寒食节的后一天定为清明节，所以寒食、清明两节相接，后来寒食节及其活动逐渐融合于清明节。

清明节有祭扫坟茔的习俗。据载，古代"墓而不坟"，就是说只打墓坑，不筑坟丘，所以祭扫不见于有关书籍记载。后来墓而且坟，祭扫之俗便有了依托。秦汉时代，墓祭已成为不可或缺的礼俗活动。扫墓即祭墓，到墓前祭奠先人。出于对先人尊崇怀念之情，祭墓时人们皆先剪除荆草，修整陵木，添土培坟，故而称之为扫墓。清明节扫墓的风俗一般认为在隋唐时才盛行起来。由于中国人祖先崇拜和亲族意识的发达、强固，后世把上古没有纳入规范的墓祭也归入五礼之中："士庶之家，宜

系彩丝

许上墓，编入五礼，永为常式。”所以，清明节扫墓的风俗就长久地延续下来了。

端午节

农历五月初五是我国传统的端午节。“端”是“初”的意思，而古人常把五写成“午”，所以“初五”也可以写成端午。古人把午时当做阳辰，于是“端午节”又称“端五节”、“端阳节”。此外，端午节还有其他一些别称，如午日节、重五节，五月节、女儿节、天中节、地腊、诗人节、龙日，等等。

过端午节，是中国人2000多年来的传统习惯，由于地域广大，民族众多，加上许多故事传说，于是，不仅产生了众多相异的节名，而且各地也有着不尽相同的习俗。其内容主要有：女儿回娘家，挂钟馗像，迎鬼船、躲午，贴午叶符，悬挂菖蒲、艾草，游百病，佩香囊，备牲醴，赛龙舟，比武，击球，荡秋千，给小孩涂雄黄，饮用雄黄酒、菖蒲酒，吃五毒饼、咸蛋、粽子和时令鲜果等。这些活动许多至今盛行于我国各地及邻近诸国。有些活动如赛龙舟等，已得到新的发展，突破了时间、地域界限，成为了国际性的体育赛事。

如今，随着国外的一些节日在我国的流行，如圣诞节等，许多年轻人对于自己的传统节日反倒有些冷落，但是传统节日充满着传统文化的内涵，值得我们关注。

关于端午节的起源和演变，有多种说法。诸如：纪念屈原说；纪念伍子胥说；纪念曹娥说；起于三代夏至节说；恶月恶日驱避说；吴越民族图腾祭说，等等。以上各说，各本其源。这里仅介绍以下四种：

1. 源于纪念屈原。

唐代的诗人文秀写过一首诗：“节分端午自谁言，万古传闻为屈原，堪笑楚江空渺渺，不能洗得直臣冤。”意思是说端午节的起源是为了纪念春秋时期楚国的名臣屈原，这也是流传最广的关于端午节起源的说法。

据《史记·屈原贾生列传》记载，屈原是战国时代的楚国人，曾经当过楚国的三闾大夫（管理贵族宗族的官职）。他倡导举贤授能，富国强兵，力主联齐抗秦，遭到贵族子兰等人的强烈反对。屈原遭谗去职，被赶出都城，流放到沅、湘流域。他在流放中，怀着忧伤悲愤的心情，写下了许多沉痛悲壮的诗歌，最著名的就是《离骚》。因而，端午节也称诗人节。公元前278年，秦军攻破楚国京都。屈原心如刀割，感到自己的一切希望都已经破灭，就在五月五日这天抱石投汨罗江身死。传说屈原死后，楚国百姓哀痛异常，纷纷涌到汨罗江边去凭吊屈原。渔夫们划起船只，在江上来回打捞他的尸体。有位渔夫拿出为屈原准备的饭团、鸡蛋等食物丢进江里，说是让鱼龙虾蟹吃饱了，就不会去咬屈大夫的身体了。人们见后纷纷仿效。一位老医师则拿来一坛雄黄酒倒进江里，说是要药晕蛟龙水兽，以免伤害屈大夫。后来为怕饭团为蛟龙所食，人们想出用楝树叶包饭，外缠彩丝，发展成粽子。就这样，在每年的五月初五，就有了龙舟竞渡、吃粽子、喝雄黄酒的风俗。

2. 源于纪念伍子胥。

伍子胥，名员，楚国人，父兄均为楚王所杀。后来伍子胥投奔吴国，助吴伐楚，五战而入楚都郢城。当时楚平王已死，子胥掘墓鞭尸三百，以报杀父兄之仇。吴王阖闾死后，他的儿子夫差继位，吴国的国力强盛，军队士气高昂，百战百胜，并在与越国的战斗中取得决定性的胜利。越王勾践求和，夫差想同意，但是伍子胥建议，应彻底消灭越国。但夫差在接受了越王送来的西施和别的财物之后，答应了越王的求和，只是要求勾践到吴国去喂马。

当时吴国太宰，受越国贿赂，经常向夫差进谗言陷害伍子胥，加之伍子胥反对夫差进攻齐国的策略，所以，夫差就赐了一把宝剑给伍子胥让他自刎。对于夫差的昏庸，伍子胥感到绝望和悲愤，临死前对使者说："我死后，将我眼睛挖出悬挂在吴京之东门上，以看越国军队入城灭吴。"说完便自刎而死，夫差听说此事后恼羞成怒，命令将伍子胥的尸体装在皮革里在五月五日投入大江。因此，相传端午节也是为纪念伍子胥的忠诚。

3. 源于纪念孝女曹娥。

曹娥是东汉时期人，由于父亲被淹死在钱塘江中，好多天找不着尸体，当时年仅 14 岁的曹娥，在江边一边哭一边寻找。过了 17 天，在五月五日也投江自杀，5 日后抱出父尸，就此传为神话。所以，也有人说端午节是为了纪念曹娥的孝心。

孝女曹娥的墓，在今浙江绍兴，后传曹娥碑为晋王义所书。后人为纪念曹娥的孝节，在曹娥投江之处兴建曹娥庙，她所居住的村镇改名为曹娥镇，曹娥殉父之处定名为曹娥江。

4. 源于古越民族图腾祭。

近代大量出土文物和考古研究证实：长江中下游广大地区，在新石器时代，有一种以几何印纹陶为特征的文化遗存。该遗存的族属，据专家推断是一个崇拜龙的图腾的部族——史称百越族。出土陶器上的纹饰和历史传说表明，他们有断发文身的习俗，生活于水乡，自比是龙的子孙。其生产工具大量的还是石器，也有铲、凿等小件的青铜器。在他们作为生活用品的坛坛罐罐中，烧煮食物的印纹陶鼎是他们所特有的，是他们族群的标志之一。直到秦汉时代尚有百越人，端午节就是他们创立用于祭祖的节日。在数千年的历史发展中，大部分百越人已经融合到汉族中去了，其余部分则演变为南方许多少数民族，因此，端午节成了全中华民族的节日。

据闻一多的《端午考》和《端午的历史教育》所列举的百余条古籍记载及专家考古考证，端午的起源，是中国古代南方吴越民族举行图腾祭的节日，比屈原更早。但千百年来，屈原的爱国精神和感人诗辞，已广泛深入人心，故人们“惜而哀之，世论其辞，以相传焉”。因此，纪念屈原之说，影响最广最深，占据主流地位。在民间习俗中，中国人民把端午节的龙舟竞渡和吃粽子等，都和纪念屈原联系在了一起。

中秋节

中秋制月饼

中秋节又称月夕、秋节、仲秋节、八月节、八月会、追月节、玩月节、拜月节、女儿节或团圆节，是流行于全国众多民族中的传统文化节日，时在农历八月十五，因其时恰值三秋之半，故叫中秋节。据说这天月球距地球最近，月亮最大最圆最亮，所以从古至今都有饮宴赏月的习俗。回娘家的媳妇这天必返夫家，以寓圆满、吉庆之意。中秋节拜月的风俗传说起源于“嫦娥奔月”，向善良的嫦娥祈求吉祥平安。又说起源于远古天象崇拜——敬月习俗。唐代将中秋与嫦娥奔月、吴刚伐桂、玉兔捣药、杨贵妃变月神、唐明皇游月宫等神话故事结合起来，使之充满浪漫色彩，赏月之风方才大兴。中秋吃月饼，最先见于苏东坡的“小饼如嚼月，中有酥与饴”之句。唐和五代时赏月的食品只见有“玩月羹”等，未见有月饼。月饼作为一种食品的名称并同中秋赏月联系在一起，始见于南宋的《武林旧事》。中秋节赏月，吃月饼、团圆饭等习俗，一直流传到今天。也有些地方将中秋节定在八月十六，如宁波、台州、舟山，这与方国珍占据温、台、明三州时，为防范元朝官兵和朱元田的袭击而改“正月十四为元宵、八月十六为中秋”有关。此外在香港，过了中秋兴犹未尽，还要在十六夜再狂欢一次，名为“追月”。

重阳节

农历九月初九，二九相重，称为“重九”。又因为在我国古代，六为阴数，九是阳数，因此重九又叫做“重阳”。重阳节又是“老人节”。重阳节人们佩戴茱萸登高、吃花糕，因“高”与“糕”谐音，故把节时所吃的糕点叫做“重阳花糕”，寓意“步步高升”；还要赏菊饮菊花酒。旧时登高是为了“避邪”，此说始于东汉，梁人吴均在《续齐谐记》里说：当时有个叫费长房的人，颇擅仙术，能知人间祸福。有一天，他对其徒汝南桓景说，九月九日，你全家有难，但如能给每人做一红布袋，装上茱萸系在手臂上，然后去登高，并在山涧饮菊花酒，即可幸免于难。桓景照办，果真九日晚间，全家从山上回来后，见家中鸡、犬、牛、羊俱已暴死。事后，费长房告知，此乃家畜代为受祸。这种神奇故事经过传播，便形成了重阳节登高的习俗。农历九月，秋高气爽，万里无云，登高眺远，使人心旷神怡，于是登高也就成为一项很好的健身活动。重阳节赏菊饮菊花酒，有人认为起源于陶渊明，有人认为饮菊花酒可以延年益寿。

腊八

农历十二月八日为腊八节，古代称为“腊日”，俗称“腊八节”。从先秦起，腊八节都是用来祭祀祖先和神灵，祈求丰收和吉祥。据说，佛教创始人释迦牟尼的成道之日也在十二月初八，因此腊八也是佛教徒的节日，称为“佛成道节”。民间有食腊八粥的习惯，腊八粥也叫做八宝粥，相传腊八节是佛祖“成道”之日，佛寺要仿效牧女献糜的故事，取八种香谷和果实如红枣、莲子、核桃、栗子、杏仁、松仁、桂圆、榛子、葡萄、白果、菱角、青丝、玫瑰、红豆、花生等等总计不下20种，制粥供佛，故名八宝粥。腊八粥制法简单，营养丰富，味道香甜。腊八粥熬好之后，要先敬神祭祖；之后要赠送亲友，一定要在中午之前送出去，最后才是全家人食用。八宝粥后来成为一道深受人民喜爱的美食。

祭灶

祭灶是一项在我国民间影响很大、流传极广的习俗。我国春节，一般是从祭灶揭开序幕的。民谣中“二十三，糖瓜粘”指的即是每年腊月二十三或二十四日的祭灶，有所谓“官三民四船家五”的说法，也就是官府在腊月二十三日，一般民家在二十四日，水上人家则为二十五日举行祭灶。旧时，差不多家家灶间都设有“灶王爷”神位。人们称这尊神为“司命菩萨”或“灶君司命”，传说他是玉皇大帝封的“九天东厨司命灶王府君”，负责管理各家的灶火，被作为一家的保护神而受到崇拜。灶王龛大都设在灶房的北面或东面，中间供上灶王爷的神像。没有灶王龛的人家，也有将神像直接贴在墙上的。有的神像只画灶王爷一人，有的则有男女两人，女神被称为“灶王奶奶”。灶王爷自上一年的除夕以来就一直留在家中，以保护和监察一家；到了腊月二十三日灶王爷便要升天，去向天上的玉皇大帝汇报这一家人的善行或恶行。送灶神的仪式称为“送灶”或“辞灶”。玉皇大帝根据灶王爷的汇报，再将这一家在新的一年中应该得到的吉凶祸福的命运交予灶王爷之手。在一周后的大年三十晚上，灶王爷便带着一家人应该得到的吉凶祸福，与其他诸神一同来到人间。灶王爷被认为是为天上诸神引路的。其他诸神在过完年后再度升天，只有灶王爷会长久地留在人家的厨房内。迎接诸神的仪式称为“接神”，迎接灶王爷的仪式叫做“接灶”。祭灶有讲究，供品多为甜食，还有俗语有“男不拜月，女不祭灶”的说法。祭灶风俗，自周朝开始，皇宫将它列入祭典，在全国立下祭灶的规矩，成为固定的仪式。

民国时期所绘的灶君像

在中国的民间诸神中，灶神的资格算是很老的。早在夏代，他已经是民间所尊奉的一位大神了。灶神的来历，据《礼记·礼器》孔颖达疏：“颛顼氏有子曰黎，为祝融，祀为灶神。”《庄子·达生》记载为：“灶有髻。”司马彪注释说：“髻，灶神，着赤衣，状如美女。”《抱朴子·微旨》中又记载：“月晦之夜，灶神亦上天白人罪状。”还有，或说灶神是钻木取火的“燧人氏”；或说是神农氏的“火官”；或说是“黄帝作灶”的“苏吉利”；或说灶神姓张，名单，字子郭。众说不一。

（罗昆）

中国少数民族的传统节日

中国少数民族有许多传统节日，按内容来分类，可以分为以下几大类：宗教节日、农耕节日、牧业节日、渔猎节日、商贸节日、纪念性节日、健身节日、文体节日、社交节日、家庭节日、多民族的共同节日，等等。少数民族传统节日是少数民族传统文化的重要组成部分，有着传承民族传统文化的功能、文化整合的功能、增强民族凝聚力自信心的功能、文化交流的功能；少数民族节日活动能满足各少数民族物质生活与精神生活的各种需要，少数民族节日活动使各少数民族的生活风俗、习惯、礼仪等得到继承和发扬，少数民族节日活动成为各少数民族生活物事的展览台；可以说是民族文化的百科全书。

火把节

火把节的日期为农历六月二十四。相当一部分山地民族也过“火把节”，被称为“火的民族”。彝语支民族的彝族、纳西族、白族、傈僳族、拉祜族、基诺族都要过火把节。彝族地区的火把节源于天神恩梯古兹放蝗虫骚扰人间，人间燃火把烧蝗虫的传说。每逢节日，彝族地区的白族、纳西族和彝族，家家门前要竖一个火把，村口竖一个高四五丈高的大火把。通常选一松柱，拿松枝和干柴层层围成巨大的宝塔，上面插花挂果。晚饭后，锣声、号声一响，男女汇集广场，点燃火把，并用松香粉扑撒火把，顿时光焰冲天，欢呼声此起彼落。老人们举杯畅饮，年轻人围着火把，还要敲锣打鼓，燃放鞭炮。人们挥动着火把绕山串田，意为烧死田里的害虫，迎来光明迎来丰收。

各民族火把节的内容和形式也有所不同，就是彝族各支系也有差异。云南路南、圭山等地的彝族人民，在火把节那天，人人穿上新装，弹着月琴、大三弦，吹着芦笙跳起欢乐的舞蹈，同时还举行摔跤、斗牛。武定、禄劝等地的彝族人民，还开展射箭、赛马、打秋千等活动。傈僳族则有火把节出猎的习俗。四川的彝族节目更丰富多彩，除了赛马、斗牛和摔跤之外还有选美活动，选出俊男靓女是彝族火把节的重要节目之一。火把节的歌，彝族称之为“都荷”，是流传在四川凉山的一种古老的女子集体歌舞。由一人领唱领舞，其余的人跟随其后边歌边舞，时而顺时针转，时而逆时针转。达踢舞是四川凉山彝族民间一种古老的舞蹈，男女排成一行或围成一圈，以踏脚为主。

泼水节

泼水节是云南傣族人民一个古老的传统节日。泼水节也就是傣历新年，傣语称“尚健”、“尚罕”，是送旧迎新的日子。一般在傣历六月中旬（农历清明前后一周左右）举行。泼水节的来历，相传傣族地区有一个凶狠残暴的魔王，他无恶不作，到处烧杀抢劫，奸淫妇女，人们对他恨之入骨。魔王抢来许多民女做妻子，她们为替人间除害，设计杀了魔王，但其头颅滚到哪里，哪里就大火成灾，民女们只好轮流抱住这个血淋淋的魔头，由于魔头滚烫，大家只好轮流不停地泼水降温，冲洗血污。傣族人民为了纪念她们为民除害的勇敢精神，便在翌年傣历六月举行泼水节，作为洗污净身的一种祝福。泼水节的节日庆祝活动一般延续 3 ~ 5 天，欢庆节日的活动中包含了一些宗教（南传佛教）内容，人们用清水泼到佛像身上，为佛洗尘，所以泼水节亦称“浴佛节”。

藏族舞蹈

每逢泼水节，儿童们纷纷砍竹作水枪，家家户户的门框、窗户上都贴上各式各样的剪纸，城镇的主要街道上搭起牌坊，顶端站立着象征幸福吉祥的金孔雀。傣族男女老少则穿上节日的盛装，成群结队地上山去采摘野花做花房。中午，妇女则各挑一担清水泼到佛像身上，为佛洗尘。接着青年男女提着木桶、脸盆，互相追逐，你泼我泼，水花飞溅。被人泼得越多，说明受到的祝福也就越多，被泼的人也就越高兴。节日里，傣族人民还要放孔明灯，举行龙舟比赛。当龙舟在江上前进时，船上会不断传来响亮的锣声和“水！水！水！”的欢呼声。

节日与爱情

少数民族节日活动的内容丰富多彩，形式多种多样。在节日期间，人们穿起本民族节日的盛装，拿出本民族的风味和美食，载歌载舞，饮酒狂欢，走亲访友，更少不了青年男女在一起谈情说爱。少数民族节日既是展示民族文化、民族风情、民风民俗的舞台，又为青年男女进行社交活动和谈情说爱提供了场所和机会，如云南白族的“三月节”、云南傣族的“泼水节”、蒙古族的“那达慕”大会、彝族的“火把节”、“赛歌会”、京族的“哈节”等等。甚至有些节日就是专门为青年男女进行社交、谈情说爱而设的，如贵州苗族的“姊妹节”，云南哈尼族的“姑娘节”，湖北土家族的“女儿会”，青海土族的“花儿会”，云南、广西壮族的“歌墟节”（云南称为“花街节”），海南黎族的“爱情节”，台湾高山族的“背篓会”，贵州侗族的“情歌送饼日”，贵州仡佬族的“赞姑节”，闽浙地区畲族的“歌会”等等。过节时，人们放下手中的农活和工作，共同欢聚庆祝节日，青年男女唱歌对歌、舞蹈饮酒、娱乐戏耍，青年男女相互结识，结交为友，寻觅意中人，最终结为情侣，成就一桩美好婚姻。

（罗昆）

佛教的节日

公元前后，佛教开始由印度传入中国，经长期传播发展，形成具有中国民族特色的中国佛教（Chinese Buddhism）。由于传入的时间、途径、地区和民族文化、社会历史背景的不同，中国佛教形成三大系，即汉地佛教（汉语系）、藏传佛教（藏语系）和云南地区上座部佛教（巴利语系）。

佛教有许多节日，主要是纪念佛和菩萨的生日或成道日、涅槃日等。每逢这些节日，佛教徒要集会或举行庆祝活动，这对民间风俗也产生了巨大影响。重要的有（以下日历均指农历）：正月初一，弥勒佛诞生日；二月十五日，释迦牟尼涅槃日，即涅槃节；二月十九日，观音菩萨诞生日；二月十一日，普贤菩萨诞生日；四月初四，文殊菩萨诞生日；四月初八，释迦牟尼诞生日，即佛诞节；六月十九日，观音菩萨成道日；七月十五日，僧自恣日，即盂兰盆会、中元节；七月三十日，地藏菩萨涅槃日；九月十九日，观音菩萨出家日；十一月十七日，阿弥陀佛诞生日；十二月初八，释迦牟尼成道日，即腊八节。

庆祝这些节日的活动是多种多样的：二月十五涅槃节，佛寺要举行涅槃法会，挂释迦牟尼涅槃图像，诵《遗教经》等，还要备香花灯烛茶果珍馐，以申供养。二月十九观音诞辰，善男信女们便举行盛大的观音庙会。被看做观音菩萨道场的普陀山，届时更是摩肩接踵，香火旺盛。四月初八佛诞节，佛寺举行诵经法会，并根据

佛像

“佛生时龙喷香雨浴佛身”的传说，以各种名香浸水沐浴佛像，并供养各种花卉。七月十五僧自恣日，则举行“盂兰盆会”，以百味饮食供养十方自恣僧，据说如此以使现生父母和七世父母都度脱苦难。七月三十地藏菩萨应化中国涅槃日，以九华山为中心举行地藏法会。十二月初八成道节，佛寺要举行纪念仪式，并煮“腊八粥”以供佛，后来民间也逐渐形成了吃“腊八粥”的习俗，用以庆贺五谷丰登，驱逐鬼邪瘟疫。佛教的重要节日，不少也成了民间节日，过节的意义便超出宗教的范畴。

藏传佛教地区的重要节日有“四圣日”。在藏历的正月初一至十五间，不单是藏历新年，也是重要的佛陀神变节。在佛教史上，释迦牟尼曾于多天内每天展现一种神变，令专门前来比试挑战的外道师最终俯首认输而皈依正法。在这两周中，便是纪念释迦牟尼佛以神通降伏外道师的日子。藏历四月称为“释迦月”，是一年中最神圣的月份，纪念本师释迦牟尼的出生（初八）、成佛及入灭（十五）。在这一点上，汉传佛教有所不同（纪念佛陀成道的日子有所不同）。六月初四是纪念佛陀在鹿野苑为五比丘初转法轮的圣日。藏地在九月二十二日是纪念佛陀上天为母说法毕，重返世界的“降凡日”。在以上所说的四圣日中，相传由于佛力的缘故，所造之善业及恶业的业力俱增亿倍，所以它们是特别利于修持以及必须注意戒恶的日子。

此外，各宗派也有本身的圣日，如莲师纪念日及宗喀巴大师纪念日（十月二十五）等。宗喀巴纪念日是全藏、蒙古族乃至汉地很多地方极为重视的大日子。当天，所有格律派寺院及很多他派寺院都在户外、屋顶等地方燃点大量油灯纪念。在某些地区，把这圣日叫做“圆根法会”。

云南南传上座部佛教傣族地区，有三个重大的节日：关门节、开门节、傣历新年（即泼水节）。关门节为傣历九月十五日（农历七月中旬）、开门节为傣历十二月十五日（农历九月中旬），都是佛教的节日，其间的三个月为“关门”时间。“关门”期间，要举行大小多次佛事活动，并要放火花、爆竹、“贡非”（孔明灯）、赛鼓，还有盛大的赶摆活动。在这期间，家里禁吃肉食，不许办喜事。

（罗昆）

道教的节日

道教是中国土生土长的宗教，距今已有1800余年的历史。它的教义与中华本土文化紧密相连，深深扎根于中华沃土之中，具有鲜明的中国特色，并对中华文化的各个层面产生了深远影响。道教主要以神、仙之诞辰为节日，到时候要举行隆重斋醮，包括祭星与设道坛诵经；有的节日还有庙会集市。

道教界依各自宗派不同，各敬本宗之祖师，但对道教共同崇尊之神的诞生节日，都是很隆重的。道教节日可归纳如下：

1. 三清节，即冬至日为元始天尊圣诞；夏至日是灵宝天尊圣诞；二月十五日是道德天尊圣诞。元始天尊象征混沌，为阴阳初判的第一个大世纪，因此以阳生阴降、夜长昼短的冬至日为其诞辰；灵宝天尊象征混沌始清，为阴阳开始分明的第二个大世纪，因此以阴生阳消、昼长夜短的夏至日为其诞辰。唐玄宗时以二月十五日为老子诞辰，宋徽宗重和元年（1118），又诏以混元皇帝二月十五日生辰为贞元节（一作“真元节”）。此日至今为道教重大节日。

2. 三元节，即正月十五日上元天官节；七月十五日为中元地官节；十月十五日为下元水官节。上元节，就是天官大帝的诞辰。这天，道观常常举行斋会，善男信女也要去三官殿堂进奉香火。正月十五还是厕神紫姑的祭日，人们摆上供物，迎请紫姑，向她占卜蚕桑农事和吉凶祸福。中元节，又称“鬼节”。中元节是道教神地官大帝诞辰和“赦罪之辰”。据传这一天鬼魂都会出来，或到人间看望子孙后代，或捣乱给人带来灾异，这是鬼的节日，所以人们要在这一天祭祖、上坟。中元节在民间颇受重视，祭祖、上坟的习俗至今仍在南方各省保留着。下元节，是水官大帝诞辰，也是水官解厄之日。这一天，宫观建醮解厄，民家则多备丰盛菜肴，享祭祖先、神灵，以祈福禄。

3. 三月初三日王母娘娘圣诞，俗称“蟠桃会”。相传农历三月初三为西王母诞辰，是日西王母大开蟠桃宴会，诸仙都来为她上寿。后代道教于每年这一天举行盛会以为纪念。

4. 二月初六日东华帝君圣诞。东岳信仰起源很早，至唐宋屡封为王、为帝。

5. 三月十五日张天师圣诞。张天师即汉代道教创始人天师张道陵，又称张陵，字辅汉，沛国丰邑人。

6. 六月二十四日关圣帝君圣诞。道教信奉的关圣帝君，即三国时期蜀汉大将关羽。关羽字云长，蒲州解良（今山西临猗西南）人，人们尊称他为“关公”或“关帝”。道教相信关圣帝君也有司禄命、佑选举、治病除灾、驱邪避恶、诛惩叛逆、巡察冥阴的职责。

7. 九月十七日财神圣诞。玄坛赵元帅是财神爷，财神爷是人们熟知和喜爱的一位神灵。

8. 十月初三为三茅真君圣诞。三茅真君即茅盈、茅固、茅衷，为汉代得道成仙的三兄弟。江苏句容境内茅山建有奉祀他们的宫观。茅盈，字叔申，汉景帝时咸阳人，诞辰为农历十月初三日；其二弟名固，字季伟，诞辰为农历六月二十五日；季弟名衷，字思和，诞辰为农历腊月初二日。

9. 十二月十二日王重阳祖师圣诞。为全真道重要节日之一。

10. 五腊节。正月初一日天腊，五月初五日地腊，七月初七日道德腊，十月初一日民岁腊，十二月初八日王侯腊。总之，每逢节日，十方丛林都必定要设坛庆贺。

11. 三会日。据陆修静《道门科略》等载，三会日为农历正月七日，七月七日，十月五日。据说，此三日为“三官考核（道民）功过”的日子，也是早期正一道（即五斗米道和天师道时期）道民聚会的三个日子。

12. 正月二十八日文昌圣诞。文昌帝君又名梓潼帝君，或称元皇天帝。是合文昌星与梓潼神二者为一体的复合神。

13. 三月初三真武圣诞。宋代以后，人们对真武神的信仰愈加普遍，其神格愈来愈高，被称为真武大帝，又称玄天上帝。

14. 二月初二土地神圣诞。土地神与民众最接近，他能保佑五谷丰登、六畜兴旺、家宅平安、添丁进口。

15. 正月初九日玉皇圣诞。《道藏辑要》载玉皇大帝生于丙午岁正月初九，后世道观于每年这一天举行祭祀以为纪念。

16. 四月二十八日药王诞辰。逢此日，凡从事医药者，均毕集药王庙，殷勤祝祷，以祈医道精进、药理深明；百姓也毕集企求，以祈合家延年，百病消散。

17. 四月十四日纯阳祖师诞辰。“纯阳祖师”姓吕，名岩，字洞宾，号纯阳，证道前曾名绍先，元武宗封为“孚佑帝君”。每当他的诞辰，道教必举行道场，日设“诞生斋醮”，以祈福寿，夜做“度亡、忏悔”以超亡魂，这天为全真道重要节日之一。

（罗昆）

六

天文　历法

天文历法是一项政治活动

当人类开始摆脱原始的狩猎采集经济，进入到农业文明的时候，掌握天象和天文学的知识，是一个必要的前提。无法想象一个没有任何天文学知识的民族，可以创造出发达的农业文明，因此，天文学的起源事实上是和农业的起源息息相关的。而天文学的起源以及天文学对农业的重要作用，首先就表现在它能够为农业生产提供准确的时间服务。因为农时对于农业生产来说，要求非常严格，在一年中，适合播种和收割的时间往往只有短短几天，表现为“抢农时”，而通过观察物候的一些变化来了解时间的变化又是粗疏的，不可能满足古人对于农业生产的要求。因此在没有任何计时设备的古代，观测天象规律就是决定时间的唯一准确标志。

应该说，古人观测天象的自然条件非常好，当时空气没有污染，大气的透明度非常好，夜晚也没有很多人工光源的干扰，因此观测是非常容易的。所以，如果有人能够发现天象的运动和时间可以建立起联系，并把准确的农时告诉给人民，这个活动就叫做“观象授时”。

“观象授时”从表面上似乎只是一种天文学的活动，但它从一开始就具有了强烈的政治意义。因为在生产力相当低下的远古社会，如果说有人通过自己的智慧和辛勤实践，从神秘莫测的天象运动中，发现了天象和时间的某种联系，掌握了天象运行的规律，这本身就是一项了不起的成就。因此，天文学的知识在那个时期就是最先进的知识，它只能为极少数的人掌握。而某个人一旦掌握了天文学的知识，他就可以通过“观象授时”的形式来实现他对整个氏族的统治。

这是因为“观象授时”的直接作用是决定农业的生产，它的正确与否直接影响到一年的收成，并因此而决定整个氏族的命运。因此，对于农业经济来说，作为历法准则的天文学知识就具有了首要的意义，谁能把历法授予人民，他就有可能成为人民的领袖。这个观念在远古社会成为人们的一种共识，作为与天沟通的形式，了解天象的人也自然被认为是了解天意的人。如果谁能把时间准确地告诉人民，他必然会赢得整个氏族对他的尊敬与敬仰，这就是最早的王权的基础。

孔子在编订“六经”的时候，其中有一篇叫做《尧典》，而《尧典》开篇就叙述帝尧命令羲和“钦若昊天，历象日月星辰，敬授民时”。“敬授民时”说明了古代帝王对于观象授时的工作是非常重视的，这是一项关系到他们统治地位的非常严肃的工作，需要他们兢兢业业地去做。有学者认为，《论语·尧曰》中所述帝尧禅位给舜的时候所说的一句话：“天之历数在尔躬，允执其中。”意思是天时和历法必须由你亲自来掌握，你要好好地把握住你手中的这个圭表，“中”就是圭表。这是最早的一种天文学仪器，通过立表测影，可以了解时间。

在甲骨文中也有关于立中的记载，就是立表测影。这些都可以看出天文学和王权的关系。所以说，最早的天文学，实际是一种政治天文学；而天文学最早也不是一个严格意义上的科学，实际上只是被统治者所利用的一种政治统治术。因此，中国古代天文学的官营性质，就是早期天文学的一个非常显著的特点。

青铜钺，是王权的象征，甲骨文和金文的“王”字就是它的一个象形字。如把青铜钺立起来调转 90 度去看，就像一个“王”字。现在的“王”字最下边的一横，实际就是铜钺最下边的钺刃。按出土的铜钺上有一个图像，在这个图像上用绿松石画了两个同心圆。古代最基本的图形是圆和方，圆形是天的象形，而方形则是地的象形，这两个同心圆也具有这种意义。在这两个同心圆之间还有用“十”字组成的图像，外圈一共有 12 个，内圈有 6 个。这个“十”字纹，是古代文字的“甲”字。“甲”实际就是人们立表测影所得到的东西南北的四个方向，一横表示东西，一竖表示南北。

由于古代人计时是用十天干（甲、乙、丙、丁、戊、己、庚、辛、壬、癸）和十二地支（子、丑、寅、卯、辰、巳、午、未、申、酉、戌、亥）配合起来计时，并构成六十甲子，所以，作为十天干的第一个字，“甲”也可以看成是计时名词的第一个字。因此在这个图像上，用 12 个“十”字纹构成的外圈即“十二时”，表示 12 个月；而 6 个“十”字纹构成的内圈，正好是“十二”的一半，表示历月阴阳的概念。古人有把月份和十二律相配合的律制，十二律就是把一个八度分成 12 个不完全相等的半音。处于单数的“律”是阳律，处于偶数的“律”是阴律，12 个律跟 12 个月配合起来，每个月都可分出阴阳雌雄，所以这 6 个“甲”字就表示有六阳月、六阴月。而两层“十”字纹也正反映了这样一种阴阳的观念。所以在这个表示王权的铜钺上所绘刻的记时天文学的历法，明确显示了天文学和王权的联系。

汉代儒家普遍对天文历法感兴趣，并有所研究，其中既有政治方面的原因，也与儒家讲“天人合一”有密切的关系。在汉代儒家中，对天文学颇有研究的有扬雄、桓谭、刘歆、贾逵等。

在古代，历朝历代的统治者一直将天文知识视为一种垄断性的知识。比如明朝初年禁止民间学历，如明代沈德符在其《野获编》里写道：“国初学天文有历禁，习历者遣戍，造历者殊死。”历代还规定，凡钦天监人员“不许迁转”，“子孙只学天文历算，不准习他业，其不习学者发南海充军”。这是用法律的形式禁锢天文学。

天文学作为一门自然科学，本在于如何认识宇宙，但古代天文学成为皇家学科之后，始终局限在“颁历授时”和“占候”（占星术）的圈子里，成为封建王朝最为重要的“国政”。英国学者李约瑟曾经说过：“希腊的天文学家是隐士、哲人和热爱真理的人，他们和本地的祭司一般没有固定的关系。中国的天文学家则不然，他们和至尊的天子有密切的关系，他们是政府官员之一，是依照礼仪供养在宫廷之内的。”又说：“灵台从一开始就是明堂（祭天地的庙宇）中必不可少的一部分。”

我国古代历代王朝都在朝廷内设有专门的司天人员或天文机构，称为太史局、司天监、司天局、钦天监等。并配备有一定数量的具有专门知识的学者，从事天文学研究工作。规模最大的数唐朝的太史局，曾拥有各种天文人员1000多人。魏晋南北朝是一个动乱的时代，但天文学研究并未中断。这种形式一直延续到清末，始终保持一脉相承，这在世界上是绝无仅有的。在这种天文机构里，天文官们要进行大量的、连续不断的观测计算工作。监测记录日食、月食等各种异常现象的出现，探讨天体运行的规律。并将观测结果呈报朝廷，予以记载。正史中《天文志》、《五行志》、《律行志》，就是历代天官对天象观测的记录，其丰富和详细，举世无双。所记载的日食、彗星、超新星等资料，对解决现代天文学的许多难题，都有很大意义。在历法上，从春秋战国的四分历算起，一直到太平天国的天历，我国历代利用过的历法共有66种，其中著名的优秀历法就有十余种。

（马一玲）

明朝制定历法的一场比赛

明代是我国天文、历算逐步由传统方法向西方方法过渡的时期。但是当时正是封建统治中央集权高度发展的历史阶段，虽然一切由皇帝说了算，却也存在着遵守祖宗法度与改革的思想矛盾。明代天文历算的发展就面临着这样的情况。远在朱元璋尚称吴王时，太史院使刘基率其部属高翼献《戊申大统历》。刘基和唐初李淳风一样是位精通天文历数的人物。但朱元璋说：“古者季冬颁历，太迟。今于冬至，亦未善。宜以十月朔，著为令。”（《明史·历志一》）至明洪武元年（1368），改太史院为司天监，基本上仍沿用元朝郭守敬的《授时历》，后来又命《大统历》与元《授时历》兼用。明永乐年间迁都北京，仍用南京应天府的平均太阳日。明英宗正统年间，改用北京顺天府的平均太阳日。明代宗景泰年间，天文生马轼奏："昼夜时刻不宜改。"（《明史·历志一》）代宗却决定说："太阳出入度数，当用四方之中。今京师在尧幽都之地，宁可为准。此后造历，仍用洪（武）、永（乐）旧制。"因此时差、里差都难以准确。有一次计算某日应该日食，到时却没有发生。皇帝却很高兴，说是得天之胥。到了明万历年间，万历进士邢云路上书，称"治历之要，无逾观象、测景、候时、筹策四事"（《明史·历志一》），指出当时历法的错误。钦天监官非常厌恶他，奏其僭妄惑世。礼部尚书范谦却说："历为国家大事，士夫所当讲求，非历士之所得私。律例所禁，乃妄言妖祥者耳。监官拘守成法，不能修改合天。幸有其人，所当和衷共事，不宜妒忌。乞以云路提督钦天监事，督率官属，精心测候，以成巨典。"继而驳斥钦天监测候之误，奏请用西方传教士中的"大西洋归化远臣，参与历政"。但直到明崇祯二年（1629），明廷才开始采用徐光启的建议，让来华的耶稣会士龙华民、邓玉函、罗雅谷等人参与修制历法，而以徐光启为监督，组织人力编成了《崇祯历书》137卷。明朝的历法才开始精密，成为清代历法的先河。

《崇祯历书》分节次六目和基本五目。六目即历法的日躔、恒星、月离、日月交会、五纬星和五星凌犯六个部分；五目包括法原（天文学原理）、法数（天文用表）、法算（历算中的数学知识）、法器（测量仪器和计算工具）、会通（中西各种度量换算表），其中法原是全书的重点。虽然《崇祯历书》所介绍的天文学理论在当时欧洲已属落后，但对我国学者来说仍然是十分新颖的，对我国的天文学发展影响较大。

（马一玲）

扫帚星是灾星吗

扫帚星就是彗星，迷信的古人多认为其是灾星，实际上完全没有科学根据。我国很古就有彗星记事，并给彗星以孛星、长星、蓬星等名称。古书《竹书纪年》上就有"周昭王十九年春，有星孛于紫微"的记载。但是因为这本书真实年代有待考证，对这件事暂且存疑。最可靠的记录，开始见于《春秋》：鲁文公十四年

“秋七月，有星孛入于北斗”。鲁文公十四年是公元前613年，这是世界上最早的一次哈雷彗星记录。《史记·六国表》载：“秦厉共公十年彗星见。”秦厉共公十年就是周贞定王二年，也就是公元前467年。这是哈雷彗星的又一次出现，不过《史记》没有记载它出现的时间。

哈雷彗星绕太阳运行平均周期是76年，出现的时候形态庞然，明亮易见。从春秋战国时期到清末的2000多年，共出现并记录的有31次。其中以《汉书·五行志》汉成帝元延元年（公元前12年）记载得最详细。“元延元年七月辛未，有星孛于东井，践五诸侯，出河戍北，率行轩辕、太微，后日六度有余，晨出东方。十三日，夕见西方……锋炎再贯紫宫中……南逝度犯大角、摄提。至天市而按节徐行，炎入市中，旬而后西去；五十六日与苍龙俱伏。”

这样生动而又简洁的语言，把气势雄壮的彗星运行路线、运行快慢以及出现时间，描绘得栩栩如生。其他的每次哈雷彗星出现的记录，也相当明晰精确，分见于历代天文志等史书。西方关于哈雷彗星的记载，一般书籍认为最早是在公元66年，但是还可上溯到公元前11年，欧洲已有哈雷彗星的观测记载。不过，也还比我国《春秋》可靠记载晚了几百年。

我国古代的彗星记事，并不限于哈雷彗星。据初步统计，从古代到公元1910年，记录不少于500次，这充分证明古人观测的辛勤。

哈雷彗星的来临，姿态固然十分雄伟，但是其他彗星的出现，气势也相当壮观。《新唐书·天文志》：“上元……三年七月丁亥，有彗星于东井，指北河，长三尺余，东北行，光芒益盛，长三丈，扫中台，指文昌。”唐高宗上元三年是公元676年。这种记录，不但形象逼真，而且位置准确，所经过的亮星都加注记，这正是我国古代天象记录的优点。

在古代，我们的祖先不仅观测彗星的形态和位置，对彗星的成因也有见解。《晋书·天文志》载有：“彗体无光，傅日而为光，故夕见则东指，晨见则西指。在日南北皆随日光而指，顿挫其芒，或长或短。”这种解释也是正确的。《晋书》修于唐太宗贞观十八年至二十年，就是公元644~646年。而在欧洲直到公元1532年才有类似的认识。

在我国古代，还记录到了彗星的分裂现象。《新唐书·天文志》就有：“乾宁……三年十月，有客星三，一大二小，在虚、危间，乍合乍离，相随东行，状如斗，经三日而二小星没，其大星后没。”唐昭宗乾宁三年是公元896年，像这样的观测记录是很细致的。在这里所说的客星，指的是已经分裂的彗星。

我们的祖先重视彗星，有些虽然不免拘于占卜，但正是他们观测勤劳，记录不断，后人才得以查询。欧洲学者常常借助我国典籍来推算彗星的行径和周期，以探索它们的回归等问题，哈雷彗星就是明显一例。

20 世纪初，英国的克罗梅林（1865 ~ 1939）和考威耳（1870 ~ 1949）曾利用我国古代哈雷彗星记录，跟计算所得的每次过近日点时间和周期相比较，最古记录上推到公元前 240 年。对照结果都比较符合，足证古代记录的可靠。前人辛劳记录的功绩不可磨灭！

近年来美国学者勃勒德在研究从 1682 年到 20 世纪的哈雷彗星运动时，曾经引用我国有关古代记录，来探索 1986 年哈雷彗星的回归，并且研究太阳系中是否还存在第十颗大行星在对哈雷彗星的运动施加影响。在爱尔兰天文台工作的中国天文学者江涛，也研究哈雷彗星的运动，并且在 1971 年发表《哈雷彗星的从前轨道》一文。1977 年，我国天文学家张钰哲（1902 ~ 1986），利用我国古代的哈雷彗星记录，上推到公元前 1057 年，通过电子计算机进行运算，发表《哈雷彗星的轨道演变趋势和它的古代历史》一文，所得结果，比较理想。他解决了我国历史界关于“武王伐纣”的准确年代的疑问；初步得出这日期是公元前 1057 年，丰富了史学上年代学的论证内容。可见我国古代的彗星记录到现代仍然焕发出它的光辉！

法国人巴耳代在 20 世纪 50 年代研究了包含 1428 颗彗星记录的《彗星轨道总表》之后断定说：“彗星记载最好的（除极少数例外），当推中国的记载。”这种评语，无疑是公允的！

（马一玲）

“七月流火”

《诗经·豳风·七月》有“七月流火，九月授衣”。

火，指心宿，指大火星，即东官苍龙七宿中的心宿。不是火星，火星在中国古代称为荧惑。七月相当于公历的八月，流火是说大火星的位置已由中天逐渐西降，表明暑气已退。

（千春松）

伯阳父说地震

《国语·周语》上记虢文公引太史之言："阳气俱蒸，土膏其动"；又载伯阳父说："夫天地之气，不失其序。若过其序，民乱之也。阳伏而不能出，阴迫而不能蒸，于是有地震。"

"阴阳"范畴表达的是一种宇宙秩序。在自然、社会等一切现象中，莫不有相依相待、对立统一的两大势力、活动、能量或信息；它们的交互作用，使得事物产生形形色色的变化；自然之道，正是二者的统合、和合，相互促进，相互制约，相互克服，相互转化。任何一方偏胜，不能"交通成和"，则失去了"阴阳大化"的秩序。阴阳失调，就会发生问题，而不能使"物生焉"。因此，人们要善于"燮理阴阳"。在《周易》哲学中，阴阳的变化系统非常生动，非常复杂，决非"正—反—合"或"对立统一"等公式所能涵盖得了的。

"阴阳"初指日照的向背，但上举先秦资料均指"不形而神"、"若亡而存"的阴阳之气。阴阳二气的运动变化孕育万物，产生万物，生生不息。正是在这个意义上，人们说阴阳为万物之根本。但在这里，阴阳之气并不能理解为亚里士多德的实体。因为无论是"阴"性的（否定的、潜在的）力量，还是阳性的（肯定的、现实的）力量，或者蕴含有这两方面的"阴阳一气"，都不是独立自存、同一不变的存有。说阴阳之气是万物之根本，也不是从"本原"的意义上来说的。它自身是有内在张力的，变化的，互动的，互相涵摄的，有作用的。"阴阳"范畴较之"五行"范畴更方便地说明了天地万物内在的矛盾运动和变化发展。《易经》把阴阳变化的复杂性凸显出来了。

（马一玲）

老皇历

历代皇帝都很重视历法。9世纪初，唐朝曾下令，历书必须经皇帝亲自审定后才能颁布，并且规定了只许官方印制，不准私人印制。从此，历书就成了"皇历"。

清光绪三十四年的老皇历

关于“皇历”一词，据说与宋太宗有关，宋太宗每年到了岁晚，都给文武百官各送历书一本。这本历书里刻有农历日期节令，以及在耕作种植方面的普通知识。因为历书是皇帝所送，故此叫它“皇历”。

“皇历”中所记的历法，一般都是以一年为限，第二年变更，如果拿起去年的皇历来查今年的历法，就是错误的。因此，“老皇历”就是指因循守旧、不思变革的意思。

（千春松）

中国古代的计时器

漏刻

《史记·司马穰苴传》记载了这样一个故事，春秋时期齐国大将军司马穰苴与监军庄贾约定第二天中午在兵营门口相见。司马穰苴先赶到军中，立圭表、下漏刻等待庄贾的到来。结果骄傲的庄贾由于被亲戚朋友拉去饮酒，日过中午还没有去军营。司马穰苴就推倒表杆、关掉漏刻，开始对军队下达命令。等到庄贾赶到后，执法如山的司马穰苴就把他杀了。

司马穰苴用来确定时间的仪器是表和漏刻，是古代最重要的两种计时仪器。漏刻主要由漏壶和箭刻组成，根据漏壶中水位的高低来度量时间，箭刻上所刻的就是表示时间的刻度线。在商代后期，中国出现了把一昼夜分为 100 等分的百刻计时制并一直沿用到了清代。百刻制的出现使中国古代有了统一的计时标准。

至迟从周代起，国家开始使用漏刻计时并设立专职机构管理时间。秦朝太子宫中设有“太子率更令”一职，负责管理漏刻，为皇太子服务。到西汉制定《太初历》时，漏刻开始成为天文计时仪器，由“太史待诏”掌管。另外，汉代光禄勋下设“郎官”一职，负责用漏刻为皇宫日常生活、礼仪制度提供时间服务。这三套管理漏刻的制度也被沿用到清朝。

日晷

观察一年中正午日影的长度能够定节气，而观察一天中日影方位的变化可以定一天中的时刻。早晨，太阳从东方升起，它的影子投向西方；中午，太阳在正南方，它把影子投在了正北方；傍晚，太阳落入西方的地平线，它的影子又转向东方。日复一日，年复一年，太阳的影子都这么规律地变化着。日晷就是利用日影的这个规律，抓住了时间流逝的匆匆脚步。

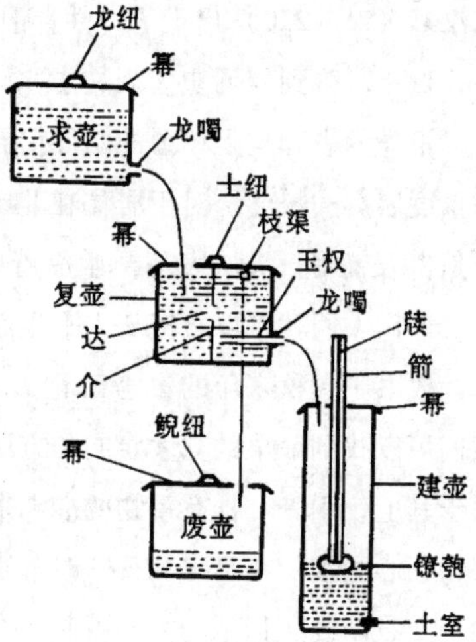

沈括漏壶示意图

日晷有两种形式：一种是水平放在地面上、刻度不均匀的地平式日晷。另一种是日晷面与赤道面平行的、刻度均匀的赤道式日晷。考古学家曾经先后在内蒙古呼和浩特以南和河南洛阳金村发现了两块正方形的石板，石板中央有一个深圆孔，可插类似晷针的东西。外有一大圆，圆周上有 69 个小孔，等间距排列，孔间间距为圆周长的百分之一，标有 1～69 的数字，并以细线与中央大圆相连。另有 31 个空位置。根据推测，该石板是一种使用百刻制的赤道式日晷。晷针在石面上投下影子，影子不停地移动，每移一格就是百刻制中的一刻。

圭表

将一根木杆垂直地插在地上就形成了表。可别小看了这根简单的木杆，它可是中国最古老的天文仪器。古人用它不仅可以确定南北方向，还可以测定节气与时刻。土圭是最古老的计时仪器，是一种构造简单、直立于地上的杆子，用以观察太阳光投射的杆影，通过杆影移动规律、影的长短，以定冬至、夏至日。《尚书·尧典》中记述土圭始于尧帝时期（前2357～前2258），史学界认为“尧典”不是尧时写的，是周代史官根据传闻编写，后经春秋战国（前7世纪～前2世纪）时儒家陆续补订而成。因此我们可以认为，至迟在公元前7世纪，掌管天地四时的官吏已使用土圭分出二分二至，确定一年为366天。到殷商时代（前1520～前1030）测时已达到相当高的精度，其干支记日法一直沿用到今天。

由于土圭的构造简单，不易掌握，所以逐渐发展为圭表。《隋书·天文志》将圭表的创造追溯到公元6世纪：南北朝梁武帝天监年间（503～519）祖暅（祖冲之之子）造八尺高的铜圭表，观测圭上表影的长短，测定时间。但1965年江苏仪征东汉墓（25～220）出土了一件青铜铸的圭表，这说明圭表的创制和使用要早于记载几百年。待到《元史·天文志》，对圭表的形制、构造、材质都有详尽的记述。

早先的表和圭是单独的两件仪器，土圭是一种玉制的尺子，长约一尺五寸，用来量度表影的长度。对于居住在北半球的人来说，中午表影总是在表的正北方向，于是古人就用石头从表基开始沿着中午的表影砌一水平的圭面，并在上面刻上刻度。这样人们就可以直接从水平圭面上读取表影的长度，圭与表也就合二为一了。

成书于春秋末年的《考工记》是一部记录手工业技术的书籍。在这本书中，我们可以找到最早的立表定向的方法。首先，把一小块地整平，把木制或竹制的表插于其上，用一个挂有重物的准绳来把表校准，使之与地面垂直；其次，用圆规以表为圆心画圆。在日出和日落时分别观察表影，标记出表影和圆相交的两点，过这两个交点的线所指示的方向就是正东、正西。到这一步还不算完，古人还要白天通过观察中午表影的方向、夜晚通过观察北极星的方向对其进行校正。

香篆

据宋代学者薛季宣说，除日晷刻漏之外，有一种香篆钟于12世纪中叶在中国流行。荷兰高罗佩著《狄仁杰断案传奇》中，记述了唐宫计时用的香篆钟为梅花形黄铜盘，盘子内梅花五瓣，各缭绕着一圈盘香，用以计时焚熏，称为“五朵祥云”。

（马一玲）

屈原的《天问》

屈原创作的作品计有《离骚》、《天问》、《九歌》（11 篇）、《九章》（9 篇）、《招魂》，凡 23 篇。此外，《卜居》、《渔父》等篇是否为屈原所作，学术界尚有争议。其中，《离骚》是屈原的代表作，也是中国古代文学史上最长的一首浪漫主义的政治抒情诗。《天问》是古今罕见的奇特诗篇，它以问语一连向苍天提出了 172 个问题，一连串问题如水银泻地，一发而不可收。从天有九层想到是谁经营、谁测量、谁兴建，究竟建造了有什么用处；想到宇宙像个旋转的车轮，车轮中心上的绳子拴在什么地方呢；想到天的最高处安装在哪儿，八根柱子又怎么顶住它呢；想到天的东南角为什么会倾塌，天的边缘究竟延伸到什么地方，依托什么，连接在什么东西上；想到天边究竟有多少弯曲和角落，这笔账谁能算清楚；想到天和地究竟在什么地方相连接，天上星宿 12 个区究竟是怎样划分的；想到太阳、月亮究竟附着在什么东西上，而星宿又为什么在天上摆布得那么错落有致；太阳早出晚归，究竟一天走多少路；月亮死而复生，究竟靠什么本领，兔子（玉兔：月中兔子的名。）生在月亮肚子里，对月亮究竟有什么用处呢。真是一会儿天，一会儿地，一会儿日月，一会儿星辰，就在这跳跃式的思想自由驰骋中，展现了作者无穷的智慧和奇特而绚烂的精神世界，涉及了天文、地理、文学、哲学等许多领域，表现了诗人对传统观念的大胆怀疑和追求真理的科学精神。屈原在他的《天问》里写道：

九天之际，安放安属？
隅隈多有，谁知其数？
……
东西南北，其修孰多？
南北顺椭，其衍几何？

屈原用解析推理的方法，也就是“细推”了地是圆的。当时没有实验的证明，是推理出来的。屈原充分运用了诗人的想象力和解析思考能力，那是公元前 5 世纪。得到了这样重要的结论：天像蛋壳，地像蛋黄，两者都可以转。所以，中国人从古代开始认识到，天体的运行轨道就有黄道、赤道两个道。屈原接着推测，地的形状可能偏离完美的球形，可能是椭球形。他问：“东西南北，其修孰多？南北顺椭，其衍几何？”意思是，赤道圆周与通过南北两极的圆周相比，哪个更长。南北顺椭圆的长度到底有多长。但是屈原并没有回答这个问题，因为他那时不知道，我们现在才知道地球的赤道直径和极直径差得很小，可是那个时候他问这个问题是相当了不起的。

（于春松）

海市蜃楼和仙山

在平静无风的海面、湖面或沙漠上，有时眼前会突然耸立起亭台楼阁、城郭古堡，或者其他物体的幻影，虚无缥缈，变幻莫测，宛如仙境，这就是海市蜃楼，简称蜃景。

蜃景不仅能在海上、沙漠中产生，柏油马路上偶尔也会看到。蜃景的种类很多，根据它出现的位置相对于原物的方位，可以分为上蜃、下蜃和侧蜃；根据它与原物的对称关系，可以分为正蜃、侧蜃、顺蜃和反蜃；根据颜色可以分为彩色蜃景和非彩色蜃景等。

蜃景有两个特点：一是在同一地点重复出现，比如美国的阿拉斯加上空经常会出现蜃景；二是出现的时间一定，比如我国蓬莱的蜃景大多出现在每年的5、6月份，俄罗斯齐姆连斯克附近蜃景往往是在春天出现，而美国阿拉斯加的蜃景一般是在6月20日以后的20天内出现。

自古以来，蜃景就为世人所关注。在西方神话中，蜃景被描绘成魔鬼的化身，是死亡和不幸的凶兆。我国古代则把蜃景看成是仙境，秦始皇、汉武帝曾率人前往蓬莱寻访仙境，还屡次派人去蓬莱寻求灵丹妙药。现代科学已经对大多数蜃景做出了正确解释，认为蜃景是地球上物体反射的光经大气折射而形成的虚像，所谓蜃景就是光学幻景。

蜃景与地理位置、地球物理条件以及那些地方在特定时间的气象特点有密切联系。气温的反常分布是大多数蜃景形成的气象条件。

就拿下蜃的形成来说吧。夏季沙漠中烈日当头，沙土被晒得灼热，因沙土的比热小，温度上升极快，沙土附近的下层空气温度上升得很高，而上层空气的温度仍然很低，这样就形成了气温的反常分布，由于热胀冷缩，接近沙土的下层热空气密度小而上层冷空气的密度大，这样空气的折射率是下层小而上层大。当远处较高物体反射出来的光，从上层较密空气进入下层较疏空气时被不断折射，其入射角逐渐增大，增大到等于临界角时发生全反射，这时，人要是逆着反射光线看去，就会看到下蜃。

柏油马路因路面颜色深，夏天在灼热阳光下吸收能力强，同样会在路面上空形成上层的空气冷、密度大，而下层空气热、密度小的分布特征，所以也会形成下蜃。

蓬莱海市蜃楼的最早记载见于我国北宋科学家沈括的《梦溪笔谈·异事》，而我国《列子》、《山海经》、《史记·秦始皇本纪》等古代典籍对蓬莱海面上出现的海市奇景都描述成是海上仙山、神仙居所，让古人为之神往。现代科学解释，海市蜃楼是海面上的光在密度分布不均匀的空气中传播时发生全反射而产生的。夏季海面上的下层空气温度比上层低，密度比上层大，折射率也比上层大。蓬莱市特殊的地理位置和气候条件，使得夏季的蓬莱成为“海市蜃楼”现象的高发区。

（马一玲）

中国古代的气象观测

远在3000年前，我国殷代甲骨文中，就有关于天气实况的记录，卜辞中还反映出人们已经有预知天气状况的要求，这些都是和当时农业生产的需要相适应的。以后随着生产的发展，有关气象的知识不断积累和丰富，取得很大成就。下面只就我国古代对风、云、湿度和降水的观测以及在天气现象理论和天气变化规律方面的成就，作一个简略的介绍。

风的观测和仪器

远在殷代，已经有四方风名：东风叫做“劦”（xiá）；南风叫做“山兀”（kǎi）；西风叫做“夷”；北风叫做“寒”（hán）。以后逐渐发展，到汉代已有二十四方位的称呼。唐代，李淳风《乙巳占》中有一张占风图，列出了二十四个风向名称，并且指出，这些方位是由八个天干、四个卦名、十二辰（地支）组合而成。“子”指北方，“午”指南方，“卯”指东方，“酉”指西方。还举例说明怎样判定风向：凡风从戌（西北偏西）来的，须看吹向是否是辰（东南偏东）；风从辛（西偏北）来的，须看吹向是否是乙（东偏南）；风从乾（西北）来的，须看吹向是否是巽（东南）。这就是根据风的去向来决定来向。

我国风向器的发明很早。在西汉《淮南子》中，已经举出一种叫做“俔”(xiàn) 或“綄”的风向器。它很可能是由风杆上系了布帛或长条旗的最简单的“示风器”演变过来的。《淮南子·齐俗训》中说：“俔之见风也，无须臾之间定矣。”(“俔”在风的作用下，没有一刻是平静的。) 说明这种风向器还是相当灵敏的。

汉代的风向器除“俔”外，还有“铜凤凰”和“相风铜乌”两种。这三种风向器，显示了当时风向器发展的三个方向。

铜凤凰主要安装在汉武帝于太初元年（前104）所建的建章宫里。当时建章宫东的凤阙上装了两个铜凤凰，一个套在建章宫南的玉堂的璧门上，另一个是安装在建章宫北的圆阙上。据《三辅黄图》说，铜凤凰的下面有转枢，所以风来的时候，铜凤凰的头会向着风，好像要飞的样子。铜凤凰既然“下有转枢，向风若翔”，它当然是风向器。但是这种风向器后来渐渐演变为装饰品，失去了作为风向器的作用。

相风铜乌是一种铜做的形状像乌鸦一样的风向器（“相风”就是观测风的意思），它装在汉代观测天文气象的灵台上。这是专职观测天象的单位所设置的仪器，最初造得比较笨重，《玉海》说要在千里风来的时候才动。但既然是作为仪器而设置的，自然要不断改进，所以以后就渐渐做得轻巧灵敏一些，使得受小风也能转动。例如在晋代，太史令就设有木制相风乌。以后相风木乌就渐渐普遍。在唐代李淳风《乙巳占》中，也描述了这种相风木乌的构造。

但是从军事和交通等方面看，最好采用构造更加简单的风向器。《乙巳占》中就指出：“常住安居，宜用乌候；军旅权设，宜用羽占。”意思是说，相风乌只宜设在固定的地方，在军队中驻地经常变化，还是用鸡毛编成的风向器为好。

鸡毛编成的风向器，是由“俔”等发展而来的，所用的鸡毛重5~8两，编成羽片挂在高杆上，让它被风吹到平飘的状态，再进行观测，这种羽毛风向器称为“五两”。这种风向器，在唐代以前就有了，但是在唐代和唐代以后，变得十分普遍。因此，以后“五两”就作为各种形式的简便风向器的通称了。

我国古代除观测水平各向的风外，也观测自下而上和自上而下的旋风，方向混乱的乱风。例如，把自上而下吹的风叫做“颓风”，也叫做“焚轮风”，自下而上吹的风叫做“飙风”，也叫做“扶摇风”等，说明对风的观测是细致的。

在唐代，已经采取地面物体受风影响所表现的破坏程度来表示风力大小，例如根据《乙巳占》，当时把风力分为八级：一级动叶，二级鸣条，三级摇枝，四级堕叶，五级折小枝，六级折大枝，七级折木飞砂石或伐木（折木），八级拔木树和根。这八级风，再加上“无风”和“和风”（风来清凉，温和，尘埃不起的，叫和风）两个级，可合为十级。

云的观测和古云图集

云的观测在预报天气中用处很大。这是因为预报天气的时候，重要的在于判断未来晴雨，而雨是从云中下降的。是不是会下雨？下什么样的雨？都和云的情况有关。

我国古代劳动人民很重视对云的观测。例如在《诗经·小雅·信南山》中有“上天同云，雨雪雰雰”的话，意思是说，下雪的云，在天空中是均匀一色的。也有把“同云”写为“彤云”，意思是下雪的云，色彩微带红色。

在《管子·侈靡篇》中提到：“云平而雨不甚。无委云，雨则速已。”（云块比较平坦，雨不会下得很大。下雨的时候如没有供应水分的云伴存，雨下不长，很快雨就会下完。）这个结论只有对云有过仔细观测，并且已经提高到一定的理性认识高度，才能得出。在《吕氏春秋·有始览·应同篇》中，已经把云按形状分为“山云”、“水云”、“旱云”、“雨云”四种。

我国民间，很早就有许多有关云的天气谚语，作为观测云和预报天气的依据。例如唐代李肇《国史补》中，就有“暴风之候，有炮车云”的话，炮车云就是雷雨云，因为云顶呈砧状，很像炮车。唐代黄子发《相雨书》中，有“云若鱼鳞，次日风最大”的话。这是指一种由细鱼鳞状云块组成的云，就是卷积云。宋代孔平仲的《谈苑》中，有这样的天气谚语：“云向南，雨潭潭；云向北，老鹳寻河哭；云向西，雨没犁；云向东，尘埃没老翁。”把云向和晴雨联系起来，是很有意义的。

为了辨认云，需要云图。目前发现的最早云图是马王堆三号墓出土的《天文气象杂占》（西汉帛书）和敦煌所出唐天宝初年的《占云气书》。这两种云图都在1979年10月《中国文化》中刊出，它们都是为军事需要卜占吉凶而用的。至于文献中的云图，《汉书·艺文志》中著录有《泰壹杂子云雨》和《国章观霓云雨》等书，这些书很可能附有云图。宋代郑樵（1103～1162）《通志略·艺文略》、《宋史·艺文志》、《宋史新编·艺文志》等史籍中有《日月晕珥云气图占》一卷、《天文占云气图》一卷、《云气图》一卷、《占风云气图》一卷等云图。可惜都已经失传，无法考查。明代茅元仪《武备志·载度占》中的《玉帝亲机云气占候》，里面有51幅云图。道藏本《雨旸气候亲机》，里面有云图39幅。王重民《善本书籍经眼录》

所录写本《观象玩占》中也有图配合。此外还有各种版本或手写本的《白猿经》，都是图文对照的古云图集。这些古云图集，现在还在流行。

把现代流行的上述各种古云图集互相对照，发现它们都大同小异。看来明代以来的各种古云图集都有一些共同蓝本，这些蓝本应当是明代以前的各种古云图集。有些早期古云图集，表面上失传了，但是实际上却改用别的书名、补充或删去了某些内容而在下几个朝代出现。这些蓝本，可以追溯到什么时代，还需要进一步研究。但上面举出的西汉帛书《天文气象杂占》和唐代的《占云气书》，和以后流传的云图还是一脉相通的。

湿度观测和仪器

我国是最早发明测湿仪器的国家。在《史记・天官书》中曾提到把土和炭分别挂在天平两侧，以观测挂炭一端天平升降的仪器。《淮南子・天文训》中指出这个仪器的挂炭一端升降的意义说："燥故炭轻，湿故炭重。"（天气干燥了，炭就轻；天气潮湿了，炭就重。）《淮南子・泰族训》还说："夫湿之至也，莫见其形，而炭已重矣。"（湿气到来的时候，人是看不见的；但是炭已经表现出沉重了。）这就进一步阐明了这个测湿仪器起到能测量看不见的水汽多少的作用。

宋代有一个叫赞宁的和尚，在他的《物类相感志》一书中提到，把土炭两件东西，放在天平两边，使它们平衡，然后悬挂在房间里。天将要下雨的时候，炭就会变重，天晴了，炭会变轻。这已经是把测湿仪器作为预报天气晴雨的仪器了。

除了上面天平式的测湿仪器外，清康熙年间，西方来华传教士南怀仁曾用小鹿的筋做成一个弦线湿度表，以验空气中的燥湿。几年以后，黄履庄（1656～?）也研制成功了"验燥湿器"，利用弦线随湿度伸缩的原理测量温度。这是毛发湿度计的前身。其实，远在汉代，就已经有利用琴弦感应的湿度原理预测晴雨的事例了。例如，东汉王充在《论衡・变动篇》中说，"天且雨……琴弦缓……"（琴弦变松，天就要下雨。）琴弦变松，是天变潮湿、弦线伸长所造成的。元末明初娄元礼在《田家五行》一书中也说：如果质量很好的干洁弦线忽然自动变松宽了，那是因为琴床潮湿的缘故；出现这种现象，预示着天将阴雨。这句话已经明确点出了湿度一方面影响弦线的长度，一方面又联系着天气的晴雨。他还谈到，琴瑟的弦线所产生的音调如果调不好，也预兆有阴雨天气，这也是合乎科学道理的。

降水观测和仪器

我国古代对雨水观测十分重视。甲骨卜辞中，对雨已经有"大雨"、"猛雨"、

“疾雨”、“足雨”、“多雨”、“毛毛雨”等区别，而且还注意到雨的来向。

雨下得是否及时，以及雨量的分配和多少，直接影响着农业生产。这就使我国古代国家重视对雨量的上报。在秦代，我国已经有报雨泽的制度。1975年2月在湖北云梦睡虎地发掘的十一号秦墓中发现了《秦律十八种》的竹简，其中《田律》里规定，凡下及时的而且有利于谷物抽穗的雨，雨后应书面分别报告有抽穗谷物和未种谷物的受雨田亩数。庄稼生长后，如下了雨，也应报告雨泽多少和受益的田亩数。如有干旱、暴风雨、水潦等灾害，也要报告受灾的田亩数。这些报告，就近的县由走得快的人递送，远处的县可由驿站传送，必须在8月底前送到。在东汉，也曾经要求所辖各郡国从立春到立秋整个作物生长期间向中央报告雨泽情况。

东汉以后，历代对降水都很关心。在南宋，数学家秦九韶曾在《数书九章》卷四中列有四道有关降水的算题，就是“天池测雨”、“圆罂测雨”、“峻积验雪”、“竹器验雪”。秦九韶在序中明确说：农业生产的丰收与否，和雨雪很有关系。主管农业的官员想知道雨雪下降量，但是如果盛雨雪的容器形状不同，容器里积的雨雪量就大有不同。怎样才能客观地从容器的雨雪量计算出有代表性的雨雪量呢？出这四道题目的目的就在于解决这个难题。因此，这四道题最后所问的，都是合平地的雨深或雪厚是多少。从这里可以看出，当时已经知道换算为平地的量，才是有代表性的量。

从算题中还可以看出，当时还没有标准雨量器。天池是各地为了预防火灾积蓄雨水的容器，这在当时各州郡都有。它正是我国雨量器的前身，因为它本来就是积雨水的。只是由于是用于防止火灾的，所以形状就没有一定的标准。

我国雨量器的发明大约在明清时期。在朝鲜曾经发现黄铜雨量器，并且附有标尺。雨量器花岗石台基上刻有“测雨台”和“乾隆庚寅五月”等字样，可以作证明。这是公元1770年所制的一个雨量器。据研究，这还不是世界最早的雨量器。

明代从洪武年间（14世纪后半叶）开始，就很重视测雨，要求全国州县的负责官吏按月向中央上报雨水情况。这种制度在清代还保持着，因此，现在在故宫里还保留着明清两代大量的各地上报雨泽的奏折。

（于春松）

古代天气现象理论

我国古代有关天气现象的理论是很多的，这里只能作简单的介绍。

《黄帝内经·素问》卷二中，提出了水分循环和云雨形成的理论。书中说：“地气上为云，天气下为雨。雨出地气，云出天气。”（云是地气上升所形成的，雨是天气下降所形成的。雨虽然是从天下降，追它的根本，却来自地气上升所致；云虽然是地气上升而成，追它的根本，却又是天气下降的雨所供应的。）东汉王充在《论衡·说日篇》中也有相似的见解：“雨从地上不从天下，见雨从上集，则谓从天下矣，其实地上也。”

西汉董仲舒（约前179～前104），在他所著《雨雹对》一文中说：“攒聚相合，其体稍重，故雨乘虚而坠。”（雨滴是由小云滴受风合并变重，下降而成的。）他说：“风多则合速，故雨大而疏；风少则合迟，故雨细而密。”（风大使云滴合并得快，这就使下降的雨滴大而比较疏。风小使云滴合并得慢，这就使下降的雨滴细而比较密。）这种从微观角度说明的雨滴形成过程，基本上和现代的暖云降雨理论是符合的。

在雪的形成方面，《春秋说题辞》中提到：“盛阴之气，凝滞为雪。”认为是水汽凝成的。西汉董仲舒，东汉许慎（约65～约147）、刘熙，宋代朱熹，明代王逵等，认为雪是云滴或雨滴冷冻结成的。明代杨慎（1488～1559）认为是霰或米雪形成的。归纳起来，我国古代对雪的形成，有“气体形成说”、“液体形成说”和“固体形成说”三类。就现代世界上关于雪的形成理论看，依旧有这三类看法。

关于雾的形成，《尔雅》中说：“地气发，天不应，曰雾。”（地面水分向上扩散，但是无法充分扩散出去，就成为雾。）宋蔡卞在《毛诗名物解》中说：“水气之在天成雾，雾，云之类也。”（水汽在空中可形成雾，雾和云是同一类的东西。）

关于雷电现象，在我国古代也有两种理论：一种是“摩擦形成说”，是战国时期慎到首先主张的。他说：“阳与阴夹持，则磨轧有光而为电。”另一种是王充等所主张的“爆炸起电说”。

王充在《论衡·雷虚篇》中用“一斗水灌冶铸之火，气激㲉裂，若雷之音矣”来解释雷声是很有道理的。王充特别对雷电现象有季节性作了科学解释：“雷者，太阳之激气也，何以明之？正月阳动，故正月始雷。五月阳盛，故五月雷迅。秋冬阳衰，故秋冬雷潜。”他把雷电的季节性出现归结为太阳的热力作用发生变化，认为春季太阳热力作用渐强，所以有发生雷电的可能；夏季太阳热力作用强盛，所以雷电也比较厉害；秋冬太阳热力作用已经衰弱，所以雷电现象也就很难出现了。

（马一玲）

古代人如何预报天气

历代劳动人民，在生产斗争中，了解到不少天气变化规律的知识，这些知识大量反映在天气谚语上。

例如《诗经·小雅·頍弁》中说：“如彼雨雪，先集维霰。”（下雪以前往往先会下霰。）汉《焦氏易林》中说：“蚁封穴户，大雨将至。”（蚂蚁把洞口封住，将会有大雨。）《论衡·寒温篇》中说：“朝有繁霜，夕有列光。”（早晨要是有很多的霜，必定夜间的星既多而亮。）后魏《齐民要术》卷四《栽树第三十二》中说：“天雨新晴，北风寒彻，是夜必霜。”（天雨后刚晴，见到寒冷彻骨的北风袭来，那天夜里必定会出现霜。）

随着劳动人民和天斗争经验的积累，天气谚语越来越丰富，而且往往需要汇集成书，便于集中参考。在唐代，集中介绍民间天气经验的书籍中，最有名的是黄子发的《相雨书》。这本书收集了唐代以前的一些天气经验，有些还很有价值。例如书中描述：云中出现黑色和红色，就会下冰雹。这个经验在现在各地进行人工抑雹作业的时候，仍旧用做判断雹云的依据。

由于农业的不断发展，观察天气的经验更加丰富，要求能用简短韵语来表达这些丰富的经验，以便于记忆和应用。这种要求日渐迫切，于是到了元代，天气谚语已经绝大部分用韵语表达了。元末明初娄元礼《田家五行》就是大量集中当时流行在太湖流域的韵语和非韵语的天气经验的专集。这本天气经验集的流行影响很大，所录的天气谚语，不胫而走，在农村造成家喻户晓、世代相传的局面。

明末徐光启（1562～1633）《农政全书·占候》，进一步整理和补充了《田家五行》的天气经验，并且删去了大量的迷信糟粕，在改进天气谚语上，起了一定作用。

元明两代还出现了海上天气预报的著作。当时人们曾经把水手和渔民的天气经验用五言和四言的韵语表达出来。在明代张燮《东西洋考》一书中就有这个内容。例如："乌云接日，雨即倾滴"；"迎云对风行，风雨转时辰"；"断虹晚见，不明天变；断虹早挂，有风不怕"，等等。

还有一类预报天气的书，就是"古云图集"，一般古云图下面的说明，大多分两部分：前一部分说明图中云的特征，后一部分说明出现这种特征的云的时候风雨或其他坏天气在什么时候将要到来，强烈程度大体怎样。

关于天气预报实践和理论解释方面，可以举北宋沈括的一个实例：

有一年，天气久旱，农作物普遍缺水，人人望雨心切。不久出现了一连几天的阴天，看来必然要下雨了，可是并没有下雨。反而有一天，天气转为大晴天，太阳光很强烈。沈括那天正好去见宋神宗，宋神宗问他："什么时候下雨?"沈括回答说："下雨的条件具备了，明天就会下雨。"当时许多人认为连续几天阴天闷热，尚且不下雨，现在又晴又干，怎么会有下雨的可能呢？所以不相信沈括的话。但是到了第二天，果然下了雨。沈括对这次下雨的原因做了如下解释：那时正是水汽充沛的季节，连日天阴，说明水汽的确已经多了，但是因为风比较大，云比较多，所以未能成雨；后来突然云散天晴，阳光可以烤热地面，使水汽有了充分发挥成雨作用的条件。因此，第二天水汽和地面热力作用两个条件都具备了，共同发挥了作用，必然会出现雨（见《梦溪笔谈》卷七）。这次，沈括在说明预报理由时，也采用了一些五运六气的术语，但仔细分析这一段叙述，可以看出沈括是反对当时医家用五运六气的死方法预报天气的。他在这一段文章中批判了五运六气说，强调要根据当时当地的特点来预报天气。他根据那次实际天气演变（就是"连日重阴，一日骤晴"）进行仔细分析，最后判断出要下雨，这种判断是科学的，所以这次预报也是成功的。

（马一玲）

古谚语和天气预报

汉代谈天气预报的书有很多。约公元 82 年，东汉杰出的唯物主义思想家王充在《论衡》中根据实际观察对雷、雨等天气现象做出了朴素唯物主义的解释。他在《雷虚》篇中批判了把打雷说成是"天怒"的谬论，列举五条证据说明"雷者，火也"；在《说日》篇中批判了把下雨归于天神的迷信妄说，指出"雨从地上"，

“云载而行，云散水坠，名为雨矣”。

东汉崔实所编的《农家谚》收载了许多我国古代劳动人民总结气象知识的天气谚语，是我国现存最早的天气谚语集。

动物对天气变化的反应是比较灵敏的。汉朝时期，当人们观察到这种现象后，就开始用动物作天气预报。

“天之且风，草木未动，而鸟已翔矣。其且雨也，阴曀未集，而鱼已潜矣。”

“朱鳖浮于波上必有大雨。”

“蚁封穴户，大雨将至。”

“故天且雨，蝼蚁徙，蚯蚓出。故天且风，巢居之虫动，且雨，穴处之物扰。风雨之气感虫物也。”

还有以云的形状作天气预报。

“候雨法，有黑云如一疋帛，向日中，即日大雨。二疋为二日雨，三疋为三日雨。”

“凡候雨，以晦朔弦望，有苍黑云起，细云如杼轴，蔽日月，五日必雨。”

“青白赤黑云，在东西南北，名曰四塞之云，见则有雨。汉川有黑云，大如席，不过五日必雨，名曰海云。”

（马一玲）

谚语和天气预报

世界各国人民在与大自然的斗争中对天气的变化进行观测，并尝试摸索出一定的规律。天气谚语是以成语或歌谣形式在民间流传的有关天气变化的经验。

我国早在3000多年前的殷墟甲骨文中就有许多关于气象的记述。北魏贾思勰在《齐民要术》中也记述有天气谚语，如“天气新晴，是夜必霜”等。唐杜甫诗中有“布谷催春种”，它是说布谷鸟叫以后一般不会有强冷空气影响了，农家可以播种了。

还有一些天气谚语是世界性的。如中国有句“朝霞不出门，晚霞行千里”的谚语，在日本也广为流传。这句谚语在美国则以另一种韵味出现：“傍晚天空红，水手乐无穷。”

气象谚语是劳动人民在长期的生产生活实践中，积累的认识自然的经验，这些经验既有利用自然的一面，又有与自然斗争的一面，并经过千百年的实践考验和锤炼，概括成简明、动听、易懂、易记的谚语，在群众中广泛流传下来。所以气象谚语是中国民间所特有的一笔宝贵文化财富，但在旧时代，气象谚语只被当做乡间俚语，不能登大雅之堂。时至今日，科学种田的时代，天气预报已经深入到各地农村，但气象谚语仍不失为广大农民看天看地种庄稼和安排农业生产的参考依据。把气象谚语记入史志，其意义也在于此。

气象谚语和群众用口语表达的看天经验是有区别的，谚语因果关系明确，语句简练，而且富有韵味；群众看天经验因人因地而异，一般只有表达因果关系的言语，语句不一定押韵，流行的区域范围也要小得多。

天上扫帚云，地上雨淋淋。

清早宝塔云，午后雨倾盆。

白云垒城堡，雷雨跑不掉。

云发黑，有雨色。

瓦碴云，晒死人。

馒头云，天气晴。

清早浮云走，晌午晒死狗。

乌头云刮风，白头云下雨。

云往东，一场空；云往西，淋死鸡；云往北，大雨拍；云往南，雨就完。

云交云，雨成潭。

上云日头回云雨。

乌云接日接得高，有雨在明朝；乌云接日接得低，有雨在夜里。

太阳跌进云口，睡到半夜雨吼。

乌云脱云脚，明日无雨落。

黑猪（乌云）过河，大雨滂沱。

贺兰山（罗山，南华山）戴帽，庄稼汉睡觉。

云搭桥，雨将到。

云下山有雨，云上山天晴。

早看东南，晚看西北。

朝烧（霞）不出门，晚烧（霞）行千里。

日落胭脂红，不雨便是风。

早烧阴，晚烧晴；天烧顶，下满井。

日晕三更雨，月晕午时风。

日月背圈，水到河滩。

日月背弓，无雨也有风。

日月挑担，有雨不过三。

天上星星跳，有雨如水倒。

伴月星明闪闪，有雨在早晚。

天河星稀雨水流，天河星稠人发愁。

一颗星，保夜晴。

（水平星）大瓶灌小瓶雨多，小瓶灌大瓶雨少。

东虹日头西虹雨；南虹下大雨；北虹卖儿女。

开门雷一天晴，午起雷下一阵，晚起雷不到明。

雷三雷三，一下三天。

炸雷响一场空，闷雷轰下得凶。

白露雷，不空回。

东闪晴，西闪阴；南闪雾露，北闪雨。

南闪火门开，北闪有雨来。

热生风，冷生雨。

冬热有雪，夏冷有雨。

土雾烧山，有雨不过三。

青烟缠山头，泡死老犍牛。

十雾九晴。

昼雾阴，夜雾晴。

久晴大雾雨；久雨大雾晴。

夏雾晴，秋雾阴。

秋霜一日三天晴。

霜重见晴天。

东风湿，西风干，南风热，北风寒。

东北风，雨祖宗。

闷雷横闪电，雹子大如碗。

疙瘩云，雹临门。

天顶白云多，明日要砸锅。

炸雷有雨，闷雷有雹。

早凉中午热，冰雹不等黑。

早晨冻飕飕，下午砸破头。

云中蜂鸣声，冰雹就来临。

披头散发挂疙瘩（云），雹子下得鸡蛋大。

（马一玲）

七

人口　民族

远古三大部落

人类的进化是从原始族群逐渐发展成氏族组织，然后出现部落以及部落的联盟，直至成立部族，然后随着社会经济生活的进一步形成，才出现了民族。据我国古代传说，四五千年以前，在黄河流域、长江流域曾居住着许多部落和部落联盟。这些部落大致可分为华夏、东夷和三苗三大集团。其中华夏部落居于黄河上游，东夷部落居于黄河下游，三苗部落则居住在长江中游。各部落间各自生活在自己的地域，和平共处，但也有冲突并因此不断发生战争。

华夏

华夏是远古三大部落中最重要的集团，发源于今陕西省的黄土高原上，在有史以前就已顺着黄河两岸散布于中国北方及中部的部分地区了。最早“华”和“夏”没有连用，“华”含“荣”的意思，《说文解字》曰：“木谓之华，草谓之荣。”“夏”指“人类”或“大”的意思，《说文解字》曰：“夏为中国之人。”在古代，“华夏”、“诸夏”、“华”、“夏”等常混用，虽也用于地名，但更多用于族名。

作为远古三大部落中最重要的集团，“华夏”成为国家和地名的称谓。此部落中又有炎帝和黄帝两大亚族。相传黄帝与炎帝同出于少典氏和有蟜氏，黄帝以姬水成，炎帝以姜水成。炎帝氏族发祥于今陕西境内渭水上游一带，其中炎帝一支族名共工氏。黄帝氏族发祥于陕西北部。两个氏族世代有婚姻关系，并结成部落联盟，由黄河流域向南方发展，并与羌人、夷人、戎人、苗人、狄人等融合，奠定了华夏族基础。并经历了夏、商、周等历代，与更多的古代民族融合形成了华夏民族。

东夷

在华夏民族起源的时代，与炎黄部落联盟并居黄河流域的部落是东夷。对于东夷，《礼记・王制》有：“东方曰夷。”《说文解字》为：“夷，东方之人也。”在远古传说时代，东夷环渤海而居，直至江淮。传说舜出于东夷，商的远古祖先也是东夷。东夷集团的组成比较复杂。较早的氏族有大皞、少皞、蚩尤。这一集团所居地域，北自山东北部，全盛时达到山东北部全境。西至河南的极南部，南至安徽的中部，东至海。先秦时期则指居住于今山东半岛和淮河中下游的莱夷、徐夷、淮夷等。夏、商、周时代，东方有“九夷”之称，是许多东方族类相近的氏族部落的统称。秦汉以后，东夷指我国东北地区、朝鲜半岛以及日本国等地的族国。总体而言，古代传说中的东夷，居住地域辽阔，约相当于今天的山东、江苏、安徽及河南中部以东广大地区。并较早与黄、炎部落联盟融合，成为华夏民族的一个组成部分。

三苗

三苗是远古时代中国南方诸氏族、部落或部落联盟的泛称。在古代文献记载中，尧、舜、禹时代多称此部落为“苗”、“三苗”、“有苗”，至周代以后，又称为“蛮”、“南蛮”。三苗主要分布于洞庭湖（今湖南北部）和彭蠡湖（今江西鄱阳湖）之间，即长江中游以南一带。三苗集团与华夏集团和东夷集团相比，相对较为落后。三苗集团的组成更为复杂，其最有名的氏族是三苗，伏羲与女娲也属于这一集团。以鹳鸟为图腾的驩兜也属于该集团。与三苗集团关系密切的是祝融氏族。祝融氏族不属于该集团，但后来迁到了南方“苗蛮”地区，并且其后人成为三苗集团的首领，他个人的名字也成了南方氏族的象征。《书经·舜典》中“分北三苗”反映出尧、舜、禹时代与三苗氏族发生了剧烈的冲突。尧时，三苗作乱，尧发兵征讨，战于丹水（今丹江），打败三苗。后因其多次作乱，故被尧将一部分人迁到西北三危山，首领驩兜则被流放到崇山。舜时，三苗不战而屈。禹时，三苗与禹大战70天，苗大败，并从此衰落下去。当禹的夏部落联盟进入奴隶社会时，三苗已有“君子”、“小人”之分，出现阶级分化。三苗集团在后来向民族化发展的过程中，某些氏族、部落成为后来华夏民族的一部分。还有一部分被有关专家认为与今天苗瑶族有渊源关系。

（李鲜）

汉族的形成

汉族的起源和形成大致分为如下几个阶段。

上古先秦时代

在周朝，所谓的华夏代表的是夏商周三个氏族，包括与他们相融合的一些古氏族，其中又以周为中心。这些民族并非单一民族，所以称为“诸夏”。“诸夏”之外的氏族，古时候称为“夷狄”，在古籍记载中，主要有苗、蛮等。在春秋战国时期，这些氏族除了群貊（mò）之外，都和中原的华夏民族发生了广泛的接触和交流。春秋时北方的晋国与战国时北方的燕赵两国，都征服和兼并了许多狄人的部族和国家，并与之相互通婚。东方的齐鲁两国则完全征服并同化了东夷民族。西方的秦国，本身就是一个戎夏混合的民族，到秦始皇时代已经完全征服了西夷与巴蜀一带的氐羌。楚国原来是一个“南蛮”之邦，春秋时期在南方崛起，加入夏人集团。到战国时期席卷了长江流域，把荆吴苗人与百越的地方都收入版图。春秋的吴国也是一个荆吴与夏人的混合民族。而越国则属于南方百越民族。这两个国家先后加入了诸夏的集团，最后这两个国家的民族与土地都并入了楚国。秦楚两大强国，原本都是非夏族的国家。在各自华化了自己以后，一个华化了整个中国的西部，一个华化了南部。秦始皇以一个华戎混合的民族统一了整个中国的版图，同时也统一了文化，建立了一个众民族大统一的大帝国。这就是中华民族发展中的第一阶段。

秦汉到魏晋南北朝时期

秦始皇兼并六国以后，把这个融合了诸多民族而成的大帝国中的各个氏族地方和国家一一改封建为郡县，尽可能地消除原来的部族痕迹，以加强中央集权的控制。同时他还进一步向南北扩张版图，北方将过去群狄活动的大部分地区都收入版图，建立万里长城以防御最北的匈奴；南方则将版图开拓至南海，并派遣了数十万的氐戎与本朝官吏，携带家属子女去统治和开拓这块新的土地，这是中国历史上最早的一次有计划的大规模的移民。从此岭南百越之地就加入了中国，也渗入汉人的血统。之后趁着秦汉动乱的时期，岭南诸国又纷纷趁势独立，汉武帝再次征服这些国家，并将东瓯闽越与南粤的一部分人民内迁到江淮一带，同时将内地的一部分人民迁至岭南，这又是一次有计划的民族融合。通过这一举措，才逐渐稳定了南疆的统治。在秦始皇和汉高祖相继统一中国的同时，长城塞外也出现了头曼和冒顿两个单于统一了的匈奴诸部。汉武帝收降了匈奴 4 万多人，都迁至内地河套地区，设置五个属国，这就是大批的匈奴内迁的开始。这些匈奴人与当地汉人杂居，有人做了汉朝的官吏，已经与汉人完全同化。此后，又有陆续的匈奴内迁，在匈奴的王族中甚至也有了汉人的血统。

在匈奴衰落的时期，东北方兴起两个新的民族乌桓和鲜卑，他们都属于东胡系统。所谓的“胡人”，是指鲜卑、氐、羌、匈奴以及匈奴的支部羯人。除了匈奴和鲜卑，在中国西方属于氐羌系统的种族，可以分为两类：一类是先秦的氐羌族，他们早已经在春秋战国时代就随秦国与汉人完全同化了。另一类则是秦汉以后的氐羌，指的是最西方的还没有被汉族同化的氐羌人。他们在西晋初期都环居在中国的北方，并与边疆的汉人杂居，一方面保留本民族的部族组织，一方面学习汉族的语言、政治和文化。西晋时期，“胡人”入侵中原，占领了中原的大部分土地，建立了大大小小几十个国家，长期与汉人的融合，使“胡人”渐渐完全变成了新汉人。“胡人”中势力最大的鲜卑，也是汉化最彻底的，久而久之，他们也忘记了自己是鲜卑人。而中原的汉人也相应地受到鲜卑人语言文字和文化习俗的影响。

隋唐五代时期

隋朝的统一，代表了鲜卑和汉人的最终结合。“胡人”入侵中原之初，居住在黄河流域的汉人为了逃避“胡人”的杀戮，全家整族向江南逃难，造成一次民族的大迁徙，史称“衣冠南渡”。

隋朝统一中国后不久就灭亡了，唐朝继承了隋朝的基业，建立了自两汉后的又一个统一的大帝国。从此，代表了中华民族的汉人，又被称为唐人。唐朝帝国的建立，无论在文化还是血统上，都代表了一个大融合后的新生民族。唐朝的统治者李氏，就是鲜卑与汉人血统混合的后人。唐太宗时与当时一个很大的民族突厥发生激烈战争，突厥的主力被击溃，可汗被俘，一部分突厥人向北逃往，一部分突厥降附了唐朝。很多贵族都做了唐朝的高官，他们的子孙自然就成了唐人。唐朝的宗教和民族政策对异族很少有歧视，所以在唐朝统治的几百年中，广泛地吸收了许多异族与异族的文化，从而扩大了中华民族的内容。突厥中一个重要的支部就是回纥，回纥在唐太宗时附庸于唐朝。后来渐渐独立出来，唐玄宗时是回纥的全盛时期，一部分投降吐蕃，一部分投降黠戛斯，一部分投降了西北方的西突厥的别部葛罗禄，一部分南下归附了中国。归降中国的有 3 万多人，安顿在幽州到河东一带，许多酋长得赐了国姓李，成为汉人。西羌民族在隋唐时建立的国家有吐谷浑与吐蕃。当时吐蕃很强大，曾入侵吐谷浑，使其一部分逃往到凉州，散居于今天宁夏甘肃一带，归化了唐朝。契丹是一个大族，在南北朝的末年，契丹的活动范围很广，北接室韦（东胡系统的又一民族），东邻高丽，西南至营州，即今天的辽宁到冀北一带，与奚接壤。当时中国东北一带民族的情况很复杂，这些奚人契丹人中，归化中国居入边境的为数也不少。

当代汉族的形成

在元代，民族矛盾尖锐，根本没有民族融合的条件。元代被明代接续后，明太祖朱元璋对留在中国土地上的蒙古族也实行民族歧视政策，并报复性地对他们进行血腥屠杀。满族是金政权进入中原后留在东北故土的女真人的后代，到了20世纪，基本上融合于汉族。这算是鲜卑族融进汉族后，中国历史上的第二次民族融合。在南方，由于自秦汉以来都有大量汉族移民，在秦岭淮河和北南文化线之间的汉族血统有90%，这里的汉族无疑属于北方远东人种。这样，汉族就基本形成了。

（李鲜）

我国古代东北地区的少数民族

我国东北地区（指辽、吉、黑三省，在这儿将内蒙古自治区也归入）各族的先祖，早在远古时就劳作、繁衍于这片富饶的土地上，并为统一的多民族国家的形成和发展做出了自己的贡献。按宋蜀华、陈克进主编的《中国民族概论》说，我国古代东北地区的少数民族发展的脉络和轨迹分为三大系统，一是肃慎系统：肃慎、挹娄、勿吉、靺鞨、女真、满洲以及明清时东北诸族（如赫哲、鄂温克、鄂伦春、达斡尔、锡伯等）；二是秽貊系统：秽貊、沃沮、夫余、高句丽；三是东胡系统：乌桓、朝鲜、柔然、室韦、契丹、奚、蒙古。上述三大系统，大体属于渔猎、游牧、农耕文化。

从该地区出土的旧石器晚期至新石器时代的人类化石和文化遗存可以看到，该地区早在民族形成以前，就已有远古人类的活动。战国时期，北方主要有东胡、匈奴、林胡、楼烦、襜褴、肃慎等族。其中以匈奴和东胡为主体，二者是较早出现于今东北地区靠近内蒙古的两大部落集团，作为相邻的两大族系，彼此在经济、文化方面均有影响。秦汉时，居住在东北地区的少数民族主要有夫余、肃慎、挹娄、高句丽、乌桓、鲜卑、沃沮、秽貊、朝鲜等。魏晋南北朝时期，是我国许多民族迁徙融合时期。北方的匈奴、鲜卑、乌桓、氐、羌等族先后内迁，与汉族杂居，并与汉族逐渐融合，故到隋唐时曾活跃于北方的匈奴、羯、鲜卑、乌桓等就基本消失了。

隋唐时，生活在东北地区的民族集团主要有：分布于西南部的契丹和奚；分布于今黑龙江上游两岸及额尔古纳河、嫩江一带的室韦；处于东北和东部的靺鞨以及分布于今鸭绿江以东以西地区的高句丽。

至元代，契丹、女真、蒙古等族居于松花江、黑龙江流域，居于辽河流域的契丹人一部分已融于汉、女真之中了。

明朝初期，女真南迁，形成三大部：建州女真、海西女真和东海女真。后随着女真各部的统一，满族逐渐形成。

至清代，满族、赫哲、鄂伦春、鄂温克、达斡尔及朝鲜等各族，形成了单一民族共同体。

在东北古代少数民族的历史中，匈奴、鲜卑、柔然、夫余、高句丽、靺鞨、契丹、蒙古、女真、满等都先后建立了自己的政权。辽宋之前，主要是汉族统治中原，其他少数民族政权臣服于中原王朝。辽宋之后，源于契丹建立辽和女真建立金，中原文化开始向东北少数民族地区传播，政治、经济中心也随之北移。及至蒙古族兴起建元朝，满族兴起建清朝，从而进入了一个少数民族为主统治中原的历史。

（李鲜）

我国古代西北地区的少数民族

我国历史上西北地区（主要指甘肃、宁夏、青海、新疆及内蒙古西部）自古就有众多民族繁衍、生息。这里因地处东西交通要道的特殊地理位置，是历史上各民族流动、迁徙、融会之地。并且大多数民族本身人口众多，有自己固定活动的领域，以及相应的政权机构。各少数民族间关系表现为政权与政权，以及少数民族政权与汉族王朝之间的多角度关系。一些少数民族政权控制的地区甚至远达中亚、南亚，在世界历史上产生一定影响。

古代西北地区的少数民族，在经历了漫长的历史发展过程之后，有消失的，有同化、融合到其他民族中的，也有发展演变为现代民族的。呈现出一幅纵横交错的复杂画面。

我国古代西北地区的少数民族大致包含有：戎、猃狁、鬼方、氐羌、塞种、乌孙、月氏、丁零、坚昆、突厥、铁勒、回鹘、吐谷浑、党项、羯、西胡、葛逻禄等。从目前在新疆、甘肃、青海、宁夏等地陆续发现的文化遗存可以看到，西北地区很早就活动着大小不等的原始人群，并且西北地区居民之间以及西北地区居民与中原地区居民之间，早在石器时代，就有十分明显的文化上的联系。

戎是先秦时期我国西北地区主要民族集团之一。因主要集中于周原以西的今甘肃东部陇西山地，故又称西戎。其社会经济以游牧业为主。西周至春秋时不断东移，其中一部分春秋中叶已迁徙到黄河中游，春秋列国争霸时起到重要作用，后渐融合为华夏族的组成部分。语言与氐羌相近，属汉藏语系。

羌族在商周时期广泛分布于今青海、甘肃、新疆南部和四川西部一带，以畜牧业为主，但部分与汉人杂居的也定居从事农耕。西汉、魏、晋、唐、宋期间，均不断起义，失败后被迫东迁和南迁。后渐融合于西北地区的汉族和其他民族中。

鬼方，常与昆戎、昆夷、绲夷、串夷等相混称。主要分布于今山西、河北南部，以游牧为主，善养马。从先秦时期与中原各国时有战争，但亦有交往，还互相通婚。周以后不见记载。

玁狁，又作猃狁，与昆夷相混称，居住地相同。西周中后叶，逐渐强盛，威胁周王室。

月氏，又称“大月氏”，秦汉之际游牧于河西走廊的敦煌、祁连一带，势力曾一度强大，后被迫西迁伊犁河流域，以游牧为主，后再次西迁大夏，则大部分人转为定居。公元 2 世纪确立了自己的统治，公元 5 世纪后半叶灭亡。

乌孙原为河西敦煌与祁连山一带的游牧民族，后西迁伊犁河流域，并自立王国，一度成为西域最强大的政权。曾与汉联兵攻匈奴，后遭东部乌桓、北部丁零的打击而衰落。

塞种，即塞人，属印欧语系东伊朗语支。以游牧为业，兼事狩猎，有青铜冶炼等手工业。先秦至汉初分布在伊犁河流域及其以西的中亚、西亚广大地区。曾被月氏驱逐南下，部分并入乌孙中，是哈萨克族重要源流之一。

秦汉初，羌人社会相对安定，得以迅速繁衍，汉武帝时大部分羌人归降汉，后历次反抗都被镇压。魏晋时和匈奴、鲜卑等族纷纷迁入内地，之后羌人曾建十六国政权中的后秦。内徙的羌人多汉化，留居河湟及陇西的，后大部分融入吐蕃、吐谷浑中。居青海东部和四川松潘的一支，唐宋时以党项羌为名。

氐，分布在今甘肃东南以武都为中心的地区，汉末三国时期被迫向关中、陇右迁徙，与汉族杂居。东晋十六国时期，先后建立前秦、后凉、仇池等政权。至隋唐渐与汉、藏融合而不见记载。

丁零，又称“丁灵”。分布在贝加尔湖以南，是我国古代最北的游牧民族之一，汉初曾与乌桓、乌孙等各族合击匈奴。东汉时部分南迁或西迁。西迁的丁零人史称

“西丁零”。南迁的丁零人渐与各族融合，留居漠北的到魏晋南北朝时称作铁勒。铁勒在北魏时大部分内附，公元6世纪中叶突厥兴起后，分属东、西突厥，散处漠北的有15部。

吐谷浑，原是鲜卑慕容部一支，游牧于东北徒河青山（今辽宁义县东北），后经陇西迁至今甘南及青海东部，初建政权。唐初分为东西两部，西以鄯善（今属新疆）为中心，臣服于吐蕃；东以伏俟城为中心，臣服于唐。以游牧为主，兼有农业。唐肃宗时内迁灵州（今宁夏灵武），五代至宋初，部分从河东返回甘、凉一带。元初起，其名不见记载。

至隋唐时，西北地区疆域有了巨大发展，羁縻府州的设置，远至西亚。民族关系线条清晰：从隋代开始，汉族、突厥族、吐蕃就成为西北地区民族关系发展的三个重要因素。汉族以陇西、河西为据点，吐蕃以青藏高原为据点，突厥以广大西域为据点，相互关系呈现多角度、多层次特点。在此格局中，西域及中亚开始突厥化进程，青藏高原开始了吐蕃化。

突厥原为铁勒部一支，公元6世纪中叶兴起于金山（今阿尔泰山），隋唐一度强大，8世纪中叶退出历史舞台。最盛时疆域东起辽河，西抵里海，北越贝加尔湖，南至阿姆河南。公元583年分裂为东、西两部。东仍居漠北，西辖包括今新疆及中亚大部分地区。东突厥灭亡后50多年，阿史那骨咄禄重建牙帐，史称“后突厥”。突厥以畜牧业为主，操阿尔泰语系突厥语族语言。

回纥，又名回鹘。公元744年建回纥汗国，辖境东起兴安岭，西至阿尔泰以西广大地区。臣服于唐，以畜牧业为主，使用古突厥文，后又创制了回鹘文。840年除一支南下，其余分三支西迁。西迁回鹘先后建高昌回鹘汗国和喀喇汗王朝。

隋唐统一局面结束后，西北民族关系也进入了大交往与大融合时期。唐末五代之际党项兴起，又称党项羌。南北朝时分布在今青海河曲和四川松潘以西山谷地带。唐初，因吐蕃征服青藏高原诸部，被迫迁至今甘肃东部、宁夏和陕北一带。北宋时，实力增强，建立西夏政权，与辽、北宋、金分庭鼎立达两个世纪，后为蒙古灭。

从元末至清初，经过几百年的发展，属于西北地区的现代民族，此时已陆续形成。其中回、东乡、保安、撒拉都是元明时形成于我国西北地区的少数民族。吐谷浑在元代被称为“西宁土人”，后与蒙古、汉等其他民族融合，在元明之际土族形成。此外逐渐形成的还有畏兀儿（维吾尔），族源可追溯至回鹘；撒里畏兀儿（裕固），先民可溯源于回鹘人；哈萨克，族源可追溯到乌孙；柯尔克孜，族源可追溯到丁零—铁勒支系；锡伯，鲜卑人后裔；塔吉克，可上溯到塞人；而从清代起陆续迁入我国的还有乌孜别克、塔塔尔和俄罗斯三个民族。

（李鲜）

我国古代中东南地区的少数民族

我国古代中东南少数民族地区（指广东、广西、湖南、湖北、江西、福建、安徽、台湾、贵州等省区，在这儿将中南也归入）民族成分复杂，分布地区广泛。从该地区发现的大量古人类化石及其文化遗址，证明中东南地区也是人类文化的发祥地之一，表明该地区的开发和其先民的历史都是悠久的。据族源、称呼、地理分布和文化特征的不同，可以将中东南地区古代少数民族大致分为越、蛮两大类。

越，又称“粤”、“百越”、“百粤”等，主要分布于今江苏、浙江、江西、福建、台湾、广东、广西、安徽、湖南诸省和越南北部。因部落众多，故被称作“百越”。百越名称，据记载有于越、句吴、扬越、瓯越、东越、闽越、南越、骆越、西呕（瓯）、夷越、夔越、山越等。春秋晚期至战国前期，越族建立强大的越国，历时160多年，后为楚灭。汉初，越逐渐形成东瓯（东海）、闽越、南越、西瓯几个较强部分，形成政治中心，与汉王朝有密切关系。后被汉武帝征服，改为郡县。至此，百越不再见于史载。越族之名也罕见。三国时，闽越、东瓯中未北徙的部分发展成山越，一度对孙吴统治构成威胁，后渐同化于汉族。宋以后就不再出现。此外，三国时今福建北部的“安家之民”，今台湾的“山夷”，隋朝台湾的“流求土人”，均是越族后裔。百越族称在文献上的消失，并不代表民族的消失，它与壮、侗、布依、水、仫佬、毛南、黎、仡佬、京等族有一定渊源关系。属壮侗语族。

蛮，四五千年前就活动于黄河流域，因各种原因南迁，渐被称为“南蛮”、“荆蛮”。因居住地不同，则又有“长沙武陵蛮”、“巴郡南郡蛮”、“荆雍州蛮”、“豫州蛮”、“五溪蛮”等。据祖先传说不同，又分“板楯蛮”、“槃瓠蛮”、“乌浒蛮”等。蛮以种植水稻谷物为主业，其活动范围在南北朝以后遍及今湖南、湖北、河南、安徽、江西、贵州、云南、广西等地。后在封建化过程中，加速了与汉族的融合。蛮与苗、瑶、畲族有渊源关系，属苗瑶语族。分布在今湘、鄂西及川东一带的巴人，先后被称作“南郡蛮”、“板楯蛮”、“沔中蛮”和“江夏蛮”，与土家族有直接渊源关系。

越、蛮两类民族，在各个不同历史时期还有过不同的称呼，如：俚、僚、仡、伶、仡僚（葛僚、革僚）、姆僚、茆滩、仲家、峒民、峒丁、蕃、莫瑶、土蛮、苗等。中东南地区是中央王朝较早开拓的地区，中央王朝势力深入到各民族地区，并对该地区少数民族产生深远影响。并且因各种原因，不断有中原汉族迁入，各民族交错杂居在一起，在政治、经济、文化等各方面有着密切联系，经过不断的分化与融合，或早或晚最终形成了今天中东南地区的各个民族。

（李鲜）

我国古代西南地区的少数民族

西南地区（主要指西藏、云南、四川和重庆等省、市、自治区）是我国人类的发祥地之一，先后发现有云南元谋人、云南西畴人、丽江人、昆明人，四川资阳人，西藏灵芝人等。古代西南地区民族众多，起源较复杂，有上万年来一直居住在该地区的土著居民，也有从各地迁入的族群，经长期的融合与发展形成不同的族系。我国古代西南地区的少数民族主要有：濮、蜀、巴、叟、西南夷、哀牢夷、女国、附国、吐蕃、僚等民族。

据文献记载，西南民族地区的原始族群大体可归纳为夷、越、濮三个族系。“夷”，指氐羌部落，春秋时从西北迁入，并与西南地区土著汇合，形成今天汉藏语系藏缅族群。“越”，指从东南沿海逐渐迁入滇南的越人部落，因分布广泛且部落众多而被称为“百越”，形成今西南地区汉藏语系壮侗语族。“濮”，即哀牢人，是西南地区一个古老族群，部分是从东南亚进入滇西南，属南亚语系孟高棉语族。

先秦时各族群的大体分布是：氐羌族群文化分布区为四川西部，西藏，云南西部、北部；百越、百濮主要是东南部。

属于氐羌族群的有：羌族，藏族（唐代称吐蕃），彝族（秦汉时称叟、昆明，唐宋时称白蛮），白族（唐宋称白蛮），纳西族（魏晋时称摩沙夷，唐称磨些蛮）。唐宋时出现了和蛮（哈尼族）、施蛮、顺蛮、栗粟（傈僳）、寻传（阿昌）、锅锉（拉祜）；元明时出现了怒人（怒族）、俅人（独龙族）、遮些（景颇）、西番（普米）等族；近代还确认了门巴、珞巴、基诺等族。

百越族群主要有：壮、布依、傣、水等民族。百濮族群中：“濮”就是现今布朗族（史称蒲蛮）、德昂族（原称崩龙）和佤族（自称布饶）。先秦时还有苗民、三苗，秦汉称盘瓠、武陵蛮，明清时进入云南。

秦汉是西南发展的一个重要历史时期，这时西南各民族总称“西南夷”，生活在包括今四川西部和西南部、云南全部、贵州省西北部以及滇、黔、桂交界地。西南夷包含了众多的族群，分布广泛，大体分为氐羌、百越、濮人三个族系。氐羌族系有：滇、劳浸、靡莫、僰、嶲、昆明、邛都、徙、筰都、冉駹、白马、摩沙等。百越族系有滇越。濮人族系有夜郎、句町、漏卧、且兰、哀牢、濮等。秦汉王朝对西南夷地区进行了长期的开发，并纳入了统一的多民族国家版图，但西南夷各部发展不平衡。三国时，云南、贵州及四川大渡河以南地区被称为“南中”，公元 2 世纪末南中大姓崛起，主要有：“焦、雍、娄、爨、孟、量、毛、李等，号‘五子’，故南人言‘四姓五子’”（《华阳国志・南中志》）。其中孟、爨两姓最大，到 5 世纪时，爨氏大姓称霸南中。爨氏是滇东地区原住民，以叟族为主，族属多，亦称爨蛮。7～9 世纪，西南地区以洱海和滇池为中心建立了南诏国，历时 274 年，在西南边疆形成了唐、蕃、诏三方势力纷争的局面。南诏灭亡后，937 年段思平建立了以白蛮为主的多民族的集合体——大理国。在南诏国、大理国统治时期，除了主体民族乌蛮和白蛮之外，还存在着其他民族和部族。属氐羌系的，除乌蛮、白蛮外，还有四川、贵州的乌蛮、和蛮、施蛮、顺蛮、磨西蛮、寻传蛮、裸形蛮等，各部落的社会政治经济都有不同程度的发展。属百越族系的有傣族的先民，文献中称为金齿、茫蛮、白衣、绣面等，唐宋时有较快发展。濮人族系则有望蛮、朴子蛮等。

唐宋时期，在我国青藏高原上，藏族先民雅隆部，渐由部落联盟发展成奴隶制政权，7 世纪初，松赞干布降服青藏高原上各部，正式建立吐蕃王朝，制定法律、军事制度，创造文字，统一度量衡，实力日趋强盛。至元明清时期，伴随着中央王朝对西南民族地区统治的深入，西南各民族也有较快发展，各单一民族先后形成。这些民族是：彝族（元称“罗罗”或“倮倮”），白族（元明清时称“白人”），纳西族（元明清时称“么些”、“摩挲”），傈僳（明时作为“罗罗”一部分），哈尼族（又称“禾泥”、“爱尼”），拉祜族，基诺族，景颇族（又称“遮些”），独龙族（又称“俅人”），阿昌族（又称“峨昌”），怒族（又称“怒人”），羌族（自称“白玛”）、普米族（古称“西番”），傣族（又称“白夷”、“金齿”、“白衣”等），佤族（又称“哈喇”、“哈杜”）、布朗族（又称“蒲蛮”），德昂族（又称“崩龙”）。

（李鲜）

匈奴的兴衰

匈奴本来是发源于蒙古地区贝加尔湖以南、山西平城（今山西大同市东）以北的一支少数民族，他们的西界原至斤山，与回鹘族的祖先接壤，东界到达北京北部地区，与夷族西北界相邻。匈奴以其金戈铁马兼并诸国后形成了强大的国家。单于是匈奴及其政权的最高首领，即“天子”，他总揽军政一切大权。单于以下，左、右贤王是匈奴政权左、右两个地区的最高长官。左贤王的地位较高，右贤王次之。左右贤王以下是左右谷蠡王。匈奴政权机构的设置为：单于庭、左贤王庭、右贤王庭。单于庭是政权机构的首脑部，直辖匈奴中部；左贤王庭管辖东部；右贤王庭管辖西部。

当时西汉政权刚刚建立，无法和匈奴政权抗衡。公元前 200 年，汉高帝刘邦被冒顿的 40 万骑兵围困于平城，7 日后才得以解围。刘邦不得不把公主嫁给单于做阏氏（匈奴语妻妾之义），缔结“和亲”之约。从汉高祖到汉武帝前期，汉朝先后有五位宗室之女嫁到匈奴去，从而减轻了匈奴对汉朝的威胁，使汉朝赢得了休养生息的机会。汉朝每年赠送匈奴一定数量的财物，并开放“关市”，准许沿边贸易。

公元前 140 年，汉武帝即位。由于国力的增强和中央集权的确立，汉武帝决定彻底铲除匈奴的威胁。任用卫青和霍去病为主将，先后发动了三次大规模的反击战。即公元前 127 年的河南战役（河套以南）、公元前 121 年的河西战役、公元前 119 年的漠北战役。匈奴都被打败，右贤王率领 4 万余人投归汉朝，单于及左贤王也都逃走，河西走廊遂平定。匈奴主力不得不退出河套及其以西一带。在东线方面，汉朝夺取了匈奴左地之后，原先在匈奴族奴役下的乌桓族便协助汉朝共同攻打匈奴，切断了匈奴的“左臂”。同时，汉朝还在公元前 139 年派遣张骞出使西域，联络大月氏、大宛、大夏、康居等地，以公主嫁给乌孙王，以切断匈奴的“右臂”。又在河西设置酒泉、武威、张掖、敦煌四郡，一方面可以隔绝匈奴与羌族（在今青海一带）的交通，另一方面便于在河西一带屯田。经过一系列的军事、政治、经济措施，匈奴的威胁才基本上解除。

汉宣帝本始元年（前 73），汉朝与乌孙联兵 20 万再次反击匈奴，这是西汉时期汉匈战争以来最后一次大战。这次战役，直捣右谷蠡王庭，俘获匈奴名王、千长、骑将以下 4 万人，匈奴平民受伤逃散及牲畜死亡不计其数。从此匈奴力量进一步削弱。

公元前71年，被匈奴奴隶主奴役的附属部落如丁零、乌桓等也纷纷起来反抗，匈奴奴隶主已无力维持他们对部属的统治，因此属部纷纷瓦解。

公元前57年，匈奴统治集团内部发生了争夺单于权位的斗争。五单于展开混战，最后郅支单于击败呼韩邪单于，占领了单于庭和漠北的广大地区。呼韩邪为了对付郅支单于，争取西汉的援助，于汉宣帝甘露三年（前51）归附了西汉王朝。这也就确定了匈奴地方政权隶属于汉朝的藩属的地位，密切了大漠与中原的政治关系，同时也为汉匈的经济文化交流开辟了广阔的道路。

由于呼韩邪有汉王朝的保护，郅支单于无力控制匈奴地区，于是西迁到今伊犁河流域一带，后被刺杀。公元前43年，呼韩邪归漠北的单于庭。公元前33年，呼韩邪再次到长安。汉元帝根据他的请求，把宫女王嫱（字昭君）嫁给他为妻，这就是历史上有名的“昭君出塞”。王昭君的出塞和亲，对巩固汉匈两族的友好关系，起到了积极的作用。

东汉初期，汉光武帝建武二十四年（48），匈奴分裂为南北两部。呼韩邪单于之孙日逐王比率领8部4500部众投归于汉。袭用他祖父的称号，也称呼韩邪单于。汉朝帮助他在西河郡的美稷县（今内蒙古准格尔旗一带）设立南单于庭。南匈奴入居塞内，分布在今山西北部、陕西北部、内蒙古呼和浩特至包头一带，因和汉人杂居，吸收汉人的文化，南匈奴迅速兴旺起来。汉和帝永元元年（89），汉朝与南单于联军大破北匈奴于稽落山（漠北西北部的额布根山），公元91年，大破北匈奴于金薇山（今阿尔泰山），北单于率领部众向西走到今伊犁河上游一带，后转徙康居（在今中亚）。这部分匈奴人的后裔后经中亚细亚，至公元4世纪到达东欧。4世纪后期，匈奴人战胜阿兰人、东歌德人等；又击败东罗马帝国，侵入中欧，以班诺尼亚为中心，进行活动。阿提拉统治时，其疆域大致东起里海，西至波罗的海和莱茵河，建立起强大的匈奴帝国。公元451年沙隆之战失败。453年阿拉提逝世，匈奴帝国迅速瓦解。

公元140年，南匈奴发生内讧，匈奴奴隶制政权崩溃，分裂为五部。在此后“五胡十六国”的长期历史过程中，匈奴人仍活跃于历史舞台。西晋时，曾先后建立赵、夏、北凉等国。从公元前209年冒顿单于建立政权算起，匈奴在大漠南北活跃了整整300年。

（李鲜）

鲜卑和慕容家族

鲜卑是我国古代民族之一。关于鲜卑的族源，文献记载众说纷纭，直到1980年7月，考古工作者在内蒙古自治区发现了鲜卑拓跋部祖先的“石室”，证明了文献中记载的大鲜卑山就是今大兴安岭北段。由此推论，鲜卑是东胡的一支。秦末汉初，被匈奴冒顿单于击败，部分部众退居鲜卑山（今内蒙古通辽市科尔沁右翼、中旗西），故而得名鲜卑。他们游牧于西拉木伦河与洮儿河之间，南邻乌桓。据《后汉书》记载：“其言语、习俗与乌桓同。唯婚姻先髡头。”即鲜卑族妇女结婚前先剃发。据《后汉书》载，鲜卑居住区域内，出产野马、原羊、角端牛、貂等，“故天下以为名裘”，所以鲜卑人擅猎不擅渔。东汉和帝永元三年（91），北匈奴被汉朝与乌孙、丁零、乌桓、鲜卑等族联合击败西迁，鲜卑籍呈扇形南迁和西迁，填补匈奴人留下的空白，并且逐渐强盛起来。到汉桓帝年间，鲜卑著名首领檀石槐在弹汗山（内蒙古商都县附近）建立起强大的部落联盟，并将其领地分为东、中、西三部，各设大人统率。檀石槐任用汉人，制定法律，促进了鲜卑社会的发展，他死后，诸部联盟瓦解。三国时期，小种鲜卑柯比能部一度强大，另有步度根集团与弥加、素利所率集团相对强大。柯比能部曾一度统一漠南地区，重建局部联盟。西晋时期，鲜卑各部继续内迁，加速封建化过程。两晋与十六国时期，鲜卑中分衍出的各部相继兴起，东部鲜卑分为慕容、段氏、宇文三部，此外，还有乞伏氏和拓跋氏，都一度建立雄踞一方的政权。慕容氏建前燕（337～370）、后燕（384～407）、西燕（384～394）、南燕（398～410）；乞伏氏建西秦（385～431）；拓跋氏先建代国（338～376），后统一北部，建立了强大的北魏王朝。其后北魏分裂为东、西魏，鲜卑化的汉人高氏与宇文氏分别建北齐、北周。此外还有出自慕容氏的吐谷浑，在羌人地区形成吐谷浑部，鲜卑贵族居统治地位，唐代初叶被吐蕃灭。鲜卑在内迁后，与各民族在相互交往中自然同化，尤其是鲜卑贵族与汉人名门大姓结合，吸收中原汉人文化，农业、手工业、商业有所发展，逐渐与汉族等融合，隋唐以来就不再作为民族实体和政治实体存在。但他们的后裔在这两个朝代中仍居于重要地位。

通过鲜卑的发展源流可见，慕容氏自鲜卑分衍而出，原居鲜卑山，后迁居饶乐水（西拉木伦河）。檀石槐分鲜卑联盟为东、中、西、三部时，慕容为中部（右北平西至上谷十余邑）大人之一，并逐渐形成慕容氏。三国时，慕容首领莫护跋受封率义王，迁居辽西。关于名号，一说认为是他们向汉人学习，带步摇冠，而鲜卑人称步摇冠为慕容，正切合汉语“慕二仪之德，继三光之容”的说法，故采用“慕容”为名号。另说认为慕容是鲜卑语“富”的意思。鲜卑联盟瓦解后，慕容家族自成一部，逐渐兴起。西晋太康十年（289），慕容涉归之子降晋，封为鲜卑都督，借重西晋王朝，发展自己势力，修明刑政，发展农业生产，收容汉族流人，势力渐盛，曾连败鲜卑宇文部、段部及后赵。十六国时期，其后裔先后建立政权：慕容皝建前燕、慕容垂建后燕、慕容德建南燕、慕容冲建西燕。慕容部不仅建立了四燕国，而且前燕、后燕都曾一度控制关东广大地区，在“十六国”史上占有重要地位。慕容廆洛干的庶长兄吐谷浑，率部西迁并以自己的名字为族名，其后裔建吐谷浑国，即南朝诸史所称的河南国，其地界据《南史·河南王传》记载：“东至叠川，西邻于阗，北接高昌，东北通秦岭，方千余里。”慕容部原也是游牧为主，兼营狩猎，受汉族影响，渐务农，并有手工业。其汉化程度较高，后渐融于汉族。因此，慕容家族是鲜卑族的一支，在其发展中具有极其重要的地位和作用。

（李鲜）

契丹和辽国

辽朝（916～1125），是由契丹族在中国北方地区建立的王朝。契丹族是我国历史上著名的少数民族，源出鲜卑宇文部一支，在建立国家前经历了漫长的发展过程。契丹族起源于我国北方潢河（今西辽河上游西拉木伦河）和土河（今老哈河）之间。南北朝时期，契丹族分为八部落，逐水草迁徙，过着游牧生活。唐朝初年，八部渐渐组成部落联盟，由大贺氏中选任联盟长。唐太宗时，依附于唐朝。唐设松漠都督府，赐姓李，正式接受唐朝行政统治。武则天时期，其首领李尽忠联孙万荣反唐，遭沉重打击，又依附于突厥。唐玄宗时，突厥渐衰落，再度附唐。后因内部矛盾激化，公元730年大贺氏统治结束，遥辇氏首领成为契丹首领。直到契丹建国，遥辇氏任联盟长相继九世。公元745年，回纥建立汗国，曾一度处于其统治下，发展缓慢。后乘回纥汗国灭亡和唐处于衰落之机，契丹逐渐崛起。907年，迭剌部世里（耶律）家族的阿保机被推举为联盟首领，916年耶律阿保机正式称帝，改用汉制称号，自号“天皇帝”，年号神册，国号大契丹。辽太祖任用汉人官员，参照汉族国家模式，制定法律，筑皇都，造契丹文字，确立世袭皇权，建立了从政治、经济到文化各项事业均初具规模的国家机器。从此与宋王朝并立，对峙长达160多年。他在位期间还展开了大规模的征伐，向南深入汉地掳掠，西扰突厥、吐浑、党项、沙陀、阻卜等。东灭渤海国，改置东丹国。后其次子耶律德光继位，从后唐石敬瑭手中取得燕云十六州，国力大增，947年改国号为大辽国。宋辽的关系以澶渊之盟为界分为前、后期。在前期，为争夺燕云十六州，宋朝多次攻辽受挫，遂采取防守政策。辽丧失称霸中原的野心，采取善宋政策。在后期，宋辽之间维系了长达百年的和平局面，利于双方的发展。1125年辽被女真人建立的金所灭。辽灭前，耶律大石率部西迁，建西辽，1218年被蒙古灭。契丹渐与汉族、蒙古族等融合，元末以后契丹逐渐在历史上消失。

辽的国号在建国时称契丹，太宗耶律德光为便于统治汉人，将国号改为大辽。圣宗时（983）又改称大契丹，道宗（1066）又复号大辽。据契丹文献记载，即使在称辽时，仍称国号为契丹，仅在汉语中通用辽。汉人则习惯通称其为辽。

辽朝在全盛时，疆域东起日本海、黑龙江口，西至阿尔泰山，北抵克鲁伦河，南以霸县、雁门关与宋朝交界。因各种原因，辽朝形成一个多民族国家，有游牧民和农耕民，故而形成不同的政治制度和经济制度。政治上，辽统治者对各民族实行随俗而治的办法。用契丹的传统方式和法律治理契丹和其他少数民族，用汉法治理汉人。如辽朝的中枢官制分为北面官与南面官两大系统。北面官管理契丹政事，其官制仍保留着契丹氏族部落制的某些痕迹；南面官管理汉人事务，南枢密院是综理汉人军政的最高官衙。地方官制中在契丹族和北方诸族地区实行部族制，在渤海地区、燕云十六州地区基本沿旧制统治。此外还有斡鲁朵制，即皇帝有其直属的军队、民户、奴隶和州县，构成独立的经济、军事单位。并允许皇族所领有的头下立州城，实行头下军州制。同时，皇族仍保持渔猎骑射传统，进行四时“捺钵”（契丹语“帐篷”），即四季到不同地方“巡幸”，形成制度。其间包括接见邻国使臣，与臣僚议事，安抚、笼络、控制边疆各部族等政治活动。经济上，契丹人以畜牧为主，随水、草游牧，牲畜是他们的主要财产。渔猎生产在其经济中也有深远影响。辽代时手工业、商业、交通也均有所发展。契丹人信萨满教，敬天神。建辽国后，吸收汉文化，佛教传入。并先后借鉴汉字隶书创契丹大字，借鉴回纥文改制成契丹小字，成为一个既有本民族语言又有本民族文字的民族。

契丹族建立的辽国，据有北半中国，控制陆路中西交通，加强了北方少数民族与汉族的联系，对我国北方和东北地区的进一步开发做出了较大贡献。并且促进了中外经济文化交流，世界影响深远，以致某些民族语言中至今仍称中国为契丹。

（李鲜）

西夏文字知多少

西夏文是我国古代西夏党项羌族使用的一种文字，又称蕃文、蕃字。11 世纪西夏主李元昊称帝，命大臣野利荣仁创制。于公元 1036 年颁行，在西夏境内与汉文同时流行。公元 1227 年西夏国灭亡之后，党项羌人后裔仍有人使用。一直使用流传了 500 多年，此后渐湮没，成为一种死文字。直到 1804 年清代史地学家张澍回乡养病，才被其重新发现。

西夏文属表意文字类型，共有 6000 多字。因仿汉字而创，故笔画、结构仿汉字，形体方整，用点、横、竖、撇、拐、拐钩等笔画组字，但笔画繁复。字体有楷书、行书、篆书、草书四种。在文字构成上，每字由一块或几块组成，一般分上、中、左、右、下等块，各有含意，绝大多数为会意合成字和音意合成字。类似汉字的会意字和形声字。西夏文创制以后就被西夏主李元昊当“国字”来大力推行，应用范围很广。专门设立了夏字院，不仅官方文书用西夏文，而且民间的日常交往也使用西夏文，成为举国上下广泛使用的文字。主要用于书写表奏和应用文书，编辑各类字书，撰写著作，翻译汉文典籍和佛教经典，篆刻金石等，故而至今留存的西夏文文献种类繁多，内容丰富。有学者将西夏文献归为七类：一是官私应用文书，如《黑水河守将告近禀帖》；二是法律、历史、文学、医学方面的著作，如《天盛旧改新定律令》，以国家法律形式全面规范了西夏社会生活；三是字典、辞书，如《文海》、《番汉合时掌中珠》；四是译汉文的典籍，如《论语》等；五是译自汉文、藏文的佛经，如今北京图书馆收藏最多，计有 120 余卷；六是用西夏文书写、镌刻的碑文、题记等；七是西夏文印章、牌符、钱币。

西夏文的创制与使用，对西夏国统治的确立和经济、文化的发展起了积极的作用。1909 年在黑水城遗城（今内蒙古额济纳旗）出土了大批西夏文献，现藏于俄罗斯科学院东方学研究所圣彼得堡分所，是目前最丰富的西夏文献宝库。此外，在北京、甘肃、宁夏、内蒙古等地及英国、法国、瑞典、日本等国也都藏有西夏文文献。

（李鲜）

少数民族的史诗和口传文学

就中国文学发展史而言，汉族文学是其主体，但各少数民族文学也有其不可忽视的地位和作用，反映出中国文学的丰富性。丰富多彩的民间文学在少数民族文化史中占有特别重要的地位。少数民族民间文学丰富多彩、源远流长。

各民族的神话、传说、故事、歌谣、叙事诗、谜语、谚语等作品，构成少数民族民间文学的宝库。其中不少作品通过古代文人的采集、整理，出现在汉文文献和少数民族古代典籍之中。新中国建立后，少数民族民间文学遗产得到重视和保护，各民族搜集、整理的民间文学作品数以万计，它们通过生动形象的艺术画面，展示了各民族人民的现实生活和精神文化以及他们的理想。这些艺术作品具有很高的认识价值。中国少数民族民间文学对中国文学做出了独特的贡献。

中国少数民族神话宝库极为丰富。学者采集到的有影响的神话作品有彝族的创世长诗《阿细的先基》、《查姆》、《勒俄特依》，纳西族的《创世纪》，白族的《创世纪》，瑶族的《密洛陀》，侗族的《侗族祖先哪里来》，苗族的《苗族史诗》、《苗族古歌》，哈尼族的《奥色蜜色》，佤族的《西冈里》等。其中大部分神话作品，通过丰富奇特的想象，叙述了原始人类对宇宙开辟、人类起源、自然万物生成、民族起源等的认识和解释。各民族的创世纪神话，还对民族文化发展的历史作了独特的记叙。少数民族神话作品数量众多，至今仍完整地流传在人民的口头，内容古朴，想象奇特，具有很高的研究价值。

英雄叙事诗也是少数民族文学中的重要组成部分，又称英雄史诗。一般均为鸿篇巨制，结构庞大，气势磅礴，它往往跨越时空界限，在民间长期流传，成为这一民族的“百科全书”式的或形象化的历史。在这些史诗中，最为人称道的是藏族的《格萨尔王传》、蒙古族的《江格尔》和柯尔克孜族的《玛纳斯》。这三部史诗被列入世界著名英雄史诗之林，其中《格萨尔王传》是世界最长的英雄史诗，计达100多部。

民间叙事长诗也是少数民族文学中的重要组成部分，一般以爱情为题材的占大多数，也有些是一般生活叙事诗。优秀作品有彝族的《阿诗玛》、傣族的《召树屯》、傈僳族的《逃婚调》、维吾尔族的《艾里甫和赛乃姆》等。这些长诗反映了各民族的现实生活。它提供的有关少数民族生产、生活、风俗习惯、民族性格等的形象画面，对文学研究、民俗学研究等极有价值。

除神话、史诗、叙事长诗以外，少数民族民间文学还展示了其他文学形式。其中民歌的多种表现形式是民间诗学研究的宝贵资料。中国西北地区的花儿会、广西壮族的歌圩、仫佬族的走坡、苗族的芦笙会、白族的石宝山歌会等，都是这些民族传统的歌节。中国诗歌史的研究，大可以从少数民族民歌中获得丰富的资料。

（陈江勇）

少数民族的歌节

我国少数民族节日众多，如以节日的主要活动内容来划分，大致分为宗教、农事、纪念、商贸、文体娱乐、庆贺、生活社交七大类。其中，少数民族的歌节属于文化娱乐节日中的一种。歌节以壮族为代表，以苗、侗、京、布依族的此类节日居多。广西防城县京族每年农历六月初十或八月初十盛行盛大的“哈节”，又称唱哈节，意为请神听歌，可意译为歌节。其来历是为纪念一位以歌声动员群众反抗封建压迫的歌仙。歌节的活动中心是各地的哈亭周围，唱哈的角色有哈哥和两位哈妹三人，歌词主要内容有民间传说、哲理歌、爱情歌等，在演唱空隙里穿插表演民间舞蹈。广西壮族的三月三称为“歌圩节”，其来历是为纪念歌仙刘三姐，她是对歌活动的创始者和传播者。歌节的活动中心是各地的歌圩塔棚，对歌的程序是见面歌、邀请歌、盘问歌、爱慕歌、盟誓歌、送别歌等。云南花街节从农历三月三始，每隔一日换一个街场，节期三天。参加者一般有五六千人，多时上万人。歌节对唱的歌大多是情歌，街场成了寻找恋人的最佳场所。在节日期间，天天上演壮剧，白天演武剧，晚上演文剧，其内容是反映壮族历史与现实生活的。云南石宝山歌会是在农历七月二十八至八月一日在剑川石宝山举行，多以对歌为主。

（吴玲艳）

少数民族的禁忌

禁忌是民间在共同信仰基础上的对于神圣的、不洁的、危险的事物的约定俗成的禁制。禁忌是人类普遍具有的文化现象，国际上统称为“塔布”（taboo）。

在中国“禁忌”一词的出现，最早在汉代。《汉书·艺文志》有：“及拘者为之，则牵于禁忌，泥于小数，舍人事而任鬼神。”禁，即“禁止”，一般指来自社会的和文化的约束、干预，多属外在力量；忌，即“忌讳”，一般指基于自我心理的和情感的抑制、避戒。二者相互影响，融为一体，即是“禁忌”。由于禁忌在民间往往以风俗习惯的形式表现出来，所以又称为“忌讳”。

中国民间禁忌源远流长，先秦时代就有“入境而问禁，入国而问俗，入门而问讳”之说，后世大凡居住、饮食、服饰、生产、交通、家庭、村落、建筑、岁时、节日、人生、仪礼（诞生、成年、婚姻、丧葬）、交际、宴饮、巫术、宗教、民间文艺活动等，都离不开禁忌。尤其是中国作为一个多民族国家，各民族的禁忌更是一个大千世界，五花八门。下面简单介绍我国一些少数民族的禁忌。

蒙古族

蒙古族厌恶黑色，认为黑色是不祥的颜色。在饮食上，蒙古族忌食虾、蟹、鱼、海味等。

蒙古族忌讳别人（包括客人）骑着马在蒙古包门口下马和骑马闯进羊群，忌讳手持马鞭进入毡房。客人不经允许不可擅自进入包内，在蒙古包内不能随便就座，不能蹲，不能将腿伸向西北方或炉灶。不能从主人的衣帽、被褥、枕头上跨过，不能在包房内吐痰，出包房不能踩门槛。蒙古族还忌讳别人用烟袋、刀剪、筷子等指头部。

藏族

藏族人忌食鱼、虾、骡、马、驴、狗肉；一般还不吃海味。又按藏族传统，食用的是偶蹄动物，视其他动物为恶物，而鸡、鸭、鹅是五爪，是奇数，因而不食用。

藏族人视佛像、佛供，寺庙中的经书、钟鼓，一般人佩戴的佛珠为圣物，不可触摸。他们还忌讳在寺庙附近砍伐树木，高声唱歌，钓鱼、捕鱼。在牧区，进室后男的坐左边，女的坐右边，忌讳混杂而坐。家门口生火、贴红布条、插树枝或门口木杆倒立，表示家里有人生病或妇女生育，忌讳他人进内。

在西藏民间，天葬曾是较为常见的一种丧葬形式。对于天葬，民间有许多禁忌，包括禁忌生人观看等。

苗族

苗族人民忌讳其他民族称他们为“苗子”，而喜欢他们的自称“蒙”。黔东南等一带的苗族在立春第一次春雷响后三天之内不能出工。湘西苗族在阴历每月初一、十五忌讳挑粪。

苗族姐妹缝制衣服

苗族人不喜欢吃羊肉，认为狗身上带有某种神秘性。在苗族吃糍粑，不能拍了灰再吃。和苗族人嬉闹时，不能用绳子或布带捆他们。苗族人在门口悬挂草帽或插青树叶，或者苗族人在举行婚丧祭祀等仪式时，客人不要进屋。路上遇到新婚夫妇，不能从他们中间穿过。

黎族

海南黎族船形屋，是黎族人民的一种传统居住房屋。在船形屋内有禁忌：不得戴草笠进屋，不得在屋内吹口哨，不得在屋内扛锄头等。如果是人多生病、家畜不旺，据说是屋场“多阴”、“鬼神占地”，便要搬家等。

傣族

傣族聚集地西双版纳是中国小乘佛教集中之地，因此，傣族的风俗禁忌大多与佛教有关，到西双版纳旅游应该注意的有以下几点：遇上傣族群众在祭祀寨神时，千万别进寨子。不能摸小和尚的头。进寺庙参观一定要脱鞋。进了傣族群众家，千万不能窥看主人的卧室，也不能从火塘的三脚架上跨过。

壮族

壮族家有产妇时，门上悬挂草帽，外人不得入内。无论家人、客人都不能坐在门槛中间；不能扛着锄头或戴着斗笠走进家中。二月初二祭龙山帝王，不能砍伐山中树木，不能在山中大小便。壮族人给人递茶时，应双手捧杯，忌讳单手递送，夹菜时忌讳来回挑拣着吃。

朝鲜族

朝鲜族不喜欢吃鸭子、羊肉、肥猪肉。朝鲜族的老人地位很高，平时老人单独用餐，饮食也是单独制作的，如果父子同席，儿子不能当着父亲的面吸烟或饮酒。

朝鲜族忌讳敲门，进访者应呼叫主人。

维吾尔族

维吾尔族最忌讳在户外穿短裤，晚上睡觉时不能头东脚西或四肢平伸。在维吾尔族家作客，洗手时不可将沾水的手乱甩；要等长者坐好后方可就坐；吃抓饭时不要满盘子乱抓或者将抓过的肉食再放入盘内；吃剩的残骨不要乱扔，应放在自己面前的餐布上；用餐时外出不可从餐布上跨过或者从客人面前走；做客时不能当着别人的面吐痰。

满族

满族忌讳吃狗肉，不戴狗皮帽子。在满族家中做客，不能随便坐西炕。

满族少女

彝族

彝族忌戏耍时动头；忌众人面前说脏话；彝族家中有病人时忌说死伤之类的话，如“杀年猪”要改说“抓年猪”或“拿年猪”；忌对婴儿用“胖”、“漂亮”、“重”之类的赞词；忌夜间吹哨；忌拿灵长动物（熊、狗、猴、猫等）肉进屋，也忌食其肉；不论男女，忌跨火塘；禁妇女跨越男人；忌婚丧嫁娶日宰杀山羊；忌以苦蒿秆做筷子及打人；忌从客位方烧荞麦粑；火烧荞麦粑从火塘里拿出时，忌马上翻动及用棍棒穿通；禁食马、骡、狗、猴、乌鸦、蛇、蛙肉；忌做客不留肉；忌将饭端给主人；忌把锄头和斧子放在一起；忌在屋内将锄头或斧子扛于肩上；有孕之妇忌给新娘梳头，也忌给新娘缝嫁妆。

鄂温克族

鄂温克族产妇未满月前，忌外人带枪或钥匙进屋，以防产妇断奶。父母在世时，儿子不得蓄胡须；下午忌理发、刮脸，戴孝者尤忌；忌说“死”，若老人去世，要说“成佛了”；小孩去世，要说“小活了”；搬家时，忌在曾死人的地点留下不洁之物，如指甲、头发、破布包、包脚布等；忌谩骂牲畜；忌抛撒奶类食品，若不慎撒落，应将所撒的奶抹少许于前额；忌宰杀或出卖未停奶的母畜；禁止夫妻互换衣帽穿戴，否则认为狩猎将无所获；禁止女人摸男人的头，俗信男人头上有佛，摸男子头是对佛的亵渎。此外，鄂温克族还有诸多狩猎禁忌以及火神忌、入门忌等。

（陈江勇）

我国少数民族的主要分布概况

我国是一个统一的多民族国家。从远古时代起，各民族的祖先就在中国这片辽阔的土地上繁衍、劳作。历经了几千年的分化与融合，由原来众多的民族群体逐渐形成了现在的56个民族。在这个团结统一的民族大家庭中，汉族人口最多，占全国总人口的90%以上。从分布特点来看，在几千年的发展过程中，因为政治、经济、军事等各方面的原因，逐渐形成了以汉族为主体的各民族大杂居、小聚居的分布特点。少数民族分布面积约占全国总面积的1/2以上，但并非在这些地区都是少数民族，其中杂居了很多汉族。例如，在内蒙古、广西、宁夏等自治区中，汉族的人口就超过了少数民族人口。同样，汉族地区也杂居着许多少数民族。同时，各个民族聚居程度也并非很集中。

从人口角度看，少数民族人口分布也不平衡，多的上千万，少则只有几千人。根据2000年我国人口普查少数民族汇总数（不含香港、澳门特别行政区和台湾省），其中人口达1000万以上的有壮族和满族；达500万以上1000万以下的有蒙古族、回族、藏族、维吾尔族、苗族、彝族、土家族；达100万以上500万以下的有布依族、朝鲜族、侗族、瑶族、白族、哈尼族、哈萨克族、傣族和黎族；达10万以上100万以下的民族最多，有傈僳族、佤族、畲族、拉祜族、东乡族、水族、纳西族、景颇族、柯尔克孜族、达斡尔族、土族、仫佬族、羌族、撒拉族、毛南族、仡佬族、锡伯族；达 1 万以上 10 万以下的有布朗族、阿昌族、普米族、塔吉克族、怒族、乌孜别克族、俄罗斯族、鄂温克族、德昂族、保安族、裕固族、京族、基诺族；人口只有 1 万以下的是高山族、塔塔尔族、独龙族、鄂伦春族、赫哲族、门巴族、珞巴族。

从地理位置来看，我国少数民族大多分布在边疆地区，如黑龙江、吉林、辽宁、内蒙古、甘肃、新疆、西藏、云南、广东、广西等地。我国全长 2 万多公里的陆地边境线，很大部分都在少数民族地区。同时居住在边疆地区的少数民族中，有 20 多个跨境民族。

从资源来看，少数民族地区大多物产丰富，富含森林、矿产、水利等资源。

按方位来看，少数民族的分布概况大致如下：

东北、内蒙古地区主要有满、蒙古、朝鲜、达斡尔、鄂温克、鄂伦春、赫哲 7 个民族，此外还有部分锡伯族、俄罗斯族、柯尔克孜族。

西北地区（指陕西、甘肃、宁夏、青海、新疆 5 省区）主要有回、东乡、保安、撒拉、土、裕固、维吾尔、哈萨克、柯尔克孜、锡伯、塔吉克、乌兹别克、塔塔尔、俄罗斯、蒙古、藏、满、达斡尔 18 个少数民族。

西南地区（指西藏、云南、四川和重庆等省、市、自治区）主要有藏、门巴、珞巴、彝、白、哈尼、傣、傈僳、佤、拉祜、景颇、布朗、纳西、普米、阿昌、德昂、怒、独龙、基诺、羌、壮、苗、土家、回、蒙古、布依、水、瑶、满等族。

中东南地区（指广东、广西、湖北、湖南、福建、浙江、江西、安徽、海南、台湾等省、自治区）主要有壮、苗、布依、瑶、土家、侗、水、仫佬、毛南、仡佬、黎、畲、高山、京等民族。

可见，我国少数民族分布呈现出既集中又分散，交错分布的特点。有利于各民族间经济、文化交流，形成了相互依存、密不可分的关系。

（陈江勇）

我国各民族语言的语系、语支、语族

语言是人们交流的工具，是民族的特征之一。一般每个民族都有本民族共同使用的语言，但也有几个民族同用一种语言的情况，或者是同一民族在不同地区使用几种语言的情况。我国有56个民族，由于历史的原因，语言的使用实际超出了56种。语言之间因语法、语音、语汇等方面具有一些共同的特点，这些特点又存在着有规则的对应关系，据此，就能确定它们源于同一基础语言，故可以归为同一语系。同一语系中又可据语言间的亲疏分为不同的语族和语支。我国的民族语言按语言谱系法分为：汉藏、阿尔泰、南亚、南岛、印欧五个语系。

1. 汉藏语系，早期曾称为“印支语系”，是使用人口最多的语系，包含藏缅、壮侗、苗瑶三个语族。

藏缅语族包括藏语支、彝语支、羌语支、缅语支和景颇语支。藏语、门巴语、珞巴语属于藏语支。彝语、傈僳语、纳西语、白语、拉祜语、哈尼语、基诺语属于彝语支。羌语、普米语属于羌语支。阿昌语、载佤语属于缅语支。景颇语和独龙语属景颇语支。其中，怒语、土家语等语尚未定语支。

壮侗语族多分布在广西壮族自治区、云南、贵州、湖南、广东等地。下分三个语支：壮傣语支中包含壮语、水语、傣语；侗语、水语、仫佬语、毛南语属于侗水语支；黎语属黎语支。

苗瑶语族分布在贵州、湖南、云南、四川、广东和广西壮族自治区。下分两个语支：苗语支包含苗语和畲语；瑶语支中仅有瑶语。

汉藏语系中汉语是汉族通用语言，回族满族也使用汉语。该语系中仡佬语尚未定语族。

2. 阿尔泰语系包括蒙古、突厥、满—通古斯三个语族。蒙古语族分布在内蒙古自治区、新疆维吾尔自治区和黑龙江、辽宁、吉林、青海、甘肃等省。蒙古语族包含蒙古语、达斡尔语、土族语、东乡语、保安语、东部裕固语。突厥语族分布在新疆维吾尔自治区和青海、甘肃、黑龙江等地。下分西匈语支和东匈语支。维吾尔语、哈萨克语、撒拉语、乌孜别克语、塔塔尔语属西匈语支；柯尔克孜语、西部裕固语属东匈语支。满—通古斯语族又称通古斯满语族，分布在新疆维吾尔自治区、内蒙古自治区和黑龙江省。下分通古斯语支和满语支。鄂伦春语和鄂温克语属通古斯语支；满语、锡伯语、赫哲语属满语支。

3. 南亚语系，在中国属该系语言的都是孟高棉语族，大都分布在云南省南部边疆地区。佤语、德昂语、布朗语属该语族佤—德语支。

4. 南岛语系，又称马来—波利尼西亚语系。我国台湾省高山族语言属该语系的印度尼西亚语族。主要分布在台湾省的中部山区、东部纵谷平原及兰屿岛上。在福建、武汉等地也有。高山语内部又分若干语群或方言。

5. 印欧语系，在中国属于这个语系的现代语言只有属斯拉夫语族下东斯拉夫语支的俄罗斯语；以及属伊朗语族下东伊朗语支的塔吉克语。使用人口不多，都分布在新疆。

朝鲜语和京语的语言系属未定。有学者将京语暂定汉藏语系，朝鲜语暂归为阿尔泰语系，但仍有不同意见，尚待研究。

（李鲜）

云南少数民族的土司制度

土司制度是我国历代封建王朝针对西南少数民族地区多民族但发展不平衡的特殊情况，而实施的一种统治制度，是一种封建的民族政策。其基本特征是：封建中央统治阶级在政治上利用各少数民族中旧有的贵族分子进行统治；经济上让原来的生产方式继续保留，并通过当地贵族分子进行贡纳的征收。

据《明史·土司传》说："西南诸蛮……盘踞数千里，种类殊别。历代以来，自相君长。原其为王朝役使……沿及汉武，置都尉县属，仍令自保，此即土官、土吏之所始欤。迨有明踵元故事，大为恢拓，分别司、郡、州、县，额以赋役，听我驱调，而法始备矣。然其道在于羁縻。彼大姓相擅，世积威约，而必假我爵禄，宠之名号，乃易为统摄，故奔走唯命。"可见土司制度始于汉代的羁縻郡县制，中经魏晋、唐宋的发展，到元代正式形成土司制度，并完备于明代，延续至清代后逐渐衰退。"羁縻"在《史记·司马相如传·索隐》中说："言制四夷如牛马之受羁縻也。"元代统一中国后，总结历代少数民族地区统治的经验，在云南、四川、湖广等行省的部分地方普遍利用土著民族上层充当官吏，根据其地域大小分别设立宣慰司、宣抚司、安抚司、长官司等大小土司机构。西域回人赛典赤初建云南行省时，就是任用土著民族中的上层分子充当土官。当时云南行省最大的土官就是原大理国王段氏的后裔，段氏世袭充当大理总管；北部的罗罗斯宣慰司地区则以"罗罗"贵族安氏为代表，其余大小土司遍地皆是。

元代时已对各种土司的职务、义务、承袭、信物、升迁、惩罚等有了明确的规定，土司制度初步形成。明代则进一步完善了对各级土司土官的职衔、承袭、隶属关系、贡赋、征调等制度，使土司制度真正成为一套完备健全的统治制度。明军平定云南后，先后授予云南各少数民族中的上层分子以土官职务，并从形式上把少数民族地区的地方政权组织直接纳入国家政权组织系统，在确保封建中央集权统治的前提下，允许土司在辖区内根据本地区情况处理内部事务。土司只有在承认自己是朝廷委派的地方官吏前提下履行义务、服从调遣，其在地方的统治才合法。从当时云南全境来看，靠内地的多为土府、土州、土县，大土司已不存在，但在基层仍然有土司设置，如鹤庆、丽江、广西（今师宗、弥勒、泸西）、寻甸、武定等府，边疆地区则全部由土官宣慰、宣抚、招讨、长官等管辖。其中“三宣六慰”最为著名。“三宣”是：南甸宣抚司（今梁河县）、干崖宣抚司（今盈江县）、陇川宣抚司（今陇川县和瑞丽县）；“六慰”是：孟养宣慰司（在今缅甸克钦邦）、木邦宣慰司（在今缅甸北掸邦）、缅甸宣慰司（在今缅甸曼德勒地区）、八百大甸宣慰司（在今泰国清迈府、清莱府）、老挝宣慰司（在今缅甸琅勃拉邦等地）、车里宣慰司（今西双版纳）。

清代时期，针对云南一些少数民族地区与汉族发展仍有差距的现实情况，在无法设流官的地区，仍延续了元、明以来的土司制度。在清朝200多年的历史中，云南各少数民族地区的土司，情况时有改变，或置或废。但制度的内容与明朝基本相同。靠内地区先后设置的土司有：乌蒙土府（驻今昭通）、东川土府（驻今会泽）、镇雄土府、东川府（驻今会泽）、昭通府、曲靖府、武定直隶州、云南府（驻今昆明）、澂江府、临安府（驻今建水）、开化府（驻今文山）、广南府、元江直隶州、楚雄府、景东直隶厅、镇沅土府、者乐甸长官司（驻今镇沅东北恩乐）、大理府、蒙化直隶厅（驻今巍山）、永北直隶厅（驻今永胜）、丽江府。边疆地区先后设置的土司有：腾越直隶厅（驻今腾冲）、顺宁府（驻今凤庆）、镇边直隶厅（驻今澜沧）、普洱府（驻今普洱）、临安府（驻今建水）。清代更加严格了对土司承袭和考核的制度，并采取适当措施来分割或缩小土司的辖区，限制其权力。

通过实行土司制度，在保留少数民族地区政治、经济结构暂时不变的情况下，暂时维护了民族地区的稳定，有利于少数民族地区经济的发展和社会秩序的安定，加强了内地与边疆的联系，巩固了国家统一。同时，土司制度也存在着造成各土司区之间的割据、保守、封闭等弊病，在后期也阻碍了各民族社会的经济发展。

（李鲜）

我国少数民族的传统戏剧

我国许多少数民族经过长期的积累与创造形成了具有鲜明特色和风格的传统戏剧，成为我国戏剧艺术的重要组成部分，其中少数民族特有的传统戏剧，主要有白剧、傣剧、彝剧、苗剧、布依戏、壮剧、侗剧、藏剧等。

白剧

白剧是白族戏曲剧种，流行于云南西部的大理、云龙、洱源、鹤庆等县的白族聚居区，又名“吹吹腔”。据尚存实物资料推算，白剧在清代乾隆年间就已有演出，并在光绪年间达到全盛。新中国成立后，成立专业剧团，1960 年正式定名为“白剧”。白剧在长期的发展中，受到滇剧的影响，曾形成南北两派，南派基本保持原有特色，北派带有滇剧的色彩。吹吹腔源于弋阳腔，20 世纪 50 年代后吸收了白族曲艺“大本曲”的一些曲调，唱腔丰富，曲调约有 50 种，有严格的角色行当，分生、旦、净、丑四行，讲究表演程式，脸谱丰富且有特色。白剧唱腔高亢激越，不用伴奏，不分板眼，仅用唢呐吹奏过门，唱词格式采用“三七一五”的白族民歌“山花体”，即四句为一段，前三句为七字，后一句为五字。语言则是白语与汉语夹杂使用。传统剧目有《血汗衫》、《大明血汗衫》、《牟伽陀开辟鹤庆》、《双猴挂印》等，新中国成立后创编的有《苍山红梅》、《望夫云》等。

傣剧

傣剧是傣族戏曲剧种，流行于云南德宏、保山、临沧等傣族聚居区。傣剧是在傣族民间歌舞、民间文学及其他民间表演艺术基础上，吸收、借鉴汉族戏曲艺术发展而成。其唱腔源于傣族民歌，借鉴傣族宗教叙事歌曲的表现手法，形成基本声腔，即戏调，分为羽调式和徵调式。傣剧传统剧目中只写唱词，注重傣族诗歌的传统韵律。伴奏乐器主要有象脚鼓、铓锣、钹，以堂鼓领奏，20 世纪 50 年代后增加了二胡、中胡、三弦、笛子等。傣族剧目题材广泛，体裁多样，传统剧目有《千瓣莲花》、《红莲宝》、《娥并与桑洛》、《十二马》等，新中国成立后创作的有《婚期》、《波岩三回头》等。

彝剧

彝剧是彝族戏曲剧种。流行于楚雄彝族自治州的彝族聚居区。彝族的民间说唱艺术盛行，每逢节日、放牧时，都要边歌边舞，祭祀时要请毕摩唱本民族创世纪的史诗。彝剧正是在这些民间传统艺术的基础上于20世纪50年代发展起来。彝剧采用民间舞蹈中的舞步和身段，形成具有浓郁舞蹈风格的特色，但未形成完整的表演程式和严格的行当分工。彝剧的唱腔由“梅葛调”、“曼莫若调”、“过山调”等民歌小调、舞曲和“月琴曲”、“芦笙曲”等器乐曲结合形成，又叫做“山歌体”。伴奏乐器有笛子、三弦、芦笙，俗称“三大件”。还有月琴、唢呐、叶子等。彝剧剧目往往取材于民间叙事诗和故事，或者以现实生活为题材。较有名的剧目有《阿佐分家》、《曼嫫与玛若》、《半夜羊叫》等。

苗剧

苗剧是苗族戏曲剧种，又叫做“苗戏”或“苗歌剧”。流行于湖南、广西、贵州等苗族聚居区。20世纪50年代在苗族民歌、舞蹈等基础上形成。依分布地区可分为湘西苗剧和广西苗剧。来自苗族民歌和民间器乐的苗剧音乐，往往据剧情需要加以选用。以苗族民歌“高腔”、“平腔”和巫师音乐为主要唱腔。苗剧多采用苗族舞蹈、苗族武术、巫师舞蹈的步伐，表演较贴近生活。以苗笛、芦笙、卡协、木叶、牛角琴等为伴奏乐器，有时也加入汉族的弦乐、打击乐和西洋乐器等。较有名的剧目有《友蓉伴侬》、《哈迈》、《边寨之夜》、《征服鬼山》等。

布依戏

布依戏是布依族戏曲剧种，流行于贵州兴义布依族居住区。起源于清乾隆时期，至今已有200年的历史。布依戏以本民族的八音坐弹戏为主，吸收土戏、板凳戏、布依彩调等民间戏曲、曲艺逐渐形成。唱腔有正调类和民歌类，常用曲调是过场调、正调、反调、扮官调等。在表演上各人物的上、坐、立、舞有不同的程式要求，角色行当分生、旦、净、丑。伴奏乐器主要是尖子胡琴、朴子胡琴，此外还有短箫、笛子、琵琶、月琴，兼用大锣、大钹、鼓等。剧目据取材不同分为正戏和杂戏。正戏据汉族剧目或民间传说改编，如《王玉莲》、《八仙过海》等；杂戏则是根据布依族民间故事改编，如《一女嫁多夫》、《金猫和宝瓢》。正戏唱曲用布依语，自报家门等则用汉语；杂戏则唱白都用布依语。

壮剧

壮剧是壮族戏曲剧种，流行于广西西部、云南富宁、广南一带。清代同治、光绪年间已有演出。以其语言、音乐唱腔及流行区域的不同而分为北路壮剧和南路壮剧。北路壮剧起源于民歌、唱诗和板凳戏，表演时生、旦都拿扇子边唱边说，边舞边唱。唱腔为联曲结构，有正调、平调等，乐器以马骨胡为主，辅之以葫芦胡。传统剧目有《卜牙》、《文龙与肖妮》、《牛郎》等。南路壮剧是在民间的“双簧戏”基础上发展而成，常以“呀哈嗨”为衬腔，故而又名“呀哈戏”。唱腔为板腔体，主要有平板、叹调、采花调等。新中国成立后又吸收当地流行的提线木偶唱腔，从而更加丰富。乐器是清胡为主，土胡辅之。主要剧目有《解臼》、《请客》、《双状元》等。壮剧唱词多用“腰脚韵”、“勒脚韵”等，句式有五字句、七字句、五七言嵌句等。此外，在广西壮族自治区河池、柳州、百色等地流行的壮剧又被称做“师公戏”；在云南发展的壮剧则被称为云南壮剧，而且根据流行地区又分为富宁壮剧和广南壮剧两支。

侗剧

侗剧是侗族戏曲剧种，流行于贵州、广西、湖南等地的侗族聚居区，是由侗族民间说唱艺术“嘎锦”和“摆古”发展而来，始于19世纪初。相传黎平的侗族吴文彩创编了第一部侗剧《梅良玉》。侗剧唱腔取材于各种侗歌，也采用了一些汉族曲调，主要有平板、哀腔等。侗剧演出有一定程式，表演具有说唱特点，动作纯朴简单。乐器有二胡、牛巴腿、琵琶、月琴、侗笛、鼓、锣等。侗戏来源分为自编和移植两类，较著名的剧目有《珠郎娘美》、《莽子》、《美道》等。

藏剧

藏剧是藏族戏曲剧种，流行于西藏以及四川、青海、甘肃等地的藏族聚居区，是我国少数民族戏曲中，产生较早、流传甚广的剧种之一。据称，14世纪，藏剧就发源于原始宗教仪式与当地土风舞相结合的哑剧跳神，并于17世纪从宗教仪式中分离出来，趋于成熟。藏剧演出分“顿”、“雄”、“扎西”三部分。表演中形成唱、韵、舞、表、白、技、艺等功。唱腔高亢，每个唱腔点能唱7~9字词句，最多不得超过13字。演唱时用藏语，每个唱腔均有人声帮和。伴奏主要用皮鼓、铜钹等。演唱的同时，伴有许多程式化的舞蹈身段以及穿插于剧中的民间歌舞、武功和杂技。在流传中因流行区域、语音特点以及师承不同等因素，形成了不同的艺术流派，主要分白面具派、蓝面具派，以及独角戏形式。主要剧目有《文成公主》、《诺桑王子》、《朗萨雯波》等。

此外，少数民族特有的传统戏剧还有流行于云南腾冲地区的佤族的清戏，流行于新疆维吾尔自治区的穿插民族歌舞的新疆曲子和歌剧，以及在仫佬族民间歌舞和说唱艺术基础上发展起来的仫佬剧，在内蒙古地区用蒙古语演唱的话剧、歌剧等。

（李鲜）

元明时期的屯田与移民

为了解决军队的粮食供应，元明时期曾进行了大规模的屯田与移民，“皆立屯田，以资军饷”，以作为“养兵息民之要道”。

元代屯田分军屯、民屯两种。军屯由元朝从内地调派到各民族地区驻守的蒙古、汉、回军以及原在南方的爨、畲军等组成。所种田土有“自备已业田”和“官给荒田”两种。军屯的田户，除戍守以外，还服军事徭役，从事田土的耕作，他们有权支配自己的产品。与此同时也摆脱本民族封建领主羁绊，成为自由农民。而民屯实际上是中央王朝的官佃户，其中有摆脱土司统治而被朝廷视做“漏籍户”的居民、退役的军人以及募来的屯户。他们耕作荒地，由官府发给禾种，其收获物则按官府收取 40%、屯民得 60% 的比例进行分配，此外别无徭役。

屯田的建立，便于驻军就近取得粮饷，有利于元朝官兵在民族地区的戍守。此外对复垦荒地，兴修水利，进一步推动当地农业生产，以及经济的发展，都有一定的好处。它稳定了元朝对南方民族地区的统治，成为朝廷在当地的统治支柱。

明代兵制与元朝不同，“自京师达于郡县、皆立卫所”。在南方民族地区，除了广设卫所以外，还设置从宣慰使、宣抚司直到长官司、蛮夷长官司等一整套世袭武职士官。卫所官兵从事军屯。边地，三分守城、七分屯种；内地，二分守城，八分屯种。此外，还有“募盐商于各边开中，谓之商屯”。商屯数量较少，以商屯形式迁入云南金齿冲、楚雄府一带的屯民，成为汉族向西南民族地区移民的一部分。明代初年、明将沐英留镇云南之时，以云南土地甚广、荒芜居多，宜置屯田，所以“岁较屯田增损以为赏罚，垦田至百万余亩”。

在明洪武二十一年（1388）至明正德五年（1510）的 120 多年中，明朝增加屯田数将近两倍。并且随着田土的开垦，水利的兴修，牛耕的传入，农业生产的提高，以及由此而引起的手工业和副业的发展，对民族地区的经济带来很大的好处。

但是自明正统年间以后，因“屯田多为内监军官占夺，法尽坏”。“屯军多逃死”，而官府又“伪增田、搜括惨毒”、“边外数扰，弃不耕”。各种原因使屯田制度逐渐破坏。到万历年间（16 世纪后半期）时，全国屯田数仅 64 万 4 千余顷（即 2470 万亩），减少了 28% 左右。屯丁逃亡日多，沿边屯地，变为沙碛、荒碱之地，使得田民屯丁的负担加重。

随着南方民族地区军民屯田的建立和开拓，迁徙到这里的汉、蒙古等族的移民日益增加，云南、湖广等地的驻屯部队就有蒙古军、畏兀儿军、回军、探马赤军、汉军、新附军等，元朝以皇室宗王率领进驻云南的蒙古军人就达 10 万人之众。后来存留的仍有 2 万人左右。据《云南图经志书》记载，到云南的移民除了从事戍守的屯民以外，还有从事商贾或其他如流放、仕宦等原因的移居者。他们的子孙或者入乡随俗，融合于当地民族之内；或以小的群体在当地独立发展，保持了自己的民族意识和特征，并与邻近友好交往、相互影响、壮大了自己。如云南楚雄一带，“府治之近多旧汉人，乃元时移徙者”，他们与当地土著居民杂居，“而服食、器用及婚姻大抵同风”。而迁入云南、湖广的回人，开始时大抵以男性为主，他们与住在那里的汉族或其他民族的妇女通婚，生养子女，发展了自己的民族。

元代时期，南方山区道路险阻，盗贼出没，交通困难，元代首任云南行省的平章政事赛典赤·赡思丁度量地理形势，在各交通要道建立“镇”的组织，每镇设土酋吏和百夫长各一人，用以绥靖地方、保持往来交通，便利了行人的来往。大量移民促进了当地的经济、社会发展。元代在云南地区的兴农事迹，无疑对那里的生产发展带来了好处。

元至元十年（1273），大理等处巡行劝农使张立道，鉴于昆明湖每逢夏季洪峰水浸城郭的情况，找出其症结所在，发动民夫 2000 人进行治理，排泄积水，得到旷地 1 万多顷，并都开垦成为良田，无疑这对发展当地的农业起了良好的作用。元至元二十九年（1292），广西两江道宣慰副使乌古孙泽募民之健壮者 4600 余户，置雷留、那扶十屯，并蓄水垦田，筑八堰，“得稻田若干亩，岁收谷若干石为军储”，“边民赖之”。在雷州半岛，乌古孙泽教民浚故湖、筑大堤，“计得良田数千顷，濒海广潟并为膏土”。大理等处巡行劝农使张立道还根据当地居民“虽知蚕桑，而未得其法”，遂将内地先进的方法传来教导，“收利十倍于旧”。使不少人趋于富庶。这些措施引起附近罗罗等山区民族百姓的仰慕，纷纷来归附元朝官府，又在这些地区增设了郡县。赛典赤·赡思丁和张立道还在云南“教民播种为陂池以备水旱”。又“创建孔子庙，明伦堂，购经史，授学田”。在中庆路“首建孔子庙、置学舍，劝士人子弟以学”。他们将中原文化带入南方民族地区，对西南的文化发展起了巨大的作用。

（陈江勇）

八

法律　刑罚

刑罚

所谓的刑罚，就是指由刑法所规定的、由人民法院依照法律的规定对犯罪人实施的剥夺其某种权利的强制措施。刑罚是由刑法所规定的强制措施，不仅可以剥夺犯罪人的政治权利、财产，而且还能对他们的人身自由做出限制或剥夺，严厉时甚至可以剥夺犯罪人的生命。刑罚只能适用于犯罪人，由人民法院依法独立行使，它是阶级社会特有的法律现象。我国的刑罚体系包括主刑和附加刑两大类。前者有管制、拘役、有期徒刑、无期徒刑和死刑；后者有罚金、剥夺政治权利和没收财产，以及只适用于犯罪的外国人的驱逐出境。

（沈诤、杨琴）

夏商周三代的刑罚

《左传·昭公六年》有："夏有乱政而作'禹刑'，商有乱政而作'汤刑'，周有乱政而作'九刑'。""禹刑"是夏朝刑事法律规范的总称，内容已不可详考，但《隋书·经籍志》有"夏后氏正刑有五，科条三千"的说法。"正刑有五"是指夏朝已有大辟（死刑）、膑（去膝盖骨）、宫（毁坏生殖器）、劓（割鼻）、墨（刺面或额并涂墨）。"科条三千"的大意是可以适用这五刑的案例或罪名有3000条。"汤刑"是商朝刑法的泛称，刑罚主要是沿用夏朝的五刑，即墨、劓、宫、刖（砍脚）和大辟。但商朝刑罚较夏朝发达，以严酷著称。就大辟而言，执行方式就名目繁多而且极端残酷。有醢，即把人剁成肉酱；脯，就是把人制成肉干；炮烙，就是烧红铜格，下加炭火，使罪人走在上面，然后掉进去活活烧死。这些刑罚方法，在甲骨文里可以得到印证。除此之外，商朝还有流刑、劳役刑和断手等刑罚。商朝"结怨于民"而最终覆灭的教训被西周所吸取，周人认为应该"以德配天"，"德"的含义之一就是"保民"，所以，西周统治者提出了"明德慎罚"和"刑兹无赦"的德刑并用的立法思想。反映到刑罚制度上，就是《周礼·秋宫·大司寇》所说的"刑新国，用轻典；刑平国，用中典；刑乱国，用重典"的刑罚政策。它主张刑罚的轻重应该随着形势的变化而变化，也叫做"三国三典"。西周初年，刑罚种类继续沿用夏商的五刑。到了西周末年，周穆王对五刑进行改革，增加了墨、劓刑，减少宫刑和死刑条款。除五刑外，还有劳役刑、拘役刑、赎刑、流刑、鞭刑和贬为奴隶等刑罚。在刑罚的适用原则上，遵守矜老恤幼原则、区分故意与过失及惯犯与偶犯原则、疑罪从轻原则、同罪异罚原则和正当防卫原则。西周这一系列的法律对后世产生了无比深远的影响。

墨

墨是奴隶制五刑之一。始于夏朝，并为后世所沿袭。墨刑指的是刺面或额并涂黑，以达到羞辱的目的。

劓

劓是奴隶制五刑之一。始于夏朝，并为后世所沿袭。它指的是割鼻这样一种刑罚。

剕

剕又称“刖”，奴隶制五刑之一。始于夏朝，并为后世所沿袭。指的是断足的刑罚。一说即膑，是切去膝盖骨的刑罚。

宫

宫是奴隶制五刑之一。始于夏朝，并为后世所沿袭，指的是毁坏生殖器这样一种严酷的刑罚。

大　辟

大辟是奴隶制五刑之一。始于夏朝，并为后世所沿袭，指死刑。

（沈诤、杨琴）

刑不上大夫，礼不下庶人

出自于《礼记·曲礼上》，是西周礼和刑适用的阶级原则。“刑不上大夫”指的是刑罚不针对大夫以上的奴隶主贵族，而是指向平民、奴隶和异族。理由是大夫等贵族都能遵守礼法，刑罚不用去约束他们。所以有《左传·僖公二十五年》的“刑以威四夷”之说。即使大夫等贵族犯罪了，有关定罪量刑的内容也不会规定在刑书中，而且为了维护贵族统治者的尊严，他们在审理程序和量刑上都会享受特殊的待遇。“礼不下庶人”指的是奴隶主所特有的特权以及他们所能享有的祭庙、宴会等礼仪对平民和奴隶而言都不得享受。所以，这种礼不是针对庶人的。但是，庶人也有庶人的礼，但他们的礼仪限于用于辨明其身份或让其尽义务。概而言之，“刑不上大夫，礼不下庶人”的原则体现了西周统治者分而治之的统治思想，体现了礼和刑的阶级性。

（沈诤、杨琴）

私设公堂

公堂，是指古代审理案件的场所以及审理过程，只能由专职官吏参与审理活动，并代表统治阶级进行裁断。私设公堂，是指非专职官吏私下以强行手段非法对百姓拘禁并进行所谓的治罪，属于违法的一种活动。

（沈诤、杨琴）

约法三章

公元前206年，刘邦攻进秦都咸阳后，为了争取民心，建立政权，巩固统治，命萧何接管秦代的律令文书档案，与关中父老“约法三章”：“杀人者死，伤人及盗抵罪”（《史记·高祖本记》），并废除其余秦法。这是西汉政权立法的开端，在天下百姓苦于秦朝暴政的时候，这是笼络人心的计策。在刘邦称帝后，“约法三章”已经不能满足形势发展变化的要求，于是，萧何等人在刘邦的指派下，在《法经》的基础上制定了《九章律》，从而成为汉律最核心的部分。

（沈诤、杨琴）

父为子隐

孔子明确主张："父为子隐，子为父隐，直在其中矣。"（《论语·子路》）"父为子隐"，意思就是尊亲可以隐匿卑幼的犯罪行为而不告发。儒家学说把"父为子隐"称为"仁"，把"子为父隐"称为"孝"，这些"仁孝"的伦理道德观念自汉武帝后被正式上升为"亲亲得相首匿"原则。"亲亲得相首匿"原则就是指直系三代血亲之间和夫妻之间，除了犯谋反、大逆以外，都可以互相隐匿犯罪行为而不负刑事责任，而且还可以在刑罚上得到减免。根据这一原则，卑幼首匿尊亲长的不负刑事责任；尊亲长首匿卑幼，除了死罪上请减免以外，其他的也是不需要负刑事责任的。"父为子隐"就是"亲亲得相首匿"原则里面包含的一个内容。

（沈诤、杨琴）

枷锁

枷是实施枷号刑的一种器具，一般用锁把枷锁住，俗称为枷锁。枷号重量有十几斤到几十斤不等，最重的可以达到150斤，如果一个罪犯戴上150斤的枷号，往往在几天之内就会死掉。我国明初创设了枷号刑，该刑就是让罪犯戴枷在监狱外或者是官府衙门前示众，使其遭受羞辱痛苦的刑罚。刑期不等，有几个月的，半年的，甚至永远的。枷号刑有断趾枷令、常枷号令、枷项游历等种类。明代枷号很盛行，皇帝、宦官等经常滥施枷号刑，惩治他们认为有罪的人。

（沈诤、杨琴）

明末三大奇案

明朝后期，政治体制已经极端腐败。在这种背景下，有三个著名的奇怪案件发生，它们是：梃击案、红丸案和移宫案。

在三案发生之前，政治上存在激烈的太子之位的争夺，明神宗万历四十三年（1615）五月初四，一男子手持枣木梃闯入东宫闹事，最后查明是郑贵妃所派。这就是“梃击案”。万历皇帝死后，太子常洛即位，但不久就病重。下臣李可灼进“红丸”让其服用，不久常洛便死去。旁人均怀疑又是郑贵妃所为，此即“红丸案”。“宫”指的是乾清宫，只有天子才能在里面居住，皇后可以陪住，其他的嫔妃不能长期居住。明光宗即位后，郑贵妃赖着不移出乾清宫，后来在大臣们的压力下才迁出。光宗住进去后，郑贵妃一伙的李选侍为光宗所宠爱，从而陪同入住。可是光宗不久病死，于是什么名分都还未得到的李选侍扣留皇子朱由校，以此要挟，想跟大臣讨价还价。后来迫于大臣的压力而移居出了乾清宫，此即“移宫案”。这三个案件，都在魏忠贤掌权的时候被翻了过来。这就是著名的“明末三大奇案”，是明末政治黑暗的生动反映。

（沈诤、杨琴）

孔子反对铸造刑鼎

子产是郑国的一个贵族，从公元前543～前522年执掌郑国的国政。子产尊奉周礼，但是又倡导改革，在礼和法之间折中，是法家思想的代表之一。他主张制定和颁布成文法，并且用公开的法律来治理国家。公元前536年，他把自己所制定的刑书铸在铁鼎上，公布于天下，开创了公布成文法的先例。这一举动掀起了轩然大波。当时就遭到了叔相等旧贵族的反对。此后不久，晋顷公十三年（前513），晋国赵鞅“铸刑鼎”，“著范宣子所为《刑书》”。孔子作为儒家思想的代表，反对这种靠成文法来治理国家的做法。他认为应当提倡“人治”。儒家的“人治”思想是从“礼治”和“德治”派生而来的，“礼治”的基本特征是维护等级制；“德治”讲求统治者的个人作用。“铸刑鼎”表明主张以法律作为治国的基本方针，凡事“一断于法”，强调“法”在治理国家方面起决定作用，而这种做法严重地破坏了等级制度。因此，风闻于此的孔子痛心疾首，认为晋国失去了原来的尊卑贵贱的等级制度就有亡国的可能：“晋其亡乎！失其度矣……今弃是度也，而为刑鼎。民在鼎矣，何以尊贵？贵何业之守？贵贱无序，何以为国？且夫宣子之刑，夷之蒐也，晋国之乱制也，若之何以为法？”（《左传·昭公二十九年》）因此，“铸刑鼎”的做法遭到孔子的质疑和反对。

（沈诤、杨琴）

杨乃武与小白菜

杨乃武与小白菜是清朝名案之一。浙江余杭县令刘锡彤之子刘子和，垂涎于葛小大之妻毕秀姑，刘与药铺老板钱保生密谋毒死葛，嫁祸于举人杨乃武。杨受刑不过，屈招而被定成死罪。乃武之姐淑英乘探监之机，叫弟写好状词，她执状词进京求救于刑部夏同善。时有光绪生父醇亲王告知夏，太后拟除掉巡抚杨昌睿等一伙事，夏同善便欲为乃武翻案。刑部开审之日，因葛毕氏受县太爷威迫，一口咬定杀夫凶手是杨乃武，衙役等因受贿而徇私。刑部见状知有弊，即退堂停审，暗中设计取得杨乃武与小白菜口供，案情终于大白。杨乃武官复原职，一伙为非作歹官吏，受到应得处分。

（沈诤、杨琴）

孔融的非孝罪

三国时期，孔融因与曹操的见解不和而被杀害。非孝罪是曹操编造的杀孔融的理由之一，是针对孔融的忤逆之言所定之罪，是以言论定罪。其中有些言论，即使在今天这个言论自由的社会，都难以让人接受。如其所言："父之于子，当有何亲？论其本意，实为情欲发耳！子之于母，亦复奚为？譬如寄物瓶中，出则离矣！"孔融非得借助激烈的反问句式，以起到颠倒人伦的作用。对于奉行以孝治天下的中国，孔融下面的一个见解更让古人瞠目结舌。他鼓励人们，在饥馑的年代，为了使素不相识的人可以活下来，不妨让父亲去死。方法是：将仅剩的一碗活命饭送给路人，而不是同样奄奄一息的老父。曹操于是顺势定了他的"非孝罪"。

（沈诤、杨琴）

杀嵇康的依据是什么

三国时期，思想家嵇康对当时执政的司马昭不满，采取不合作态度，所以引起愤恨。嵇康的朋友吕安被哥哥诬告不孝，嵇康为他辩护，于是钟会就劝司马昭趁机除掉嵇康。当时太学生3000人要求赦免嵇康，愿请嵇康为师，司马昭不允许，后来将嵇康处死。时年40岁。司马昭加于嵇康的罪名主要不是“不事王侯”、“不为物用”，而是“言论放荡，非毁典谟”、“害时乱教”、“负才乱群惑众”，所以钟会才会说“今不诛康，无以清洁王道”。而这才是嵇康之死的根本原因和要害所在。嵇康“越名教而任自然”的思想，“非汤武而薄周孔”、“轻贱唐虞而笑大禹”的言论是导致其被杀的主要原因，因为这些思想不利于司马昭的篡位。嵇康的罪名是以思想定罪。

（沈诤、杨琴）

近代的“治外法权”

“治外法权”是外国在华领事裁判权和会审公廨制度的总称。领事裁判权指的是凡在中国享有领事裁判权的国家，其在中国的侨民不受中国法律管辖，只由该国的领事或设在中国的司法机构依其本国法律裁判。这项权力是通过《中英五口通商章程及税则》（1834年7月22日，香港）、《虎门条约》和其他条约的扩充而建立起来的。

外国在华领事裁判权的内容有：第一，中国人与享有领事裁判权国家的侨民间的诉讼，依被告原则；第二，享有领事裁判权国家的侨民之间的诉讼，由所属国审理；第三，不同国家的侨民之间的诉讼，适用于被告原则；第四，享有领事裁判权国家的侨民与非享有领事裁判权国家的侨民之间的争讼，前者是被告，则适用于被告原则，后者如果是被告，则由中国法院管辖。外国人是被告的案件，其所属国领事官员也有权前往观审，如认为审判、判决有不妥之处，可以提出新证据等，这就是观审制度，是原有领事裁判权的扩充。就审理机构而言，一审上诉案件由在华领事法院或法庭审理；二审上诉案件由各国建立的上诉法院审理；终审案件由本国最高审判机关受理。这样的后果是破坏了中国的司法主权。前后在中国取得领事裁判权的国家共有19个。会审公廨指的是1864年清廷与英、美、法三国驻上海领事协议在租界内设立的特殊审判机关，中国政府出钱出人，但它受外国领事的约束。会审公廨制度是说凡涉及外国人案件，必须有领事官员参加会审；凡中国人与外国人诉讼案，由本国领事裁判或陪审，甚至租界内纯属中国人之间的诉讼也由外国领事审判并操纵判决。这是继领事裁判权后中国司法主权受到侵犯的又一个典型标志。

（沈诤、杨琴）

捕快

捕快是负责缉捕罪犯、传唤被告和证人、调查罪证的衙役。捕快执行公务要出示他们的腰牌，抓人要有通缉罪犯的“海捕文书”或者是州县长官签发的牌票。所以，他们往往被尊称为“捕爷”、“牌头”、“班头”、“头翁”、“牌翁”等。明清法律中专有“应捕人追捕罪人”条，所谓“应捕人”就是“本有逮捕罪人之责的人”的意思，捕快是最主要的“应捕人”，所以，又称呼为“应捕”，或讹为“阴捕”、“鹰捕”等名称。在各类衙役当中，捕快最为危险和辛苦。他们必须在限定的时间里破案，否则就要遭受皮肉之苦。因此，一般人都不愿意当捕快。而且，捕快的社会地位很低，如清朝法律就认定其为贱民，子孙三代都不得参加科考。不过，捕快往往容易从当事人那里捞到好处，他们持“腰牌”执行公务，经常会拿此牌去讹诈当事人，牟取不当利益。

（沈诤、杨琴）

镖局

在古代，水陆交通都极端不方便，但是，随着经济的发达，交易越来越频繁。为了维护交易中的银货的安全，将它们平安地送到目的地，以此为业务的镖局应运而生。镖局产生的具体年代不详，有学者认为是17世纪产生于晋商的资金通融活动中。镖局兴起于清朝，为地方以及全国的经济贸易活动保驾护航。其中比较著名的镖局有：创建于清咸丰五年（1855）的山西平遥同兴公镖局；京城五大镖局之一、创建于清光绪五年（1879）的源顺镖局等。在当时，即使是国家运送官银，也都往往要委托镖局来办理。镖局的组成人员包括镖局主人、总镖头、从事保镖工作的镖头和镖师、大掌柜、管理杂务的伙计和杂役等。镖局主人往往是具有较广人际关系的人，好应付场面。总镖头是赫赫有名的江湖人物。镖局的买卖称做出镖或走镖，由总镖头或能干的镖头押镖，带上镖师上路。镖局都有其特定的规矩，比如有“镖局六戒”，有其固定的行头，如镖车、镖旗，等等。镖局到了较发达的时候，大致有信镖、票镖、粮镖、银镖、物镖和人身镖六大镖系。进入民国，时局混乱，官府逐渐以军警武装押运钱物。镖局相继衰败，逐渐退出历史舞台。

（沈诤、杨琴）

临时约法

1912 年，中国处于南北两个政权并存的局面。袁世凯对南京临时政府施加压力，孙中山让位于袁世凯，为了制约袁世凯，防止其专权，《临时约法》产生，共 7 章，56 条。它是辛亥革命的产物，以孙中山的民权主义学说为指导思想，使民权主义所确立的政治方案和原则通过法律的形式进一步具体化。它确定了资产阶级共和国的国家制度，更广泛地宣传了资产阶级共和国的思想；肯定了资产阶级民主共和国的政治体制和组织原则，依照三权分立原则，采用责任内阁制，规定临时大总统、副总统和国务院行使行政权力，参议院是立法机关，法院是司法机关，并规定了其他相应的组织与制度；体现了资产阶级宪法中一般民主自由原则，规定了人民享有人身、财产、居住、信教等项自由和选举、被选举、考试、请愿、诉讼等权利；还确认了保护私有财产的原则。主要宗旨就是设定条款，对袁世凯加以限制和防范：在国家政权体制问题上，改总统制为责任内阁制，以限制袁世凯的权力；在权力关系规定上，扩大参议院的权力以抗衡袁世凯（比如规定参议院拥有立法权，对总统决定重大事件的同意权和对总统、副总统弹劾权；临时大总统对参议院表决事项咨院复议时，如有 2/3 参议员仍坚持原议，大总统必须公布施行）；规定特别修改程序以制约袁世凯（比如规定约法的增修修改，须由参议院议员 2/3 以上或临时大总统提议，经参议员 4/5 以上出席，出席议员 3/4 以上通过方可进行）。《临时约法》是中国历史上第一部资产阶级共和国性质的宪法文件，肯定了辛亥革命的成果，否定了中国封建君主专制制度，肯定了资产阶级民主共和制度和资产阶级民主自由原则，在一定程度上反映了广大人民的民主要求。

（沈诤、杨琴）

九

军事　兵法

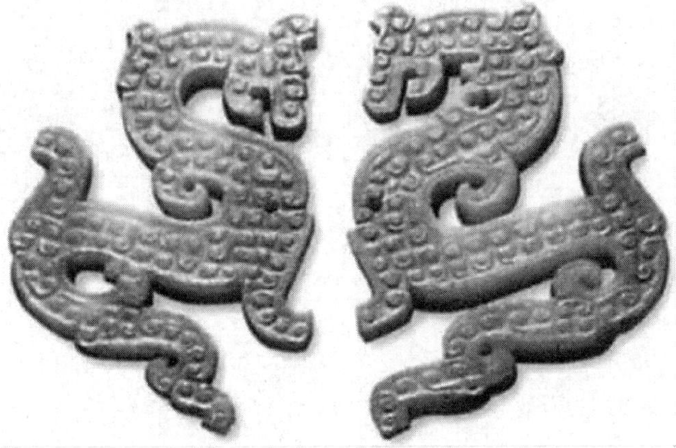

十八般武艺

“十八般武艺”之说，初见于宋代戏文《张协状元》，泛指各种武艺，并非固指武艺的18种内容。后世有关其内容的说法有多种。

其一，明代臧晋叔辑《元曲选·逞风流王焕百花亭》中为：“若论着十八般武艺，弓弩枪牌、戈矛剑戟、鞭链挝锤。”

其二，元明期间的施耐庵在其《水浒全传·第二回》中为：“那十八般武艺：矛锤弓弩铳、鞭锏剑链挝、斧钺并戈戟、牌棒与枪耙。”

其三，明万历年间谢肇淛的《五杂俎》中为：“十八般：一弓、二弩、三枪、四刀、五剑、六矛、七盾、八斧、九钺、十戟、十一鞭、十二锏、十三挝、十四殳、十五叉、十六耙头、十七绵绳套索、十八白打。”清代褚人获的《坚瓠集》、陆凤藻的《小知录》两书中所描述的十八般武艺，内容与《五杂俎》相同。后世还出现了“九长九短”、“六短十二长”，以及“大十八般”、“小十八般”等武艺内容说。

综合历代“十八般武艺”的内容，删去重复，共包括下述种目。

属抛射兵械的有：弓、弩、箭矢、铳。

属长兵器的有：戈、矛、枪、棍、殳、杵、杆、杖、棒、斧、钺、戟、大刀（长杆）、耙头、扒、挝、铲。

属短兵器的有：剑、刀（短柄）、锏、钩、镰、锤、拐、环。

属软兵器的有：鞭、链、流星、绵绳套索。

属徒手的武艺，统称为“白打”。

历代各种“十八般武艺”说所指的这些种目，反映了中国古代武艺的概貌，但并未包括武艺的全部种目，例如，抛射兵械中还有飞刀、袖箭等；长兵器中还有抓子棒、三尖两刃刀等抓棒合体或由刀、锤等器加长柄杆而改制成的兵械；短兵器中包含有橛、鞭杆，以及匕首、鸳鸯铙、阴阳锐、状元笔、铁尺等短小兵械；软兵器中还有绳镖、三节棍、飞挝等。

（马一玲）

中国古代的兵器

中国古代兵器，种类繁多。南宋华岳编于嘉定元年（1208）的《翠微北征录》中称：“臣闻军器三十有六，而弓为称首；武艺一十有八，而弓为第一。”明代谢肇淛撰《五杂俎》和朱国祯撰《涌幢小品》中，记“武艺十八式”为：弓、弩、枪、刀、剑、矛、盾、斧、钺、戟、鞭、锏、挝、殳、叉、耙头、绵绳套索、白打。

前17种是兵器名称，第18种是徒手拳术。由于“十八般武艺”是指使用兵器的技艺，且多是兵器名称，久而久之，便演化出“十八般兵器”一说。具体说法有八九种之多，较为常见的说法是：刀枪剑戟、斧钺钩叉、镗棍槊棒、鞭锏锤抓、拐子流星。

（马一玲）

长兵器

戈

戈被誉为“中华远古民族原有的自创武器”，用现代的话说，戈是中华民族的专利武器。它是一种装有长柄，可勾、可啄的多功能兵器。主要用来勾挽、啄刺敌人，所以也叫做“勾兵”、“啄兵”。

矛

矛是一种直刺、扎挑的长柄武器。由于矛头锋利，刺杀效果优于戈、戟，所

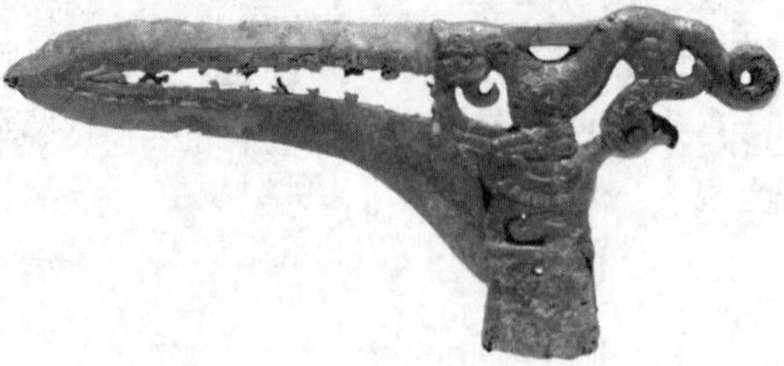

春秋·虎鹰搏击戈

以，在冷兵器时代，一直是军队装备的主要兵器之一。

矛在我国古代兵器史上使用期最久。从原始社会的石矛一直到大革命时期的梭镖、红缨枪，经历了漫长的战争风雨，可谓功勋卓著，历久不衰。

戟

戟最早出现于商代早期（约前16世纪~前13世纪）。最初以青铜制造，战国末期才逐渐用铁代替青铜。

戟是我国古代战国时期极为重要的兵器，它多于战车上使用，最为盛行的时期是西汉魏晋。《三国演义》有：吕布“手执方天画戟”。晋代以后，戟逐渐被淘汰出战争的舞台，到了唐代，戟主要被用于仪仗器物。

枪

枪是一种在长柄上装有锐利尖头的兵器。枪的别名叫做“肩二”，《清异录》中有：“蜀王建军中隐语，枪曰‘肩二’。”枪又称为“一丈威”，《事物异志》：“隋炀帝易枪名为一丈威。”

枪的历史可以追溯到原始社会。原始的长枪仅仅将木棒头削尖。《通俗文》：“削木伤盗曰枪。”汉代时的枪与矛的形制相似，多以长木杆或竹竿为杆，装上锐利的枪头，配以枪缨即制成。后世习武之人通常以“丈八大枪”、“七尺花枪”、“六尺双枪”为标准。

枪的种类很多，以宋、明两代最为盛行，创造了样式繁多、用途各异的枪，广泛运用于步兵和骑兵。如宋代有双钩枪、单钩枪、锥枪、抓枪、环子枪、素木枪、拐枪等，清代有蛇枪、火焰枪、钩镰枪、虎牙枪、雁翎枪、十字镰枪等。

长刀

长刀是我国古代一种安有长柄的砍杀兵器。它是由汉代的佩刀发展而来的。佩刀又叫做横刀，是古代军队中常备的一种短柄战刀。长刀由于直背直刃，柄长刀锋，砍杀有力，很适合用于各种战斗场合，因而历来为兵家武将所推崇。

殳

殳实际就是棍棒。它是古代一种击打兵器，又叫做杖、柞、格。在以车战为主的古战场上，殳曾作为重要的兵器被列为“五兵”之一。虽然它起始于原始社会，但作为一种击打兵器，在实战中与戈、戟、矛、刀相比略逊一筹，尤其在骑战兴起之后，它的作战性能大大衰退。汉代以后，殳已不再是军队制式装备兵器，仅作为一种仪仗礼兵保存下来。据史料记载，汉代的礼殳，通体钢制，两头镇金。朝会时，御史大夫、司隶校尉手执金吾叩金棍，夹侍皇帝，威风凛凛。表明它还是作为法权的象征而存在。曹操在洛阳任北部尉时，曾悬五色威严棒于门外，若有违法者，一律击杀。此外，殳在民间流传极为普遍。

镋钯

镋钯式样很多，不仅名字特别，样子也很古怪。如猪八戒肩扛的大铁钯，似乎会被人们把它当做农具，实际上它就是镋钯的一种，而且这一类兵器也确实是从农具演变而来的。一般柄长 7 尺 6 寸，重 5 斤，前锋类似矛头，两侧伸出带刀的尖刺，弯曲上翘，呈月牙形。这种兵器兼矛和盾的两种功用。古代军中有专门的镋钯手，每 2 名镋钯手配备 30 枝火箭，远可用镋钯的双刺作火箭架，发射火箭，近可以兵刃相见，架拿敌械，被称为“军中最利者”。

另外长兵器中还有一种长柄钩，是从戈镰演变而来。柄长可达 1 丈 5 尺，多用于步战、水战，割断敌人的船缆、帆篷或用来搭钩船只。步兵则用长柄钩对付敌军骑兵，钩马的四肢，使马不得行进，这便是长柄钩的独到之处。

（马一玲）

短兵器

刀

刀是古代一种用于劈砍的单面侧刃格斗兵器，由刀身和刀柄两部分构成。刀身刃部狭长，刀柄有短柄和长柄之分。

中国古代刀的出现，源于新石器时代，这一时期主要以石刀为主，另有骨刀。在甘肃东乡马家窑发现了距今 5000 年的最早的青铜刀。商代铜刀开始渐多，一般刀身较小，有直柄刀、兽首刀、长刀等。

西汉时期刀有了长足发展，最有代表性的为环首刀，也称环柄刀，一般为钢铁制造直背直刃，刀背较厚，刀柄窄并呈圆环状，刀形细长。环首刀一直沿用到南北朝时期。两汉时代刀的长度多为 1 米左右。汉代另外还有阮家刀。据说阮师作刀“受法于宝青之虚，以水火之齐，五精之陶。用阴阳之侯，取刚柔之和”，三年造刀 1770 口。

北齐时期发展了晋代创造的用生铁与熟铁合炼成钢的灌钢法，造出了著名的宿铁刀，其钢质柔韧坚硬，经久耐用，可以“斩甲过三十”。

隋唐时期军队中大量使用横刀和陌刀，并配有双附耳的刀鞘。横刀也称佩刀，短柄。陌刀也称拍刀，为长柄两刃刀，长约 3 米，主要流行于盛唐。

北宋开始出现并为以后各代一直沿用者为手刀，刀身及刃部较宽，刀头上翘，刀柄有护手。另外宋代《武经总要》中还介绍了掉刀、掩月刀、戟刀等多种刀型。

宋代火器的出现使刀在战争中的威力也逐渐减弱，因此，宋以后逐渐减少用于实战的刀。明清时期腰刀已不作为有效的进攻武器，除骑兵部分使用外，还被用做防身和权力等级的象征。

剑

剑是古代用于劈刺格斗的兵器，又称直兵。一般为直身尖锋双刃，由首（多为圆形）、柄、格、身构成，多数配剑鞘。剑和刀一样都是古代使用最为普遍的一种冷兵器，所以出土量大，种类繁多，包括长剑、短剑、巨剑、佩剑、曲剑、怀剑、三棱剑、刺剑、劈剑等多种。制剑的材料多以青铜、钢铁，也有做工考究的镶嵌剑、鎏金剑及玉具剑。

在中国古代，剑始于商代北方草原游牧民族。常见的是一种曲柄式青铜剑，随身佩戴，以防卫为主。进入春秋战国时期，剑的制作及使用几乎都达到了巅峰，特别是吴、越两国，出现了一批珍贵的传世名剑，如湖北江陵望山一号楚墓出土的“越王勾践”剑，河南辉县出土的“吴王夫差”剑，安徽南陵县出土的“吴王光”剑等，这些剑在东周文献中也多有记载。

至隋唐时期，佩剑之风尤为盛行，据《隋书·礼仪志》载：“一品，玉具剑，佩山玄玉。二品，金装剑，佩水苍玉。三品及开国子男，五等散品名号侯虽四五品，并银装剑，佩水苍玉。侍中已下，通直郎已上，陪位则像剑。带真剑者入宗庙及升殿，若在仗内，皆解剑。一品及散郡公，开国公侯伯，皆双佩。二品，三品及开国子男，五等散品名号侯，皆只佩。”

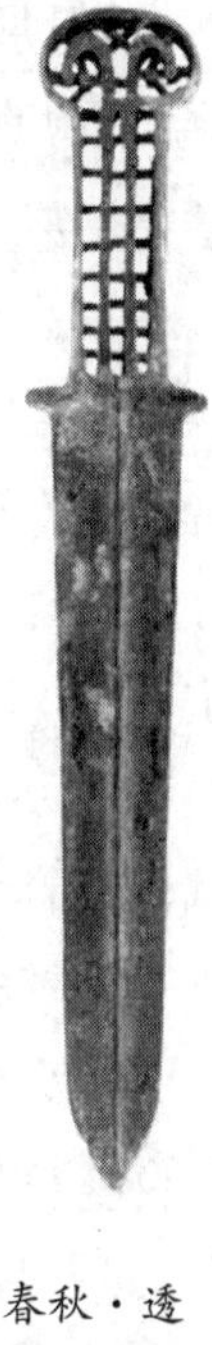

春秋·透雕柄短剑

唐代剑被文人墨客视为饰物，常以来抒发凌云壮志或表现尚武英姿。由此可以看出唐代已经不把剑作为实战兵器了。从宋代一直到清代，军队中剑也只是用做装饰或领导地位的象征，但剑在民间使用还是很广泛，尤其是道教的“七星”剑、“挂符斩妖”剑等，道教的剑都有很明显的特征。

（马一玲）

射远器

弓箭

中国古代以弓发射的具有锋刃的一种远射兵器。弓由弹性的弓臂和有韧性的弓弦构成；箭包括箭头、箭杆和箭羽。箭头为铜或铁制，杆为竹或木质，羽为雕或鹰的羽毛。弓箭是中国古代军队使用的重要武器之一。同时，弓箭不仅是狩猎工具和作战兵器，而且是人们强身健体的重要体育器械。有关弓箭的内容在敦煌壁画和文献中有大量珍贵遗存。

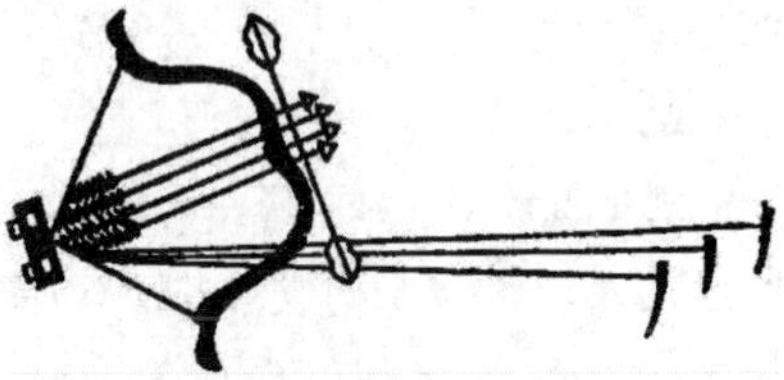

《洴澼百金方》上的鬼箭

抛车

据《三国志·魏书·袁绍传》记载，曹操善用“发石车”。官渡之战，曹军坚守营垒，“绍为高橹，起土山，射营中，营中皆蒙楯，众大惧。太祖乃为发石车，击绍楼，皆破，绍众号曰霹雳车”。又据《三国志·魏书·方技传》载，马钧研究发石车并加以改进，“欲作一轮，县大石数十，以机鼓轮为常，则以断县石飞击敌城，使首尾电至。尝试以车轮县瓴甓数十，飞之数百步矣”。马钧对发石车的改进进一步提高了抛射兵器的威力，但未获统治者采纳。

南朝称抛石器为“拍”，称发石车为“拍车”。《陈书》载：“（太建）五年(573)，大举北伐……于是乃为拍车及步舰，竖拍以逼历阳。”《南史》作“抛车”，为“拍”的一音之转。如果在船上置“拍”，则称为“拍舰”。《陈书·徐世谱传》有：“侯景之乱……世谱乃别造楼船、拍舰、火舫、水车以益军势。”又据《陈书

·华皎传》记载，南朝陈临海王光大元年（567），淳于量、吴明彻攻打华皎时，“募军中小舰，多赏金银，令先出当贼大舰，受其拍。贼舰发拍皆尽，然后官军以大舰拍之，贼舰皆碎，没于中流”。而据《资治通鉴》卷一七〇载，陈将程灵洗击周，“灵洗引大舰临城发拍，击楼堞皆碎”。由此可见“拍舰”在当时的威力。

（马一玲）

明代的火箭

在中国古代文献的记载中，火箭的含义比较广泛，如点燃箭头，靠弓弩发射的竹箭也称为火箭。真正的火箭是在火药出现后才发明的。火药武器从唐末到宋初开始使用，但由于当时火药的配方和制作方法还处于初级阶段，所以还难以作为推进的燃料。随着火药配方和制造技术的进步，我国于12世纪初研制成功了固体火药，并把它用于制造火器和焰火烟花，在使用这些火器与烟花特别是手持使用时，人们感到火药燃烧会产生很强的后坐力，于是有人在这种启示下发明了新的火药玩具。大约12世纪末～13世纪初出现的玩具“穿天猴”，可以说是真正意义上利用反作用原理的火箭，将这种原理的火箭作为武器使用具有相当的杀伤力，所以在战争中也开始频繁地使用它。

从全局来看，中国古代火器主要是在封建社会后期的战争实践中发展和演变的。宋、元两代，大规模的战争持续不断，起初以步骑兵作战为主，随着战争的深入，江河舟师战、关隘争夺战、城池攻守战都异常激烈，促使燃烧火器、爆炸火器、射击火器相继创制，引信也随之发明，火器在战争中的地位和作用逐步上升。特别是管形火器的发明到金属管形射击火器的出现，意义深远，为后来一切枪炮的始祖。

到了明代，北部边疆对蒙古族的战争和东南沿海对倭寇的战争，都延续达200年左右，已经创始的各类火器在战争中不断改进，品种增多，质量提高，尤其是金属管形射击火器获得突出发展，各种形制的枪、炮逐步扩大生产和装备部队，形成中国古代火器发展的高潮。

明代，中国火箭发展进入了一个比较重要的时期，出现了很多种类的火箭，除了单级火箭，还发展了各种集束火箭、火箭弹和原始的多级火箭，史书中对各种火箭的制造、应用、配备和发射剂原料配比及加工制造等都作了详尽的叙述。在当时的水、步、骑兵中，火箭武器已作为必备的武器，甚至还有专门的火箭部队，有关火箭武器的使用、布阵、作战技术和管理也都有条例规定。明代的《武备志》中曾有过这些火箭的记载，其中就有战船使用的“火龙出水”（单级和二级火箭雏形）等火药武器。

《武备志》所记载的各种火箭：

名称	射程
五虎出穴箭	500 步
七星箭	不详
九龙箭	不详
火弩流星箭	不详
火龙箭	不详
长蛇破阵箭	200 步
一窝蜂箭	300 步
群豹横奔箭	400 步
四十九矢飞帘箭	不详
百虎齐奔箭	300 步

明代的火箭虽然种类繁多，但发展主要体现在火箭样式的更新上，有关火箭的尺寸、规格、装药剂量、发射距离方面却少有讨论。而在火箭的稳定方面，仍然是传统的箭杆加羽毛方式，精度不能得到显著提高，这就使得火箭的尺寸和射程难以提高。进入清代，火箭虽然也有一定的发展，但其发展基本停留在原地。这主要是因为长时间的和平以及封建君主所推行的闭关锁国政策所影响，但从技术的发展来看，火箭技术的停滞还是缺少相应科学知识的指导。

综观中国古代火箭技术的发展过程，所走的基本是经验式的道路，没有对火药的燃烧机理、火箭的推进原理、箭羽的稳定原理等问题进行深入的研究，仍然局限于用阴阳五行说来解释爆炸原理，这就使得我国古代的火箭技术难以出现较大程度的改进。

人类有记载第一个尝试用火箭飞天的人就是中国明代的万户。美国火箭专家赫伯特·基姆（Herbert Zim）在 1945 年出版的《火箭和喷气发动机》（Rockets and Jets）一书中提到：“约 14 世纪晚期，有一名中国的官吏叫万户，他在一把座椅的背后，装上 47 枚当时可能买到的最大火箭。他把自己捆绑在椅子上面，两只手各拿一个大风筝。然后叫他的仆人同时点燃47枚火箭，想借火箭向前推进的力量，加上风筝上升的力量飞向前方。”不幸的是，火箭发生爆炸，万户为此献出了生命。但这种应用火药燃气向后喷射的反作用力以推进火箭的创想，却是现代火箭的起源。

（马一玲）

清代的鸟枪和火炮

早在10世纪后期的北宋初年，中国便开始试制最初的一批火药火器，并在世界范围内最早完成军用火药的定型发明，率先开始了火药在军事领域的应用。至明末清初，我国火器的发展程度并不很落后于西方世界，军队的火器装备比例基本上处于世界先进水平。如明军主力火炮为“红夷炮”，号称“净重三千斤，射程十里，每发可毙敌千人”，而当时后金的大炮射程才1里（500米）。后金努尔哈赤就是被红夷大炮炸毙的。据说他临死前对明军的大炮耿耿于怀，命令后人好好学习明军火器。

清·太平天国火炮

清军初期为了和明军争夺政权，大力发展和明军一样的火器。自后金崛起于辽东后，几经征战歼灭关外明军主力，也获得了对关内明军作战的火力优势。清军入关后，南明政权以及各地抗清民众、农民起义军都不能抵挡清军统一全国之势，清军的火器都处于优势地位。

在此基础上，清代火器专家仍对火器进行改良和实验。例如，清政府曾先后开发出三种主要形式的燧发枪，即转轮式、弹簧式和撞击式。只是这些燧发枪做出来不是用来装备军队，而是用做宫廷狩猎时使用的禽枪。乾隆年间还制作过镶骨燧发枪，和同时代欧洲装备的制式步枪几乎没有任何区别，但此枪却是被用来狩猎。

康熙年间的天才武器发明家戴梓发明出了“连珠铳”，一次可连续发射28发铅弹，威力极大，这要比欧洲发明的机关枪早200多年。戴梓还发明出蟠肠枪和威远将军炮。由于威远将军炮射程远、火力猛、威力大，因此，康熙皇帝曾令将“戴梓”之名刻在“威远将军”的炮筒上，以示尊重。

明代的“红夷炮”虽然具有射程远、威力大的优点，但其最大缺点是炮身笨重，难以移动，一般只适于攻城或守城之用，缺乏机动性。清康熙年间开始致力于“红夷炮”的小型化和轻型化，以此衍生出清代前期名目众多的大小各类火炮。在成书于乾隆末年的《皇朝文献通考》中，记载有康熙以来所造各种火炮，其名目达85种之多，其中主要是红夷炮及其在提高机动性方向上的发展型。根据《皇朝文献通考》及《清通典》等史料看，清代前期诸多名目的火炮不外以下四种类型：

一是长管重炮，包括著名的“神威无敌大将军”、“神威大将军”、“武城永固大将军”等。重量280.5～3500公斤不等，炮管长度2.19～12米，管长与内径之比都在20厘米以上。显而易见，这种火炮就是明末清初的红夷大炮原型，但可能在制造工艺\加工精度方面有所改进。

二是炮管较短的轻型炮，包括“神威将军”、“制胜将军”、“金龙炮”、“龙炮”、“子母炮”、“奇炮”等，重量都在250公斤以下，一般小于195公斤，最轻的炮仅18公斤，炮管较短，长度1.5～1.71米。这类炮品种最多，其中除了子母炮和奇炮是后膛装填的佛郎机炮仿制型以外，其余均与红夷炮形制相同，属于红夷炮发展型。

三是炮管最短而口径最大的轻型炮，这类炮只有“威远大将军”一种，又名“冲天炮”，长0.63米，重142.5～150公斤，发射重达15公斤的空心爆炸弹。这种炮与西方臼炮极为相似，但文献中不见从西方输入此炮的记载，因此它的来源可能有两种，或者是清朝在明代发射爆炸弹的“飞云霹雳炮”等火炮基础上的发展，或者是由南怀仁、傅作霖、蒋友仁等精于造炮的西洋传教士根据其记忆而在中国所造。

四是炮管最短并且口径也小的轻型炮，包括“威远炮”和“铁虎尾炮”等。其长度0.351～0.9米，重量最大85公斤，最小只有13.5公斤。显然，这种重量极轻的火炮就是清军在鸦片战争中使用较多的“抬炮”。

从康熙十四年至雍正五年（1675～1727），清政府共铸造了以上四种类型火炮计有965门，其中第一类长管重炮为293门，约占总数的30%；其余火炮672门，占总数的70%。这说明清代前期的中国火炮是在明代红夷炮基础上朝着改善机动性方向发展。

清代还设有专门操演火器的火器营，操演的火器有鸟枪，有子母炮。清火器营的设立为清统一国家、巩固边疆、维护祖国统一和安定起了重要作用。

据清代陈徽言的《武昌纪事》记载：“古今军中利器，异时殊宜，近惟火炮最擅制胜。我朝开国，及平定西域，征两金川，前后大小战功，皆赖其猛烈之力。钦定皇朝礼器图式，详载诸炮名式，如天聪五年（1631）造红夷大炮，名曰天佑助威大将军。其后复造神武大将军、神威无敌大将军、武成永固大将军皆是。此次贼寇武昌，城上置大炮自七百斤至千斤等，轰击皆不能逾江。约计炮子所及，仅三五里而止，令人愤懑。佥咎铸法不精，弗如登舟之炮，可击四十里，东粤之炮，可穿土寻丈，为能得力。窃谓此乃火药未尽，善炮不任过也。”

但是，长时间对敌作战的火力优势和一连串的胜利，使清朝统治者满足于现有的火炮鸟枪和弓箭刀矛等冷兵器，自诩“以武功开国”，反复强调“骑射乃满洲之根本”，不愿继续组织研制新型火器，改善军队装备和国防设施。之后在闭关锁国政策影响下，使古代中国的火药军事革命难以开展下去。鲁迅在《电的利弊》一文中，曾描述了中国封建社会后期的社会现象：“外国用火药制造子弹御敌，中国却用它做爆竹敬神；外国用罗盘针航海，中国却用它看风水；外国用鸦片医病，中国却拿来当饭吃。”

在鸦片战争中，清军的失败除了清朝衰落的政治、经济原因外，多是由火炮引起的。当时中西火炮都是发射球形炮弹的前装炮，二者在构造原理、形制性能上没有决定性的差别，但在火炮的制造工艺方面却有精密与粗糙之分。

首先，按道光二十一年（1841）初琦善在广州前线给朝廷的奏报中所说，清军的火炮突出的弊病“炮形极大，炮口极小”。因此不能发射较大弹丸。造成清军火炮缺乏战斗力的原因是多种多样的：一是铁质差。工业革命使英国的冶炼技术改观，铁质大为提高，为铸造高质量的火炮提供了良好的原料。而清朝的冶炼技术落后，炉温低，铁水无法提纯，含杂质多，铸造出来的火炮十分粗糙，气孔气泡多，演放时很容易炸裂，自伤射手。为此只能减少火药填量，这又降低了火炮的威力。

其次是炸膛。据当时的著名将领关天培的《筹海初集》记载：1835 年，他督放的虎门炮台的火炮，一次便炸裂 6 门火炮。后来又在佛山镇制造了 59 门新炮，在试放时就炸裂了 10 门，损坏 3 门，能用者不足 75% 。

第三是炮架（炮车）和瞄准具不全或不完善。炮架（炮车）是调整火炮射击方向和高低夹角的器具。清军对此不很重视。至鸦片战争时，清军的许多火炮只有固定的炮架。一些炮架也只能调整高低夹角而不能左右旋转，从而限制了射击范围。并且已设的炮架，大多用粗劣木料制成，演放后，木架震松，难以使用。最令人吃惊的是，清军的许多火炮竟没有瞄准器具，或只有用以确定射击方向的“星斗”而无用以确定高低夹角的炮规。炮手们只能靠经验来瞄准。

第四是炮膛不光洁，火门太前太大。当时英国在铸造上已采用铁模等工艺，并使用镗床对炮膛内部切削加工，使之更为光洁。同时，当时的英国因科学进步，对火药燃烧、弹道、初速度等方面已进行研究，火炮的各种尺寸比例和火门的设计比较合理。而清朝此时铸炮工艺落后，仍使用落后的泥模，工艺、铸件毛糙，又不能对炮膛进行深入的加工，致使炮弹射出后，弹道紊乱，降低了射击精度。同时清朝的火炮不懂得炮管与口径比例，以及火门位置在火药燃烧中的实际意义，许多火炮的比例不合理，绝大多数火炮的火门口开得太前太大。

第五是管理保养不当。清军火炮在管理上并无定期造换制度。许多露天搁置在炮台、城垛处的火炮，经日晒雨淋，炮身锈蚀。在鸦片战争中，这些火炮的使用年限大多已经很长。

除了发射器之外，清军的炮弹也存在着严重的缺陷。炮弹的弹体粗糙，直径偏小，影响了射程和射击精度；炮弹种类少，质量差，只有效能最差的实心弹一种；炮弹重量不够，在鸦片战争中有不能击穿英舰板壁被“碰回”之说。

尽管火药化军事革命最早发端于中国，但在当时中国政治腐败与技术落后的情况下，西方殖民者的坚船利炮终于轰开了清王朝的大门。

（马一玲）

盔甲

中国古代将头盔称为胄，盔甲往往称作甲胄。春秋战国时期，将士多穿皮甲胄，当时的札甲成为非常成熟的甲式。它是由表面涂漆的皮片编缀而成，身甲甲片为大块长方形，袖甲甲片较小，从下到上层层反压，以便臂部活动。另外，春秋战国时期也为战马装备了皮甲胄。这应该是最早的马甲胄。

到了秦代，札甲的长方形甲片已经日趋细小，从而更贴身和灵活，同时编缀技术也出现了阴线和阳线的区分。阳线在东周札甲的胸部以下和袖部已经使用，适用于臂、腰之类需要活动的部位，特征是甲片间有一段较长的纵向绳段。阴线则是随着札甲胸背部制作得更为精细出现的，特征是甲片表面只露出几个极短的绳段，甲片间上下左右完全固定，适用于胸、背之类不需活动的部位。

至西汉，随着冶炼技术的发展，铁甲胄逐渐取代了皮甲胄，分化为精致的鱼鳞甲和普通札甲。鱼鳞甲所用甲片可超过2200片，叠压密似鱼鳞，堪称精品。但鱼鳞甲从未普及过，札甲一直是士卒抵御冷兵器的标准甲。

唐·将军铠甲示意图

魏晋南北朝是甲式发展的重要过渡时期，接踵出现了筒袖铠、两当铠、明光铠。传说诸葛亮的筒袖铠能抵御拉力近670公斤的强弩射击，体现了当时对铁甲质量的重视。

另外，南北朝时期多骑战，战马也披上了沉重的具装铠。具装铠与以往的马甲胄相比，设计齐备，称得上是完整的马甲胄。这使得中国的重骑兵先于欧洲900年诞生。

隋唐时期最著名的甲是明光铠，由4块底板组成身甲，胸背各2块，每块上有一面大圆护。由“明光”之名推测，圆护应由质量较高的钢铁制成，底板大概是皮甲。明光铠将护臂和延长的护腿纳入甲式基本要素，对后世甲胄的设计有重要影响。

唐朝末年，整体化的身甲被札甲取代，经五代至宋代，再次形成了成熟的制式。宋代甲胄通常只分成胄、护臂和身甲三部分，身甲为山字形，融合了身甲和护腿，在肩背腰部绑紧。甲按材料分为铁、皮、纸三种。

纸甲的发明源自唐末，宋明两代成为军队的标准甲式之一，由厚皱褶纸制成，具有一定的防潮湿能力，除轻便外还兼备“劲矢不能洞”的坚固，曾有一次定制3万套的记载，也曾有一地方官申请拿100套铁甲交换50套优质纸甲的记载。

当14世纪的欧洲逐渐兴起由大马士革钢制成的可重达30公斤的大白盔甲时，中国明代却在将铁甲胄重量冲至28.5公斤的历史新高后，因火器的发展而向轻便过渡，重甲开始退出历史舞台。至清代就以轻甲为主了。三国时期由西域传入可防远箭的锁子甲，始于明代沾湿可御远枪的绵甲，都成为清代的主力甲式。头顶高缨尖胄、外套嵌满铁钉的宽大绵甲、内穿铁环连缀之网甲的八旗铁骑成为清廷武功的象征。

甲胄的衰落是历史的必然，在枪炮威力大幅提升的排挤下，当连轻甲也变成累赘的时候，新式军服的形成就顺应历史的需要登上了历史舞台。

（马一玲）

古代著名的兵书

现存的中国古代兵书达二三千部，最著名的有《孙子兵法》、《六韬》、《三略》、《吴子兵法》、《孙膑兵法》、《司马法》、《尉缭子》、《李卫公问对》、《将苑》、《登坛必究》、《虎钤经》、《兵经》、《投笔肤谈》、《乾坤大略》、《守城录》、《兵垒》、《太白阴经》、《百战奇略》、《练兵实记》、《草庐经略》等。

《孙子兵法》

《孙子兵法》又名《孙子》、《孙武兵法》、《吴孙子兵法》，古代著名的军事著作，为春秋末期吴国孙武所著。《孙子兵法》一向被认为是古之“兵经”，并被列为“武经七书”之首。曹操以下有71人曾为之作注。唐朝杜牧在注中说：“孙武书数十万言，魏武（曹操）削其繁剩，比其精髓成此书。”1972年，在山东临沂县银雀山的西汉墓中，发现《孙子兵法》残简。该书现在的存篇有《计》、《作战》、《谋攻》、《形》、《势》、《虚实》、《军事》、《九变》、《行军》、《地形》、《九地》、《火攻》、《用兼》等13篇，5900余字。

《孙子兵法》是中国由奴隶制向封建制转变的社会大变革时代的产物，它继承和发展前人的战争经验以及进行兼并战争的军事理论，在对古代战争经验的总结基础上，揭示了战争的若干客观规律，提出了自成体系的战略、战术理论，包含有丰富的军事辩证法与朴素唯物论思想。同时，它对春秋时期的社会变革也有所反映。

《孙子兵法》是世界公认的现存最古老的军事理论著作，历代都有著录，在世界军事史上也占有突出的地位，现有日、法、英、俄、德、捷等译本流传。

《六韬》

《六韬》按《隋书·经籍志》注为“周文王师姜望撰”，实际为后人所著，成书约在战国晚期至秦汉之间。全书分为《文韬》、《武韬》、《龙韬》、《虎韬》、《豹韬》、《犬韬》6卷，共60篇，其中部分内容已佚失。清代孙同元、王仁俊等均辑有《六韬逸文》。

《六韬》重视政治上胜敌。在作战指导上，它力主引兵深入诸侯国的进攻战，指挥专一，因情用兵。在使用兵力上，主张“必有分合之变”；围城攻邑则要集结三军。在军队建设上，要求将领具备勇、智、仁、信、忠等德行和“与士卒共寒暑劳苦饥饱”的风范；要求执行严格的战场纪律。在训练方面，主张从单兵训练开始，一人教成十人，十人教成百人，乃至百而千，千而万，万而合成三军之众进行大操练、大演习。对于作为后备兵员的农民，则要求通过农事活动进行训练，培养战斗意识，以寓兵于农。《六韬》除继承发展前人有关军事思想外，还具备许多自身的特点，在中国古代军事思想史上具有较高地位。

《司马法》

《司马法》旧题作者司马穰苴。穰苴，姓田，春秋后期齐国人，因为官至大司马，所以称其为司马穰苴。《汉书·艺文志》中礼类著录有《军礼司马法》155 篇，至隋代以后，《司马法》只出现于兵家著录中了。

《司马法》本义是周朝以来治兵的典章制度，这些典章由治兵的司马掌管，历代或有增删，所记载的内容不限于一世一代，田穰苴曾任司马，掌管这些典籍之时，或许曾依此法的精神结合当时的时代状况，作过一些符合实用的论述。到了战国的时候，齐威王命人整理司马法，田穰苴的论述也在其中，加上当时人们将官职与人名混叫，这部书就成了《司马穰苴兵法》了。但是，这本书的著作权应该属于历代治兵的司马，田穰苴只是其中之一罢了。

今本《司马法》虽然只有 5 篇，但其所记载的古代军礼、军法等，对研究中国古代军事制度和古代礼制都有重要的参考价值。

《尉缭子》

《尉缭子》也是中国军事思想史上一部著名典籍，北宋神宗时期将其列为“武经七书”之一，共有 24 篇。

历史上曾经有两个尉缭，一个是六国时代与梁惠王对话的杂家尉缭，他的著作是归于杂家的《尉缭》共 29 篇，也就是今本《尉缭子》中的前 12 篇与《兵令》上下；另一个是秦始皇十年（前 237）与秦王嬴政论兵的兵家尉缭，以官为姓，他的著作是归于兵家的《尉缭》31 篇，也就是今本《尉缭子》的后 10 篇。至西汉时期，两部《尉缭》同时传世，班固分别著录于《艺文志》中；但到了《隋书·经籍志》时只有“杂家《尉缭子》五卷”，兵家“梁有《尉缭兵书》一卷”。兵家

《尉缭》在南北朝时期就已经散佚。到宋朝编订“武经七书”时，杂家《尉缭》也已经散佚，两书都剩残本，遂合成一书流传于世。这合成的一书就是今本《尉缭子》。

《尉缭子》和《孙子兵法》、《六韬》一样，都是正宗兵家论著，历代都有人对其进行研究，并且流传海外。其最早的元丰刻本如今已不得见，现存最早的是日本岩崎氏静嘉堂本，我国目前所流传的本子都是根据它来影印的。

《李卫公问对》

《李卫公问对》三卷，也是“武经七书”之一，是以唐太宗与李靖问答的形式来探讨军事问题，所以又称为《唐李问对》。

李靖是唐初名将，唐贞观十一年（637）被封为卫国公，世称李卫公。

对于《李卫公问对》的作者，大致有三种看法：一种认为就是李靖所作；一种认为是后人整理李靖与太宗的言谈编纂而成；还有一种认为是宋人阮逸伪撰。第一种说法由于证据太少而不为人们所接受，第二种和第三种说法至今仍无定论，但现在人们多认为此书为阮逸所撰。虽然不是李靖所作，不能作为唐代史料，但并不影响它在军事思想史上的价值。

现存最早的《李卫公问对》版本是日本静嘉堂南宋浙江刻本，较为有名的批本有明代王阳明批本和张居正批本两种。

（马一玲）

十

语言　文字

汉字字形的结构和变化

汉字是当今世界上唯一仍在使用的表意文字。它刚产生时，都是按实物摹写的，即平常所说的图画文字或象形文字。但这样的文字，为数不多，满足不了人们表达思想、传播信息的需要。随着社会的发展，人们的思想日益复杂，象形文字逐渐向符号化发展、演变，记录和传播信息的文字也日益增多，导致文字向指事、会意、转注、形声、假借，即所谓“六书”发展、演进。它的构成极其巧妙，记住字形和字义也不觉困难。往往是在原有文字构成的基础上，加以种种组合，以求形成更多的文字，这在世界文化史上是独一无二的。

“六书”作为汉字构成的“总名”，在战国就有了，但六书中的各个构成名字到汉朝的书里才见到，现在一般是依据许慎的《说文解字》一书里的解释。

象形

“象形者，画成其物，随体诘屈，日月是也。”象形是描画事物形状的一种造字法。如日、月、山、水等四个字，就是模仿日之形、月之状、山之势、水之态而书写并逐渐演化而来的。

但世上事物，林林总总，不可能所有的事物都描画下来，《说文解字》中有9353个汉字，象形字为364个，只占5%弱，不能满足先民沟通交际的需要，较为抽象的字就应运而生了。

指事

“指事者，视而可识，察而见意，上下是也。”指事是用象征性的符号，或以象形字为基础加上指示性的符号来表示某个词的造字法。它通过看和细察才能领会字的本义。如“上”字是写成上面一短横下面一长横的样子，表示甲物在乙物之上，“下”则恰好相反。又如“本”、“末”，是在象形字“木”的上下各画一画，表示树梢与树根。又如“牟”字，是在象形字“牛”的上面加符号表示声气出来。

但由于用抽象符号来表示某个词的意义，其局限性很大，所以《说文解字》中有只129个指事字。指事字发展下去就是进一步的抽象。

会意

“会意者，比类合谊，以见指㧑，武信是也。”会意是把意义上可能发生联系的两个或两个以上的字拼合在一起，从旧字的比较中派生出新的字义，从而产生一个新字。如“人”字和“言”字合并成“信”字，意思是言而有信。

又如，“从”像两人相随。

“林”：“平土有丛林曰林，从二木。”

“轰”：“轰，轰轰，群车声也，从三车。”

“休”：取人靠着树木休息之义。

“益”：为水在皿上。（“溢”为以后的转注字）

“戍”：“守边也，从人执戈。”

“料”：“量也，从米在斗中。”

“杲”：日在木上。“其雨其雨，杲杲出日。”（《诗经·卫风·伯兮》）表示太阳出来光辉明亮或高高在上。

“杳”：日在木下。表示太阳将落，万物归于沉寂。又因将一夜不见太阳，引申为极遥远，“杳无音信”。

“旦”：日在地平线上，表示天亮，早晨，“通宵达旦”、“枕戈待旦”。

“暮”：日落草丛中为“莫”（“暮”之古字），为傍晚，“暮色苍茫”。

《说文解字》中会意字有1267个，仍不够用。形声字自然登上了历史舞台。

形声

“形声者，以事为名，取譬相成，江河是也。”形声字是由表意的形旁和表音的声旁组合而成，例如“湖”、“河”二字，均以“水”为形，字义与水有关；而后半字的“胡”、“可”，则与读音相同或相近。

形声字的造字能力最强。《说文解字》中形声字占80%以上。一切抽象的概念和语言中的新词汇均可以用形符和声符组合成新字。

例如，元素表中的字。金属元素除“汞”外，都用“金”字旁；非金属元素都用“石”字旁；气体元素除“溴”外，都用“气”字旁。这些字都可以通过形旁来“察意”。

又如，“赴趋赶越超”一组字，虽然读音不同，但我们可以从共同的偏旁“走”中，体会出它们均与人的走、跑的行为有关。也可以通过形旁来“察意”。

又如，“阈域蜮棫罭惐淢琙緎䮝”一组字，虽然读音相同（“或”为“域”的本字），但我们仍然可以从不同的偏旁中，体会出“阈”与“门”有关（门槛儿，后泛指界限或范围，视阈，听阈）；“域”与土地有关（指一定的疆界，地域，区域，音域，论域）；“蜮”与虫子有关（为传说中一种含沙射人或人的影子以使人害病的怪物，鬼蜮，含沙射影）；“棫”与木有关（古书中所说的一种木本植物，柞树，栎树的通称）；“罭”与网有关（捕捉小鱼的细网，或是附有小囊的渔网）；“惐”与心有关（悲伤之意）；“淢”与水有关（急流）；“琙”为人名，可能和玉石有关；“緎”与丝线有关（古代计算丝的单位，二十缕丝线为一緎，又指衣缝）；“䮝”为疾速貌，“有”有复加、更加之意，可能有联系。

因此，汉字字典都把部首作为查字、解字的一个主要手段。俗话说：“认字不认字，先认半个字。”

同时，汉字的形声结构还体现在通过声旁的“辨音”上。

例如，“泱决诀抉觖玦砄鴃駃蚗趹”一组字，偏旁不同，但我们只要认识其中的一个字，就可以大致读出这一组字中其他字的字音来。“泱”（与水有关，除去壅塞或打开缺口，引水导流）；“决”（同“泱”）；“诀”（与口有关，口诀，诀别，话别，秘诀，诀厉：声音激越清澈）；“抉”（与手有关，挑出，挖，引申为抉择）；“觖”（同“抉”）；“玦”（与玉石有关，有缺口的玉环，古代常用来赠送给人表示决断、决裂）；“砄”（一种石头）：“鴃”（古书中指一种叫伯劳的鸟）；“駃”（古书中说的一种骏马，又指驴骡：駃騠）；“蚗”（蟪蛄，蝉的一种）；“趹”（与足有关，马飞奔时，后蹄踢地的腾空貌，千里马塑像）。

俗话所说的“认字不认字，先认半个字”也包括了按照声符大致读出这个字的音来。

令人感兴趣的是，有些汉字的音符也兼表相同或相近的意义。在宋代甚至形成了“右文”学说。沈括在其《梦溪笔谈》中说：“古之字书，皆从左文。凡字，其类在左，其义在右，如木类，其左皆从木。所谓右文者，如戋，小也。水之小者曰浅。金之小者曰钱，餐之小者曰残，贝之小者曰贱。如此之类，皆以‘戋’为义也。”按这种“会意兼形声”字，还可有：小丝为“线”；小皿为“盏”；小玉杯为“琖”（同盏，玉做的小杯子）；小竹为“笺”（小幅而华贵的纸张）；小食为“饯”；小木为“栈”（zhàn，简单的木栏，木棚；zhǎn，小钟，大钟谓之镛，小钟谓之栈）。此外还有“俴”（jiàn，浅，单衣无甲的人）；“帴”（jiān，垫席；jiǎn，狭窄）；“牋”（jiān，同笺，精美的纸张）；“諓”（jiàn，巧言善辩，谓之小善）；

“醆”（zhǎn，同盏，琖）等。

“戋”原为两戈相对，为残杀格斗之义，音“cán”。但“戋”的另一读音“jiān”就有了“小”的意思。《字汇》：“戋，浅小之意。”大概源于《易·贲》：“贲于丘园，束帛戋戋。吝，终吉。”朱熹注为“浅少之意”。白居易的《秦中吟·买衣》中也有：“灼灼百朵红，戋戋五束素。”多与少对仗鲜明。在现代语言学家王力编写的《同源字典》中，类似这样的字还有许多。

从《说文解字》中形声字占80%以上，可以看出汉字的造字能力来。虽然随着汉字的发展，形声字的表音功能和表意功能一部分消失了，一部分分化了，一部分减弱了，如“肝胆腑脏”不同于“朦胧朗胜”，但我们仍然可以从基本字的字形字音中，分析总结出一定的认字规律来。即使在今天的现代社会，形声字的特点还在继续发挥着它的作用，不断地创造着新字。

转注

“转注者，建类一首，同义相受，考老是也。”转注，其实并不是造字法，它是指有同偏旁部首、读音相同或相近、意义上有共同点的一组字，如“老”和“考”，同属“老”部，声音相近、意义相通（古时“考”可作“长寿”讲，“老”、“考”相通），可以互为注释，彼此同义而不同形，也可叫做同义字。即所谓“老者考也，考者老也”。

假借

“假借者，本无其字，依声托事，令长是也。”假借是指语言中有了某个词，但还没有表示这个词的字，于是，就在通行字中找出一个同音字来替代。用这种方法，一开始也可以说是“别字”，但流行开来，得到社会公认，也就成了代表这个词的假借字了。如“其”，本来是簸箕的象形字，后来借以表示代词和助词；“易”本来是蜥蜴的象形字，后来借以表示容易的“易”（借义）；“来”字本来是成熟麦子的形象，为“麦”的本字，后来借以表示动词的“来”。为了把本义和借义区别开来，古人便用形声造字法另造一个表示本义的新字，如用“箕”表示“其”的本义；用“蜴”表示“易”的本义，等等。因此，假借也不是一种造字法，只是一种用字的方法。

（张奕）

汉字的演变和书法的变化

我国汉字的书法源远流长，已有几千年的悠久历史，而且具有相当高超的艺术成就。自从创始以来，随着社会生产的不断发展和生活内容的逐渐丰富，为适合实际应用的需要和艺术欣赏的要求，书法也在不断地演变、革新，从而明显地体现出它在实用和观赏这两方面的价值。为了使人们应用起来更为方便，书体结构由繁难趋向简易；为了满足艺术欣赏所需要的多样化，书法艺术技巧也就更加丰富起来。于是经过无数次的创新和发展，中国书法艺术已经成为一个具有优秀传统的丰厚宝藏，这个宝藏也是世界艺坛上的一朵奇葩。

自古以来，书体变化是丰富多彩的，概括起来大体可以分为：篆书（包括大篆和小篆）、隶书、楷书（也叫做真书，包括魏碑和唐碑等）、行书、草书（包括章草、今草和狂草）。这五种书体中的篆书、隶书和楷书三种，是随着时代的变迁而依次孕育、转化，逐渐形成的。

隶书是汉代的主要书体。隶书的产生，可以上溯到战国时代。按史籍记载，隶书是秦徒隶用的俗体字，并由秦狱吏程邈所定型。这一记载说明了这种俗体字——隶书，在秦时已在徒隶中流行。

秦始皇统一中国后，为了巩固封建政权，建立中央集权制度，推行统一度量衡。官方用的书体是篆书，遗存至今的琅琊台刻、泰山刻石就是当时的标准书体。秦始皇时各种量器都刻有诏书，由于书刻时间紧迫，不能拘泥于篆书圆转的笔画、谨严的体势，于是利用了趋向横直方折、便于写刻的笔画。这种变圆为方，变弧线为直线，在转变处采取折笔，不用篆书的转笔，的确比篆书的写刻要快捷、方便得多。可见当时即使是统治阶级的诏书，在某种情况下，也不得不采用方便、快捷的书法。其实这种新书体早就在民间产生和流行，只是还不曾被最高统治者所承认罢了。

汉代是封建社会上升时期。西汉前期经济发展、商业繁荣、国家统一，都促成文字书写的相应发展。这样，隶书的应用逐渐取代篆书的地位。它根据社会的需要，不仅体势变圆为方，笔画也简化得多。但严格地说，这还不是典型的隶书，应该是篆书向隶书过渡时期的书体。

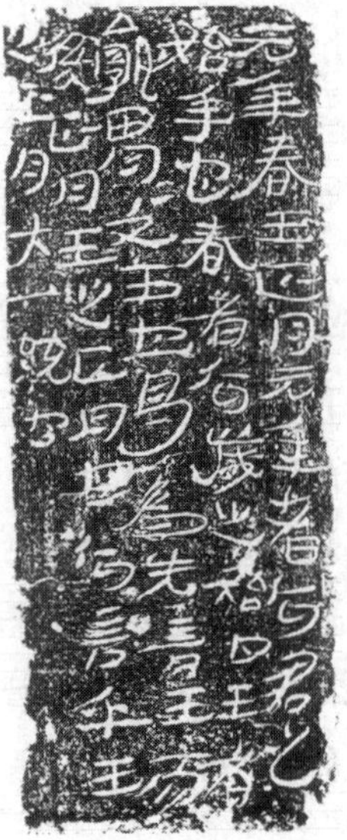

《公羊传》残拓本

隶书发展到东汉才达到成熟的阶段。由于书法艺术的发展需要，隶书笔画趋向工整，其波势的产生、点画的俯仰以及带装饰性的挑法，都是书法艺术发展的结果。隶书的波挑在西汉晚期已经产生，这是它趋势向成熟期的特点。发展到东汉，这种波挑体势达到顶峰，尤其是高大碑石上的华丽的隶书，不但达到了宣传内容的作用，也起到碑的装饰效果。东汉碑石上的隶书，是汉隶登峰造极的阶段。

隶书和篆书相比，不仅形状改变（长方变为扁平），书写方便，从书法的技巧来看，也比篆书要丰富得多。西汉隶书之点萌如儿童用笔，其后渐次进步，执笔正直，起笔、止笔、波磔等，也能逆笔突进，或掠，或押，或浮。所以至东汉隶书用笔的技巧，比篆书圆转的线要复杂丰富得多。这是书法艺术新的发展。

东汉盛行立碑刻石的风气，或刻在碑碣上，或刻在崖壁上，或刻在建筑物上。石刻比其他材料易于保存，因此流传到今天的石刻文字资料比较丰富，约有一二百种之多。有的原石已不存在，仅留拓本；有的全碑已损坏，仅残留部分字迹。其中比较完整的约有百余种。东汉碑刻文字各具风貌，五彩缤纷，姿态万千，各臻其妙，是汉隶书体一大宝库。一般统称石刻上的文字为碑刻文字。

到了晋唐时期，虽然楷书早已非常盛行，但是隶书依然不废，直至今日，隶书的应用范围也很广泛，这是由于隶书的结体和运笔都很富于变化、风格多样和艺术性强的缘故所致。

考察汉字的历史，我们会发现，在它的各个发展阶段都有新的字型体式推出，以适应社会生活的需要。这种独特的字体更新机制是汉字历数千年而长葆青春的重要原因之一。

甲骨文是现在所能见到的最早的汉字，锲刻在龟甲、兽骨上。其后由于需要将文字铭刻在钟鼎上以求久远。载体的材料变了，书刻的工具、手段变了，字体也就一变而为金文古籀大篆。秦始皇统一中国之后，需要政令统一，所以文字上也要求统一。并将小篆作为统一的文字。但小篆书写速度慢，不便日常应用，因而同时又出现秦隶。进入汉代，秦隶获得飞速发展，进一步演化为汉隶、汉简（汉隶的快捷写法，相当于与楷书配套的行书）、章草（汉隶的草书体）。但这并没有完全满足人们对文字的要求，所以到了汉末，今隶（即楷书）、行书、今草又先后交错着应运而生。

从汉字形体流变的过程看，汉代是关键时期，篆、隶、楷、行、草各体都在这个朝代使用。从艺术角度讲，汉代是诸体纷呈、五彩缤纷的书法博览会；但从实际应用角度说，这种少见的繁荣景象正意味着激烈的竞争和淘汰。

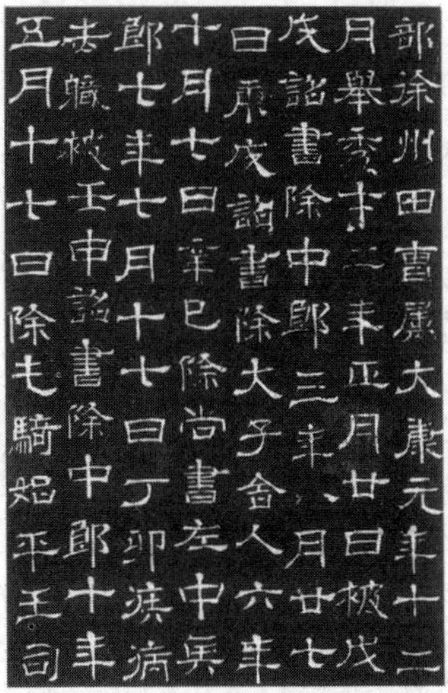

晋·元康年墓志

楷书虽然诞生较晚（文献记载说汉末王次仲作楷则，三国时魏国的钟繇堪称中国历史上第一个楷书书法家，有书迹流传至今），但在这场竞争和淘汰中却被人们最后选中。楷书要取代隶书而成为新的规范字体，必须要具备三个条件：一要保持隶书严谨、规范的特点，否则便不能进入社会书面语言交际；二要比隶书简捷；三要比隶书更易于进行美的追求。楷书正是占据后出的优势，得以对照隶书的不足，充分按照这三个条件塑造自己而取胜。楷书取代隶书是一种发展的必然。

为什么楷书成为标准的汉字通行字体之后，1000多年间没有再产生出什么新字体取而代之呢？说明楷书已经发展到了相当成熟、完备的高度。

楷书首先对大篆、小篆、汉隶、汉简、章草等各书体的笔画进行高度的概括，提炼出一套极为精简的基本笔画：点、横、竖、撇、捺和提、折、弯、钩等几个常用的笔形，做到了以简驭繁而又基本不失原造字之旨。进而楷书还确立了各种笔画的标准形态，使得汉字的形体空前规范。尤其在笔画的穿插、组合和各类偏旁的结构方面，楷书做得相当精密、合理。如独体字的方、圆、长、扁、斜结构，合体字的左右、左中右、上下、上中下、左右下、上左右、左上下、上下右、全包围、半包围结构的平正、斜倚、均衡、交错、揖让、避就等关系，都各有法则，既合乎科学性的要求，也合乎艺术性的要求。楷书是长期使用汉字实践的产物，是中华民族文化和智慧的结晶。

汉字形体流变到楷书，确已长期固定。但这种固定只是一种抽象形制的固定，至于落实到书写，则又是另一回事情。楷书形成初期，大家都围绕改革隶书进行探索，前提一致，成果也必然相差不远。在北魏前后时期，楷书的时代共性强烈，艺术个性也千姿百态，构成了中国书法史上楷书的第一个高峰——魏碑。又经隋至唐，楷书又出现了新的高峰——唐楷。相对魏碑来说，唐楷是一个进步。但是由于随着唐楷而来的“馆阁”之风愈刮愈烈，由宋元至明清时期，人们对馆阁体的逆反心理逐渐加强，于是有了清代碑学的反思，有了尊魏卑唐之论，人们开始回头向魏碑去寻求营养。虽然魏碑古拙简朴的逸趣为法度谨严的唐楷所缺乏，但人们从唐楷转向魏碑，说明魏碑的艺术魅力还是含蓄深厚。直至今日，书法界似乎有不成文的规定：在写了唐楷之后，如不再加上魏碑的器宇，便不能脱俗，便不够层次。

北魏楷书墨迹传世绝少，容易得见的是碑碣、墓志、摩崖、造像记等石刻文字，其中尤以墓志为多。由于魏碑书体肃穆端严，非常适合书写碑碣、墓志，所以直到隋唐时期，还有一些人仍沿用魏碑体撰写碑志。

北宋·黄庭坚·松风阁诗卷

楷书自汉末发轫，经三国两晋至南北朝而达到了成熟，在书法史上形成了高潮。隋代又完成统一大业后，从大业年间（605～617）开始了科举取士的制度，书法（主要是楷书）成了取士标准之一。于是对楷书的学习和研究日益受到重视。从隋代的碑铭造像记看，虽然仍保留了一些北魏的遗意，但明显地有了一种新的趋向，即向平正工整、严谨规范的趋势发展起来。如《赵芬残碑》、《龙藏寺碑》、《信行禅师铭塔碑》、《贺若谊碑》、《孟显达碑》、《龙华寺碑》、《扈志碑》、《启法寺碑》、《宁碑》、《七帝寺主惠郁等造像记》等，从中可以看出各有机杼的北魏逸趣已经趋于淡化，而新的楷书规格正在酝酿之中。

除了地上碑铭造像之外，还有地下的许多墓志，如《美人董氏墓志》、《李和墓志》、《卢文构墓志》、《苏慈墓志》、《邹氏墓志》、《张乔墓志》、《伍道进墓志》、《袁氏墓志》、《尉富娘墓志》等，其要求写法都与地上一样。以至于一些摩崖、写经，都可以看出已经孕育着一种新制书体的必然出现。

唐朝立国10年之后，唐太宗开始了贞观之治，偃武修文，励精图治。在用人上承袭了隋的科举制度，并制定了相当完备的法规章程。在书法艺术上自然也以此为圭臬，形成了“唐人尚法”的时代风尚。唐朝还设立了书学，立为专科，士子庶人也都争相习学，学习书法的风气日盛。

唐初书法格局俨然，笔画得法，结体合度，带有浓郁的隋书笔致，如《秦王告少林寺主教碑》、《昭仁寺碑》及一些墓志等；也有一些还带有北魏的遗意，如静琬的云避寺写经、颜师古的《等慈寺碑》等。但唐人显然意识到必须在北魏及隋人的基础上再向前做出更理想的开拓。因此，随着唐代政治经济文化的繁荣，“尚法”的唐人楷书，在历史上展现了又一个高峰。最有建树的是欧阳询、虞世南、褚遂良、薛稷等，他们有许多名碑传世，如《九成宫醴泉铭》、《皇甫诞碑》、《孔子庙堂碑》、《孟法师碑》、《信行禅师碑》等，至今仍是书法范本。其他如殷令名、赵模、敬客、王知敬、李玄植、诸葛思桢、裴守真、王行满、欧阳通、高正臣等，都是一代的名家。

其后的殷玄祚、魏栖梧、颜真卿、吕秀岩也都留有许多书迹，其中，颜真卿的贡献更为突出。就他所留碑铭来看，在大体风格统一之下，各时期、各碑刻又都不尽相同，各有各的特色。

再后的柳公绰、吴通微、裴休、吴彩鸾等也是作楷高士。而可为一时代表的柳公权，则又立新章，形成了独立的一体。

综观欧、虞、褚、颜、柳诸家之书，方正、险绝、平和、冲淡、俏丽、趣雅、浑厚、敦实、瘦劲、坚利，各种“美”的追求都得到了完整具体的体现，形成了各种应当遵循的法度。历史上所谓“唐人尚法”的品评为历代所认可。

宋代在书法艺术上承袭唐朝，在行草方面更有了新的开拓。但在楷书方面，则逐渐衰弱了。虽如梁鼎、李宗谔、范仲淹、欧阳修、蔡襄、沈辽、苏轼、王辨、赵佶、赵构、朱熹、张轼、岳珂、张即之、钱舜选、王庭筠等人仍然能楷，但书法艺术的成就不及唐朝。至于赵佶的“瘦金书”，虽自成格局，但无肃穆庄严、浑厚敦实的庙堂之气。

元代的楷书应首推赵孟頫。其字流美生动。有些作品是他在学过魏碑之后写的，因而颇为厚重，全无柔媚之气。其后如柳贯、虞集、周伯琦、倪瓒等都能楷书。尤其鉴书博士柯九思的楷书，稳健凝重，工而灵动。

明代由于历朝皇帝和外藩诸王大都爱好书法，有的甚至列为日课。无论内制、外制都要善书能手书写，成为通例。为了朝廷的需要，典册都必划一规格，因而“台阁体”的要求应运而生了。从书法艺术看，“台阁体”好像是一种限制。但它是在合乎标准的基础上再力求美化的书法艺术。明代的一些小楷名家，如宋濂、宋克、俞克木、沈度、王绂、祝允明、文征明、王宠、董其昌以及女书法家蔡玉卿等人，他们的书法都达到了一定的高度。

清代把自唐代的“弘文馆”、宋代的“淳化阁”、明代的“台阁”集中到一起，形成了一种写字的规格要求，即所谓的“馆阁体”，要求有“颜、柳、欧、赵”的学书规程。首先以“颜”占格，失之肥而以“柳”强筋，又失之瘦再以“欧”立规，再失于板则以“赵”而灵动。可惜结果是书写工稳而无生气。于是才有了阮元、包世臣、康有为等人的尊魏而卑唐。所以，清朝后期又开始了向北魏诸刻石的追求。不过，清代的王铎、何焯、钱沣、何绍基、张裕钊、赵之谦等人，是较出色的作楷名家。

总之，楷书从脱开隶书而自成机杼之后，魏碑是一大体系，唐楷又是一大体系。其佳品都可以称之为“法书”，都是我国珍贵文化遗产的一部分，其光彩至今不减，是今人学习书法的范本。

（马一玲）

近代中国的新名词

1840 年鸦片战争以后，中国人逐渐开始了认识西方的过程，最直接的表现就是大量外来词的进入。但由于日本先于中国学习西方，同时，当时的日本又大量使用汉字；因此，我们现在使用的大量中文术语来自于日本。

有些人将吸收外来词看做是文化殖民主义，言之过重。语言的发展总是在不断地吸收外来词和创造新词中进行的，如古代的“葡萄”、“琵琶”、“戈壁”等，是从西域引入，近现代的“逻辑”、“沙发”、“模特”、“马达”、“夹克”等，则是从西方传来，如今又出现了许多网络语言。这是不同民族间交往，互相把对方语言的词吸收到本民族语言中来的结果。问题在于我们必须不断地将这些新词规范化，这样，语言的确定性和发展性才能有机地结合起来。如从梵语借来的“塔”（stupa）原是“坟墓”的意思，吸收到汉语词汇里以后，就专指佛教的一种建筑物了。英语的“jacket”是指“短上衣”、“坎肩”一类，汉语吸收进来之后成为“夹克”，就只指“长短只到腰部，衣边和袖口束紧的短外套”了。

（潘宇）

最长的楹联

天下最长的楹联，一般认为是昆明大观楼180字的楹联。

位于云南昆明市西滇池之滨的大观楼，是清康熙年间所建，楼阁耸峙，绿树成荫，是旅游胜地之一。

大观楼正面挂着清代孙髯所撰一副著名的楹联，长达180字，令人叹为观止。上联描述滇池风光如画，下联指出历代南征武功，也不过是过眼烟云，正像佛教所谓“无常”。

上联是：

五百里滇池，奔来眼底，披襟岸帻，喜茫茫空阔无边。看东骧神骏，西翥灵仪，北走蜿蜒，南翔缟素，高人韵士，何妨选胜登临。趁蟹屿螺洲，梳裹就风鬟雾鬓，更苹天苇地，点缀些翠羽丹霞。莫辜负四围香稻、万顷晴沙、九夏芙蓉、三春杨柳。

下联是：

数千年往事，注到心头，把酒凌虚，叹滚滚英雄何在。想汉习楼船，唐标铁柱，宋挥玉斧，元跨革囊，伟烈丰功，费尽移山心力。尽珠帘画栋，卷不及暮雨朝云，便断碣残碑，都付与苍烟落照。只赢得几杵疏钟、半江渔火、两行秋雁、一枕清霜！

（马一玲）

著名对联举例

1. 颐和园南湖岛涵虚堂：

碧通一径晴烟润；翠涌千峰宿雨收。

此联传说是清朝乾隆皇帝所作，写雨后清晨南湖岛远近的景色。上联写近景，下联写远景。清新工整。碧：碧草；晴烟：雨后天晴，空气中悬浮的水气；翠：翠木；宿雨：昨夜之雨。

2. 毛泽东主席年轻时写的一副对联：

套墨（清）

贵有恒，何必三更起五更睡；

最无益，只怕一日曝十日寒。

3. 最短的对联仅有两个字。据说是“九一八”事变后，为哀悼死难同胞的：

死！生？

此联中的“死”字倒着写，意即宁愿站着死也不倒着生。

4. 山海关孟姜女庙前檐柱上的对联：

海水朝朝朝朝朝朝朝落，浮云长长长长长长长消。

此联以同字异音的变化，描绘“海水潮，朝朝潮，朝潮朝落，浮云长（zhang），长长（chang chang）长（zhang），长长（chang zhang）长（chang）消”的景色，被称为最奇巧的对联，历来为各方骚人墨客所凝神揣摩。

5. 老字号的对联：

霜雪万里孤臣老，光芒千年正气收。

此联是康有为为天津老字号正兴德茶庄所题。当时，康有为以戊戌变法失败后无助无援的低调情感，来反衬正兴德事业前程的无限广阔。

惯受香云压，偏宜玉体陈。

上联说枕，下联讲席，相得益彰。通过女士对枕、席的青睐，以提高货品身价，起到了极佳的宣传效果。香云：原指女人的秀发，这里指美女的头部。

（马一玲）

字谜

字谜是以字为谜底的谜语。古代即有“目字加两点，不作贝（貝）字猜；贝（貝）字欠两点，不作目字猜”的字谜。谜底即“贺”（賀）字与“资”（資）字。

以下介绍几个字谜：

八十多了一横——平。

八十多了一点，六十少了一点——术。

八个蚂蚁抬棍棍，一个蚂蚁棍上昆——六。

不加口是一口，加一口是九口——井。

一口咬掉牛尾巴——告。

我心载着你，不上你的船，已在不言中，双人日下行，燕子离鹅去，马口解猜疑——您还记得我吗。

（马一玲）

符箓

“符箓”是道教名词，又称“符字”、“墨箓”、“丹书”。是道家秘文，是一种笔画屈伸、似字非字的图形。“符”本是古代的一种信物或文书，如《说文解字》：“符者信也。”而按《云笈七签》：“箓者，戒箓情性。”道教认为可以用符箓来“遣神役鬼”、“镇魔压邪”。第43代张天师张宇初的《道门十规》概括为“符箓弥多，皆所以福国裕民，宁家保己”。它与中国民间生活习俗联系较密切。

东汉时，张陵、张角曾用符箓为人“驱鬼”、“治病”。后来道教的正一派道士盛传其法。《北史·魏文帝纪》有：“帝幸道坛，亲受符箓，曲赦京师。”《隋书·经籍志》也有相关的记载。《道藏》中有许多书专载或附载符箓之书。

古代的箓是用刻版人工印刷的，印好晒干后，还要用五彩颜色描绘头部。木刻版的所有权归张天师，在第63代张恩溥做天师时，上清镇先后有6家制“箓”店，其中，李德记、戴彩云两家时间最长。箓印好后，还要经天师府的制箓局加盖张天师的印（即阳平治都功印），才能装订出售。

（马一玲）

语言与历史

语言与历史是不可分割的。历史对于整个人类正像记忆对于每个人一样。它说明我们现在说的语言是什么，为什么我们这样说，以及我们过去是怎么说的，因为，语言就是在历史中形成、发展和消亡的。

远古时代，不同的人类共同体产生了各自的原始语言。后来，语言随着社会的瓦解而分化，又随着社会的统一而融合。在民族不断迁移和分散的情况下，语言分化过程占优势；等级和国家出现后，分化过程和融合交叉进行。这样就形成了现在的多种语言。

在社会大动荡大分化时，一种语言的不同方言会随之分化为独立的语言，而新的国家政治力量又把这种分化结果固定下来。例如，在罗马帝国解体后，古拉丁语也随之衰亡了，而6~9世纪，在民间拉丁语的基础上，逐步形成了意大利语、法语、罗马尼亚语等罗曼系语言。

语言的统一过程，除了不同方言集中为民族共同语言之外，还有异族语言的交融。例如，11世纪，不列颠岛被法国的诺曼族政府所统治，诺曼法语成为英国官方语言，很多英国贵族讲法语。在中古英语时期，英、法语都在交融，结果是英语取胜。1962年，英王规定英语为英国统一的语言。但是现在英语中留下很多法语的借词，这就是交融的痕迹。

现代汉语普通话的形成，也是语言交融和统一的历史。汉族在历史上曾多次受少数民族贵族的统治。近1000年来，北京先后成为辽、金、元、明、清五个朝代的首都，其中四个朝代都是由少数民族（契丹、女真、蒙古族、满族）贵族统治的。但由于汉族人口众多，有历史悠久、高度发展的文化，在语言交融的历史中终于胜出。例如，清代乾隆皇帝对汉语、汉字的造诣就非常深厚，曾写了数万首诗。其中有一首谐趣诗非常有趣。当时曾有一个翰林在奉敕撰写墓志铭时，误将“翁仲”倒置为“仲翁”。“翁仲”原指铜铸或石雕的偶像，后来专指陵墓前的石人，而“仲翁”可指（伯仲叔季）排行第二的老翁。乾隆皇帝很生气，将他贬降为通判。这个大臣临行时，乾隆写了一首诗赠送给他：

翁仲如何作仲翁，十年窗下欠夫工；

从今不许为林翰，贬尔江南作判通。

这首诗诙谐绝妙，以中国传统的类推方式，以先秦诸子所惯用的以谬制谬方法，隐示了一个批评、警示的推理：你误倒，我也误倒。

另外，由于中国古代政权长期统一的作用，吴语、闽语、粤语等方言都没有分化为独立的语言。

（马一玲、张奕）

十一

戏剧　影像

俳优

“俳”指古代的滑稽戏，“优”是古代对演戏的人的指称。“俳优”则指古代以滑稽表演、乐舞为业的艺人。

俳优的存在由来已久，如《荀子·王霸》中有：“俳优、侏儒、妇女之请谒以悖之。”《韩非子·难三》中有：“俳优侏儒，固人主之所与燕也。”《史记·司马相如传》中有：“俳优侏儒，狄鞮之倡。”《孔子家语·相鲁》中也记载有：“齐奏宫中之乐，俳优、侏儒戏于前。”

戏曲人物剪纸

从这些记载来看，尽管古代的俳优以他们的诙谐表演给王公贵族带来快乐，但他们的地位仍然是十分低下的。因此有了“俳优畜之”一词，通过指出俳优在社会上的被豢养的地位，间接地揭示了古代一些统治者对文人的态度。如西汉文学家东方朔在汉武帝时为常侍郎、大中大夫等职，他诙谐滑稽，言辞敏捷，机智过人，常在武帝前谈笑取乐，逸闻趣事很多，但汉武帝始终将他视为俳优，未能加以重用。又如司马迁在其《报任少卿书》中也曾慨叹：“仆之先，非有剖符丹书之功，文史星历，近乎卜祝之间，固主上所戏弄，俳优所畜，流俗之所轻也。”鲁迅在《从帮忙到扯淡》一文中则说：“后来却不过叫他献诗作赋，‘俳优畜之’，只在弄臣之列。”

（张奕）

宋元杂剧

早在唐文宗太和三年（829），李裕所写的《论故循州司马杜元颖状》第二状就有“杂剧丈夫二人”。这是我国最早出现的“杂剧”二字。

唐代的歌舞戏，是以舞蹈叙述故事情节的早期戏剧形式；参军戏，是由先秦时期的优戏发展而来的滑稽、讽刺表演。到了宋代，城市商品经济得到了发展，出现了大规模的娱乐场所“瓦舍”和“勾栏”，民间说唱、歌舞、滑稽戏等各种技艺相互交融，在唐代歌舞戏和参军戏的基础上，经过宋代艺人和文人的共同创造，形成了“宋杂剧”。

戏曲人物剪纸

宋杂剧已经是基本成型的戏曲形式了，有简单的故事情节，以滑稽调笑为主，形式上偏重于唱或者念诵、说白。宋杂剧的样式由作为开场的艳段、作为主体的两段正杂剧、作为正杂剧后玩笑段子的杂扮三部分组成；角色有末泥、引戏、副净、副末、装孤等。

在金代，宋杂剧在北方发展为一种“金院本”，体制、形态、角色、剧目等都基本保留了宋杂剧的面貌，但故事性比宋杂剧更强。在南方出现了“南戏”。它们和宋杂剧一样，都还处于戏剧的幼稚阶段，为元杂剧的形成奠定了基础。

戏曲人物剪纸

元代出现的元杂剧是成熟的戏剧形式，由于以北方曲调演唱，故又称“北曲”或“北杂剧”。元杂剧是以宋杂剧、金院本为基础，融合了唐宋时期以来的说唱、舞蹈、诙谐的艺术形式发展起来的。它的形成和兴起有着政治、经济等多方面的原因。首先，民族矛盾和阶级矛盾的空前激烈，使杂剧出现了很多反抗性的剧目；其次，金人不仅搞民族歧视，而且还废除科举，排斥文化，使知识分子更有机会接近民众，创作出更有艺术性和思想性的作品。另外，北方经济的繁荣发展，也为元杂剧提供了必要的物质基础。

金·杂剧砖雕

元杂剧具有完备的文学剧本、丰富完整的内容、严格的表演形式。它的基本结构是四折，外加一个楔子为一本。“折”是一个故事的单元，四折中大多可以表现出剧目起、承、转、合的情节变化；“楔子”则是对剧情进行交代或者连接的开场戏或过场戏，可以为两三个，也可以没有。

元杂剧的音乐有着严格的规定，一折戏只能用一套曲子，由同宫调的不同曲子组成，而且同一套曲子的排列顺序也很固定。主要采用北方音乐，伴奏以笛、鼓、板为主，还有琵琶、三弦等乐器。剧本主要由唱、云和科三部分组成。“唱”即唱腔，杂剧中以唱为主；“云”即宾白，因杂剧中以唱为主，以说白为宾，所以称为“宾白”，宾白又有散白和韵白之分，散白用当时的口语，韵白则是诗词或顺口溜式的韵文，可以穿插在各曲之间，也可以插在一支曲中；“科”即科范，用来规定元杂剧中的动作表情和舞台效果。

元杂剧中的角色分工细致，在旦、末、净、外、杂的基础上又分正旦、外旦、正末、冲末等。正旦是剧中的女主角，正末扮演男主角，净扮演剧中的反面人物。剧中只能由正旦或正末一人主唱，其他人只能说。元杂剧中字多声少，节奏急促，多用跳进的旋律以产生跌宕起伏的效果，形成慷慨激昂、豪爽奔放的风格。

元杂剧的兴盛也造就了一批优秀的剧作家。王实甫所创作的《西厢记》被称做“天下夺魁”的作品，成为元代戏剧最高成就的代表作。关汉卿、郑德辉、白朴、马致远被人们誉为“元曲四大家”，他们的主要作品有关汉卿的《窦娥冤》、《单刀会》、《望江亭》，郑德辉的《倩女离魂》，白朴的《梧桐雨》，马致远的《汉宫秋》等，都是历史上广为流传的佳作。

（孙爱迪）

说书

说书是中国曲艺的一个类别。中国曲艺是古代歌唱技艺和民间口头文学经过长期发展形成的一种独特的艺术形式，根据审美功能特点的不同，可以分为说书、唱曲和滑稽三大类。其中说书为主要的艺术形式，评书、评话、鼓书、琴书等都是通过口头讲故事进行表演，可归为说书的艺术样式。

说书在我国是有着悠久历史文化的艺术门类。最早关于“说书”的文字记载是在汉代刘向所著的《烈女传》中，古代妇女怀孕期间，为了使以后生下的孩子“形容端正，才德过人”，便让人给她讲故事、念诗。隋朝侯白的《启颜录》中，也记载有侯白曾被人要求说书的情形。到了唐宋时期，有了专门说书的表演形式，被称为“说话”。南宋时期，“说话”艺术的内容、题材及表演风格逐步丰富、完善，各种流派也纷纷呈现出不同的风采，出现所谓“说话四家”，分别以讲反映现实生活的小说、历史故事，宗教义理和滑稽笑话见长。元代又将这种艺术称为“评

唐·说唱人俑

话”。明末清初，说书艺术有了很大的发展，说书家柳敬亭的出现更使得中国的说书艺术达到了鼎盛时期。清代末年，说书艺术不仅在内容和表演形式上逐渐成熟起来，而且也得到了广泛的流传。汉族的说书表演日益发展为采用当地的方言演说，少数民族也出现了这样的表演形式，他们采用本民族的语言说演民族历史，或者吸收汉族的一些故事题材进行表演。

说书艺术不仅丰富了中国古代的民间文化，而且也孕育了其他文艺形式，产生出中国文学的独特题材——章回长篇白话小说，《三国演义》、《水浒传》、《西游记》等中国古代文学巨著也都借鉴了说书人的“话本”才得以诞生，情节更为完整，人物形象也更为饱满生动。历代说书艺人也善于从这些文学著作中汲取有利的因素，丰富说书的内容，二者相互影响，相得益彰。

说书艺术因地方不同，也有着各种不同的种类，如四川评书、湖北评书、苏州评话等，影响比较大的说书形式为以北京为中心在北方地区普遍流行的“评书”和以江苏扬州地区为主流行的“扬州评话”。“评书”大约形成于清代初期，流传于我国华北和东北的大部分地区。说演时用以北京语音为标准音调的普通话进行，大多以第三人称的叙述和介绍为主，内容多为历史及英雄故事题材的长篇大书；“扬州评话”又称“维扬评话”或“评词”，也形成于清代初期，主要流传于以扬州为中心的江苏省北部，以及上海、南京、镇江等地。它以扬州方言进行说演，内容丰富，题材多样。

表演说书艺术时，以说书人的口气进行演说的，叫做“表”；模仿书中人物音容笑貌的，叫做“白”；评说书中人物作为的，叫做“评”。说书的艺术技巧主要有“开脸儿”、“摆砌末”、“赋赞”和“垛句”四种。“开脸儿”是描绘人物形象的手法，用以交代人物的穿着、身材、面貌等，表现出具体生动的人物形象；“摆砌末”是用以交代人物活动的环境、场合背景；“赋赞”是用来赞美人物或者景物，常用对偶的长短句进行刻画，声调铿锵有力，给人以美的听觉享受；“垛句”也叫做“串口”，指用排比等夸张的手法描绘事件、人物等，以烘托气氛，感染听众。说书艺术的表演形式非常简单，只需一人或坐或立，或设桌案，以一把折扇和一块醒木作为道具即可。发展到20世纪以后，很多说书艺人连桌案、折扇等也不用了，只是一人站着进行说演。

（孙爱迪）

苏州评弹

又称“评弹”，是苏州评话和弹词的合称。评话只有说没有唱，说演的题材大多为历代的英雄和侠义公案，主要剧目有《三国演义》、《水浒传》、《七侠五义》等，风格豪放粗犷，故又被人们称为“大书”；弹词有说有唱，以家族风波和爱情故事为主，主要有《白蛇传》、《珍珠塔》、《三笑》等，题材小，风格相对较为柔和，所有又被人们称为“小书”。

早在明代，苏州地区就已经出现了说书艺术的表演。《吴县志》曾记载：“明清两朝盛行弹词、评话，二者绝然不同，而总名皆曰说书，发源于吴中。”据说当年清乾隆皇帝南巡至苏州时，曾招来当地一位名为王周士的说书艺人御前弹唱，并赐予其七品官。王周士晚年创立了评弹历史上第一个行会组织——光裕公所，后来更名为光裕社。清代嘉庆、道光年间，出现了陈遇乾、俞秀山、毛菖佩、陆世珍四大名家。这四位名家的出现，使评弹艺术得到了迅速发展。到了清同治、光绪年间，苏州评弹的影响有了很大的扩大，开始进入上海，得到上海人的喜爱，而且评弹艺术的水平也有了很大的提高。这时，苏沪地区又出现了马如飞、姚时章、赵湘洲、王石泉等许多评弹艺术家，标志着评弹艺术的成熟。20世纪初，苏州评弹的中心从苏州转移到了上海，广泛流传于长江三角洲一带，甚至还传播至北京、天津、武汉等地。之后苏州评弹的名家辈出，流派纷呈，出现了大批著名的评弹艺术家，如周玉泉、薛筱卿；还有许多脍炙人口的艺术节目，如《杨乃武与小白菜》、《张文祥刺马》等。

苏州评弹的演出形式有一人的单档、两人的双档、三人的三档，小组唱、表演唱、大合唱等，其中双档最为常见。演员自弹自唱，以小三弦和琵琶为伴奏乐器。苏州评弹是依据苏州方言所属的吴语系形成的，表演可分为说、噱、弹、唱、演五大手段。说，即散白，指演员通过语言来叙述故事情节、刻画人物、描绘环境和制造气氛；噱，即噱头，指书中的笑料，吸引听众的注意力，提高听众的兴趣；弹，指演员的弹奏功力；唱，即唱曲，它和弹都属于评弹的音乐部分；演，包括“起角

清·卖唱艺人

色”和“手面”两个方面。起角色，指演员以书中人物的身份进行说唱，模仿书中人物的音容笑貌；手面，指演员在描绘或者模仿书中人物时手的动作、面部表情及形体动作等。苏州评弹以七字句为基本句式，也可根据剧情、唱腔的需要或增或减。

苏州评弹演出的类型主要有长篇评弹、中篇评弹、短篇评弹和评弹选回。长篇评弹是苏州评弹的主要类型，可分为几十段甚至数百段，每段称为“一回”。故事中的高潮部分，称为“关子”。中篇评弹一般分为三四回，而且往往是评话演员和弹词演员同台演出，有说有唱。短篇评弹是将一个完整的故事在一小时内说完的演出类型。评弹选回是将长篇和中篇中内容精彩的段子进行加工，即要反映出原作风貌的特色，表演一般也在一小时左右。

苏州评弹的曲调经过多年的发展，形成了多种不同的流派，早期主要有陈（遇乾）调、俞（秀山）调和马（如飞）调三大流派，之后又不断出现在这三派基础上发展、创造而形成的新派别，其中以薛调、蒋调和琴调最具代表性。薛筱卿是薛调的代表人物，是马调的第三代传人。他继承了马调豪爽粗放的特点，又融入行腔明快的唱调，还使三弦、琵琶同时演奏时产生了复调的伴奏效果，丰富了唱腔的色彩，有《紫鹃夜探》等作品。蒋调的创始人是蒋月泉，他曾师俞调传人周玉泉、张云庭，但是他并没有拘泥于俞调的唱腔，而是别出心裁，创立了新的唱调流派，将柔和的描述、细腻的叹息融入到强烈的情感中，使唱调同时具有了阴柔和阳刚之美，主要作品有《白蛇传》、《玉蜻蜓》等。琴调以朱雪琴为代表，是以薛调为发展基础的，唱腔生动流畅，感情丰富。代表作品有《游水出冲山》等。

（孙爱迪）

相声的谱系

相声是中国曲艺的一个种类，也是中国曲艺中影响最大，最受听众欢迎的种类。它具有戏剧特征和幽默品格，产生了独特的审美艺术效果。

在中国民间艺术的历史上，类似相声表演，以对话的幽默与机智取胜的人和事十分常见。早在汉代，司马迁《史记·滑稽列传》中就谈到几个“优人”讲滑稽笑话的事。“优人”在春秋时期已经出现，他们擅长以幽默的方式进行讲唱。从汉代末期兴起并盛行于唐代的参军戏，主要由两个人表演滑稽的对话或者做滑稽的动作，引人发笑，类似于今天的相声。相声真正作为一种独立的表演形式，大约是在清代咸丰年间（1851～1861）。最早的相声艺人有朱绍文、阿彦涛和沈春和等，他们形成了早期相声的三大门派。清末民初以来，相声的表演技巧逐渐完善，也出现了很多代表性艺人。如清末由裕德隆、焦德海、周德山、卢德俊等“德”字辈艺人组成的人称“相声八德”的群体，民国年间的李德、张寿臣等，以及新中国成立以后出现的侯宝林、马三立、马季等人都以各自优秀的表演得到相声艺术界诸位同仁和普通民众的高度评价。

相声的表演分为单口相声、对口相声和群口相声三种形式，其中，以对口相声最为普遍。“单口相声”是早期的相声表演形式，主要由一个人说演，讲一些小笑话或者幽默故事等；“对口相声”是后来出现的两人合作表演的相声，其中一人为甲方，称为“逗哏”，另一人为乙方，成为“捧哏”。根据对口相声的题材内容不同，又可分为“一头沉”，即甲方主说，乙方附和的节目；“子母哏”，甲乙双方争辩、讨论的节目；“柳活”，模仿唱歌唱戏等内容为主的节目；而“贯口活”则是以诵说或韵诵表演为主的节目。“群口相声”是三个或三个以上的多人表演形式，说演是一人为逗哏，多人为捧哏。

相声是北京的地方曲种，语言以普通话为主，也有以各地方言进行说演的，富有浓厚的生活气息，幽默诙谐，让人感到亲切、风趣、生动活泼。相声的表演手段为“说、学、逗、唱”，这也是相声的基本技巧。说，要求演员吐字清晰、口齿伶俐；学，指善于模仿各种人、事物，甚至动物的动作和声音；逗，擅长制造笑料，引人发笑；唱，能学唱各种戏曲唱腔和流行曲调。同时，在表演的过程中，为达到逗乐的目的，还要善于“抖包袱”，“包袱”需要经过反复的铺垫，通过幽默或者讽刺的手法，突然展现出来，似是无意，又是有意，增强了节目的效果，突出了节目的主题。好的“包袱”能够寓庄于谐，既能在当时令人笑得淋漓酣畅，也能在过后引人寻味，启迪观众。

相声的结构有垫话、正活和攒底三个部分。“垫话”相当于文章的引言，是每段相声的开场白，用于制造气氛以利于演员们转入正题，而且由于演员条件、表演风格或者演出时间、地点等的不同，演员会根据需要适当地对“垫话”稍作取舍改动；“正活”是相声的正文，也是相声的主要部分，在这一部分中，要明确表达相声的主题，恰当地安排好故事情节；“攒底”即相声的结尾部分，有时只是相声中的最后一句台词。

（孙爱迪）

京剧的脸谱

京剧脸谱是演员用水彩或油彩在脸上勾画出的图案，是具有中国民族特色的一种化妆方法。

脸谱的主要来源为古代戏曲中的假面具和民间评书、小说。早在唐朝的代面舞、代乐舞等大型歌舞都是戴着面具进行表演的。假面具可以改变人物面貌，夸张人物的五官及表情，表现力强，但因为它是画在纸板上的，所以比较死板。如果将画在面具上的色彩等都画在人的脸上，就不仅可以更改、夸张人的五官，还可以随剧情的发展需要，任意表达出喜怒哀乐的表情。同时，在当时的民间评书中，关于人物的形象、特征等都采用了夸张的手法进行表现，比如关羽，在小说中都形容他面如重枣，有一双卧蚕眉、丹凤眼等，这些都被京剧吸收，并在脸谱上得到了体现，以增强京剧的舞台效果。

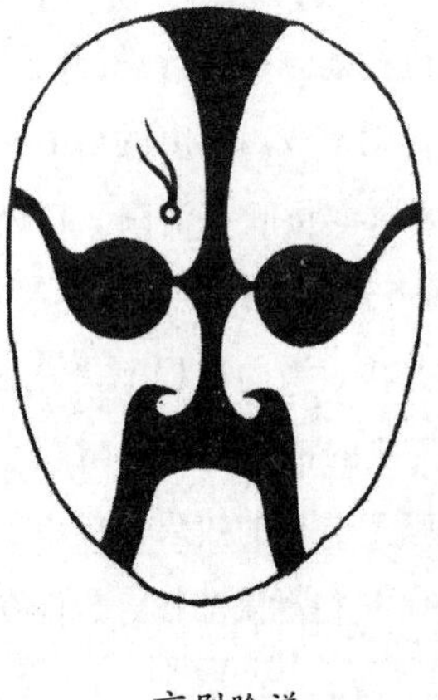

京剧脸谱

京剧脸谱的运用具有统一的风格规范。色彩在脸谱中的应用也有一定的规律，并且这种规律是随着时间的推移而逐渐形成的，是根据剧本中人物的特殊类型或者性格来采用色彩的。红色的脸谱代表忠实、勇敢、正义的人物，如关羽、姜维、常遇春等；黑色的脸谱代表性情正直、刚烈、勇猛且鲁莽的人物，如包公、张飞、李逵、牛皋、楚霸王等；蓝色或绿色的脸谱代表刚强、豪爽、粗暴的人物，如窦尔敦、马武、青面虎等；黄色的脸谱代表狠毒、残暴的人，如典韦等；金色、银色等一般用于神仙、妖魔鬼怪之类的角色。这些都是脸谱中的基本用色。而白色在京剧脸谱中的用法比较特殊，带有贬低的意味。白色的脸谱一般分为两种。一种是用水粉抹的大白脸，用来表现剧中阴险狡诈的人物形象，曹操就是白色脸谱的典型，其他还有董卓、秦桧、严嵩等都是运用白色的脸谱。还有一种是用油白色进行勾画的脸谱。这种脸谱又分两类：一类是狂妄自负、骄傲无知，不一定本性很坏，只是他的个性决定他最后必定会遭到杀身之祸，如《空城计》中的马谡；另一类是表现纯粹的坏人，阴险、毒辣、作恶多端，如《艳阳楼》中的高登。

京剧脸谱

京剧脸谱的构图大致可以分为整脸、三块瓦脸、破脸三大类，并且在此基础上派生出许多样式。整脸的整个脸谱是以一种颜色为主，再用与其色调对比比较强烈的颜色将眉毛勾画清楚即可，别的五官部位则不作强调。红色或白色的脸谱一般画黑色的眉毛，而黑色的脸谱画白色的脸谱，以突出色调的对比效果。用这种方法可以突出眉毛部分，使人物眼睛显得有神，协调整个面部五官。关羽是红色整脸，包公是黑色整脸，而曹操则是白色整脸。由整脸派生出的一种样式，称为六分脸，即脸谱的60%保留整脸，由于在戏中都是上了年纪的老将画脸谱，所以又称为“老脸”。三块瓦脸是脸谱中的基本样式，它是先有一种颜色在脸部做底色，然后用黑色画眼窝和鼻窝部位，将主要颜色分成了三个瓦片的形状，所以称为三块瓦脸。由此派生而出的是十字门脸，它是在三块瓦的基础上，从脑门顶到鼻尖画一条黑色竖直线，与左右两边的黑眼窝连在一起，形成一个十字，因此而得名。破脸又叫做歪脸，脸谱中左右两边不对称，五官的位置都被挪动，眉毛是歪的，眼睛是斜的，用来代表丑陋的人及品质恶劣的坏人。

除了上述的脸谱之外，还有一种象形脸，如孙悟空的猴脸就是象形脸。丑角的脸谱是用来与没有脸谱的人物相区分，所以一般只在鼻梁上画一个白粉块，形状有的为方形，有的为元宝形，有的为细枣核形。

京剧脸谱由最初只是为了夸张人物形象，用来表现个性突出、行为强烈的人，到后来它本身也逐渐发展为一种具有中国民族特色的图案艺术了。

京剧脸谱

（孙爱迪）

京剧的行当

“行当”是中国戏曲中一种特有的体制。根据剧中人物的性别、年龄、个性特征等，然后在演员的化妆、服装、声音和表演等方面进行强调，把这些人物再分为几种类型，这些类型就称为“行当”。

清·丑角扮相

早在元代的元杂剧中就已经划分出很多行当，不过在当时叫做“脚色”，大致分为末、旦、净三大类。明末清初，行当的划分已经十分精细，可分为 12 种脚色，有老生、正生、老外、末、正旦、小旦、贴旦、老旦、大面、二面、三面、杂。对京剧的行当划分影响最大的是汉剧，汉剧的行当划分得很细致，可分为一末、二净、三生、四旦、五丑、六外、七小、八贴、九伕、十杂。后来的京剧行当虽然表面看起来划分得很简练，但是每一大类中又包括若干个小类，将汉剧行当全部囊括进来，而且更加严谨精细。唯一的不同之处是在汉剧中还与元杂剧一样，以末为主要行当，而发展到京剧，生行就替代了末行成为主要行当了。

丑角脸谱

初期，京剧的行当分为生、旦、净、末、丑五大类，后来又将生行和末行合并，取消了末行，成为生、旦、净、丑四大类。生行是在剧中扮演男性角色的行当，它将净、丑之外的男性角色全部归入其内。根据剧中人物的年龄、性格、形象等，又可以分为老生、小生、武生等。生行中除了红生勾脸之外，一般都是素脸，被称为“俊扮”。老生专门扮演中年以上的男性角色，因老生都挂有胡子，所以又称“须生”。老生又分“唱工老生”，以唱为主，动作幅度很小；“做工老生”，又叫做衰派老生，以表演为主；“武老生”，又称靠把老生，以武打为主；“文武老生”，唱、念、做、打并重。小生主要扮演比较年轻的男性角色。扮相清秀，不戴胡子，演唱、念白时运用真假声结合的方式，从而表现年轻男子的英俊潇洒，也从声音上与老生区分开来。小生分文武两类，文小生又分“袍带小生”，也叫做纱帽小生，即有官职的青年人；“扇子生”，手拿扇子，头戴文生巾，身着绣花褶子，温文尔雅的年轻人；“翎子生”，文武双全的小生；“穷生”，穷困潦倒的念书人。武生，指擅长武艺、英勇善战的角色。武生可再分为“长靠武生”和“短打武生”，长靠武生一般身披大靠，足穿厚底靴，头戴盔甲，具有大将风度；短打武生身穿短衣，足穿薄底靴，用短兵器，身手敏捷。

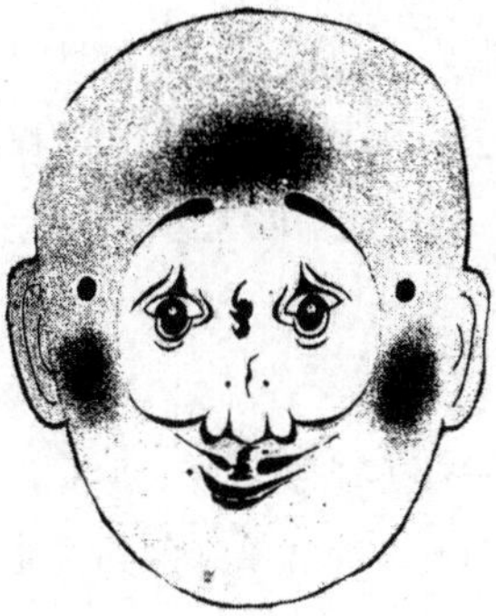

丑角脸谱

旦行是剧中扮演女性角色的行当，大致可分为青衣、花旦、花衫、武旦、老旦、彩旦。青衣也称为正旦，在旦行中占有最主要的位置，所扮演的一般是端庄、严肃、贤淑的青年中年女子。表演中以唱为主，行为稳重，一般为正面的角色。花旦都是扮演开朗活泼或身份低下的青年女子，有时也扮演性格泼辣、举止放荡的妇女，表演上以做工和念白为主。花衫在剧中是单纯的唱工戏或单纯的做工戏，所以对演员的专业水平要求比较高。武旦是扮演一些武艺高强的女子，又可以分为“短打武旦”和“长靠武旦”。短打武旦身着短衣，一般不骑马，以武打为主，也注重说白；长靠武旦身穿大靠，头戴盔甲，手持短刀。刀马旦与长靠武旦相似，但是刀马旦除了要会打之外，唱、念、做都很重要，扮演的是武艺高强、气度非凡的巾帼英雄。老旦是专门扮演老年妇女的角色，唱曲、念白都用真声，还须婉转，对演员的演唱功底要求比较高。彩旦又称“丑婆子”，是表演滑稽、诙谐的喜剧女性角色，以说白为主，化妆和表演都很夸张。

净行俗称“花脸”，因其脸上勾画的彩色脸谱而得名。所扮演的一般都是男性角色，可分为正净、副净、武净三大类。正净也叫做“大花脸”，在表演中以唱工为主，所以又称“唱工花脸”，所扮演的都是具有正义感、地位崇高的男性角色；副净包括架子花脸和二花脸，架子花脸必须唱、念、做、打样样都会，其中以念白、工架、表演为主，二花脸的戏很少，扮演狡猾、诙谐的角色，近似丑角；武净又叫做“武二花”或“摔打花脸”，表演中只重视武打，不注重唱和念。

丑行也称为“三花脸”，多扮演滑稽、机警、伶俐的角色，可分为文丑和武丑两类。文丑是指没有武功的幽默角色，包括“方巾丑”，即指有文化又略带书生酸气的人物；“袍带丑”，即官职较为低的小官；“茶衣丑”，即劳动阶层的人物。还有彩旦等都属于文丑的行当。武丑一般扮演性格机智、武功精湛、动作敏捷的人物，表演中以说白为主。

（孙爱迪）

四大名旦和四小名旦

“四大名旦”是对梅兰芳、尚小云、程砚秋、荀慧生四位著名京剧男旦角的合称。四大名旦的称呼来源于1927年由北京《顺天时报》发起的选举著名旦角的活动，起初为梅兰芳、尚小云、程砚秋、荀慧生、徐碧云、朱琴心等6人，被称为“六大名旦”。后来，随着朱琴心、徐碧云的先后辍演，也就成为四大名旦。梅、尚、程、荀等4人拥有各自独立的剧目，而且具有各自的风格特征，为繁荣中国的京剧舞台做出了杰出的贡献。

梅兰芳（1894～1961），字畹华，原籍江苏泰州。他出生在戏曲世家，8岁开始学戏，9岁拜吴菱仙为师学唱青衣，10岁时首次登台，14岁搭喜连成班进行演出。他勤奋好学，善于思考，不但努力学习青衣，还学花旦戏、昆曲等。后来排演了许多新剧目，并整理演出传统的剧目，进行戏曲的改革和创新，对中国京剧的发展起到重要的作用。梅兰芳对京剧的贡献不仅在中国得到了认可，而且在外国也得到了很高的评价，曾获得美国波莫纳学院和南加州大学的荣誉文学博士学位。

尚小云（1900～1976），河北南宫人。他的唱腔高亢刚劲，善于运用颤音，武功功底扎实，擅长刀马旦，塑造出许多巾帼英雄的艺术形象。1937年，他创立了荣春社，培养出大批优秀的京剧演员。同时，他也排演出许多新戏，其中以《乾坤福寿镜》、《昭君出塞》、《摩登伽女》、《秦良玉》等为代表剧目。

程砚秋（1904～1958），原名承麟，号玉霜，满族人。6岁拜师学武生，后来改学花旦和青衣，11岁开始登台，12岁正式演出。他创立了独特的程派艺术，唱腔绵延婉转，起伏跌宕，旋律与字调紧密结合，新颖而又动听，创造了10种水袖技法，使旦角的水袖更加富有表现力。其代表剧目为《荒山泪》、《英台抗婚》、《春闺梦》、《青霜剑》、《文姬归汉》、《锁麟囊》等。

荀慧生（1900～1968），河北东光人。幼年时曾拜庞启发、侯俊山为师学梆子花旦，后来入三乐班师从路三宝学京剧。他的唱腔婉转、柔媚，念白圆润、柔美，身段动作富有变化，眼神的运用尤为讲究，形成了荀派艺术。著有《荀慧生演剧散论》、《荀慧生演出剧本选集》等书，代表剧目有《红娘》、《红楼二尤》、《金玉奴》、《霍小玉》等。

“四小名旦”是继“四大名旦”之后，20世纪30年代的又一批著名的京剧旦角。他们是李世芳、毛世来、宋德珠、张君秋。

张君秋，14 岁开始学戏，16 岁就登台演出，曾得到四大名旦的指导。他的嗓音清脆甜润，扮相雍容华贵，在旦角的传统唱腔上，创造出许多新腔，形成一派。著有《张君秋戏剧散论》流传于世，代表剧目有《春秋配》、《西厢记》、《诗文会》、《赵氏孤儿》等。

毛世来，曾经拜梅兰芳、尚小云、荀慧生为师，善于扮演花旦、武旦，借鉴前人的表演进行创造，代表作有《小上坟》、《红娘》等。

宋德珠，幼年时的武功基础深厚，动作干净利落，身段优美，所以擅长扮演武旦和刀马旦。代表剧目有《杨排风》、《金山寺》、《扈家庄》等。

李世芳于 1947 年去世，还未能在京剧舞台上充分施展他的才华。

“四大名旦”和“四小名旦”都是我国著名的京剧旦角，为我国的京剧发展做出过巨大的贡献，在京剧史上具有重要的地位。

（干春松）

清代的“花雅之争”

花，即花部，又称“地方乱弹”，指在清康熙年间兴起的，如京腔、秦腔、梆子腔、二黄调等地方戏曲；“雅”，即雅部，指在元代末年兴起的昆曲。

“花部”、“雅部”的说法最初出现于清代乾隆年间，吴长元所著的《燕兰小谱》中多次提到北京的戏分花、雅两部。李斗在《扬州画舫录》中记载道：“两淮盐务例花、雅两部以备大戏。雅部即昆山腔；花部为京腔、秦腔、弋阳腔、梆子腔、罗罗腔、二黄调，统谓之乱弹。”又说：“郡城花部，皆是土人，谓之‘本地乱弹’，此土班也。至城外邵伯、宜陵、马家桥、僧道桥、月来集、陈家集人，自集成班，戏文亦间用元人百种，而音节服饰极俚，谓之草台戏——此又土班之甚者也。若郡城演唱，皆重昆腔，谓之堂戏。本地乱弹只行之祷祀，谓之台戏。迨五月昆腔散班，乱弹不散，谓之火班。后句容有以梆子腔来者，安庆有以二黄调来者，弋阳有以高腔来者，湖广有以罗罗腔来者，始行之城外四乡，继或于暑月入城，谓之赶火班。而安庆色艺最优，盖于本地乱弹，故本地乱弹间有聘之入班者。”

具有“雅部”之称的昆曲在元代末年只是南曲的一个支派，是流行于吴中的“小集南唱”的清曲。它兴盛于明代隆庆、万历之交，一直到清代嘉庆初年，称霸剧坛长达 230 多年，曾出现“家家收拾起，户户不提防”的繁荣景象。昆曲的剧作

明人演戏图

家们创作出了大量优秀的剧目，如洪昇的《长生殿》、孔尚任的《桃花扇》等，拥有许多演技高超的演员和戏班，如南京的沈周班，北京的聚和、三也，苏州的寒香、凝碧等。

明代晚期，昆曲经常在宫廷中为封建贵族们进行表演，逐渐开始脱离群众，形式主义的倾向也越来越严重。清代中叶，由于昆曲的题材日益缩小，忽视对剧目内容的要求而只重视曲词，所以逐渐走向衰落。

康熙年间，各种地方声腔开始蓬勃兴起，内容清新质朴，文词也比较通俗易懂，以版式变化体的音乐结构为主，采用七字句或十字句的唱词句法，语言大部分为当地的方言，深为普通民众所熟悉，比较贴近人们的生活，受到广大群众的喜爱。乾隆学派的著名学者焦循所撰的《花部农谭》将“花部”进行了透彻的分析，他说：“梨园共尚吴音，花部者，其曲文俚质，共称为乱弹者也，乃余独好之。盖吴音繁缛，其曲虽极谐于律，而听者使未睹其文，无不茫然不知所谓……花部原本于元剧，其事多忠、孝、节、义，足以动人；其词直质，虽妇孺亦能解；其音慷慨，血气为之动荡……田事余闲，群坐柳阴豆棚之下，侈谈故事，多不出花部所演。余因略为解说，莫不鼓掌解颐。有村夫子者笔之于册，用之示余，余曰：‘此农谭耳，不足以辱大雅之目。’”

乾隆五十五年（1790），乾隆皇帝八十寿诞，各地官员征召戏班入京庆贺。浙江盐务大臣召最优秀的徽班——“三庆班”进京表演，此事在李斗的《扬州画舫录》中也有记载：“迨长生还四川，高朗亭入京师，以安庆花部合京、秦两腔，名取班曰‘三庆’。”这是“花雅之争”中的一件大事。徽调进入京城之后，受到人们的欢迎，于是四喜、和春、春台三大徽班也陆续进入北京，而这时的“雅部”昆曲已经衰落，丝毫没有任何的发展，面对花部的逐渐深入人心也没有任何办法。于是，“花雅之争”以花部的全面胜利、雅部昆曲的消衰而告终。

（孙爱迪）

四大徽班进北京

徽剧，古时称为“徽调”、“二黄戏”，是安徽古老的地方剧种之一。

明代嘉靖年间，徽剧的先声——徽州腔在吸收了弋阳腔的基础上形成了。徽州腔增强了表现生活的能力，将寓意较深的曲词，解释、发挥成通俗易懂的“新体曲文”。到了明代万历年间，徽州腔又融入了民间的曲调和杂耍，蹬桌、翻梯、飞叉、滚打、跑圈等招式，幻术、火彩等特技都运用到剧中，形成徽剧的特殊风格。明末清初，西秦腔等声腔又融入徽剧中，形成了徽调的主要唱腔——吹腔拨子，后来又发展为二黄腔。清代乾隆年间，徽剧著名艺人高朗亭把徽剧带到扬州，扬州的剧种十分丰富，徽剧在这里吸收了各剧种的长处，而且还受到昆曲的影响，开始逐渐走向成熟，成为了唱、念、做、打并重的剧种，开始在全国流行开来。

乾隆五十五年（1790），乾隆皇帝八十寿诞，当时在南方很受欢迎的由高朗亭率领的徽班——“三庆班”被召入北京为皇帝祝寿。三庆班在北京进行了演出之后，由于剧目丰富、声腔通俗易懂，受到了观众的欢迎。后来，“四喜”、“春台”、“和春”三个徽班也陆续进入北京，被人们称为“四大徽班”，这就是中国戏剧史上著名的“四大徽班进京”。四大徽班进入北京，使得在京城盛行多年的昆曲日益消衰，徽调又与后来传入北京的汉调相结合，融入了一些地方俗曲的腔调和北京语音，形成了现在的“京剧”。

清代京城演戏盛况

早期，三庆班以程长庚、徐小香、卢胜奎、杨月楼为主，多编排须生戏；四喜班以梅巧玲、时小福、杨朵仙等为主，大多编排旦角戏；春台班以俞菊笙为主，主要编排武生戏。和春班于嘉庆八年（1803）成立，又在道光十三年（1833）宣布解散，是四大徽班中成立最晚，延续时间也最短的一个。

四大徽班的剧目在当时主要可以分为“奸、盗、邪、淫”四大类。“奸”主要是指政治上争夺权势的官员们之间的钩心斗角的题材内容，如三庆班的《三国志》、《鼎盛春秋》等，都是表现“奸”的主题的；“盗”是指表现一切绿林人物及反抗统治阶级、进行起义的人物的题材；“邪”主要是指神话故事之类的题材，如春台班的代表作《混元盒》、《莲花塘》、《双包案》、《水帘洞》、《官得福》、《青石山》、《金山寺》、《攻潼关》、《雄黄阵》、《五花洞》、《百花山》、《蟠桃会》、《金钱豹》等，都是以表现“邪”为主要内容的；表现“淫”的作品主要是四喜班的代表作《五彩舆》、《德政芳》、《双铃记》、《双钉记》、《盘丝洞》、《十二红》、《雁门关》、《贵寿图》、《乘龙会》、《思志诚》、《戏目莲》、《胭脂判》、《香莲帕》等。

除了表现“奸、盗、邪、淫”四大类的主要代表作之外，还有三庆班的《法门寺》、《京遇缘》，四喜班的《施公案》、《五里碑》、《永庆升平》、《双心斗》等都是当时很有名的剧目，受到观众的欢迎。

（孙爱迪）

同光十三绝

同光十三绝是指清代同治、光绪时期的十三位昆曲、京剧著名演员，在光绪年间被画师沈蓉圃绘制成彩色画像。画中有生、旦、末、丑四种角色，没有净角，据说这是因为画师不善于勾画净角，而并非当时没有净角。“同光十三绝”为程长庚、卢胜奎、张二奎、杨月楼、谭鑫培、徐小香、梅巧玲、时小福、余紫云、朱莲芬、郝兰田、刘赶三、杨鸣玉。

程长庚，字玉山，安徽潜山县人。同治、光绪年间为三庆班班主。当时与春台班的余三胜、四喜班的张二奎，合称为“三杰”。早年精通昆曲，又学京音，唱曲吐字清晰，且跌宕起伏，风格独特。门下弟子较多，如谭鑫培、汪桂芬等都很出名。他所出演的戏以《群英会》、《战长沙》、《华容道》、《文昭关》、《举鼎观画》等最为出色。

卢胜奎，又名卢台子，原籍安徽，后来到京城。他生性好戏曲，唱腔清脆动人，并善于昆曲，而且还非常好学，文采出众，擅长编剧，三庆班的《全本三国志》，共40本剧目，全部出自卢胜奎之手。他所出演的较为出色的戏有《七星灯》、

同光十三绝像

《盗宗卷》、《战北原》、《问樵闹府》、《打严嵩》等。

张二奎，原籍浙江，入京城后加入四喜班。他的戏很多，精通老生（末角），生末也能胜任。唱腔浑厚，念白清脆。较为出色的末角戏有《一捧雪》、《天雷报》、《九更天》、《胭脂褶》、《审潘洪》等，同时他还善于演帝王戏，如《金水桥》、《上天台》等，仪表非凡，风度翩翩。

杨月楼，又名久昌，安徽潜山县人。他嗓音洪亮，唱念做打都很精通。初学戏时从学张二奎演老生，后来改演武生。老生戏有《四郎探母》、《打金枝》、《五雷阵》等，武生戏有《恶虎村》、《连环套》、《昊天关》等都很精彩，善于演孙悟空猴戏，一度有“杨猴子”之称。他最著名的戏为《长坂坡》，他饰演赵云，每年只演一次。由于他文武双全，后来被人们称为“武生一代宗师”。

谭鑫培，又名金福，原籍湖北罗田。早年学过武丑，又改武生，后来随程长庚学文武老生。年轻时嗓音沙哑，中年后变得宽亮，因此才开始专演文武老生戏。他学过昆曲，吐字清晰准确，唱曲接近汉调，又夹杂京音，所以唱腔清脆而有力度。同治、光绪年间入升平署为供奉，他较为出色的老生戏有《空城计》、《乌盆计》、《定军山》、《战太平》、《乌龙院》等。

徐小香，原名馨，改名炘，号蝶仙，苏州人，原籍常州。师从吟秀堂潘氏，学小生戏，文武兼备，演技高超。出演《群英会》、《取南郡》中的周瑜，《辕门射戟》中的吕布，《八大锤》中的陆文龙等，都惟妙惟肖，生动逼真。他所出演的昆曲《游园惊梦》、《大小宴》等也十分出色。

梅巧玲，字慧仙，苏州人，因体态丰满，又被人称为“胖巧玲”。咸丰、同治年间为四喜班班主。幼年时曾师从杨三喜学昆旦和花旦，擅长念白戏，也偶尔唱老旦。他的得意作有《雁门关》、《四郎探母》、《贞娥刺虎》、《思凡》等。

时小福，字琴香，安徽人。曾师从名旦徐阿福学青衣，戏路很宽，所演《窦娥冤》、《三娘教子》、《汾河湾》等很优异。

余紫云，名金梁，号砚芬，湖北罗田人。幼年时学青衣和花旦，同治、光绪年间加入四喜班。所演《彩楼配》、《赶三关》、《梅玉配》、《祭江》、《盘丝洞》等最为出色。

朱莲芬，名旦朱福喜的胞弟，苏州人，早年学昆旦和花旦，后来又学皮黄戏，同治年间加入四喜班，会的戏很多，文武昆乱，无不兼备，并且擅长书法。所演《思凡》、《寄扇》、《寻梦》、《金山寺》、《三怕》、《虹霓关》、《双拜月》、《挑帘裁衣》等都很出名。

郝兰田，安徽人。他开始时学青衣，后来改为老旦。嗓音高亢，念白似老妇人讲话。以《吊金龟》、《行路哭灵》、《徐母骂曹》、《遇皇后》、《打龙袍》、《滑油山》、《目莲救母》等戏最为拿手。

刘赶三，名宝山，天津人。开始时学须生，后来改学丑角，演戏灵活而泼辣。咸丰年间升平署招为供奉。所演的戏中以《群英会》最为著名，其他的还有《审头刺汤》、《请医》、《下河南》、《小猪告状》、《探亲家》等。

杨鸣玉，又名杨三，苏州人。开始时搭四喜班演昆丑，后来又学皮黄戏，会的戏很多，主角、配角都能担任。其中以《时迁盗甲》、《访鼠》、《荡糊船》等戏最为出色。

（孙爱迪）

川剧的变脸绝活

川剧是一种由昆曲、高腔、弹戏、灯调组合而成的一种地方剧种，主要流行于四川全省及云南、贵州等地。

早在明代时期，四川已经出现地方戏班。明末清初，各地移民进入四川，而且各地也相继建立起会馆，许多南北声腔也因此开始在四川传播开来，它们与四川的方言、民间音乐、舞蹈等逐渐结合在一起，但是这时并没有彻底融合。清嘉庆时的《汉州志》曾记载说："报赛演剧，大约西人用秦腔，南人用昆腔，楚人、土著多弋腔，曰高腔。"由于外来声腔各自流入四川的路线不尽相同，日益形成弹戏分布在大、小川北地区，高腔流于川中、川南，丝弦主要在川西，而川昆、胡琴则错落流于四川各地的格局，它们都有着各自不同的风格特征，于是，到了同治、光绪年间，出现了历史著名的川剧"四条河道"，分别为：先唱丝弦后以高腔的上坝，即川西坝，以高腔为主的资阳河，以弹戏为主的川北河，诸腔杂居的下川东各条河道。不断进入四川的各种声腔与本地的流派进行广泛的交流和融合，使得昆、高、胡、弹、灯五腔合为一体，成为发展成熟的川剧。

川剧的剧目曾经有“唐三千，宋八百，数不完的三列国”之说，其丰富程度可见一斑。行当划分极为严谨，有生、旦、净、末、丑、杂等六大类。表演具有浓厚的生活气息，真实生动，幽默风趣，其中有变脸、托举、开慧眼、藏刀、钻火圈等绝技，使川剧变得更加丰富多彩而具有神秘感。

变脸，是川剧表演的特殊技巧之一，也是最具有代表性的一种绝技，它将人物内心中不可见的抽象东西变成具体可见的东西。川剧的变脸来源于传统戏《归正楼》，剧中表现了具有侠义心肠的盗贼贝戎劫富济贫，却不料遭到官兵追捕，最后以变脸之术脱身的情景。变脸绝技的兴起之初，演员用纸壳制作面具，后来改用草纸，将这些脸谱依次粘贴在演员的脸上，临场时以折扇或者点起烟火作掩护，把脸谱分别揭掉。脸谱一般为 3 张，最多的达到 9 张。

变脸的手法大致可以分为抹脸、吹脸和扯脸三种。“抹脸”的方法是演出前将化妆油彩涂在脸的某部位上，临场时用手往脸上一抹，即可变为另一种脸色。改变脸的全部颜色，油彩一般涂在额头或者眉毛上，如果只需改变局部的颜色，在直接将油彩涂在需要变的部位即可。“吹脸”是在舞台的地上事先摆上一个里面装有粉末的小盒子，临场时演员做一个伏地的舞蹈动作，将脸贴近盒子吹一口气，粉末便会扑在脸上，变成另一种脸色，这种手法只适合粉末状的化妆品，如金粉等。“扯脸”是事先将脸谱分别画在绸子上，并且在每张脸谱上都系上一根丝线，并固定在身体的特定部位，进行表演时，在舞蹈动作的掩饰下，将脸谱依次揭下，动作干净、利索。

此外，变脸还有运气变脸、面具变脸。运气变脸是演员在进行表演时运用气功使人物的脸变色。据说已故川剧名家彭泗洪在《空城计》中扮演诸葛亮时，就是使用气功使脸由红变白，再由白变红，以表现诸葛亮在收到司马懿大兵已退去的报告后，如释重负后的后怕。面具变脸，就是事先将脸谱画在木板、纸壳等材料上，通过面具的戴和脱来实现变脸。

（孙爱迪）

革命样板戏

革命样板戏是“文化大革命”时期对京剧《智取威虎山》、《海港》、《红灯记》、《沙家浜》、《奇袭白虎团》，芭蕾舞剧《红色娘子军》、《白毛女》以及交响乐《沙家浜》的特殊称呼。

1958年，中国开始进行大规模的戏剧改革，并于当年6月13日至7月4日召开了《戏剧表现现代生活座谈会》，提出了“以现代剧目为纲”的号召。而真正将富有革命意味的现代戏剧付诸实践，是在20世纪60年代。1963年，江青以没有任何职务的特殊身份要求文化部、中国京剧团、北京京剧团改编排演《红灯记》、《芦荡火种》。1964年6~7月，在北京举行了全国京剧现代戏演出，在这次演出中，《红灯记》、《智取威虎山》、《奇袭白虎团》、《红色娘子军》、《海港》、《杜鹃山》等都已经出现，毛泽东等党和国家领导人观看了部分剧目的演出，并在演出后根据毛泽东的意见，将《芦荡火种》改名为《沙家浜》。之后，江青又在演出人员的座谈会上，大谈特谈现代京剧改革的意见。1966年11月28日，“中央文化革命领导小组”在北京召开了首都文艺界“无产阶级文化革命大会”，当时任“中央文革小组”组长的康生在会议上宣布，京剧《智取威虎山》、《红灯记》、《海港》、《沙家浜》、《奇袭白虎团》，芭蕾舞剧《白毛女》、《红色娘子军》以及交响乐《沙家浜》等8部文艺作品为“革命样板戏”。1967年5月9日至6月15日，为纪念毛泽东《在延安文艺座谈会上的讲话》发表25周年，北京举行了8部革命样板戏的大会演，毛泽东、林彪、周恩来及“中央文革小组”其他成员观看了部分剧目演出。同年6月，在《红旗》杂志中刊登出《谈京剧革命》的文章，其内容就是江青所谈的关于京剧改革的意见问题。20世纪70年代初，革命样板戏在江青等人的直接指挥下，达到了高潮，中央及各地的剧团都组织培育“样板团”，革命样板戏也拍成电影在全国各地放映并组织巡回演出，还出版了大量有关书刊以进行宣传，希望建立起样板戏的权威性和唯一性。“文化大革命”结束后，重提百花齐放，样板戏一落千丈。20世纪90年代之后，人们开始对革命样板戏进行重新审视，甚至在有些文学史的著作中还给予了它很高的评价。

革命样板戏在“文化大革命”时期是作为一种高度政治化、概念化的文艺形式来进行阐释和宣传的，从剧本的创作到演员的表演无一不受到政治话语的支配，几乎将艺术概念化了，是极“左”路线的产物，也可以说是那个时代畸形的艺术产物。但是它也并非毫无艺术价值，首先，革命样板戏拥有许多优秀的音乐唱腔，这些音乐唱腔朗朗上口，超出了当时的政治理念，具有独特的价值，是样板戏得以生存和流传的基础。其次，在题材内容方面，革命样板戏虽然缺乏广泛性，但是在技术上，它确实已经达到相当精致的程度了。

（孙爱迪）

“北京人艺”的特色

“北京人艺”是北京人民艺术剧院的简称。成立于1952年6月12日，曹禺任首任也是终身院长，焦菊隐任总导演。

“北京人艺”是一个具有特色的国家级话剧院，其独特的“北京人艺风格”为广大观众所熟知。20世纪五六十年代，剧院推出一系列优秀剧目，以老舍的名剧《龙须沟》为基础，推出了《武则天》、《虎符》、《茶馆》、《骆驼祥子》、《雷雨》、《北京人》、《日出》、《关汉卿》、《名优之死》以及许多外国的剧目，如《悭吝人》、《带枪的人》、《伊索》、《智者千虑，必有一失》等，其中以演出郭沫若、老舍、曹禺和田汉的剧作而闻名。新中国成立10周年纪念之时，“北京人艺”推出了《蔡文姬》、《茶馆》、《骆驼祥子》、《雷雨》、《日出》、《伊索》等8台力作大戏，以示对国庆的祝贺。同时，也出现了一大批优秀的表演家和舞台美术家，如欧阳山尊、刁光覃、于是之、宋垠等。自“北京人艺”建院到“文化大革命”开始之前的14年内，共上演了121部剧目，创造了杰出的成绩并为中国的话剧发展打下了深厚的基础。

“文化大革命”期间，“北京人艺”被改名为“北京人民文工团”，后来又改为“北京话剧团”，直到1978年才又改回至“北京人民艺术剧院”。《茶馆》也在此期间被停演。

20世纪80年代，“北京人艺”又上演了大量的新剧目，有《王昭君》、《狗儿爷涅槃》、《红白喜事》、《天下第一楼》、《绝对信号》、《小井胡同》、《李白》、《旮旯胡同》、《古玩》、《北京大爷》、《鸟人》、《赵氏孤儿》、《风月无边》等，外国的主要剧目有《贵妇还乡》、《推销员之死》、《哗变》、《上帝的宠儿》、《洋麻将》

等。其中，李龙云的《小井胡同》和刘锦云的《狗儿爷涅槃》成为“北京人艺”80年代演出最早超过百场的剧目，而且还有许多剧目都多次获得国家“文华奖”、“五个一工程奖”等许多奖项。《茶馆》于1979年5月复演，并首开中国话剧走出国门之先河，奔赴德国、法国、瑞士等国家进行演出。1980年9月，《茶馆》在欧洲15个国家演出多达25场，并受到了高度的评价。之后，《王昭君》、《天下第一楼》、《推销员之死》、《鸟人》、《阮玲玉》、《古玩》、《无常女吊》等剧目也先后在日本、加拿大、新加坡、韩国、埃及及中国香港、台湾、澳门等20多个国家和地区进行访问演出。

“北京人艺”在中国话剧史上写下了辉煌的一页，为中国话剧事业创造出了许多优异的作品，不愧为国家级的艺术殿堂。

（孙爱迪）

常香玉和豫剧

常香玉是著名的豫剧表演艺术家，被人们誉为“豫剧皇后”，她以一出豫剧《花木兰》中“谁说女子不如男”的经典唱腔迅速红遍中国的大江南北。

常香玉（1923~2004），原名张妙玲，原籍河南省巩县（今巩义市）董沟。她从9岁开始就跟随父亲张福仙学戏，后来又拜翟彦身、周海水为师，初学小生、武生等行当，后来专演旦角。她10岁就登台演出，在13岁时，得到王镇南先生的帮助，主演了六部《西厢》，受到观众的喜爱，开始闻名于开封。常香玉在豫西调的基础上，逐渐将豫东调、祥福调、沙河调等融入于其中，并吸收了京剧、评剧、秦腔、河南曲剧等剧种的声腔技巧以及坠子、大鼓等的优点，博采众长，形成了新的唱腔，创立了“常派”，并于1948年创办了香玉剧社，开始培养新一代的青年豫剧演员。

20世纪40年代，为了反抗日本帝国主义的侵略，常香玉首次出演了抗日时装戏《打土地》，开创了豫剧编演现代剧的先河，同时也显示了中国艺人的爱国气志。1951年，为了支援抗美援朝，她率领香玉剧社的演员们在开封、新乡、武汉、广州、长沙等城市进行了巡回义演，并用演出所得的15.27亿元人民币（旧币）为中国人民志愿军捐献了一架“香玉剧社号”战斗机。1953年，她被任命为中国人民赴朝鲜慰问文工团第五团副团长，又带领“香玉剧社”的演员奔赴朝鲜战场，为中国人民志愿军和朝鲜人民进行了多达175天、共180场的慰问演出，被誉为“爱国艺人”。1954年，常香玉又在新疆为天山南北的边防战士和新疆的各民族人民进行了长达4个月的慰问演出。1979年，中国的西南边陲出现战火，常香玉又跟随到广西边防地区的军营中，为战士们演出。

常香玉于1952年参加了第一届全国戏曲观摩大赛，以《花木兰》获得荣誉奖。并历任中国戏剧家协会副主席、河南分会副主席，河南豫剧院院长，河南戏曲学校校长。1987年12月，常香玉自筹资金设立了“香玉杯艺术奖”，用以奖励河南地区表现出色的优秀戏曲人才，对豫剧的发展产生积极而有效的影响。1994年6月，常香玉荣获“亚洲最佳艺人终身成就艺术奖”，1995年，被国务院授予“全国先进工作者”的称号。2004年，常香玉去世之后，国务院决定追授这位已故的豫剧大师“人民艺术家”的荣誉称号。

常香玉是一位杰出的演唱家和豫剧表演家。她所创始的“常派”声腔朴实而自然，慷慨又婉转，淳厚酣畅，变化自如，格调新颖，表演细腻洒脱，生动逼真，具有极高的审美价值。她的代表作“红、白、花”——《拷红》、《白蛇传》、《花木兰》已经成为豫剧中的经典剧目，而且《花木兰》已经于1956年拍摄成戏曲影片。《断桥》、《大祭桩》、《破洪州》、《五世请缨》、《人欢马叫》和现代戏《红灯记》等也是常香玉的代表剧目。

（孙爱迪）

皮影戏

皮影戏又叫做“灯影戏”、“土影戏”、“皮影”，是由艺人一边演唱一边操纵着兽皮或纸板雕刻而成的人物剪影，并将灯光照射在剪影上进行表演，以达到艺术效果的戏剧形式，是中国最古老的戏剧形式之一。

皮影戏在我国有着悠久历史。宋代高承所著的《事物纪原》中记载说：“仁宗时，市人有能谈三国事者，或采其说加缘饰作影人，始为魏、蜀、吴三分战事之像，至今传焉。”《都城纪胜》中还记载道：“凡影戏乃京师人初以素纸雕镂，后用彩色皮（羊皮）为之，其话本与讲史书者颇同。”介绍了影戏制作材质的发展变化及表演的内容。到了元代，影戏作为一种宫廷和军中的娱乐形式广泛流传开来，并被传播到了一些阿拉伯国家，后来又传至土耳其、缅甸、马来群岛、日本及英、法等许多亚洲和欧洲的国家。明代的皮影戏基本继承了宋代的传统。清代，中国的皮影戏达到了鼎盛时期，影人的制作、造型技术较以前有了很大的进步，唱腔上得到了发展，广泛流行于各个地区，并形成了不同的地域风格，从事皮影的艺人也逐渐增多，而且很多都是数代相传，出现了大批优秀的皮影艺人。很多官第豪门都私养影班、请名师制作影人，在民间，也出现了或大或小的皮影戏班，演出更是非常频繁，盛况空前。

陕西皮影

皮影戏中的影人、景物及场面道具，一般都是艺人手工、经过刻镂彩绘而成的皮制品，是具有个性特色的民间美术类型。造型采用抽象与写实相结合的手法，大胆地对剧中的人物形象、道具进行平面化的处理，并将其艺术化和戏曲化。影人大多色彩艳丽，刻镂细致，四肢灵活，风格各异，有的自然、淳朴，有的则体现出细腻、秀丽的特征，具有浓厚的民族气息和欣赏、收藏与审美价值。

皮影戏的演出设备轻便，表演精彩动人，或慷慨激昂或优美缠绵，甚至还有各种大型的奇幻场面，配以皮影戏的隐身变形、劈山倒海等声光和特技效果，生动逼真。皮影戏的剧目丰富多样，比较常见的有《白蛇传》、《西厢记》、《牛郎织女》、《水浒传》、《三国演义》、《东郭先生》、《白毛女》、《小二黑结婚》、《红灯记》、《刘胡兰》等。

皮影戏在我国得到了广泛的流传，最北到黑龙江省，最南至广东省，甚至到西部的青海省都有皮影戏。皮影戏在传播和演变的过程中，逐渐吸收了各地方戏曲、民间小调等音乐的特点，形成了流派纷呈的局面。有的区域虽然在皮影的造型上具有共同特点之外，唱腔、表演等又各不相同，分成不同的流派。陕西皮影戏就可以分为10个剧种，有“阿宫腔”、“八步景”、“碗碗腔”、“弦板腔”、“拍板皮影”、“商洛道情”、“关中道情”、“安康道情”、“陕北碗碗腔”、“安康越调”等。各剧种音乐唱腔、表演形式及操纵技术又各有特点。如“碗碗腔”也叫做“华剧”，因其主要击节乐器为“碗碗”而得名，主要流行于陕西华山北麓的华县、华阴及大荔等地区，唱腔优美婉转，伴奏乐器有二弦、月琴、胡琴、碗碗、边鼓、手锣、大锣、马锣、唢呐、梆子、大号等。

皮影戏的优秀剧目有唐山皮影《双挂印》，湖南皮影《龟与鹤》、《两朋友》等，而且很多皮影戏还到美、法等欧洲国家进行演出，受到国外观众的欢迎和喜爱。

（孙爱迪）

十二

姓名　称呼

百家姓

谈到中国的姓氏，人们往往会提起《百家姓》。《百家姓》是我国流行时间最长、流传范围最广的一种蒙学教材。《百家姓》是北宋初年钱塘（今浙江杭州）的一个书生将中国的一些主要姓氏进行组合、排列所编撰的启蒙读物。虽然名为《百家姓》，其实并不仅仅是100个姓，其中收单姓408个，复姓30个。后来增补到504个，其中单姓444个，复姓60个。从字面上看《百家姓》并没有实际内容，但是由于它采用四言体例，句句押韵，像一首四言诗，“赵钱孙李、周吴郑王、冯陈诸卫、蒋沈韩杨……”读起来朗朗上口，适于诵读和记忆，所以很快传播开来。宋朝以后，又出现过各种改编本，如明吴沉、刘仲质编的《皇明千家姓》，清代康熙年间编的《御制百家姓》。元明以来还出现过《女真百家姓》、《蒙古字母百家姓》。不过，历代最为通行的还是宋代编定的版本。

《百家姓》的首句为“赵、钱、孙、李”，其实这并不是说这四个姓即是中国人数最多的姓氏，这样的安排有其历史渊源。由于《百家姓》编于宋代，而宋代的皇帝是赵氏，国君的姓自然要排在首位，否则就有欺君之罪，将难免杀身之祸。“钱”是在宋朝初年尚存的吴越国的王姓，此书编于吴越国的中心城市杭州，所以“钱”就排在次席。至于“孙”，则是因为当时国王钱镠的正妃姓“孙”，妻以夫荣，所以“孙”在第三位。“李”姓排在第四，是因为被宋朝灭亡的南唐国君姓李。

（范松义）

姓和氏有什么区别

今日说到姓和氏，人们往往将它们作为一个概念。但在先秦时期，姓和氏有着严格的区分，并不能混淆。

姓源自于母系社会。中国最早的姓，大都是“女”字旁，如：姜、姚、姬、姒、妫、嬴等，表示这是一些不同的老祖母传下的氏族人群。姜、姚、姬等，就连“姓”字本身也是由“女”、“生”二字合成的。姓的起源比较早，是氏族的族号，形成后也相当稳定。

而“氏”的产生则在“姓”之后，是按父系来标识血缘关系的结果，是由姓所衍生出来的，这只能在父权家长制确立时才有可能。因此，当我们读到“黄帝轩辕氏，姬姓”，以及“炎帝列山氏，姜姓”时，就可以明白，中华民族共同始祖炎黄二帝按母系来看，一姓姬，一姓姜；按父系来看，一“氏”轩辕，一“氏”列山。既说姓又说氏，表明母系和父系的影响同时存在，但“氏”排在前面，则又表明母权制已让位于父权制了。

“姓”代表血缘关系，指出血统来源，所以“姓”用来区别婚姻，同姓不能通婚，氏同而姓不同则可以通婚。“氏”的主要功能是区别高低贵贱，地位高贵者才有氏，而地位贫贱者则根本没有氏。先秦时男子称氏，有氏者为贵，并不称呼他的姓，而女子则称姓而不称氏。

春秋末年以后，姓与氏的界限逐渐模糊，到现在更是成为含义相同的两个字了。

（范松义）

《百家姓》和中国人的姓名趣谈

中国早在5000年前的三皇五帝之前就有了姓。“姓氏”在现代汉语中是一个词，但在那时候，“姓”和“氏”有明显的区别。（见上一条目）

随着氏族社会的解体和国家制度的定型，原始氏族逐渐分化，然后又分散到各地，他们之间的关系也逐渐疏远了，于是每一个分支另起一个名称，这就是“氏”。早期大多以部族的图腾为氏，出现了以受封的国名为氏，以赏赐封赠土地以命“氏”，以官职为氏，以所处的地方为氏的习惯。随着历史的发展和社会的变化，氏不断地变更，一个人也可能有多个氏。“氏”越来越多，“氏”与“姓”的区别实质上也越来越不明显。比如战国时期的商鞅，由于他是卫国公室的子孙，所以他的氏又有卫、公孙，后人又称他为卫鞅、公孙鞅。司马迁作《史记》时，干脆把“姓”、“氏”混为一谈。

据说，中国曾经使用过的姓氏高达22000个，但常见不过几百个，《百家姓》之外的“姓”在日常生活中也很常见到。据统计，全国最大的三个姓氏李、王、张，分别占总人口的7.9%、7.4%和7.1%。这三大姓氏的总人口数是2.7亿，为世界上最大的三个同姓人群。

中国的姓氏来源也多种多样：以居住地名、方位、封国为姓氏，如赵、西门、郑、苏；以先人名或字为姓，如皇甫、高、刁、公、施；以兄弟行次顺序为姓，如伯、仲、叔、季；以职官名称为姓，如史、仓、库、司徒、司寇、太史；以职业技艺为姓，如巫、屠、优、卜；以祖上谥号为姓，如戴、召；以古代少数民族借用汉字单字为姓，如拓跋氏改为元氏、叱卢氏改为祝；因赐姓改姓，如唐朝皇帝赐给立有大功的大臣们以李姓；因避讳改姓，如汉文帝名刘恒，恒姓因避讳改为常姓；因逃避仇杀改姓，如孔子的学生端木子贡后代避仇改沐姓。

搞清了“姓”与“氏”的分别与姓氏来源，还不代表搞清了中国人的姓名内涵。“名字”中的“名”与“字”也是大有分别的。春秋时期，有个人叫叔梁纥，他是孔子的父亲。他不姓叔，也不姓叔梁，而是姓孔名纥字叔梁。把字放在名之前，略去姓氏，是当时一种称呼法。从周代开始，初生之子就由父亲或祖父命名，男子20岁称冠年，进入成年阶段，父亲或祖父就得给他取字。后来直到新中国成立前，提到别人姓名时一般称姓和字，以示尊重，而“名”是不能随便叫的。常言道“尊姓大名”，可见古人对“名”的重视。但也有“名”与“字”相同的，如郭子仪字子仪，不过这只是一时的风尚。

古人命名当然喜欢美名，但历史记载中却有丑名、恶名，例如：鲁子恶、卫司马狗、公孙丑等。或者表示谦虚，或者如现在人们还用猫、狗、兔之类的字作小名，寓有希望自己的孩子容易长大之意。

“姓氏”、“名字”之外，中国的古人还有“号”、“别号”。“号”是自己取的，随心所欲；“号”若不止一个，多余的就是“别号”。不过“号”与“别号”分别不明显。“号”本来是为避称自己姓名而起的，后来成了表现自己的时尚，如李白自号青莲居士，苏轼自号东坡居士。

“姓氏”、“名字”与“号”、“别号”的这些麻烦到现在都不成问题了，但中国人现在对取名的讲究还是没有放低要求，有大名、小名，还有乳名、诨名等。“晓强”、“毛毛”、“大头”很可能就是一个人的多个名称。

（赵海燕、汤耀国）

有趣的姓氏来源

中国的姓氏来源很复杂，有以国名为姓氏、以邑名为姓氏、以乡亭之名为姓氏、以居住地为姓氏、以先人的字或名为姓氏、以排行为姓氏、以官职为姓氏、以技艺为姓氏、以谥号为姓氏、因赐姓或避讳而改姓等诸多来源。

李姓源于商代。据说少昊有个后裔叫皋陶，尧帝的时候任大理，负责司法事务。他清正廉明，尽职尽责。他的子孙世袭大理职务，被人称为理氏。到殷纣王时，理征因秉公断案得罪了纣王，被处死。理征的妻子儿女逃往外地，因为当地李树很多，当时李子成熟，他们得以填饱了肚子，于是改“理”为“李”，他的后人也从此以李为姓了。

孙姓的来源有多种。商朝时候，殷纣王荒淫无道，残害忠良，大臣比干为其所杀。他的子孙为了避难，于是隐姓埋名。因为他们是王室子孙，所以改为孙姓。又有周朝时候，一位王室成员叫做姬和，因为攻灭西戎有功，被周平王赐为公爵，史称卫武公。其子叫做惠孙，后来惠孙的后代把孙字作为姓氏，从此世代相传。还有周时齐国有一人名书，因为他战功赫赫，所以齐王就赐给他孙姓，称他为孙书，这也是孙姓的来源之一。

马姓的来源之一是战国的赵奢。当时秦军围困阏与，大将赵奢率军迎敌，大败秦军，解除阏与之围。回国后，赵奢因为战功卓著被赵王封在马服（今河北邯郸市西北），称为马服君。他的子孙开始的时候就以“马服”为姓氏，后来去掉“服”字，就以马为氏。另外，元代礼部尚书月乃和，他的祖父曾经担任金代的马步指挥使，而改姓“马”，名祖常。

秦姓来自于秦朝。相传帝颛顼的孙女名女修，一次她误服了燕子蛋而怀孕，生子大业，大业生子伯益。大禹治水的时候，伯益大力协助，立有汗马功劳，所以舜帝赐他姓嬴。伯益裔孙非子被封在陇西秦亭，叫做秦嬴。后来秦成为诸侯强国，为战国七雄之一，公元前 221 年建立了统一的秦王朝，秦国王族的后代就以国名作为自己的姓氏。

（范松义）

周代对于姓和氏的制度

周代立国之后，分封了很多诸侯，逐渐衍生出了很多姓氏，进入中国姓氏发展的繁荣期。春秋时期，可以考证的有姬、姒、子、风、嬴、己、任、祁、芈、曹、妘、董、姜、偃、归、曼、熊、隗、漆、允等22姓。周代将封建宗法和姓氏相结合，建立了一套严密的姓氏制度。

周代规定，任何人自从生下来起，他的姓都是固定的，但贵族却可以有氏，以区别尊卑。周天子的嫡长子是继承王位者，称为太子，其余的儿子统称王子，王子的儿子称王孙，王子和王孙统称王族子弟。诸侯的儿子除了太子外均称公子，公子的儿子称公孙，公子和公孙统称公族子弟。王族和公族有权力封国为氏，而公孙的子孙则不是公族的一部分，他们或者用祖父的名或字为氏，或者用其他方式为氏，如官名、居地、技艺，等等。虽然周代贵族有姓，但男子只称氏而不称姓，只有女子才称姓。女子在结婚前后、生前死后可能有很多互不相同的称呼，但是姓是必须的。未婚女子如齐姜，齐为国名，姜为姓。而如果嫁给鲁国国君后，就可以称为“鲁姜”。已婚女子一方面属于父方，一方面属于夫方，所以在氏上可以同时称两方面的。不过就血缘关系来说属于父方，所以只能称父方的姓。女子的称呼姓氏的方式，有单称姓、氏＋姓、字＋姓、名＋姓、谥＋姓等。

（范松义）

名字和别号

今天人们一般只有姓和名，而古人则既有姓和名，又有字，还有别号。

名是人的代表符号，在出生时由长辈所取。无论名好还是坏，个人是否满意，都不能更改。古代规定男子20岁、女子15岁为成年，此时要取字。字或者由自己取，或者由别人送。古时一般只有士大夫和知识分子才有字，而地位低下者只有名无字。南北朝颜之推《颜氏家训》中说：“名以正体，字以表德”，字与名二者关系密切，字往往是名的解释或补充。

字与名之间的关系有三种。第一，名与字的意义相同或相近。比如汉代人班固字孟坚，唐代诗人李白字太白。第二，名和字的意义相反或相对。比如唐人韩愈字退之，宋人晏殊，字同叔。“愈”与“退”、“殊”与“同”意义就相反。第三，名与字的意义相关。如孟子名轲，字子舆，“轲”与“舆”都是车子的一部分。

别号又简称号，是于本人名、字以名，别取一个称号，故谓之别号。别号不受家族行辈的限制，取起来比较自由，能够反映出个人的志趣。从晋代开始一些文人开始给自己取号，唐宋以后文人取号的越来越多。到了明清用号就更为普遍，一些皇帝也有别号，如清乾隆皇帝号十全老人、古稀天子。古人有的以地名为号的，如宋代诗人黄庭坚号山谷道人，是因为他曾在安徽潜山县山谷寺读书。有的以室名为号，南宋诗人辛弃疾在江西上饶修建了稼轩，所以他号稼轩居士。有的将自己的字拆开了取号，如南宋人郑思肖，亡国后号木穴国人， “木穴”二字合起来就是“宋”，表明了对宋朝的忠贞。其他还有以自己的爱好、志向为号，等等。

古人的号多少不一，一般只有一个，也有的人有多个号，如清初画家朱耷有雪个、个山、传綮、人屋、驴屋、八大山人等别号；清代作家曹雪芹有雪芹、芹圃、匠溪等别号。

（范松义）

中国的复姓有哪些

中国的姓大多是一个字，如赵、钱、孙、李，这称为单姓。也有的姓是两个或者两个以上的字，叫做复姓。从古至今，中国的复姓也非常可观，不过有不少早已经消失了。今日现存的复姓有下面的81个：

欧阳、太史、端木、上官、司马、东方、独孤、南宫、万俟、闻人、夏侯、诸葛、尉迟、公羊、赫连、澹台、皇甫、宗政、濮阳、公冶、太叔、申屠、公孙、慕容、仲孙、钟离、长孙、宇文、司徒、鲜于、司空、闾丘、子车、亓官、司寇、巫马、公西、颛孙、壤驷、公良、漆雕、乐正、宰父、谷梁、拓跋、夹谷、轩辕、令狐、段干、百里、呼延、东郭、南门、羊舌、微生、公户、公玉、公仪、梁丘、公仲、公上、公门、公山、公坚、左丘、公伯、西门、公祖、第五、公乘、贯丘、公晳、南荣、东里、东宫、仲长、子书、子桑、即墨、达奚、褚师。

（范松义）

古代人为什么让和尚或道士取名

中国古代有让和尚或道士给婴儿取名的传统习惯。这主要是因为古时候社会医疗水平低下，幼儿的存活率比较低，家长为了使自己的孩子健康成长，一方面自己精心呵护；一方面则希望法力无边的神佛能够驱除妖魔，保佑孩子。于是他们将满月的幼儿送到寺庙道观，让和尚或道士取一个法名或道名，表示孩子已经皈依了佛道。

僧人打坐图

在民间这种风俗叫做寄名。现代文学大师鲁迅小时候就由父亲抱着拜绍兴城内长庆寺的龙祖和尚为师父，得到了一个“长庚”的法名。

寄名有一定的程序。一般要焚香祷告，有时将小儿的年庚装进红布口袋里，挂在佛橱上，这叫做“寄名袋”。师父则要送给孩子一些东西，比如衣、道衣、银锁、符篆，以保佑弟子平安无事。在《金瓶梅》里，西门庆的儿子得到道士送的一副银项圈和黄线符，这是寄名锁和寄名符。

父母让儿子拜和尚、道士为师父，给他取法名或道名，并不是让他真的当和尚或者当道士，只是想借神佛仙道的保佑来避灾避难，所以到孩子七八岁的时候就要“还俗”。“还俗”也有一定的仪式。要选择一个黄道吉日，备上一份礼物到寺庙、道观里，让小孩穿上僧衣，然后师父故意责骂他又懒又笨，将他逐出山门。小孩则跳过代表佛门的一条板凳，直接跑回家里。

（范松义）

古人的谦称有哪些

谦逊是中华民族的传统美德，它体现于生活的方方面面，在称呼上也是如此。古人为了表示对对方的尊敬，对自己一般要用谦称。

早在先秦时期，人们已经开始使用谦称。《老子》说：“王侯自称孤、寡、不谷。”“孤”和“寡”是少的意思，在这里表示自己德行浅薄。“谷”是善的意思，不谷就是说不善。一般人称呼自己，有愚、鄙、敝、卑等。“愚”意思是说自己比较笨，“鄙”是说自己粗鄙浅薄，“敝”指自己或己物较差，“卑”则指自己地位低下。另外，“窃”有私下、私自的意思，表示有所冒犯、唐突。“臣”指对方地位高而自己身份卑微。“仆”是奴仆的意思，表示自己愿为对方效劳。“牛马走”的意思就更加明白，是说自己愿意像牛马一样为人奔走。

人须敬重长辈，但若对他人提起自己的家人时则须用谦称，常用“家”、“舍”等谦词。如自己的父亲，要称家父、家君、家严；母亲要称家母、家慈。其他长者也须如此，如家伯、家伯母、家叔、家叔母、家兄、家嫂等。自己的弟弟或者妹妹，则要称舍弟、舍妹。对自己的妻子古代多用谦称，如内人、内子、拙荆、贱内等。如今则是用爱人、太太、夫人等平称了。

古时读书人自称小生、晚生、晚学，表示自己是晚生后辈。有时又称自己不才、不佞、不肖，这是说自己才疏学浅。官吏自称下官、末官、小吏，意指自己地位较低。其他谦称有在下、小子、小可，等等。

（范松义）

古人的尊称

对已用谦称，对人则要用表示尊敬的称呼，这叫做尊称，也叫做敬称。

古代称呼身份高贵者的敬称很多。对皇帝，有万岁、圣上、圣驾、天子、陛下等。对皇子、亲王称殿下，对将军称麾下。对使节称节下，对三公、郡守等称阁下。

“令”为美好的意思，称呼别人的亲戚时一般要在称谓前加上此字。如称对方父亲为令尊、称对方母亲为令堂，称对方的哥哥为令兄，称对方的伯父为令伯，称对方的叔父为令叔，称对方的儿子为令郎，称对方的女儿为令爱。

有时也用“尊”字，如称对方父亲为尊上、尊公、尊君，称对方母亲为尊堂。

“贤”一般用于称呼平辈或晚辈，如称对方为贤家，称对方儿子为贤郎等。

古人称呼比自己年长的平辈为“仁兄”，此“仁”字也是尊称。

古时候有“先父”、“先慈”等说法，此处“先”字表示已经逝世，用来称呼地位尊贵或者年长的人。类似的称呼有先帝，指已经驾崩的皇帝；有先贤，指已死去的有名望的人。

古代的一些爵称随着历史的发展会转化成敬称。比如“君”，原来指天子、诸侯，后来则变成了用途很广的敬称。对父亲可以称为家君，妻子对丈夫可以称为父君。对别人称为“某某君”，也是表示尊敬。再如“卿”，原来是官职名，后来也被用作尊称。

（范松义）

什么是谥号

古代时帝王、诸侯、大臣等具有一定地位的人死去之后，根据他们的生平进行评定，给予一个或者褒奖或者贬低的称号，这叫做谥号。此种制度始于西周。当时周公旦和姜子牙为周王朝立下了汗马功劳，他们死后即获得了谥号。《周礼》说：“小丧赐谥。”就是指死后不久赐予谥号。

皇帝的谥号要由礼官确定，然后由即位的皇帝宣布。大臣的谥号则是朝廷赐予，代表官方的意见。确定谥号时要与死者生前的事迹、道德品质相符合。古代的谥号可分为美谥、平谥、恶谥、悯谥。而古代的谥法给每一类都规定了若干个有固定含义的字。

悯谥类有：伤，未家短折；殇，短折不成；哀，早孤短折；愍，在国逢难；悼，年中早夭。

恶谥类有：厉，杀戮无辜；灵，死而志成；庄，武成不遂；隐，隐拂不成；愍，使民悲伤；悼，恐惧从处；幽，动祭乱常；顷，甄心动惧。

平谥类有：元，始建国都；敬，夙夜警戒；庄，屡征杀伐；简，一德不懈；景，布义行刚；成，安民立政；康，安乐抚民；定，安民法古；理，质渊受谏；献，聪明睿智；平，布纲治纪；懿，温柔贤善。

美谥类有：文，经纬天地；戴，爱民好治；孝，秉德不回；武，克定祸乱；桓，辟土服远；襄，辟地有德；昭，昭劳有德；庄，胜敌志强；穆，布德执义；惠，爱民好与。

早期的谥号多为美谥、平谥，后来则逐渐有了恶谥。比如周厉王的谥号为“厉”，就是批评他残杀无辜，专制霸道。

先秦时期的谥号多用一个字，也有两三个字的。秦朝时谥号制度被废，汉朝时又加以恢复。明清时期的谥法则有了固定的内容。明代时候，不同地位的人谥号的字数是有明确的规定的。明代皇帝为17字，亲王1字，大臣2字；清代皇帝21字，硕亲王1字，大臣2字。

另外，在谥号中还有一种私谥。一些德高望重的学者、士人死后，他的学生、亲属等为他拟定的谥号，被称为私谥。

（范松义）

古人避讳的规则

古人在写文章或说话时，不直接写出或讲出君主或尊长的名字，甚至连同音的字也不提到，以表示崇敬之情，这叫做避讳。皇帝为天下至尊，他的名字天下人都要避讳。另外父母长辈的名字后代要避讳，老师的名字学生要避讳，上司的名字下属要避讳。

唐宋时期避讳制度最为严格，元代因为统治者的名字为蒙古语的音译，不讲究避讳。明代重新恢复，清朝刚建时则无此风，康熙皇帝之后又开始避讳。不过明清两代并不避同音字的讳。

古代避讳主要有缺笔避讳、同义字或同音字避讳、完全避讳等多种形式。缺笔避讳是将要避讳的字少写一笔。人的名字有多个字组成，所以，哪个字少写有明确的规定，而且，哪个笔画少写也不是随意的。同义字避讳指把需要避讳的字改为意思相同或者相近的字。如秦始皇名政，秦代就用“端”代替“正”，把正月改为端月。汉光武帝名秀，就将秀才改为茂才。同音字避讳是指用读音相同或者相近的字来替代避讳的字。如元明时期的赵元，因为明代开国皇帝名朱元璋，所以他就改名为赵原。完全避讳就是将避讳的字跳过，不读不写。

另外，避讳的形式还有拆字，就是将避讳字拆开来，只用其中的一部分。还可以在原来字的基础上构成新字。如孔子名丘，于是古人就在需要用丘字的时候改为邱字。

（范松义）

皇帝的年号

年号是中国古代封建皇帝用以纪年的名号。公元前 110 年，汉武帝率领大军巡视边防，见社会安定，百姓安居乐业，于是登上泰山祭告天地，并且颁布诏书，将该年定为元封元年。元封元年改元是有史记载第一次有诏书的年号。以后历代皇帝既用干支纪年，又各定有年号。最后一个则是清朝末代皇帝的宣统年号。自汉武帝到宣统皇帝溥仪，历朝历代包括农民起义、地方政权、少数民族政权，共出现过 820 余个年号。

新皇帝即位之后，必须改变年号，称为改元。有的皇帝从不更换年号，如唐太宗一直用贞观。不过年号定了之后并不是一成不变的，同一皇帝在位时也可以改元。有的则更换较多，几年换一次，甚至一年要换几次。如汉武帝在位 54 年，共用过 11 个年号；武则天年号更多，在位 21 年，共用过 17 个年号。改元除了新帝登基的时候，一般是在有天瑞或者天灾的时候。如汉宣帝时，因为发生地震，他颁诏书表明自己有罪，得罪了上天，并于次年改元地节。后来因为有甘露降于都城，又改元甘露。明、清两代一般只用一个年号，如洪武、嘉靖、永乐、康熙、雍正、乾隆、道光、咸丰等，所以明、清的皇帝可以称呼年号，这已经成为习惯叫法。

（范松义）

皇帝死后的两种称号

皇帝死后，除了有谥号，还有庙号和陵寝号。

所谓庙号，是古代帝王死后，在太庙立室奉祀追尊的名号，以某祖或某宗来称呼。庙号始于殷代，如殷王太甲称太宗，太戊称中宗，武丁称高宗等。从汉代开始，开国皇帝一般被称为“太祖”或“高祖”，比如汉高祖、唐高祖、宋太祖、明太祖。他的子嗣则一般称“宗”，如唐太宗、宋太宗，等等。不过也有例外。元代既称成吉思汗为太祖，又称忽必烈为世祖。明代朱棣不是开国皇帝，庙号为明成祖。清代顺治皇帝也不是开国皇帝，庙号却为清世祖，而康熙皇帝的庙号为圣祖。清末光绪帝的庙号为德宗，这是中国最后一个皇帝庙号。一般来说一个皇帝只有一个庙号，但也有特殊情况，如汉代刘邦有高祖、太祖两个庙号，明代朱由检有毅宗、怀宗和思宗三个庙号。另外，并不是每个皇帝都有庙号，比如，汉代皇帝刘盈、刘启，唐代武则天即无庙号。

皇帝死后安葬的地方叫做陵寝。开国皇帝的陵寝号一般称为长陵，以后皇帝的陵寝号则要根据皇帝的是非功过、生平事迹等来定，比如茂、义、康、显节、高平等。也有以陵寝所在的地方来命名的，比如汉文帝的霸陵、魏文帝的首阳陵、孙权的蒋陵等，不过这不多见。

（范松义）

十三

交通　运输

中国古代车的起源

中国是世界上最早发明和使用车的国家之一，相传在黄帝时期，我们的祖先就已经从自然界得到启发，知道应该怎样制作车了。《淮南子·说山训》有圣人“见飞蓬转而知为车”；《续汉书·舆服志》有：“上古圣人，见转蓬始知为轮”。“蓬”指蓬草，“转蓬”，即蓬草团随风旋转。而新石器时代随着手工业的不断发展，人们创制出许多轮转工具，如纺线用的纺轮，制陶用的陶车和琢玉用的轮形工具等等，又为制作车创造了先决条件，春秋末年齐国记录的官书《考工记》即言：“察车自轮始。”

铜辇车

最初的“车”是把圆木垫在木橇之下，其上载物，借人或牛而使圆木滚动来移动木橇。少昊时就已经开始用牛拉车。《史记》则记载，大禹治水时，“陆行乘车”。而按《续汉书·舆服志》记载，夏朝已经有了专管车旅交通、车辆制造的官员，叫做“车正”，由奚仲担任，并在其封地薛（今山东滕县）为夏王制造车辆，“建其斿旐，尊卑上下，各有等级”。这时候的车基本是双轮、独辕，车厢是方形或长方形，并开始了用马拉车。至西周时期，已经出现了装饰考究的车。春秋战国时，车战是战争的主要形式，由此推进了造车技术的进一步发展。由独辕车发展至双辕车。并且车的种类日益繁多，用途日益专门化了。

（陈海娟）

骈、骖、驷

周代驾车的马由商代的二匹增加到三匹、四匹甚至六匹。车驾二马的叫做“骈”；驾三马的称“骖”；驾四马的名“驷”，其中驾辕的二马叫做服马，两旁拉车的马叫做骖马；驾六马为“六骓”。周代的车一般以驾四马为主，多以“驷”为单位计数马匹。又因为春秋战国时期经常车马连说，说到车即包括马，说到马也意味着有车，所以，“驷”也就成为计算车辆的单位了。《论语·季氏》中即有：“齐景公有马千驷。”就是说齐景公有1000辆车和4000匹马。四马加一车称为“一乘”，说到有多少乘，也就意味着有多少组与之相应的马。

（陈海娟）

《诗经》里的交通工具

《诗经》中有非常多的诗歌涉及车马。《诗·小雅·出车》描述的就是如何推出战车，奔赴战场。战车在《诗经》中叫做“戎车”。《诗·小雅·采薇》：“君子之车，戎车既驾，四牡业业。”即四匹公马拉的战车。《诗·小雅·六月》中的“元戎十乘”，就是指战车十辆。在《诗经》中，打猎用的车叫做“田车”，如《诗·小雅·车攻》的“田车既好，四牡孔阜”，就是说“田猎车子已修好，四匹公马强又壮”。《诗·小雅·吉日》是记述周宣王择日选车马行猎，其中也有“田车既好，四牡孔阜”句。《诗经》中还有用来载运使节的车，如《诗·小雅·四牡》的“四牡骓骓，周道倭迟”；《诗·小雅·皇皇者华》中的“我马维驹，六辔如濡”。《诗经》中还有迎亲的车马，如《诗·小雅·鸳鸯》、《诗·小雅·车辖》等篇中，以“四牡骓骓，六辔如琴”，描写了迎亲时的欢快。

春秋战车

（陈海娟）

汉代车的类型

汉代的车的类型大致可以分为三种：小车（马车）、大车（牛车）和手推车。

双辕车

按《释名·释车》："小车，驾马，轻小之车也。"源自先秦时的驷马车，只是将单辕变为双辕，其结构也较简单。

西汉是双辕车逐渐兴盛的时代。在经历了一个漫长的过程之后，独辕车逐渐演变为双辕车。从考古资料看，这一演变过程至少可以上溯到战国晚期。在河南淮阳马鞍冢战国晚期墓葬的 1 号车马坑、甘肃秦安秦墓中，均发现有驾一马的双辕车。另在湖南长沙楚墓出土的漆卮上也绘有驾一马的车。陕西凤翔秦墓中还出土了陶制的双辕牛车模型。这些均可视为双辕车的滥觞。

自汉武帝以后，双辕车开始逐渐普及，考古发现的西汉晚期与东汉时期的画像石、画像砖和汉墓壁画上，基本上是双辕车形象了。

双辕车的结构，除车辕变为两根外，其他各部位与独辕车基本相同。双辕开始仍为上扬曲身的形式，为防止车辕折断，往往在车辕中部到车轭之间加缚两根木杆，以加固车辕，后来逐渐演变为平直的形式。双辕车的出现，改变了独辕车至少系驾二马方能行走的局限，使单马拉车成为可能，从而使我国古代车由驷马高车进入了单马轻车的发展新阶段。这种发展变化是历史的必然。在汉代，骑兵是最主要的军事力量。汉武帝时，三次出兵北疆，抗击匈奴，每次仅精骑就达 10 万之众。大量的马匹被征以军用，再用驷马拉车便很困难了。所以，人们不得不借助改造车的形制来寻求解决的办法。双辕车的出现，适应了这一需要。

在汉代，双辕马车因乘坐者的地位高低和用途不同，又可细分为若干种类。结合出土的汉车实物、模型以及形象图，与文献记载对照，现能确认的有：斧车、轺车、施幡车、轩车、軿车、辎车、栈车等。

軿车

軿车是汉代一种极为舒适而又装饰华丽的高级篷车，专供贵族妇女乘坐。双辕单马，方形车舆，四面施以帷幔，车盖硕大，且四边稍稍上卷，呈盔帽形顶。车门改在前面，舆内仅容一人，御者坐在车舆前的轼板上驾驶。

辎车

辎车也是汉代一种极为舒适而又装饰华丽的高级马车，多为皇室诸侯官僚乘坐。双曲辕驾单马，形制和軿车基本相同，略有不同的是车门设在车舆后面，车辕较长，直伸到车舆后边，以供乘者上下时蹬踏之用。它是一种适于长途旅行乘坐的车，既可载行李，夜间又可卧息车中。一般辎车和軿车可并称“辎軿”。

牛车

牛车自古就有，因牛能负重但速度慢，所以牛车多用以载物。汉代交通发达，除乘人的马车以外，载货运输的牛车数量也大量增加。因其车厢宽大，又称大车、方厢车。

古代中国历来以农业为立国之本，因此自古重农轻商，商人虽富，但在政治上却无任何地位，被划归为“庶民”、“小人”之列。在崇尚马车、以马车明尊卑的时代，乘牛车被视为是件“卑贱”的事。至今考古发掘中尚未发现有随葬的牛车坑，这种大小奴隶主贵族死后，随葬品只用马车而绝对不用牛车的事实，证明了牛车与马车所标示的等级之分。

这种重马车、轻牛车之风至秦汉犹存。汉代牛车由于采用直辕形式，所以支点较低，在平地上行车时远比曲辕的马车平稳安全。加上辕直，制作时便可选用较粗大的木材，提高了车辕的坚固性，而无须像马车那样附设加固杆。汉以后，人们坐车不求快速，但求安稳，于是，直辕的优点渐渐显出，直辕车开始盛行，而曲辕车渐渐被淘汰。

独轮车

两汉之际，在齐鲁（今山东）和巴蜀地区（今四川）出现了一种适用于乡村田野、崎岖小路和丘陵起伏地区使用的手推独轮车。四川成都汉墓的画像砖，四川渠县燕家村、蒲家湾汉代石阙，山东嘉祥汉武梁祠的“董永故事”画像石上，都有独轮车的形象。东汉应劭在《风俗通》中说：“鹿车窄小，裁容一鹿也。”但据专家考证，汉代井上汲水多用辘轳，属一种轮轴类的引重转动器，而这种手推车就是由一个轻便的独轮向前滚动，形似“辘轳”，所以“鹿车”实为“辘车”。“独轮车”之名，是在北宋沈括的《梦溪笔谈》中才出现。

独轮车的特点是，结构简单；两个把手前端架置一轮，把手间以横木连接，形成一个框架，其上或坐人或置物。轮两侧有立架护轮，行车灵活轻便，一般只一人推动，或加一人在前面拉，载人载物均可。在狭窄之路运行，其运输量比人力负荷、畜力驮载大过数倍。

独轮车是我国古代交通史上的一项重大发明，它以自身经济而实用的长处，历

2000 多年而未绝迹，至今在我国一些山区或边远乡村中，各种式样的独轮车仍在使用。曾有人说，解放战争时期淮海战役的胜利，就是用独轮车推出来的。历经几千年的独轮车，尽管名称各异，但形制却相差无几，可以说都是源于汉代的辘车。据考证，它的出现要比欧洲的独轮车早 1000 多年。

（陈海娟）

木牛流马

相传三国时蜀相诸葛亮发明了“木牛流马”，以运输粮草。“木牛流马”实际是从汉代的辘车改制而成的。“木牛”即指辘车，不用牛马也能行车，好像一头不吃草的牛，“流马”意即独轮转动灵便，运行轻快，如同能流转疾奔的马。辘车起源于穷乡僻壤之地，自然使用者也是广大的劳苦大众。另外，当时一些贫寒文人或落魄之士，因无资格乘马车，于是坐这种辘车。相传诸葛亮制作了木牛流马，魏兵很是羡慕，夺得木牛流马后也仿制了许多，用来驮粮食。结果被蜀兵截住，把木牛流马嘴内的机关一扳，木牛流马个个不能走动，魏兵再次夺回去也无法驱赶，反而损失掉很多粮食。

（陈海娟）

明清时期的轿车

明清时代的车多用一匹或两匹骡子挽行，统称为“骡车”。但为区别乘人的车与载物的车，又有“大车”、“小车”之分。乘人的车为小车，因其有棚子、围子，形如轿子，所以习惯上称之为“轿车”。

轿车都是木制的，普通百姓坐轿车是用柳木、榆木、槐木、桦木等制作，皇室和贵族坐的轿车则用楠木、紫檀、花梨等上好木料制作。车成型后，都要刷以油漆，好木料的轿车用本色油漆，叫做“清油车”；一般轿车则是用栗壳色、黑色油漆。

轿车的形制是由辕、身、梢、篷、轴、轮几大部件组成。车辕为两根圆头方身的长木，后连车身、车梢，构成整个车的“龙骨”。车厢坐人处一般用木板铺垫，

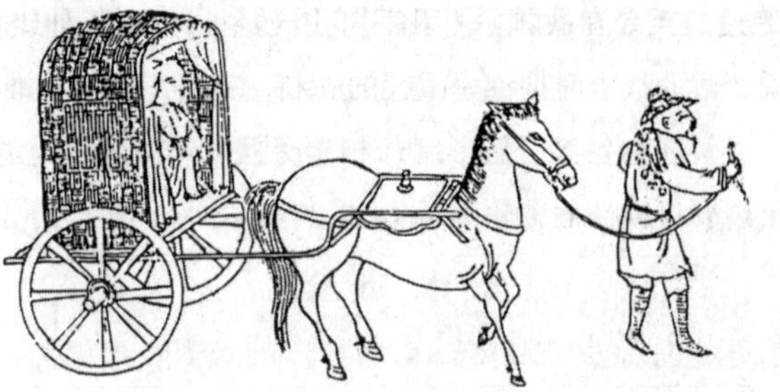

轿车

讲究点的，木板中心用极密的细藤绷扎，上置车垫子。在车辕前架有一短脚长凳，名“车蹬子”，平时架在辕前，乘者上下车时，便取下做垫脚用。另外车辕前还横置一根方形木棍，停车时，用以支撑车辕，以便减轻牲畜所负的重量。

车棚是由木格组成，并不能遮风挡雨，所以往往还要包一层布围，以避风雨。这种布围称车围子。车围子因乘坐对象的不同有很大差别，豪华轿车的车围子或用绸子或用锦缎制成，冬天用皮，夏季夹纱。嵌玻璃，绣珠宝，顶绦子，垂穗子，装饰华丽，变化万千。在颜色上也是各有等级，不得僭越。皇帝用明黄，亲王及三品以上的官用红色，其余用宝石蓝、古铜、绛色、豆绿等色，各随车主爱好。庶民百姓使用的轿车围子只能是棉布或麻布制成，颜色也只能用皂青色或深蓝色。轿车一般不用白色，这是因为白色是重孝的服色。车围子左右还要开一个一尺见方的小窗，上嵌玻璃，讲究的车前后左右均开窗，最多的可以开 13 个大小不一的窗户，称之“十三太保”。窗形状也各异。车门设在前面，上挂一个小夹板帘子，中间也嵌有玻璃，放下可以望到外面。夏天可换成细竹帘。不上围子的轿车，叫做“光架子骡车”，一般不能上街，只有处决犯人时，才乘这种车去刑场。所以，再破敝的轿车也要上个围子，铺上垫子。

当乘轿车之风兴起后，各种名称的轿车也就随之产生，如夏枝巢在《旧京琐记》说：“旧日乘坐皆骡车也，制分多种：最贵者府第之车，到门而卸，以小童推之而行。出则御者二，不跨辕，步行于两旁，健步若飞，名之曰‘双飞燕’。次曰‘大鞍车’，贵官乘之，京堂以上，障泥用红，曰‘红拖泥’。其余皆绿色油布围之，曰‘官车’，寻常仕官乘之。曰‘站口车’，陈于市口，以待雇。‘跑海车’，沿途招揽坐客。”还有奔驰于通衢、走长途涉远道的专线运送乘客的轿车。

辛亥革命之后，随着人力车和汽车在我国的出现，轿车数量日渐减少，多为乡村中地主豪绅拥有，以妇女乘坐为主。在交通不便的地方，也有人使用这种轿车。

但这时的轿车其装饰就极为简单了，车厢立棚，外面覆以蓝布幔帐，前面挂帘即可。20 世纪 20 年代后期，“此项轿车，日渐减少，近日唯有婚丧喜庆之家用”（《民社北平指南》）。如今，这种以骡驾引的轿车已作为历史的遗迹，陈列于民俗博物馆里，供人们参观了。

（陈海娟）

古代单骑马的马具

我国古代中原地区骑马的历史要比乘车的历史晚得多。即所谓“驾车在前，乘骑在后”。而单骑的出现又与战争密不可分，如春秋战国之际，赵国的赵武灵王为了对付“三胡”（即东胡、林胡、楼烦），抛弃了传统的车战，“胡服骑射”，组建了骑兵部队，揭开了中原地区古代单骑历史的序幕。至秦汉，骑兵已成为军队的主要兵种之一。以后历代相沿，军队的建制均包括骑兵。到隋唐时，乘骑之风，已自上而下，普及整个社会。而我国古代单骑的马具也和马车的鞁挽具一样，同样经历了一个漫长的发展过程。一套完备的马具，是由络头、衔、镳、缰绳、鞍具、镫、胸带和鞧带几部分所组成。其中络头、衔和镳基本上承袭了马车的马辔头形制，没有太大变化。其他的马具则有别于马车的鞁挽具。如下：

辔：即马缰绳，绕过马颈，两端分别系于衔两侧环上，呈封闭式半圆状，骑者握缰以驭马。

鞍具：“马鞁具也。”（《说文·革部》）鞍具的出现较辔头要晚。一般说来，古人将马系上辔头后，便直接骑裸背马，而骑光背马，很难控制马的动作，而且时间一长人也会感到不适。所以就出现了一种类似褥垫或坐垫的东西，将它放置在马背上。这种原始的鞍具称为“鞍垫”，在秦始皇陵二号俑坑里的战马和陕西咸阳杨家湾西汉初年骑兵俑战马上均装备有这种鞍垫。及至西汉晚期，一种凹形马鞍始出。两晋南北朝时，马鞍前后起桥，因两鞍桥均直立，所以称之为“两桥垂直鞍”。隋唐时期，鞍桥的形制又有了新的变化，表现为前鞍桥高而直立，后鞍桥向下倾斜，可称之为“后桥倾斜鞍”。这种调整，方便了乘者的上下。鞍具一般为木制，也有用革制的。其上多饰铜泡，鎏金包边，高级的则镶嵌珠宝。鞍下垫鞍褥，也称“鞯”，多为毛毡制作，以防磨损马背。讲究的则用皮毛制作。鞍鞯下有障泥，是一种设于鞍鞯之下垂悬马腹两侧障尘挡泥用的马具。备好鞍具的马，如暂不乘骑，则在鞍上蒙盖一块丝绸缎，称“鞍袱”（也写作复），以避尘埃。唐代称之为“帕”，杜甫《骢马行》中即有“银鞍却覆香罗帕”。

胸带：固定鞍具的革带。胸带也称攀胸，唐代则称之为“钩臆带”。唐代白居易诗中有“银收钩臆带，金卸络头羁”。

鞧带：也是固定鞍具的革带。鞧带也可写做鞦带，自鞍后绕过马尾下兜过尻部，再连结在鞍上，以免鞍具前斜。

腹带：也是固定鞍具的重要革带。它的产生时代较前两种要早，商周马车上已有。其自马鞍底下绕过马腹，两端卡扣在马鞍中部的两侧。这样，马鞍和马鞯被从马的胸、尻、腹三个部位引出的带子牢牢固定在马背上，以免向前、向后或向两侧偏斜。这种固定鞍、鞯之法，至唐代已成定制，后世均相沿用，无大变化。

马镫：是马具中至关重要的一个部件。它随着高桥马鞍的出现而产生。在马无鞍具或只装置低矮的鞍垫时，骑手们上马都是一手抓缰，一手按住马背（或鞍垫），偏身跨腿跃上马背。西晋时，鞍桥变高，且直立，这样就使骑者上下马更为不便。于是一种供骑兵上马时蹬踏之用的马镫出现。1976 年甘肃武威南滩一座魏晋墓中，出土一件目前所知年代最早的铁马镫（已残，形制不详）。另外，长沙西晋永宁二年（302）墓出土的陶俑坐骑上也有镫，呈三角形，只在人上马的左侧前鞍桥处系挂一只，而右侧没有。垂系马镫的革带很短，只及人腿部的一半长，而且俑的脚并未踩在扣里，所以说，这种马镫只是供乘者上下马时蹬踏之用，上马后便无用处了，可视为马镫的原始形态。但它的出现仅仅提供了上下马之便，并未解决骑乘时的安稳问题，所以，古人在这种原始马镫的基础上，又制作出真正的马镫。北燕冯素弗墓出土的两个三角形、木芯外裹鎏金铜片的马镫即是其代表物。从单马镫到双马镫，即为我国古代马镫产生、发展和成熟的两个阶段。马镫的产生和使用，标志着骑乘用马具的完备，因而具有里程碑的意义。在军事上，使骑兵上下马迅速，人骑在马上不易坠地，控制战马也更自如，使复杂的战术动作和列阵的训练变得更容易。在日常生活中，使许多没有经过正规训练的人也能很方便地上下马和驾驭马，甚至妇女也能稳骑马上。骑马者的姿势也由以往的踞坐式改为挺身直腿。其时所谓“骑士之风”较“乘车之容”更具风度和潇洒大方。隋唐以后的马镫形制改进得更为实用，其镫柄变短，镫体上部呈圆弧形，踏脚处改为微有弧曲的宽平沿，便于乘者蹬踏。

蹄铁：为了不使马蹄受伤，汉代曾给马穿上皮制马鞋。但因行动不便，不久就被淘汰。唐代以后有“踠促蹄高如踏铁”（杜甫《骢马行》）和“金戈铁马入梦来”的描写，有人认为此即指蹄铁。但也有专家认为，我国普遍采用蹄铁的时间，大约不会早于元代。而正式文字记载则要到明代。明《增补文献考·经籍志》说：过去没有蹄铁，用编葛护蹄，尹弼商东征建州时，为防冻伤马蹄，用铁片制成圆的马蹄形，分两股钉在马蹄上，蹄钉像莲子形，头尖尾大，每蹄8个，在冰上行走可防滑，从此以后，“有马者均用此”，一年四季不除。

具装：是防护战马的铁铠。汉代即有皮制的“当胸”，三国以后开始出现马铠。至南朝时期，“甲骑具装”的重装骑兵已成为骑兵部队的主力。“甲”是指骑士的铠甲、兜鍪。“具装”即马铠，包括护头的“面帘”、护颈的“鸡颈”、护胸的“当胸”、护体的“马身甲”、护尻的“搭后”等等，均为铁制。但由于这些具装笨重不堪，到隋唐时期就废而不用了，矫捷迅猛的轻骑兵重新得到发展。

我国古代马具和马饰的发展，经历了战国、秦汉的产生，两晋南北朝的发展，隋唐以后的完备这三个发展时期。而马具的日臻完善是促进古代乘骑之习普及的主要原因。自此以后，具有矫健英姿的骏马、风度翩翩的骑士、富丽华美的马具，便成为历代文人墨客、诗仙词圣书画和讴歌的对象。

（陈海娟）

轿子

轿子曾是古代一种独特的代步工具。在宋代以前，舆轿多单称“舆”，扛上肩的属肩舆，用手抬的属腰舆。“舆轿”一词见于《汉书·严助传》中的“舆轿而隃（逾）岭”的记载。

1. 远古时期的轿子

舆轿最早应是用于翻山越岭。《史记》中就曾提到，大禹治水时，“山行乘檋”，“山行即桥”。《史记·河渠书》集解引徐广注说：“檋，一作桥。”按《癸巳类稿·轿释名》，因檋是过山之用，负在一前一后两人肩上，远望过去“状如桥中空离地也”，所以又可称“桥”。而“桥”、“轿”二字古时可相通。这是古文献中对轿子的最早记载。

2. 春秋战国时期的轿子

如今所能见到的最早的舆轿实物，是1978年从河南固始侯古堆春秋战国时期的古墓陪葬坑中发掘出的三乘木质舆轿。其中一件经复原后其原貌为：由底座、边框、立柱、栏杆、顶盖、轿杆和抬杠等部分组成。底座呈长方形，顶盖仿四面起坡的房顶形式，轿身原应施围帷幔。前开小门，供乘者出入。轿杆捆绑在底座边框上，这和后来轿杆固定于轿身中部的形制不同，但它仍然是以后各种肩扛式轿子的先祖。从该舆轿完备的结构看，当时制造舆轿的技术已相当成熟。

3. 汉代的轿子

汉代的轿子

在汉代，舆轿为了能够轻易地翻山越岭，多是用竹子编成，所以又有“竹舆”、“篾舆”、“编舆”、“篾”等名称。在云南晋宁石寨山汉墓出土的铜贮贝器上可以见到汉代舆轿的形象，为长方兜形，有抬杠，但没有帷幔和顶盖，乘轿者“席地而坐”，由四个短衣跣足的壮汉肩抬而行。

4. 魏晋南北朝时期的轿子

魏晋南北朝时期，舆轿已经成为统治者的一种新的日常代步工具，在形制上也发生了很大的变化，有“八扛舆”、“版（板）舆”、“襻舆”、“篮舆”等。都是“人以肩举之而行”（《资治通鉴》晋怀帝永嘉元年注），所以统称为“肩舆”或“平肩舆”。

“八扛舆”需要用8个人肩抬，轿夫为前6人后2人。其轿身较大，可同时乘坐二人，轿上笼罩幰幛，夏日可避蚊虫。此轿不用抬杠，而是直接将轿杆上肩。在晋代顾恺之所画的《女史箴图·班姬辞辇图》中，可见到这种“八扛舆”。“八扛舆”是一种高等肩舆，当时只有皇亲王公才能乘坐。

“平肩舆”是一种上均施通幰幰饰华盖，由四人肩抬行的轿子，在山西大同北魏司马金龙墓出土的朱漆彩绘屏风上和河南邓县南北朝墓出土的模印彩绘画像砖上可见到它的形象图。

“板舆”是民间通用的轿子，所以其形制较前几种简陋，只是把一块方木板固定在两根杠上，由两人一前一后抬行。乘者屈膝或盘腿坐在板上。

5. 唐朝的轿子

盛唐之世，舆轿的种类繁多。皇帝所乘的轿子叫“步辇”；王公大臣所乘的轿子叫“步舆”；妇女所乘的轿子叫“檐子”或“担子”；民间通用的“板舆”叫“舁床”，舁，共同抬东西之意。

由于此前的“肩舆”重心较高，乘者盘坐其上，很不安全，所以唐朝一改以往的抬轿方法，轿夫以襻带系挂杠端，挂于肩头，双手下垂提杠而行，舆轿高只齐腰，不上肩，很像推独轮车状。因此唐代的各种舆轿又可统称为“腰舆”。在唐代阎立本所画的《步辇图》中，可见到最早的皇帝乘坐的步辇形象：唐太宗盘腿坐于步辇上，其形制即为简易的板舆，两宫女前后抬辇，襻带系于两杠头，挂在宫女颈上。步辇的四角还有四宫女相随，皆双手置辇边框上，以助抬辇。

古代妇女乘轿的历史应始于唐代文宗时期，其所乘坐的檐子，是以竹篾编扎而成，形制已接近后世的轿子。按《册府元龟》载：“唐文宗时，妇人本乘车，近来率用檐子，事已成俗。”但仅限于朝廷命官之妻、母。按当时规定，一、二品及中书门下三品官的母及妻，其檐子用金、铜作装饰，轿夫八人；三品官，其轿夫为六人；四品官、五品官，檐子以白铜为饰，轿夫四人；六品以下以漆画纹，轿夫四人。

6. 宋代的轿子

宋代的轿子

宋代开始有了“轿子”一词。宋代王铚在其《默记》中提到：“艺祖（赵匡胤）初自陈桥推戴入城，周恭帝即衣白襕，乘轿子，出居天清寺。”不管此前此后轿子的称呼怎样变化，但作为总名，“轿子”一词一直沿用至今。清代俞正燮《癸巳类稿·轿释名》说：轿“古者名桥，亦谓之辇，亦谓之茵，亦谓之辎，亦谓之辎軿，亦谓之舁车，亦谓之担，亦谓之担舆，亦谓之小舆，亦谓之板舆，亦谓之笋舆，亦谓之竹舆，亦谓之平肩舆，亦谓之肩舆，亦谓之腰舆，亦谓之兜子，亦谓之�，而今名曰轿，古今异名同一物也”。

宋代是我国古代家具发生根本变革的时期，高脚桌椅的广泛使用，引起了许多生活用具的相应变化，轿子便是其中之一。这时的轿子已改为全遮式，轿身呈立体长方形。用篾席围遮，盔帽式顶盖，四角上翘。左右开窗，门扉施帘。轿内置放高脚椅座，乘轿者由“席地而坐”改为“垂足而坐”。由于轿身增高，重心上升，过去将轿杆捆绑于轿底部的做法已不适用。这时的轿杆皆固定于轿身中部，既保持重心稳定，又便于轿夫起放。这种新形制的轿子较前代敞开式的各式“肩舆”或

"腰舆"，要舒适稳当得多。自宋至近代，轿子基本上保持了这种固定形制，只是在纹样装饰、材料质地、尺寸大小和抬轿人数等方面有些差异罢了。

宋代轿子的款式、质地日益讲究，并根据地位的尊卑，制定了座轿的等级制度。如皇帝的坐轿皆称"辇"，皇后的坐轿则称"龙肩舆"。

宋代乘轿人已不限于王亲贵族，许多平民庶人、富商大贾也多乘轿。当时抬轿谋生已成为三百六十行之一。按《东京梦华录》记载，在京师（今开封）的街头巷尾，随时可以租赁到轿子。宋代张择端所画的《清明上河图》中，就有不少由二人肩抬而行的担子形象。其中有的轿顶上还插满柳枝。1958 年河南方城宋墓中就出土一乘石质轿子模型，其形制与《清明上河图》中轿子的形制相近。1978 年江苏溧阳发现宋代李彬墓，其中出土一乘这类小轿的陶制模型，为一把大椅，两旁扎有竹杠，不施帷幔，轿夫二人，皆短衣小帽，一前一后作抬轿姿态。这种简易的轿子形制，是明代以后"凉轿"或"滑竿"的前驱。

7. 明朝的轿子

大轿

明朝的轿子有"显轿"与"暖轿"之分。显轿也叫做"凉轿"，民间则称为"山轿"。即为一把大靠椅，两旁扎有竹杠，椅下设有踏脚板，不施帷幔，大多是与华盖罗伞相配用，类似四川山区地带流行的"滑竿"。暖轿则和宋代的檐子形制相差无几，只是盔帽式顶盖由圆穹窿形变为略呈四面坡形，四角不上翘，顶尖饰宝瓶。在明代《安南来威图册》插画中，就绘有嘉靖年间云南按察司副使江一桂乘轿出巡的场面。图共两幅，一幅为乘四人抬暖轿出衙署，一幅为乘八人抬显轿出巡。1960 年上海卢湾明墓中，曾出土明代显轿与暖轿的木制模型各一个。

8. 清代的轿子

清朝的典章制度繁缛而森严，乘轿也如是。如皇帝在什么场合乘什么轿子，都有严格的规定。皇帝的轿子都称做"舆"，分礼舆、步舆、轻步舆和便舆四种。

"礼舆"是最尊贵、最庄重，也是最豪华的御轿，皇帝也只有在祭天和祀祖的场合下才乘坐。其形制为立体长方形，楠木质，上有穹窿盖二层，第一层呈八角形，第二层呈四角形，各角皆饰金色行龙。轿顶盖正中冠以镶珠错金宝瓶，盖檐垂明黄色绸缎。轿帷也用明黄云缎，夏用纱，冬用毡。左右开窗，冬装玻璃，夏罩蓝纱。轿内置金龙宝座。轿身左右有直杠，长一丈七尺多，大小抬杠共14根，涂红漆，绘金云龙纹，所需轿夫多达16人。

“步舆”为皇帝巡游于皇城内乘坐的显轿。

“轻步舆”为皇帝到皇城以外狩猎、巡视乘坐的显轿，其规格尺寸小于步舆。

“便舆”是时刻伴随于皇帝身边的小轿，以便皇帝在宫廷、园囿随时可乘坐。便舆也有暖轿和显轿之分。

另外，皇后乘坐的轿子与皇帝乘坐的轿子在形制上相差无几，只是纹饰改龙为凤，因此有“凤舆”之称，也由16人抬。至于皇贵妃、亲王妃及公主所乘轿子是“翟轿”，其形制与凤舆同，只是尺寸略小，纹饰易凤为翟（长尾的野雉），由8人抬。

清代的王公大臣都备有显轿、暖轿各一个。按等级高低，质地纹饰也有区别，轿夫人数不同。4人以上抬的轿通称为“大轿”，2人抬的轿俗称“小轿”。清代徐扬《盛世滋生图卷》中便绘有许多清轿往来于苏州城内繁华街巷的场景。

9. 关于乘轿的制度

自南宋起，无论是平民百姓还是达官贵人迎亲嫁娶，都乘坐轿子。即“士庶家与贵家婚嫁，亦乘檐子”。这类轿子俗称“彩轿”、“喜轿”、“花轿”或“彩亭”。这种花轿初时比较简朴，只用蓝色绸布作轿帷，四角架悬桃红彩球。以后日趋华丽，除用大红织锦作轿帷外，轿的前后左右还各加小镜，轿顶也悬缀小镜数面。《清俗纪闻卷》一书的插图中，就描绘有这类花轿的形象。书中还提及另一种形制特殊的花轿，其形近似一间小屋，顶呈卷席两坡状，四周以红帷幔遮蔽，轿的四角以及轿身两侧中部均悬垂结花彩带。

在等级森严的封建社会里，历代对乘轿的规定皆有不同。

南北朝时，官员乘轿只限于寓所私苑内，上朝出使仍须乘车。但因当时乘轿之习尚不普遍，故对乘轿并无严格规定。

唐朝建立以后，开始制定乘轿之规，并且日臻森严。初唐时期，除皇帝以外，一般人都不准乘轿。年老体弱的大臣进宫议政，经皇帝恩准特许，方可乘轿。唐太宗以后，朝禁一度松弛，一般朝廷命官及其妻子、内侍、太监、宫女也可乘轿了，但小吏、商人和百姓还不能乘轿。唐武宗开成五年（840），根据大臣黎植的建议，正式规定：除“宰相三公诸司官及致仕（退休）疾病官许乘檐子”（《旧唐书·舆服志》）外，其余“不限高卑，不得辄乘檐子。如病，即任所在陈牒，仍申中书门下及御史台，其檐夫自出钱雇”（《唐会要》卷31）。对贵妇人和品官夫人则许乘檐子。但她们轿子的装饰和轿夫的数量按等级不同，也是有严格规定的，不得逾越。

北宋时，许多封建士大夫自命清高，认为乘轿“以人代畜”，是有伤风化的不道德之举。所以，北宋除“宗室老疾不能骑者，出入听肩舆”（《宋史·舆服志》）以外，凡朝廷命官皆不乘轿，即便是个别老弱病残者，“朝廷赐令乘轿，犹力辞后受”（《朱子语类》卷128）。对于品官家眷和民间富户乘轿，则不加限制，但对轿夫人数却有规定。宋太宗太平兴国七年（982），翰林学士李昉上奏言：“工商、庶人家乘檐子，或用四人、八人，请禁断。……兜子、舁不得过二人。”（《宋史·舆服志》）这或许就是《清明上河图》中的轿子均为二人所抬的缘由。

南宋时期，宋高宗以江南多雨，“扬州街路滑，始许朝臣乘轿”。其后“东征西伐，以道路阻险，诏许百官乘轿，王公以下通乘之”（《宋史·舆服志》）。又由于当时的马匹、车辆几乎大部分为金人掠去，所以从那时起，皇亲国戚、文武百官骑马乘车者渐少，而乘坐轿子者日多，以至形成“中兴后，人臣无乘车之制，从祀则以马，常朝则以轿”（《宋史·舆服志》）的状况。由于乘轿限禁逐渐放宽，王公及品官之妻也多坐轿。到后来，甚至一些无爵位的富人也可乘轿。民间百姓婚嫁迎娶也莫不乘轿。仅短短数十年的时间，在南宋统治的半壁江山中就形成了轿子不绝于道，乘轿者比比皆是的局面。由于轿子风靡当时，在客观上就影响并阻碍了制车技术的发展，造车业随之一蹶不振，再也没有汉唐时那种有车千乘、万乘之盛况，使我国原本领先于世界的制车技术，从此停滞不前。

明清以来，轿子则有官轿、民轿之分。官轿等级甚严，身份与官品不同，所乘轿子的质料、装饰、大小和轿夫人数，也不一样。明代皇帝之坐轿因其顶髹红漆，故称红板轿。除此以外，凡轿皆禁髹红漆。明初定制：文臣自三品以上方准乘轿，武官则严禁乘轿。正德以后，轿制稍弛，各品文官皆可乘轿，甚至武官也有乘轿者，但只能坐无帷幔的显轿。

清制规定：“满洲官唯亲王、郡王、大学士、尚书乘舆。贝勒、贝子、公、都统及二品文官，非年老者不得乘舆。其余文、武均乘马。”（《清史稿·舆服志》）违者查旗御史参奏。亲王的轿子是银顶、黄盖、红帏，外罩鹦鹉绿呢，四面置纱窗，悬珠穗。轿夫八人。郡王的乘轿为红盖、红幨、红帏，轿夫亦八人。两王之轿，俗称“八抬大轿”。汉人文官自大学士以下至三品文官以上，轿用银顶、皂盖、皂帏，在京轿夫四人，出京可八人。四品官以下，轿用锡顶、皂盖、皂帏，轿夫二人。明清的官轿出官府时都有侍从在前鸣锣开道，沿途呵斥声不绝于耳，百姓见之必须肃静回避。无官爵的富人或平民所乘的民轿，皆是黑油漆顶，平顶皂帏的二人抬小轿。民国初年，乘轿已无等级限制。百姓结婚，多乘披红挂彩的花轿，轿夫人数为2~8人不等。随着这种习俗的盛行，专门经营迎亲仪仗的“喜轿铺”也应运而生。以北京为例，新中国成立前老北京城区内就有大小喜轿铺五六十家，每家有花轿几乘到几十乘不等，从事抬花轿职业的人竟达数千人之多。

虽然轿子的最初产生是一种用于爬山逾岭的代步工具，但后来却被统治者当做享受的工具。随着历史的发展，轿子退出了历史舞台。至如今，尽管在一些地区在婚嫁时又有了坐花轿的复古现象，但也只是为了寻找一种新的形式罢了。

（陈海娟）

筏子

筏子，是古代用竹木编排而成的一种渡水工具，又称为“桴”或“箄”等。

在原始社会初期，先民们尚以渔猎和采集为生，他们的活动范围被局限于靠水很近的地域。但由于没有一定的工具，他们无法捕捞深水中的鱼群，无法狩猎河对岸的野兽，不仅如此，如遇洪水泛滥，他们甚至连生命都不能保全。恶劣的环境与求生的本能迫使人类去思考，人们开始寻求一种可以浮于水上的工具，以期猎取更多的食物和战胜洪水的危害。

长期与自然界的抗争不断增添着人们的智慧，自然现象的反复出现也给人们以一定的启迪。《世本》所说“古者观落叶因以为舟”；《淮南子·说山训》所说“古人见窾木浮而知为舟”，表明古人终于认识到某些自然漂浮物所具有的浮性，成为人们创造舟船工具的最早诱因。经过长期实践，古人创制了最早的水上交通工具——筏子。这是一种用树干或竹子并排扎在一起的扁平状物体。在水中可平稳漂浮，既可载物又可载人。后来人们又发明了用牛、羊等皮革制作的筏子，至近代，人们把用橡胶等制作的渡水工具也叫做筏子了。

（陈海娟）

独木船

《周易·系辞》有“刳木为舟”，“刳”是割开、挖空的意思，“舟”是指古代船舶的直系祖先——独木舟。它是一种用独根树干挖成的小舟，其制作过程是：先选一棵粗大挺直的树干，将不准备挖掉的部位涂上湿泥，然后用火烧烤未涂湿泥的部位，待其呈焦炭状后，再用石斧等工具砍凿，这样疏松的焦炭层很快就被“刳”尽，如此反复多次，独木终被“刳”成带槽的舟了。

有了舟，人们还不能在水中随意行驶，还必须有推动独木舟行进的工具，所以《周易·系辞》又描述了古人“剡木为楫”。即指古人制桨的方法，“剡”的意思是削。“楫，捷也，拨水使舟捷疾也。”（《释名·释船》）削木头做成桨，以推进舟的行驶。在舵未出现以前，桨还有控制方向的作用。独木舟与桨相配合，人们才可较随意地在水面上活动。所以有了《周易注疏》所说的“舟楫之利以济不通，致远以利天下”。

1977年在浙江余姚河姆渡新石器时代遗址中，出土一柄用整木“剡”成的木桨，按有“桨”就应有“舟”，表明至迟在大约7000年前，我国已开始使用独木舟了。虽然新石器时代的独木舟目前尚未见有实物出土，但晚于原始社会的独木舟，却多有发现，已达20余只。

古代独木舟的形制大致有三种：一种是头尾均呈方形，不起翘，接近平底；一种是头尖尾方形，舟头起翘；一种是头尾均呈尖形，两头起翘。从舟体外形变化来看，第一种应属时代较早的一种，随着行驶经验的积累，人们认识到舟头部尖形比方形省力，且速度快，于是出现第二种形制，继而产生了第三种形制。

独木舟的突出优点就在于一个“独”字，舟身浑然一体，严整无缝，不易漏水，不会松散，而且制作工艺简单，所以沿用的历史很长，直至今日，在我国西南少数民族地区，独木舟还是被用作渡河工具的。

（陈海娟）

中国古代对船的各种称呼

中国舟船发展史绵延数千年，最早创制的水上交通工具是筏子，这是一种用树干或竹子并排扎在一起的扁平状物体。古时也称筏子为“桴”、“泭”，或“箄”。

编木为筏之后，又有“刳木为舟”的独木舟。但筏子与独木舟都还不是理想的水上交通工具。筏子的干舷非常低，装载量一大，筏子便浸没在水中。而独木舟的大小则受到木材的限制，且要想通过改进舟形来提高行舟速度也很困难。人类进入奴隶社会以后，生产力有了较大的发展，不仅水上运输活动日渐频繁，而且载重量也日渐增加，筏子与独木舟的“短处”便更为明显地暴露出来。

在独木舟的基础上，人们创制出新型的船——木板船。木板船的问世，在我国可以追溯到遥远的商代。雏形的木板船是非常简陋的，它无非是在独木舟的基础上加装木板，以扩大独木舟的装载量。

隋·五牙战船

从独木舟到木板船是我国古代造船史上的一次重大飞跃。至此，人类不再受自然界所提供的木材形状和体积大小的限制，而能够根据人的意愿，对材料进行加工了。在这一基础上，此后的各种弘舸巨舰、楼船方舟也陆续产生，从而给古代漕运、海上交通、水战带来了众多辉煌壮观的场面。

舟船的出现原本是人类为了满足载货、运输和生产的需要，但在奴隶制社会的夏、商、周时期，舟船和马车一样，也成为战争的工具。史籍中有明确记载的水战发生在公元前549年。《左传》记载：“鲁襄公二十四年（前549）夏，楚子为舟师以伐吴。”杜注：“舟师，水军。”可见春秋时期大规模的船战已登上战争舞台。当时地处长江中游的楚国、太湖流域的吴国、钱塘江流域的越国和济水流域的齐国都非常重视发展战舰，建设舟师，因而水军力量以这四国最为强大，船战也常常在这四个国家之间发生。

战舰虽是从民用船只发展起来的，但由于战舰既要装备进攻武器，又要防御敌舰攻击，其结构和性能均比民用船只要优越得多。因此，战舰是当时造船技术水平的最高体现。从文献记载看，当时各国水军的战舰种类繁多，有“艅艎”、“三翼”、“突冒”、“楼船”、“戈船”、“桥舡”，等等。

艅艎：又称余皇。船头装饰“鹢首”，专供国君乘坐，因此，又称“王舟”。战时作为指挥旗舰。

三翼：指大翼、中翼、小翼，是三种同类型轻捷战舰的合称。

突冒：一种冲突敌阵的小型战船。

戈船：一种船上安有戈矛的战船。

一部中国舟船发展史，上下数千年，可以分为三个主要发展时期——秦汉时期、宋元时期、明代。

1. 我国造船史上的第一个高峰时期

秦汉时期是我国造船史上的第一个高峰时期，船只类型多，规模大，行船动力、系泊设施基本完备。

公元前221年，秦始皇以武力灭关东六国，统一了中国，在造船业上，继承和发展了原来六国中一些国家发达的造船技术，建造了许多轻舟巨舸，使当时的船舶航行已经能够通江达海。

汉承秦制，造船业出现了前所未有的蓬勃发展局面。船只因用途不同，在制造形式上也划分成许多种类：

鳊：是一种内河运输船。《正字通》：“形扁，故呼为扁子。”《通雅》释为浅船。

艇：是一种形狭而长的小船。《释名·释船》：“二百斛以下曰艇，其形径挺，一二人所乘行者也。”

舲：是一种内河小船。《广韵》称：舲为上有小屋而设窗的船。

舫：又称“方”或双帮船。晋代郭璞说：“舫，并两舟也。”即两船并联一体的船。《史记·张仪传》记载：“舫船载卒，一舫载五十人与三月之食，下水而浮。”

斗舰：是一种有防御装置的战舰。《释名·释船》：“上下重床（板），曰槛（同舰）。四方施板以御矢石，其内如牢槛也。”

斥候：一种用于观察敌阵的小船。《释名·释船》：“五百斛以下，还有小屋，曰斥候，以视敌进退也。”

艨艟：一种进攻型的轻捷小战船。外部用生牛皮蒙覆，两舷开有划桨孔，左右设有“弩窗矛穴”，敌船难以接近，又不怕矢石攻击，便于快速攻敌。即《释名·释船》所说：“外狭而长曰蒙冲。以冲突敌船也。”

楼船：是汉代最负盛名的一种船，也是最能反映汉代造船技术水平的一种船。顾名思义，就是在船上建楼，一般是根据船只的大小在甲板上建楼数层，最高可达三层。按《释名·释船》，每一层都有专门名称：“船上屋曰庐，象舍也。其上重室曰飞庐，在上故曰飞也。又在其上曰雀室，于中候望，若鸟雀之惊视也。”广州东汉墓曾出土过一件木制船模，其舱房是双层的，可称之为“飞庐”楼船。楼船的种类很多，用途也很广。在军事上，它是水军作战的主力战舰，因此，汉代水军统帅也有“楼船将军”之称。

古籍中的沙船

自三国两晋南北朝至隋唐五代，700多年间，我国船舶事业的发展缓慢，值得称道的仅有沙船和水密舱的设置。

沙船：是我国古代四大航海船型（沙船、福船、广船、鸟船）之一。

中国古船种类虽然繁多，但在船形制上，大致可归为两类：方头平底船型和尖首尖底船型。沙船就是前一类船型的代表。它是在古代平底船基础上发展起来的一种船型。沙船在唐代定型，宋朝称“防沙平底船”，元代名“平底船”，明嘉靖初年已通称“沙船”。元明时期是它发展的鼎盛时期。

水密舱：是将船舱用隔舱板隔成数间，并予以密封，这种被隔开的舱称为水密舱。水密舱的出现是中国对世界造船技术的一大贡献。世界其他国家直到18世纪末，才吸收了我国这一先进技术，开始在船上设置水密舱。

2. 我国造船史上的第二个高峰时期

宋元时期是我国造船史上的第二个高峰时期。在这一时期，海上交通繁盛，海外贸易发达，有一首宋诗对此有所描述：“黄田港北水如天，万里风樯看贾船。”一条条通往海外各国的航线被称为“陶瓷之路”，成为中西方文化和经济交流的主要通道。由于海上贸易成为当时政府的重要财政收入，所以宋、元两朝鼓励海上贸易，从而在客观上推动了造船业和航海技术的飞速发展。

宋元时期的船舶有内河船与海船之分。内河船的形象从一些宋画中可见。在

《清明上河图》中，就绘有不同类型的客船、货船、漕船、游船等20余艘。货船的形制为：圆短船形、平底，首尾稍狭，中部宽，甲板上建有屋棚。船舷用木板交错钉成。整个船体遍布排钉。桅、篷、舵、橹、锚、帆、篙以及索具等行船设备一应齐备。舵为能升降的平衡舵，桅座呈人字形，根据需要可以放倒或竖起。橹很大，有6人摇的，有8人摇的，从橹手们那种竭尽全力的神态看，船的载货量是相当大的。据《画墁集》记载，当时已有载重万石以上的货船："万石船，船形制圆短，如三间大屋。户出其背，中甚华饰，登降以阶梯。非甚大风不行，钱载二十万贯，米载一万二千石。"

宋元时期，对外贸易的中心为广州、明州（今浙江宁波）和泉州三地。海上交通贸易的发达，必将促进海船制造业的发展。按《三朝北盟会编》记载："州南有海浩无穷，每岁造舟通异域"，"海舟以福建为上"，福建又以泉州制造的海船最有名。当时中国海船不仅以其性能优良、结构合理而领先于世界，而且还以体积庞大，负载量多而著称。

3. 我国造船史上的第三个高峰时期

明代造船工场分布之广、规模之大、配套之全，都达到了前所未有的历史新水平，从而形成了我国造船史上的第三次高峰。

在这一时期，造船不仅数量多、规模大，而且船舶的种类也很多。

运输船有大小黄船、快船、江汉课船、八橹船、满篷梢、摆子船、三吴浪船、西安船、清流船、梢篷船、黑楼船、盐船、乌艚、红单船，等等。

海船有蜑船、遮洋船、封舟，等等。

战船有战座船、巡座船、哨船、开浪船、火轮神舟、鹰船、三板巡船、连环舟、子母舟、两头船、大福船、苍船、单撇船、白艚、唬船，等等。

如此种类众多的船舶，其船型除沙船和福船船型以外，还有广船与鸟船船型。

广船船型的特点是：首尖体长，下窄上宽，状若两翼，吃水较深，利于破浪。梁拱小，甲板脊弧不高，有较好的远航性能和较大的续航力。因始创于广东而得名，是我国明代南海地区普遍采用的一种船型。

鸟船"'头小身肥，船身长直'；除设桅、篷（帆）外，两侧有橹二只，有风扬帆，无风摇橹，行驶灵活，而且篷长橹快，'船行水上，有如飞鸟'"（清《浙江海运全案》）。

自明代起，浙、闽、粤沿海的小型海船多采用鸟船船型，以求速快。至此，我国古代四大航海船型全部出现并定型。尽管明清两代，我国的木船种类达千种之多，但就船型来讲，基本上都属于沙船、福船、广船和鸟船这四大类。

最能反映明代造船技术水平和能力的，无过于郑和“七下西洋”时所乘坐的宝船。1405～1433年近30年中，明廷太监郑和奉明成祖之命，统率船队先后7次远航西洋，出使亚非30多个国家，谱写了人类大规模远洋航行的壮丽篇章。

可惜，至明末清代，统治者多次实行海禁政策，使我国原有的造船和航海技术水平不进则退，在鸦片战争以后，中国的内河与沿海航权陆续落入列强手中，更使中国的造船和航海事业一蹶不振。到新中国成立前夕，已处于奄奄一息的凋败状况。

（陈海娟）

中国古代船上用品的称呼

人类建造舟船，其目的不仅能浮于水面，顺流漂泊，而且要能按照人们的意愿在水中航行。然而无论是逆水行舟，还是停船靠岸，都需要有驾驭船只的推进工具。汉船的推进工具有以下几种。

篙：一种撑船工具。用篙支撑河底使船前进。因为篙与筏子同期出现，所以说篙是时代最早、形制最简单的推进工具。为了便于用篙撑船，一般船的船舷或船尾部都修建有撑篙用的走廊，这是我国船舶结构的独有特征。后世，按篙钻形状和用途的不同，篙又有挽篙、独钻、叉篙、钩篙和桡板篙之分。

桨：一种用人力推进舟船的木质工具。其出现时期几乎与篙相同或稍晚。人手握桨柄，用桨板向后划水，通过水的反作用力推动船只前进。桨在汉代又叫楫、札、棹。《释名·释船》：“在旁拨水曰棹。棹，濯也，濯于水中也，且言使舟棹进也。又谓之札，形似札也。又谓之楫，楫，捷也，拨水使舟捷疾也。”最初多为短桨，随着船体的增大，干舷的增高，又出现了长桨。划船的桨越多，船行速度也就越快。从出土的汉船模型看，当时已有用5桨、10桨划的木船，最多还有用16桨的。

橹：古代又称“樐”、“艣”，是一种效率较高，兼能控制航向的人力推进工具。《释名·释船》：“在旁曰橹，橹，膂也，用膂力然后舟行也。”它是在舵桨的基础上发展演变而来的。其特点是“摇”。舵桨的操作方式从“划”变为鱼尾式的摇动，就形成了从桨到橹的质变。只要在橹手处施加不大的力，就能产生较大的推力，所以效率大大高于桨。橹是中国在人力推进工具上独具一格的发明，是我国劳动人民对世界造船业的贡献之一。

帆：又称篷。张挂在桅杆上的驶风装置。利用风对帆面的压力推船前进。帆的出现大约在商代。至汉代，帆已普遍使用。

桅：又称桅杆、桹、檣。有帆必有桅。桅是竖立在船上用以挂帆驶风的粗木杆。汉代已有此名称。《释名·释船》："前立柱曰桅。桅，巍也。巍，高貌也。"

舵：在航行中，避浅滩、绕礁石，准确掌握和控制航行方向，是一件至关重要的大事。小船上的篙或桨既是行船的动力，又可兼作定向工具。至汉代，船体逐渐增大，推进工具与定向工具的分工也日益明确，出现了一种专司方向的舵桨。1951年在湖南长沙西汉墓中出土的木船模和1974年在湖北江陵西汉墓中出土的木船模，其尾部的舷边上均置有一长木桨，显然它已不是作为划水之用，而是用于控制方向。在舵桨的基础上，继而又产生了通过自身转动控制航向的工具——舵。广州东汉墓出土的陶制船模，其船尾就有一支舵，这是目前所见时代最早的古舵形象。舵不但见诸出土文物，文献中也有记载。《释名·释船》："其尾曰柁（即舵）。柁，拖也，在后见拖曳也，且弼正船使顺流不使他戾也。"

矴和锚：为了使船能停泊于水中，人们又发明了靠泊工具——矴和锚。一般来讲，先有矴、后有锚。矴，又写作碇，"系石为碇"（《三国志·吴书·董袭传》），就是说用绳索缚石，沉于水底或掷于岸边，利用其重量以定船身。所以，停船也叫做"下碇"，开船可称"启碇"。广州出土的东汉陶船模，其首部系有一物，正视呈"十"字形，已有后世多齿锚的特点。所以专家称之为"石锚"。这是目前所能见到的最早的锚。

宋元时河船与海船上的附属设备，较前代又有改进，更为完善。

竹橐：竹橐的作用是消浪和减缓船只左右摇摆，以增强航行的稳定性。同时它也是吃水限度的标志。"水不得过橐，以衡轻重之度。"（《宣和奉使高丽图经》）

平衡舵：宋元时期的大船上都有大小两个主舵，舵可升降，根据水的深浅交替使用。这种平衡舵的舵面呈扁阔状，以增大舵面面积，提高舵控制航向的能力。且又因一部分舵面积分布在舵柱的前方，可以缩短舵压力中心对舵轴的距离，减少转舵力矩，操纵更加灵便。

测深砣：用来测量水深，防止船只搁浅或确定船舶能否停泊。

导航设备：宋元时期的大船上已经开始使用指南针或磁罗经（针盘）等仪器导航了。"舟师识地理，夜则观星，昼则观日，阴晦观指南针。"（宋朱彧《萍洲可谈》）“风雨晦冥时，唯凭针盘而行。”（宋吴自牧《梦粱录》）自从有了指南针或磁罗经这些全天候的导航工具后，无论昼夜阴晴，海船就都可以沿着正确的航向行驶。李约瑟曾在其主编的《中国科学技术史》中认为，指南针在航海中的应用，是“航海技艺方面的巨大改革”，它把“原始航海时代推到终点，预示计量航海时代的来临”。

此外，宋元时期还出现了导航标志，以指示船舶安全进港。如建于南宋绍兴年间（1131～1162）的泉州关锁塔，就是当时进港的导航标志，并且一直沿用至今。

（陈海娟）

宋代的海船

宋元时期，对外贸易的中心为广州、明州（今浙江宁波）和泉州三地。海上交通贸易的发达，必将促进海船制造业的发展。宋元时期，泉州造船业兴盛发达。宋人谢履诗云“州南有海浩无穷，每岁造舟通异域”（《三朝北盟会编》）。

作为当初重要的造船基地之一，福建泉州所造海船的质量居全国之首，其坚固性、平稳性、适航性、水密隔舱等，在当时世界造船业中也都处于领先的地位，被列为土产上贡。宋人吕颐浩就曾说过：“南方木性与水相宜，故海舟以福建为上，广东船次之，温、明船又次之。”就连北方金朝人也来请福建人打造战船。

近年来，在泉州湾发现了不少造船遗址，并且出土许多船桅、船板、船钉和索绳等造船材料。特别是1974年和1982年发现了两只南宋海船，其中之一残长24.2米，残宽9.15米，深1.92米，全船用十二道隔板分为十三个水密舱，排水量至少在400吨上下，载重量约在200吨以上。如将其复原，全船总长可达35米左右，但按宋代文献所载，还属于小型海船。而按北宋末年徐兢《宣和奉使高丽图经》所描绘的宋朝出使高丽的船队情况：船队由两艘“神舟”和六条“客舟”（载人的客船）组成。其中每条客舟“长十余丈，深三丈，阔二丈五尺，可载二千斛粟”，相当于载重量120吨。而“神舟之长阔高大、什物器用、人数，皆三倍于客舟”。

宋代海船复原图

航行时“巍如山岳，浮动波上”。以致当它驶达高丽国的时候，引起“倾国耸观，而欢呼嘉叹”。可见宋代时期的海船不仅以其性能优良、结构合理而领先于世界，而且还以其体积庞大、负载量多而著称。

（陈海娟）

指南针和海上航行

在指南针发明以前，在大海里航行是非常困难的。在没有什么参照物的情况下，白天人们只能以太阳出没来辨别航行的方向；夜晚只能凭借北极星。如遇阴天下雨，就可能偏离航向。

这个问题的顺利解决得益于指南针的发明及实际应用。

根据史书记载，最晚在北宋时候，我国已经在海船上应用指南针了。

北宋末年的朱彧，曾在宋徽宗宣和年间（1119～1125），写了一部《萍洲可谈》，讲述了当时海船上的人为了辨认地理方向，晚上看星辰，白天看太阳，阴天落雨就看指南针。同时期的许兢，在宋徽宗宣和五年（1123）他出使高丽回国后，写了一本《宣和奉使高丽图经》，其中也记载了船行过蓬莱山以后，水深碧色，开船的人看着星辰前进。如果遇到天阴，那就只能用指南针来辨认南北了。

宋代指南针模型

到了南宋，根据吴自牧《梦粱录》记载，当时航海的人已经用“针盘”航行。说明当时指南针和罗盘已经结合在一起使用了。

这时的罗盘，有用木做的，也有用铜做的，盘的周围刻上东南西北等方位。人们只要把指南针所指的方向，和盘上所刻的正南方位对准，就可以很方便地辨别航行的方向了。

指南针在海上航行中的作用，突出地体现在郑和七下西洋的旷世盛举中。在郑和所率领的船队中，不但使用了罗盘针和航海图，还有专门测定方位的技术人员。从而保证了这支当时的“航空母舰”编队，顺利地远航印度支那半岛、南洋群岛、印度、波斯和阿拉伯的许多地方，以及更远的非洲东岸。促进了明朝与南洋各国的经济、文化交往。

此后，由于有了指南针的应用，人们慢慢地摸出一条条航路来。史书就记载了许多元明时期到海外各国去的航路。由于这些航路是依靠指南针得来的，所以当时被称为“针路”。

在12世纪末至13世纪，指南针经阿拉伯人传到欧洲，也促进了欧洲航海业的发展，并且指南针对15世纪末到16世纪初欧洲航海家开辟新航路、发现美洲大陆、完成环球航行，无疑也发挥了重要的作用。

（陈海娟）

郑和下西洋时的“宝船”

明永乐三年（1405）六月十五日，明成祖派遣郑和出使西洋，揭开了郑和七下西洋的序幕。郑和领导的船队，共有水手、官兵、采办、工匠、医生、翻译等27800多人，乘坐性能、装备及规模都是当时世界一流的“宝船”60多艘。其中最大的“宝船”长四十四丈、宽十八丈；中等“宝船”长三十七丈，宽十五丈。九桅十二帆，十六橹至二十橹，舵重4810公斤。宝船形制是底尖上阔，代表了东南闽、浙江海制造大型海舶的传统，适合在长江口以南东海、南海等水深的岩岸停泊。宝船载重量估计约1500吨，每艘约可容四五百人。这些船只上有罗盘针和航海图，还有专门测定方位的技术人员，并且有许多充足的舱位可供货物的运输，堪称当时的“航空母舰”编队。

（陈海娟）

大运河

举世闻名的京杭大运河，又名大运河、南北大运河，是世界上开凿最早、最长的一条人工河道。它北起北京，南至杭州，流经北京、河北、天津、山东、江苏、浙江6个省市，贯通了海河、黄河、淮河、长江、钱塘江五大水系，全长1747公里。

在中华民族的发展史上，大运河为发展南北交通，沟通南北之间经济、文化等方面的联系做出了巨大的贡献。京杭大运河自开凿至今，经历了2400余年的历史，从公元前486年始凿，至公元1293年全线通航，前后共持续了1779年。在漫长的岁月里，主要经历了三次较大的兴修过程。

运河图

第一次是在公元前5世纪的春秋末期。当时统治长江下游一带的吴王夫差，为了北上伐齐，争夺中原霸主地位，调集民夫开挖自今扬州向东北，经射阳湖到淮安入淮河的运河（即今里运河），因途经邗城，故得名“邗沟”，全长170公里，把长江水引入淮河，成为大运河最早修建的一段。

第二次是在公元7世纪初隋朝统一全国后，建都洛阳，为了控制江南广大地区，使长江三角洲地区的丰富物资运往洛阳，于603年下令开凿从洛阳经山东临清至河北涿郡（今北京西南）长约1000公里的“永济渠”；又于605年下令开凿洛阳到江苏清江（淮阴）约1000公里长的“通洛渠”；再于公元610年开凿江苏镇江至浙江杭州（当时的对外贸易港）长约400公里的“江南运河”；同时，对邗沟进行了改造。这样，洛阳与杭州之间全长1700多公里的河道，可以直通船舶。

第三次是在13世纪末元朝定都北京后。为了使南北相连，不再绕道洛阳，元朝花了10年时间，先后开挖了“洛州河”和“会通河”，把天津至江苏清江之间的天然河道和湖泊连接起来，清江以南接邗沟和江南运河，直达杭州。而北京与天津之间，原有运河已废，又新修“通惠河”。这样，新的京杭大运河比绕道洛阳的大运河缩短了900多公里。

京杭大运河是由人工河道和部分河流、湖泊共同组成的，全程可分为七段：

通惠河：北京市区至通州段，连接温榆河、昆明湖、白河，并加以疏通而成；

北运河：通州至天津段，利用潮白河的下游挖成；

南运河：天津至临清段，利用卫河的下游挖成；

鲁运河：临清至台儿庄段，利用汶水、泗水的水源，沿途经东平湖、南阳湖、昭阳湖、微山湖等天然湖泊；

中运河：台儿庄至清江段；

里运河：清江至扬州段（古称邗沟），入长江；

江南运河：镇江至杭州段。

京杭大运河作为南北的交通大动脉，历史上曾起过“半天下之财赋，悉由此路而进”的巨大作用，是历代漕运要道，对南北经济和文化交流曾起过重大的作用，促进了沿岸城市的迅速发展。如今，大运河又成为“南水北调”的主要通道之一，在新的时代将继续发挥着它的作用。

（陈海娟）

漕运

漕运即漕粮的运输，是我国历史上一项重要的经济制度。用今天的话来说，它就是利用水道（河道和海道）调运粮食（主要是公粮）的一种专业运输。

我国古代的各封建王朝，在向农户征收地租（官田）和向民间征收田赋时，很长时期内采取的是征收实物的办法。又由于历代王朝大都建都在西北和北方的城市，而附近地区所产的粮食，不能满足京城的需要。因此，把其他地区征收的粮食调运到京城，就成为一项重要的政治措施，为历代封建统治者所重视。在这种情况下，漕运在我国历史上形成过一套较完整的制度，并有相应的一套管理系统。漕运用的船，叫做漕船。漕船载运的粮、米，叫做漕粮、漕米。驾驶漕船的军队和民工，叫做漕军、漕丁和漕夫。古代各王朝都设有专管漕运的官员，例如，唐朝设置了转运使，宋朝设置了发运使，元朝设置了都漕司二使，明清两代都设置了漕运总督。而从事漕运工作的漕丁、漕夫，有时多达十余万人。

远在秦汉时代，我国史书就已经有了关于漕运的记载。秦始皇曾把山东粮粟运往河北以供军粮。汉初，每年从山东转运粟数十万石到长安。

隋唐以来，漕运更有了进一步的发展。例如，唐玄宗天宝初年，通过漕运干线大运河调运的粮食，每年就有400多万石。宋朝初年，每年的漕运量，都在600万石以上；宋真宗、仁宗时，达到800万石。

漕粮的产地，主要是江浙地区。因为江浙地区自东晋以后，经过历代劳动人民的陆续开发，逐渐成为我国农业最发达的地区，粮食产量居全国第一位。另外，还由于这一地区河道畅通，大运河开发后，更与北方各大都市联结起来，所以更有利于漕粮的运输。唐朝的文学家韩愈曾经说过：“当今赋出于天下，江南居十九。”意思是说，唐朝的收入，十分之九是出在江南地区。宋朝的李怀忠也曾讲过：“东京有汴渠之漕，岁致江淮米数百万斛，禁卫数十万人仰给于此，帑藏重兵皆在焉。”意为：都城开封，自从开发了汴渠，通行漕运后，每年可从江淮地区运来几百万斛粮米，解决了库存和几十万驻军的用粮问题。由此可见，在唐宋两朝，江淮地区出产的粮食，已经大量调运北方以备其需要了。

漕粮的用途，主要有两种。一是供应封建朝廷和京城人口的用粮。隋、唐、北宋先后建都在黄河流域的长安（今陕西西安）、开封等地；元、明、清建都在北京；京城的粮食需要量是巨大的，需要由盛产稻米的江浙地区来供应。二是供应驻军和作战需要。如北宋时，为了防止和抵抗辽、金的进攻，在黄河两岸驻扎了大量的军队，很大部分军粮也要靠漕米解决。除了以上这两项主要用途以外，一部分漕米还用于救灾和治理黄河、运河的河工需要。

（陈海娟）

宋代的立交桥

世界上最古老的水陆立交桥是太原晋祠圣母殿前的鱼沼飞梁，建于宋代，造型独特。

我国最早的立交桥则是绍兴“八字桥”，此桥也建于宋代，虽已经历了近 800 年的风雨及天灾人祸，至今仍保存完好。在《嘉泰会稽志·桥梁》篇中就记载有：“八字桥在府城东南，而桥相对而斜，状如八字故得名。”“八字桥”是一座梁式石桥，位于现绍兴市东南八字桥直街东端和广宁桥直街交汇处，也是三条河流的交叉点。南北流向的是主河，至今仍通船只，东西两侧各有一条小河。东去五云门，北通都泗门，西可进入市中心，南近东双桥，地理环境复杂，位置重要。宋代的匠师们非常聪明地利用了这里的天然条件，设计时把桥址选在三河交点的近处，正桥架在南北流向的主河上，净跨 45 米，桥高 5 米，桥洞宽 3.2 米，全部用花岗岩条石砌成。副桥架于两侧的踏跺（引桥）下。“八字桥”桥形非常优美，桥的踏跺，东侧沿主河岸向南北两个方向落坡，西侧向南面、西面两个方向落坡。从北边的广宁桥上过来沿着这条主河岸，可直达“八字桥”顶，从桥上再可分两边南下或西下。在这两条踏跺下面又各筑有两座方形桥洞，跨越两条小河。走下桥后，往北回首，这两条踏跺极像一个巨大的“八”字。这座古立交桥下还筑有纤道，供背纤人拉船顺利通过。在每个望桥柱上都雕刻着极为优美秀雅的覆莲形浮雕图案。此桥平面布置也独具特色，架三桥跨三河通三街但整体是一座桥，既解决了水陆交通问题，而且建桥时不拆屋不改道，和周围原有的环境自然地融会在一起。这是我国桥梁建筑史上极为优秀的范例。

（陈海娟）

现存最古老的石桥

位于河北赵县境内的安济桥，是我国现存最古老的石桥。因赵县古称赵州，所以又称赵州桥。又因大桥为石砌而成，故当地俗称“大石桥”。

赵州桥的建筑年代，过去认为建于隋代开皇至大业年间（595～605），又据考查认为可提前至隋文帝时代的开皇十一年至十九年（591～599）之间，由隋朝工匠李春建造，距今已有1400多年，是中国现存最著名的一座古代石拱桥。它是一座单孔弧形敞肩坦拱石桥，全长64.4米，拱顶宽9米，拱脚处宽96米，跨径37.02米，弧矢723米。主拱两端靠桥头的两个小拱跨径381米，由28道石拱券纵向并列砌筑而成。

赵州桥

赵州桥以历史悠久而闻名于世，被誉为“华北四宝之一”。在桥两端的石拱上，辟有两个券洞，这种结构叫做“敞肩拱”，是世界桥梁史中的首创。

（陈海娟）

赵州桥的工艺

赵州桥不仅是我国，而且也是世界上现存最早、跨度最大、保存最完整的石拱桥，在中外建桥史上占有十分重要的地位，对后代的桥梁建筑有着极其深远的影响。

赵州桥的建筑结构奇巧，具有高度的科学性，是我国古代桥梁建筑史上的杰作。它的主要特点为：

一是敞肩拱的运用。过去的桥都是实心的。赵州桥首次在主拱的两肩上各建两个小拱，这样把拱肩敞开了，即所谓“敞肩拱”。敞肩拱的巧妙运用，是一个伟大的壮举，它不仅能减轻桥身自重，节省石料，而且使桥梁的结构更加合理实用，美观大方，同时又利于宣泄洪水，减轻洪水对桥身的冲击力，增强大桥的稳固性。

二是桥跨度大而弧形平，即桥梁建筑上所说的坦拱。赵州桥一孔飞跨河两岸，跨径为37.02米，而弧矢（拱顶到拱脚水平线的垂直距离）只有723米，矢跨之比为1:5，桥的高度比拱弧的半径小得多，桥面坡度为65%。这样的坦拱，打破了我国圆形拱与半圆拱的惯例，加大了流水面积，减缓了大桥的坡度，便于人员和车辆通行。

三是采用纵向并列砌筑法。主拱和四个小拱都采用了纵向并列砌筑法，这种方法的好处是，各道拱券都能独立站稳，自成一体。倘若一道拱券损坏，不影响全桥，修复也容易。

四是坐落在天然地基上，这是我国古代建桥史上的一大奇迹。赵州桥下的天然地基为软亚黏土与亚黏土第四纪冲积层。这种天然地基，地层稳定，完全能承受大桥的载重量。

由于赵州桥有以上独特的结构形式和特殊的自然条件，所以在历史的长河中，历经千余年，至今巍然屹立，光彩照人。

赵州桥不仅在建造结构上有高度的科学性，而且在石雕艺术上也细腻传神，巧夺天工，具有独特的民族艺术风格。从整体观察，桥身坦拱敞肩，轮廓清晰，线条柔和，轻盈匀称，势若长虹，寓秀逸于雄伟之中。由远而望，犹如苍龙飞架，又似玉环半沉；既是力量的象征，又渗透着传神灵气。建造者李春以超人的聪明才智，完成的这一举世无双的宏伟建筑，给人留下了无限遐想的诗画意境。“沧州狮子定州塔，赵州石桥大菩萨”的民谚，在国内外广为流传。史册上关于赵州桥的歌谣和文学作品不胜其数，在民间也流传着许多美丽动人的传说。

（陈海娟）

古人如何传递消息

我国是世界上最早建立有组织地传递信息系统的国家之一。我国最早关于通信的记载，来自甲骨文。甲骨文中有殷商盘庚年代（公元前1400年左右）边戍向天子报告军情的记述，有“来鼓”二字。经专家考证，“来鼓”即类似今天的侦察通信兵。在《诗经》中，也有“简书”的记载，“简书”就是用兽骨刻上文字，由通信兵传递的官府紧急文书。“简书”出于殷末周初（公元前12世纪~前11世纪），这也就是邮驿的前身。乘马传递曰驿，驿传是早期有组织的通信方式。现位于嘉峪关火车站广场的“驿使”雕塑，就是取材于嘉峪关魏晋壁画墓。驿使手举简牍文书，驿马四足腾空，速度飞快。此砖壁画图于1982年被中华全国集邮联合会第一次代表大会作为小型张邮票主题图案使用，由此看出嘉峪关是中国信息文化的发源地之一。

古代信息传递的出现离不开“上下五千年，纵横十万里”的长城。作为长城重要组成部分的烽火台，就有着观察和通信的功能。

据历史记载，在2700年前的周幽王时代，就有了利用烽火台通信的方法，并有“骊山烽火换美人一笑”的故事。这个历史故事不仅描述了当时利用烽火台通信的情况，同时也告诫后人，不管是什么人和什么时候，都不能拿通信当儿戏。

西周时期，为了防备敌人来犯，采用“烽燧”作为边防告急的联络信号。据《周礼》记载，在各国从边疆到腹地的通道上，每隔一段距离，筑起一座烽火台，接连不断。台上有桔槔，桔槔头上有装着柴草的笼子，敌人入侵时，烽火台一个接一个地燃放烟火传递警报。每逢夜间预警，守台人点燃笼中柴草并把它举高，靠火光给领台传递信息，称为“烽”；白天预警则点燃台上积存的薪草，以烟示急，称为“燧”。古人为了使烟直而不弯，以便远远就能望见，还常以狼粪代替薪草，所以又别称“狼烟”。周朝规定：天子举烽燧，各地诸侯必须马上带兵前去救援，共同抵抗敌人。由此可见，烽燧制度的实施，意味着早在周时就已出现了庞大而又完善的军事信息联系网络。1972~1976年在居延曾发掘出汉代木简3万余枚，并发掘了烽燧遗址。据木简可知，两汉时代，从河西四郡（今甘肃省武威、张掖、酒泉、敦煌）一直到盐泽都有烽燧设置，而且规模很大，管理极严，号称“烽燧万里相望”。据说是“五里一燧、十里一墩、三十里一堡、百里一城塞”举放烽火，昼夜不同，白天放烟，夜晚举火。此外，还采用各种不同的暗号表示进犯敌人的多少，敌人在500人以下的放一道烽火，在500人以上的放两道烽火，等等。在出土的《塞上烽火品》中还记载有当时朝廷制定的临敌报警和举放烽火的条例，即“联防公约”。该条文规定了在匈奴侵扰的不同部位、人数、时间、意图、变动以及天气异常等情况下，各塞举放烽火的类别、数量、传递方法以及发生失误如何纠正等细则，就连燧长有病请假都要经上级批准。这种信息传递方法，对防守边疆、抵御敌人曾起过一定的作用。

烽火传递信息是非常快速的，汉代大将卫青和霍去病率领几十万大军分路出击，以举放烽火作为进军的信号，仅仅一天的时间，这一信号就从河西传到几千里外的辽东。由于烽燧报警的迅速及时，直到明、清时代仍然沿用不衰。山东省的烟台市就是因为明朝在那里设置狼烟台，以防倭寇入侵而得名的。

烽火传递军情固然迅速，但它不能完整地表达深刻复杂的军事内容，随着社会的发展和政治、军事的需要，依靠畜力传递信息的通信方式逐渐占据支配地位，形成了传递官府文书的更为严密的驿传制度和烽燧报警配合使用。

西周时期，为了适应周王同诸侯之间联系需要，在大道上每隔30里设一个驿站，备良马舟车，专门负责传递官府文书，接待来往官吏和运送货物等。孔子曾说：“德之流行，速于置邮而传命。”意思是说，他所提倡的道德学说，比邮驿传送命令传播得更快。可见当时的邮驿通信不仅已相当完备，而且速度也已相当快了。

秦汉时期，形成了一整套驿传制度。特别是汉代，将所传递文书分出等级，不同等级的文书要由专人、专马按规定次序、时间传递。收发这些文书都要登记，注明时间，以明责任。

隋唐时期，驿传事业得到空前发展。唐代的官邮交通线以京城长安为中心，向四方辐射，直达边境地区，大致30里设一驿站。据《大唐六典》记载，最盛时全国有1639个驿站，专门从事驿务的人员共2万多人，其中驿兵17000人。邮驿分为陆驿、水驿、水路兼并三种，各驿站设有驿舍，配有驿马、驿驴、驿船和驿田。

唐代对邮驿的行程也有明文规定，陆驿快马一天走6驿即180里，再快要日行300里，最快要求日驰500里；步行人员日行50里；逆水行船时，河行

40 里，江行 50 里，其他 60 里；顺水时一律规定 100 ~ 150 里。唐代边塞诗人岑参在《初过陇山途中呈宇文判官》一诗中写道："一驿过一驿，驿骑如星流；平明发咸阳，暮及陇山头。"把驿骑比做流星。唐天宝年间，安禄山在范阳起兵叛乱。当时唐玄宗正在华清宫，两地相隔 3000 里，6 日之内唐玄宗就知道了这一消息，传递速度达到每天 500 里。由此可见，唐朝邮驿通信的组织和速度已经达到很高的水平。

宋代将所有的公文和书信的机构总称为"递"，并出现了"急递铺"。设金牌、银牌、铜牌三种，金牌一昼夜行 500 里，银牌 400 里，铜牌 300 里。实行每到一站换人换马接力传递。急递的驿骑马系有铜铃，在道上奔驰时，白天鸣铃，夜间举火，撞死人不负责。铺铺换马，数铺换人，风雨无阻，昼夜兼程。南宋初年抗金将领岳飞被宋高宗以 12 道金牌从前线强迫召回临安，这类金牌就是急递铺传递的金字牌，含有十万火急之意。

驿站是官府的通信组织，只许传递官府文书。除宋朝准许高官显宦附寄家信之外，都不准附寄私人信件，私人书信只能托人捎带。1975 年在湖南一处秦墓中发掘出两件木牍家信，第一封信是"黑夫"和"惊"联名写给一个叫"中"的人；第二封信是"惊"写给"中"的，这是我国现知最早的家书实物。据估计，这两封信是由同在军中服役期满后返乡的同乡捎往家中的。古代人民通信之困难，由此可见。

到了元代，由于军事范围和疆域扩大，仅在国内就有驿站 1496 处，并将邮驿改称为驿站。

至明朝，才正式出现了专为民间传递信件的通信机构——民信局。在明永乐年间，湖北麻城县孝感乡被迁往四川开垦的移民，由于思念故乡，相约每年推选同乡代表回乡几次，来往带送土特产和信件。久而久之建立了固定的组织"麻乡约"。后来就形成了专业的民信局。

邮驿通信在边防和经济、文化的交流等方面起到了一定的进步作用，成为我国古代信息传递的主要形式。岁月流转，那些古老的信息传递方式已被今日方便、快捷的现代化通信方式所取代。

（陈海娟）

会馆

《辞海》对“会馆”的解释为：“同籍贯或同行业的人在京城及各大城市所设立的机构，建有馆所，供同乡同行集会、寄寓之用。”这是对会馆最全面而简要的解释。

中国的会馆，兴起于明代，鼎盛于清朝，衰微于民国时期。会馆的繁盛与科举制度和商业经济的繁盛有密切关系。它分为“同籍贯的”会馆和“同行业的”会馆两大类型。

明清两朝，北京是京师之地，加之每三年进行一次会试，各地商人、学子，以及在京待命的官员云集，为方便这些人的食宿，明末即开始大量兴建会馆。

清代以后，会馆有了蓬勃发展，北京前后设有会馆500处以上。与此同时，国内其他著名商埠集镇，如天津、济南、上海、南京、汉口、杭州、开封、广州、长沙、内蒙古多伦诺尔等地也先后设立了会馆，几乎遍布全国各行省。

会馆的设立，首先是经商活动的需要，竹木、茶叶、桐油、生漆、药材、曲酒等物资大都汇集于此进行贸易、储存、转运，使会馆成为一个物资贸易中心。

其次，明清时代，实行开科取士的制度。据统计，从明永乐十三年（1415）恢复科考，到清光绪三十年（1904）以后停止科举，两朝先后在北京举行考试201科，取中进士51624人，应考的举子当然要数倍于此数。每次考试期间，数以千计的举子拥入京师。许多居民特别是试场周围的居民腾出住房，挂出“状元店”或“状元吉寓”的招牌，供举子们居住。但是这类“状元店”租金昂贵，一般贫寒子弟是负担不起的。为了解决举子们到京后的住宿问题，会馆便应运而生了。“京师为四方士民辐辏之地，凡公车北上与谒选者，类皆建馆，以资憩息。”这种以接待举子考试为主的会馆，有的就叫做“试馆”。这类试馆在北京所有会馆中数量最多，约占80%以上。

随着清朝末期科举制度的废除，这类会馆的试馆功能丧失。但是，作为政治、文化中心的北京，仍有大批各地的中小官吏及其家属、在京商人、学生等，借会馆居住、集会。这些人为联络乡谊、互相照顾同乡利益，供祭祀乡贤或燕集，“敦亲睦之谊，叙桑梓之乐”。所以，近代徐珂说：“各省人士，侨寓京都，设馆舍以为联络乡谊之地，谓之‘会馆’，或省设一所，或府设一所，或县设一所，大都视各地京官之多寡贫富而建设之，大小凡四百余所。”试馆经过这样的变革，后来就发展成同乡会性质的会馆了。

作为“同行业的”会馆，是随着城市经济的繁荣和发展，商品流通的扩大，一些工商业者为了维护自身的利益，或协调工商业务，或互相联络感情，以应付同行竞争，排除异己，需要经常集会、议事、宴饮，于是就有了工商会馆之设。这类会馆，一般都是按不同行业，分别设立，所以也叫做“行馆”。行馆分两种：一种是完全由同行业组成的；另一种则是冠以地名的会馆，缘因当时北京有不少行业的商人和从业人员往往是某一地区的人互相援引而来的，形成行业的地区垄断，因而这些行业的会馆就以这些人的家乡为馆名。但实际却是行馆。如宁波药材商人建立的四明会馆、山西布行商人建立的晋翼会馆等。这类工商会馆北京约有 20 多所。工商会馆的始建时间，大体上是在明末清初。最早的工商会馆如颜料行业的山西平遥会馆、粮油业的临襄会馆，都建立于明朝。

会馆的发展，不仅表现在大量建立新会馆上，而且更表现在会馆宏伟的建筑规模上。如开封的山陕会馆，由清乾隆年间山西旅汴客商集资兴建。道光年间陕商加入，易名山陕会馆。1933 年甘肃商人加入，又易名山陕甘会馆。该会馆建筑巍峨壮丽，布局严谨、装饰华丽，尤以砖雕、石雕、木雕精美绝伦，堪称“三绝”。会馆前雕砖砌成的照壁甚至雕有一对小巧玲珑的算盘和账簿，显露出会馆浓郁的商业气氛。馆内关帝庙有关羽的雕刻，比比皆是，如钟楼上有“关公斩蔡阳”的木雕，牌楼有“关羽封金”、“脱离曹营”、“过五关斩六将”等雕刻。牌楼下部抱鼓石有“狄仁杰登山望母”、“薛仁贵汾河湾夫妻相会”等雕刻。山西商人把乡土题材融于建筑艺术之中，使人触景生情，亲切异常。

会馆作为同乡人的组织，凡逢年过节时同乡人常常在会馆欢聚一堂，聚酬演戏。有时在商业活动取得重大胜利时，也举办酬神和演戏的活动。凡会馆多建有戏台，汉口山陕会馆内就建有正殿、财神殿、七圣殿、文昌殿四座戏台。河南洛阳的山陕会馆戏台建于清乾隆年间，戏台高 25 米，下面两侧为出入通道，屋顶为双层歇山斗拱，可容数千人台下看戏。每逢节日喜庆，会馆礼聘山西梆子戏班来此演戏，锣鼓齐鸣，招来众多观众免费看戏。河南南阳社旗山陕会馆，戏台分三层，是除北京皇宫畅音阁、颐和园、德和阁之外国内唯一的三层戏台。最高处有 25 米，相当于今日的 8 层楼高。中间广场可容千人看戏，两侧厢楼以木柱隔成 50 间厢房，设有 500 个席位。

（陈海娟）

驿站和官书的传递

1840年5月1日，当第一枚“黑便士”邮票在英国诞生的时候，华夏大地仍在延续一种古老的通信方法——邮驿。邮驿最早起源于周朝。当时周王室与诸侯国之间有大量的信息需要传递，于是产生了置邮传命的制度，即设置一定数量的人员车马，专供传递消息之用，沿途还设有能供食宿和更换车马的馆舍（即驿站），以最大限度地保障消息的快速传递。人们习惯上一般把步行传递消息称为“邮”，把乘车马传递消息称为“驿”。据《左传》记载，“楚子乘驲，会师于临品”，说明春秋战国时期，荆楚已有邮驿设置。秦始皇统一中国后，在全国修驰道，“车同轨、书同文”，建立了以国都咸阳为中心的驿站网，制定了邮驿律令，如竹简怎样捆扎、加封印泥盖印以保密；如何为邮驿人马供应粮草；邮驿怎样接待过往官员、役夫等，形成了我国最早的邮驿法。

汉代邮驿继承秦朝制度，并统一名称叫做“驿”。规定5里一邮，10里一亭，30里置驿。邮驿还随着“丝绸之路”的形成而通达印度、缅甸、波斯等国。到了唐代，邮驿大大发展，全国共有陆驿、水驿及水陆兼办邮驿1600多处，行程也有具体规定，并订有考绩和视察制度；驿使执行任务时，随身携带“驿卷”或“信牌”等身份证件。

宋代由于战争频繁，军事紧急文件很多，要求既快又安全，因而将由民夫充任的驿卒改由士兵担任，增设“急递铺”，设金牌、银牌、铜牌三种，金牌一昼夜行500里，银牌400里，铜牌300里。实行每到一站换人换马接力传递。

到了元代，由于军事范围和疆域扩大，仅在国内就有驿站1496处，并将邮驿改称为驿站。

明代在沿袭旧制的基础上，由于海上交通日渐发达，随着郑和七下西洋，还开辟了海上邮驿。

清初有官办驿站1600余处，驿兵7万余名，驿马4万多匹，归兵部主管。19世纪中叶以后，驿站经费多被官吏贪污中饱，驿政废弛。到了清朝末年，近代邮政逐步兴起，驿站的作用日渐消失，于是，1913年1月，北洋政府宣布全部撤销驿站。

邮驿制度起源于奴隶制度的国家，盛行于封建社会，并随着封建制度的衰亡而告终结。邮驿与烽火台通信虽系历代封建王朝的御用工具，但同时也是我国进入有组织地进行通信工作的开始。它不仅在我国邮政通信史上占有一定的地位，同时也为促进社会的进步、人类的文明做出了重要的贡献。

（陈海娟）

鸿雁传书

古代驿站是官府的通信组织，只传递官府文书。一般老百姓传递信息，只有托人捎带，然而辗转传递，缓不济急，且易延误遗失。我国古书中记载着不少有关“鸿雁传书”一类的故事。

“鸿雁传书”是中国古老的民间传说，因为鸿雁属定期迁徙的候鸟，信守时间，成群聚集，组织性强。传说苏武牧羊曾把书信缚在雁足之上带回祖国，这就是人们所说的“鸿雁传书”。所以，信又有了“鸿雁”的称呼。今天人们依旧把鸿雁作为邮政通信的象征。这也可见老百姓通信的困难。

在封建专制的2000多年间，历代皇朝几乎从未考虑过普通百姓的书信邮递问题，于是一种以代传书信、包裹、汇兑银钱的民用通信机构悄然兴起。早在南朝刘宋时期，就已有“私传”与“私邸”出现，私传专为提供商旅往来食宿之便，私邸则为满足商贾存放货物之需。有时，私传、私邸也兼管捎带私人信件，但不是必营的业务。这些私传、私邸一般均为门阀权势之家自办。平民百姓的信件传递仍是难于上青天。

民间通信组织的形成，大约始于唐朝。当时主要由于社会经济的发展，特别是经商贸易的需要。首先在长安与洛阳之间，有了为民间商人服务的“驿驴”。当时还有一种叫做“飞钱”的办法，就是各地商人把在长安贩卖货物所得的钱，存入各地方政府驻长安的办事机构，然后再凭收据到各地方官府如数取回，这也就是今天汇兑业务的萌芽。

到了明朝才正式出现了专为民间传递信息的民信局。在西南各省也曾有“麻乡约”探亲带信的出现。相传明永乐年间，湖北麻城县孝感乡被迁往四川开垦的移民，由于思念家乡，相约每年推派代表回乡探望，往返时带些土产和信件，而后逐渐形成民信局。

民信局开始出现于交通方便、贸易发达的沿海城市，以后逐渐发展到内地。民信局由私人经营，以谋利为目的。他们一方面是哪里有利就在哪里办，偏僻地区无人管；另一方面，他们为了招揽生意，竞相为主顾提供方便，如派人上门收取信件、汇款，收费也可以记账等，促使民信局得到了迅速发展。

清同治年间是民信局的最盛时期，全国大小民信局已达数千家之多。有的在商业中心上海设总店，各地设分店和代办店，民信局之间互相联营，构成了民间通信网。

自宋、元以来，广东、福建、浙江等沿海一带的贫苦人民，有的为了谋生，被拐骗国外做苦工，这些旅居国外的侨胞，要与祖国亲友通信，或将物品和汇款寄回祖国，“侨批局”也应时而生。“侨批局”实际上就是侨信局，因为福建方言把“信”叫做“批”，所以，把为华侨通信服务的侨信局习惯称为侨批局。由于侨批局对华侨服务周到，信誉卓著，几乎垄断了华侨寄信和汇款的业务。

自从外国资本主义入侵中国以后，封建统治阶级任凭侵略者侵夺我国邮权，并伙同洋人利用亦官亦洋的特殊权利，强令民信局登记，接受海关邮政领导，限制民信局向轮船发运邮件，并采用资本主义的竞争手段，将大部分民信局置于无法经营的境地。到1935年，民信局已被国民党政府强迫停办，而侨批局一直到新中国成立尚有100多家。

（陈海娟）

大清邮政的建立

1861年，各国驻华使馆采取自派专差传送文件的办法，因感到不便，便要求清政府“总理各国事务衙门”（相当于今天的外交部）代收代寄邮件。清政府承担不久，由于北方捻军和南方太平天国农民起义，总理衙门怕负责任，便想推给海关办理，而当时海关的总税务司（相当于今天海关总署署长）英国人赫德，对中国的邮权早已垂涎三尺，便于1866年移交海关兼办邮政。1878年7月发行了第一套大龙邮票；并于1879年将所办邮局命名为殖民地色彩的“海关拨驷达”（拨驷达是英文邮政——POST的译音）。1896年3月20日，光绪皇帝正式批准开办大清邮政官局。总理衙门委任总税务司英国人赫德负责大清邮政官局事务。1897年，各邮局正式对外办理业务。虽将海关拨驷达改称为大清邮政官局，但邮政大权仍然操纵在英法等外国人手中。1905年，清政府成立邮传部（相当于交通部，主管铁路邮电），直至 1911 年海关才将邮政移交给邮传部。移交时，海关当局还向清政府索取了所谓办理邮政垫款白银 184 万余两，由清政府逐年计息归还。同时，依旧允许外国人担任各级领导职务，实际上邮权并未全部收回。

1912 年中华民国成立，“大清邮政”改为“中华邮政”。大清邮政以通商口岸为邮区，把全国分为 53 个邮界和 5 个副邮界，不受省界限制。民国时期，为保证全国通信的经济性和合理性，改为按行政区域重新划分邮界区域。

（陈海娟）

“家书抵万金”

信，使远隔千山万水的亲友如同面聚，因此，自古以来信就在人们的生活中占有极其重要的地位。唐代大诗人杜甫因“安史之乱”而身陷长安，在《春望》诗中，他以“烽火连三月，家书抵万金”的诗句，写出了消息隔绝、久盼音讯不至时的迫切心情，很自然地使人产生共鸣，成为千古传诵的名句。这也表明了书信对传递亲情、信息的珍贵。

（陈海娟）

十四

中医　中药

岐黄之术

“岐黄”是岐伯与黄帝的合称。

黄帝原是我国原始社会末期的一个氏族的首领，也就是中华民族的始祖。正因为黄帝氏族是华族的始祖，它的文化对华族的发展有着重要影响，所以历代人们都以自己是黄帝子孙为荣，而且为了追本溯源，也常把一切文物制度、著作冠以“黄帝”以取众。我国现存最早的医书《黄帝内经》主要部分是以黄帝问、岐伯答的体裁写成的，所以书名为黄帝，仅是托名而已。故后世有称中医学为“岐黄之术”的说法。

（蒋燕）

医道之宗《黄帝内经》

《黄帝内经》简称《内经》，是我国现存最早的一部医学理论巨著。它为中医学奠定了较为坚实可靠的理论基础，其成书标志着祖国传统医学理论体系的初步形成。后世医家大多在《内经》基础上从不同角度加以阐发，从而形成不同学术流派和竞相发挥的各家学说。现在中医运用的传统基础理论仍以《内经》为主要依据，临床实践也以它为指导。因此，讲中医必得说到《内经》。《内经》的产生绝非偶然，它是春秋、战国、秦、汉以来医学发展的必然结果，是在西汉以前所出现的许多古典医学文献基础上，总结、汇集编辑而成的。

相传《黄帝内经》为黄帝、雷公、岐伯和俞跗等人讨论医药的笔记，实际上它是后人总结秦汉以前的医学成就写成的。从其内容、文气和作者思想来看，它可能不是出于一人手笔，而是几个人先后写成的。原书编成于西汉，收集、编辑了春秋至西汉的医学著作，因流传中有亡佚，后人在整理、注释时又将西汉以后的医著伪称《内经》原文补充了进去，所以现在看到的《内经》不是原书，而是经过西汉以后，特别是唐宋医家补充过的。就其医学学术思想看，《内经》主要反映的是春秋战国、西汉的医学成就。由于黄帝氏族文化的发展是多方面的，从无到有，盛况空前，历代的人们都以自己是黄帝的子孙为荣，各派学说都将自己的文献冠以“黄帝”之名，一为显示学有所本，二为引起世人重视。

《黄帝内经》包括《素问》和《灵枢》两部分，共18卷，162篇。这部巨著对人体的生理活动、病理现象，以及诊断治疗方法，结合当时自然科学成就，进行了客观分析，建立了脏腑、经络、病因、病机、诊法、辨证、治则、针灸和摄生等学说。

统一整体观是《内经》的重要学术思想。它认为人体是一个统一整体，人体内由于经络的沟通，任何一个或大或小的组织，都是互相联系的，从而成为一个不可分割的有机整体。《内经》的整体观还表现在，它认为人的健康和疾病既与自然环境有密切关系，即人体直接受到时间、气候、季节和地域等自然条件的影响；也与社会因素、精神因素有密切关系，即人的贵贱、贫富、苦乐、生离死别等变化对健康有着极大影响。

《内经》运用阴阳五行学说把丰富的医疗实践经验总结成系统理论，用阴阳对立统一和五行生克的规律，论述了人体生理、病理、诊断、预防、立法、治则和药物性、味、气等祖国医学中的基本问题，贯穿于医药的各个方面。它促使人们从系统结构观点观察人体，有助于比较辨证地认识人体局部与局部、局部与整体之间的有机联系，以及人体与生活环境的统一。

永恒运动观也是《内经》学术思想的重要内容。它认为一切物质，包括整个自然界、整个人体，都是永恒运动着的，唯有永恒的运动，才能产生变化，假使静止而不动，则不生不化，生命也就毁灭了。《内经》用运动变化的观点来认识分析疾病，并针对疾病发展变化的不同阶段，采取相应治疗方法，从而为中医学的“辨证论治”提供了理论根据。

《内经》对疾病发生和变化的内在机理有着科学论断。它认为，体质强弱和致病因素是决定是否发病的两个主要因素，在诊断上应当尽量全面运用望、闻、问、切四诊，对疾病要防微杜渐，有病及时治疗，防止疾病传染或恶化。对疾病还要因时、因地、因人的不同分别治疗，也要根据不同症状确定治疗方法。《内经》特别强调增强体质、预防疾病，以达到延年益寿；它重视精神情态的调节对养生的意义；还提出了顺应自然四季变化进行保养的观点。所有这些理论都是很科学的。

《内经》在解剖生理学上第一次记载了血液循环。我国现存第一部对人体组织有详细记载的医书便是《内经》。据《内经·灵枢》说，人活着的时候可以由体外按摩到体内各个脏器的位置，死后可以解剖开来观察。《灵枢》还详细地记载了体内器官的大小、软硬，血管的长短，肠胃的容量，并且大都十分精确，这说明我国秦汉前的解剖实践有相当水平。《内经》记载的血液循环更值得称道。而在西方医学史上，英国人哈维花费了17年时间才于1628年（即我国明代崇祯元年）发现心脏维持血液循环的作用，比我国晚了1000多年。

《内经》系统而全面地总结了我国汉代以前的医学成就，包含着极其丰富的理论知识和实践经验，近2000年来一直有效地指导着中医临床各科实践，为中医学发展奠定了坚实的理论基础。其价值和影响从下面两点即可看出：一是，从中医学发展史上看，千百年来涌现出了许多医学家和著名医学流派，但从其学术思想和继承情况来说，基本上都是从《内经》理论体系的基础上发展起来的；二是，中医学现存古典文献，除《神农本草经》属药物学著作外，其他的都是在《内经》理论基础上发展起来的。几乎可以说，没有《内经》就没有中医学。

《内经》对世界医学的发展，特别是对东方医学的发展，有着不可忽视的影响。日本、朝鲜和越南等国曾将它列为医生的必读课本，视为主要医学经典著作。近代以来《内经》也引起了西方医学家重视，美国人维茨曾于1949年将《素问》前34篇译成英文出版并因此获得博士学位。《内经》已引起世界许多国家医学家和科学史家的重视，部分内容相继被译为日、英、德、法等国文字。《内经》中的经络理论和针灸疗法，已经为世界医学界开辟了新的境界，为探索人体未知领域提供了重要线索和依据。有的国际针灸组织还把《内经》列为针灸医师的必读书。可以说，作为我国医道之宗的《内经》已成为世界人民共同的医学财富。

（蒋燕）

中医学的基本特点

所谓中医学的特点是在与西医比较认识疾病、治疗疾病等方面体现出来的独特之处。中西医虽然都以人体为研究对象，但由于观察角度和研究方法的不同，所以两个学术理论体系无论在生理、病理、诊断和治疗等各方面都是不同的。中医学在古代朴素的自发的辩证思想指导下，通过长期临床实践观察，经过抽象思维，逐步形成了整体观念和辨证论治两个基本特点。

整体观念

概括地说，整体观念就是认为人与自然界是一个对立统一的整体，而人本身又是这一巨大体系的缩影，也是对立的统一体。这也是把朴素的辩证法思想运用于生理、病理、诊断、治疗各方面所得到的认识。

人与环境是一个对立的统一的整体。人与外界环境截然不同，但却又是统一的，人有独立于环境的一面，有主动改造自然和社会的能力，又有依赖于环境的一面，有适应外界条件变化的能力。任何人都不能脱离社会而单独存在，而自然界的阳光、空气、水和食物等等，更是生活所必需。有时这些生活条件也可以造成自然灾害和疾病，人的生命活动就是在与自然环境和社会环境的相互作用、相互影响中来完成的，因此，完全可以把人与环境看做是一个整体。早在《内经》中，古人就建立了类似时间生物医学的概念，发现了人在长期进化中，为适应自然界的变化，无论是生理还是病理活动，都形成了周期性节律。人体气血阴阳的变化是与自然界的阴阳盛衰消长相应的，阴阳五行学说就是从整体水平上概括了许多周期性节律，《素问·宝命全形论》用一句话总结了这一认识："人以天地之气生，四时之法成。"人与环境的对立表现在自然界加害于人和人能改造自然。许多疾病的发生是与环境变化有关的，如疫病的流行、营养不良、中暑、冻伤，等等。同时，人又能通过锻炼逐渐适应环境变化而不发病，或者改造环境，改善生活条件，从而保持健康的生活。诚如《内经》所说："虚邪贼风避之有时"，"五疫之至，皆相染易……避其毒气。"其他如"穿井"、"改水"、"沟渠通浚"等，说明古人已经有了一定的卫生预防措施。近代，随着科学技术的进步，人们越来越认识到保护人类环境的重要意义，并建立了"系统理论"来研究和解决生态环境平衡问题，否则人类的生存将受到严重的威胁。这足以证明古人认为人与自然是一个统一整体的正确性。

古人还认为，人也是一个小宇宙，人体本身也自成系统，是一个对立的统一体。《素问·灵兰秘典论》则以社会统治机构的官职，来比喻人体脏腑器官的职能和相互关系。中医学认为人体可以层层不断地一分为二，例如表里、上下、气血、营卫、津液、精神、脏腑、心肺、脾胃、肝肾、心阴心阳、阴经阳经等。正是这些互相对立的两方面，组成了完整的有机体。但是整体不等于各部分的简单总和，这是今天系统概念和系统理论中的一个重要观点。而中医学正是具有这种观点，体内的脏腑和体表组织器官，通过经络气血互相联系互相影响，这样才能发挥各自的功能，一旦离开了整体，各部分就不再具有原来的功能特点。在整体观念指导下，中医学建立了独特的生理解剖系统，这种系统是以五脏为中心的，而五脏中又以心为中心，任何一个局部都在某种程度上反映着局部和整体的信息。这也就构成了诊断和治疗方面的特点，例如面部五色诊、舌诊、耳诊、脉诊等等，都是以局部的变化来推断整体的反应状态，测知内脏的病变；而对内脏的治疗，则又可改善局部如五官九窍的症状。

辨证论治

辨证论治是朴素的辨证思想在诊断和治疗方面的具体运用。

辨别症候，讨论治疗法则就叫做“辨证论治”。所谓“证”就是人体典型的反应状态，无论致病因素多么复杂，总是作用于特定的人体，通过人体的反应性而表现出来，而人体的结构和机能是有限的，所以典型的反应状态也是有限的。中医用自己的感官，直观地从反应状态中获得病理信息，因而产生了望、闻、问、切四种诊察方法。通过医生的分析、综合，对“四诊”所获得的信息进行加工处理，即“由此及彼，由表及里，去粗取精，去伪存真”，最后综合这些信息，从而分辨患者当时的机能状态，这就是“辨证”的实质。所以说辨证是从机体反应性的角度来认识疾病的本质，从分析疾病当时所表现的症状和体征来认识这些临床表现的必然联系，从而总结出一套辨证的概念和规律，以此反映疾病的本质。

治则的精髓就在于：“谨察阴阳所在而调之，以平为期。”（《素问·至真要大论》）人体反应性不外太过和不及两方面，治疗的任务就在于调整和扶助人体的控制系统，使之重新建立起正常的动态平衡。因此，中医学处处注意正反两方面，祛邪不伤正，补阳不伤阴……诸如扶正祛邪、补虚泻实、寒者热之、热者寒之等等治疗大法，都包含辩证法的思想，这就是中医学调节控制人体的论治艺术。它的优点在于，尽管一时还弄不清人体失去平衡的根本原因和机制，但根据中医辨证论治的理论，仍可了解其一般原因和状态，照样可以进行纠偏和调节。虽然对调节办法的机制也不很清楚，却能收到一定的效果，就如同一把钥匙开一把锁一样，辨证论治就是研究特定的症候与方药的对应关系。

总之，中医从人体与外界环境密切联系的观点出发，从人体是对立统一体的观点出发，观察人体对周围环境的反应状态，透过临床表现的现象，认识疾病的本质，抓住人体反应状态的主要矛盾，运用动态平衡的理论，通过各种治疗手段，使患者重建新的相对平衡。这就是中医理论体系两个最突出的基本特点——整体观念和辨证论治。

（蒋燕）

古代神医

扁鹊

扁鹊（约前407～前310），本名秦越人。因为秦越人医术高明，热心为民治病，人们便满怀敬意地称他为“扁鹊”（传说黄帝时神医）。他按照长桑君传授的方法治病，并且不断实践、研究，逐渐成为妙手回春的名医。他还广收门徒，带着他们周游列国，为民治病，名满天下。

扁鹊一生的医疗实践对祖国医学有着突出的贡献。扁鹊行医向来精益求精，十分注意从不同角度仔细诊断疾病，望、闻、问、切、针灸、推拿等诊断和治疗方法往往都要用到。看病的时候他既看病人舌苔，又听病人说话、呼吸和咳嗽的声音，还问病源和得病前后的种种情况，并向病人家属和亲友仔细查询，以求得准确结论，对症下药。经过长期的实践和钻研，扁鹊终于为我国医学的诊断学做出了巨大的贡献。

扁鹊像

在诊断方法方面，扁鹊根据前人的经验，结合自己的行医实践，将望、闻、问、切的方法加以条理化。他特别擅长切诊和望诊。人体脉搏跳动与心脏跳动相应，切脉能够了解患者病情，并能对病情进行确诊，所以诊脉完全符合科学原理。扁鹊就是我国脉学的创始人。司马迁在《史记》中专门为扁鹊立传，并指出：“至今天下言脉者，由扁鹊也。”扁鹊不仅是切脉圣手，也是望诊行家。扁鹊与齐桓公的故事就反映了他望诊水平的高超。为了满足治疗上的需要，扁鹊精研各种疾病的医治方法，在长时间的医疗实践中有意识地广泛接触病人，从而积累了多方面的经验，成了医学上的多面手。

扁鹊一生行医，足迹遍及许多地方，还辛勤培养医学新人，广收门徒，言传身教，著述甚丰。《汉书》说扁鹊著有《扁鹊内经》和《外经》，可惜都已失传。扁鹊医术超群，备受人民爱戴，因而遭到秦国太医令李醯（xī）的妒忌，并被李醯派人暗害。扁鹊虽然死了，人民却永远也忘记不了他的功德，到处为他建庙立碑，世代相传地以各种方式纪念这位古代名医。

华佗

华佗（145～208），沛国谯州（现在的安徽省亳县）人，号元化，是东汉末年的一位名医。华佗从小就刻苦钻研学问，早早便精通了各种经书，尤其喜爱医书和养生方法。华佗生活的时代，正赶上政治极端腐败，军阀连年混战，民不聊生，疾病到处流行，这使得他决心从医，以解除患病百姓的苦痛。他曾在徐州游学，拜名医做老师，再加上他本人原来就勤勉好学，经过持续不断的努力，终于获得非常渊博的医学知识，内科、外科、妇科、小儿科和针灸科等样样精通。

华佗对各种疾病的诊断有着丰富经验，他善于察颜望色，诊脉十分细致，并不拘泥于前师的法则，能够依据病人实际情况对症下药。来找他看病的人大多数是贫苦农民，华佗深知他们负担不起昂贵的医药费用。因此，他开方时用药不过几味，并常常采用实惠而疗效快的针灸疗法，针刺时选最少而最有效的穴位，艾灸的部位也很少。他以这些尽量简单有效的疗法解除了许多穷人的病痛。除了医术非常高明之外，华佗还不慕名利，是个不畏威胁、不为利诱的医生。他被曹操杀害的故事最能体现这一点。

华佗像

华佗最精通的是外科。他曾用刮骨去毒的方法割掉中毒的死肉，挽救了关羽的性命。华佗的外科疗法能够手到病除，首先是因为他掌握了安全使用麻醉药的方法。据史书记载，华佗给病人开刀时用的麻醉药叫做“麻沸散”。如《后汉书》、《三国志》中都记载有华佗使用“麻沸散”施行外科手术并取得惊人效果的医案。华佗首创了用酒送服“麻沸散”的全身麻醉术。在使用药物全麻的情况下为病人施行腹部手术，这不仅在我国医学史上是空前的，在世界麻醉学和外科手术史上也占有重要地位。难怪后世尊华佗为我国外科始祖。据美国人拉瓦尔写的医学史说，5世纪阿拉伯医学开始了全盛时期，由于从中国的华佗那儿学习了麻醉术，解决了手术止痛问题，手术疗法得到发展，才可施行气管切开术等。欧美各国直到19世纪初期，才使用全身麻醉法施行手术。麻沸散的发明意义十分重大，历代中药麻醉无不是在华佗的启发下发展起来的。后世医生在金创、痈疽、骨折等手术治疗和麻醉药使用方面有所发展，然而开创者是华佗。

华佗还是我国医疗体育的创始人。他继承并发扬我国古代“圣人不治已病，治未病”的思想，批评单纯的医疗观点，更坚决否定方士可以使人长生不老的鬼话，主张每个人都应该通过体育锻炼增强体质，预防和治疗疾病，从而达到延年益寿的目的。华佗经常告诫人们，应该养成爱劳动的习惯，同时也要有适当的休息。经常劳动不仅可以帮助消化，流通血脉，还能防止许多疾病的发生，这好比“户枢不蠹，流水不腐”。这些道理虽然看来简单，但在1700多年以前提出来实在难能可贵。更不寻常的是，华佗根据自己的细致观察，在古代导引术启发下，创造了一套模仿虎、鹿、熊、猿、鸟五种动物动作的医疗保健体操——五禽戏。他把虎的扑动前肢、鹿的伸转头颈、熊的卧倒身子、猿的脚尖纵跳、鸟的张翅飞翔等动作联系起来，编成一整套使全身肌肉关节都得到全面舒展、活动的体操，并且加以推广，使很多人受益匪浅。由于不断地练习“五禽戏”，他的学生吴普活到90多岁还耳聪目明，牙齿不松，像中年人一样。另一个学生樊阿学习了华佗的针灸疗法、饮食疗法等，活到100多岁，仍旧头发乌黑，身体结实。

华佗为民治病处处从实际需要出发。他看到东汉末年军阀混战，被杀伤的人很多，因此特别致力于外科学的钻研，同时大胆地用外科手术疗法，治疗用汤药和针灸等方法治不好的内脏病症。这在当时却受到了守旧的人们攻击，但华佗并未畏缩不前，终于用精良的医术、高尚的医德赢得了广大人民的信任，把我国医学向前推进了一步。为怀念这位医药学大师，后人在徐州建立了他的纪念墓，在他家乡保存了他的故居“华庄”，并建立了“华祖庙”。

张仲景

张仲景（150~219），名叫张机，南阳郡涅阳县（今河南省南阳县）人，也是我国东汉末年一位十分了不起的医家。据《南阳人物志》记载，张仲景曾被举为孝廉（相当于后来的举人），官至长沙太守。

张仲景不仅医术精良，而且能够“勤求古训，博采众方”，结合自己长期积累的医疗经验，著书立说。他的《伤寒杂病论》便是我国临床学的不朽名著。《伤寒杂病论》即《伤寒卒病论》，成书于3世纪初，共计16卷，包括《伤寒论》和《杂病论》两个部分。由于兵火战乱，原著成书不久即告散失。魏晋医学家王叔和整理了张仲景的遗著36卷，其中就有《伤寒杂病论》10卷、《金匮要略方论》3卷。到了宋代，又经林亿等整理、校正，成为现存的《伤寒论》和《金匮要略》两书。当时的伤寒是霍乱、流行性感冒和肺炎等多种外感热病的总称。

《伤寒杂病论》书影

《伤寒论》共10卷，22篇，全书选取药方112个，治疗原则397条，是专门阐述辨证施治外感病的著作；《金匮要略》是《伤寒杂病论》中的杂病部分，共6卷，25篇，载录药方262个，主要论述伤寒病以外的内科杂病，如“中风历节病”、“肺痿肺痈咳嗽上气病”和“胸痹心痛短气病”等，兼述外科、妇科疾患，内容相当丰富。另外，张仲景还著有《张仲景方》15卷，《张仲景评病要方》1卷，《张仲景疗妇人方》2卷，《张仲景脉经》1卷，《五脏荣卫论》1卷，《疗黄经》1卷，《口齿论》1卷，《黄素药方》25卷，《金匮玉函经》8卷。以上著作除《金匮玉函经》之外，都已经散失了，不能不说是我国医学的巨大损失。但即使如此，张仲景在我国传统医学史上还是享有崇高的地位，被誉为“医中之圣”。

张仲景认为导致疾病的原因不外有三：一是人体内在的原因，也就是生理发生了病变；二是外在环境的原因，如气候节令的急剧变化；三是社会因素、物理因素以及意外损伤等原因，绝不存在鬼神致病的事情。

张仲景全面细致地总结了我国的临床经验。张仲景之前出现的《内经》汇集了古代劳动人民长期与疾病作斗争的临床经验和理论知识，奠定了中医学的理论基础。但是当时的临床医学还很不成熟，处方用药以单味药为主。仓公在“诊籍”中记载了若干临证治疗的具体方法，处方用药也过渡到以复方为主。东汉成书的《神农本草经》不但分类记载了几百种药物，而且论述到方剂学理论。然而，张仲景才是首位真正系统总结汉朝以前我国临床医学丰富经验的大医学家。《伤寒杂病论》的问世，标志着我国临床医学的方剂学已经发展到了一个较为成熟的阶段。张仲景把他之前那些正确的或者不正确的理论都细致而严肃地加以批判性的整理，一一分析，逐步进行总结，极大地丰富和完善了我国的临床理论。张仲景之前所留存的许多药方大多数治疗范围不够明确，他则通过几十年的临床经验，不断钻研，终于把300多个经验药方整理出来，明确了每个药方的治疗对象，以利于后人运用。《伤寒论》和《金匮要略》所载269个方剂大都配伍严密，在因证立法、以法统方和随证加减等方面积累了丰富的经验，包含了许多重要的组方原则。张仲景因而有“经方大师”、“众方之祖”的美称。他的经方被广泛有效地运用于各种病症，并由此衍生和推动了许多新方的不断出现，促进了医学的发展。

张仲景的《伤寒论》确立了临床治病的共同规律，提出了六经辨证。不管多么复杂的疾病，医生只要学习了《伤寒论》，理解了各种疾病发展的共同规律，便能加以正确治疗。《伤寒论》认为疾病可分为三阳经证、三阴经证，每个类型又有表里、虚实、寒热的不同性质，只有进行层层分析，把病变的性质完全认识了，才能确定治疗方法，对症下药。这种辨识疾病的方法是把疾病看做和人体有机整体不可分割的东西。张仲景从不机械地谈病灶，而是从整个病人出现的病状来观察、分析和归纳，最终得出寒、热、表、里、虚、实等总的性质来，作为治疗的入手之处。这种认识疾病的方法既是《伤寒论》坚持的根本原则，也是中医治疗疾病、认识疾病的核心点，通过上千年历代名医运用，都证明十分精确、有效，也构成了我国医学的鲜明特点。由此可以看出张仲景在我国传统医学史上占有怎样重要的地位了。

张仲景不仅在学术上取得了巨大的成就，还非常注重医学道德的树立，批评不负责任的医生拿病人生命当儿戏，怒斥那些“名承家技，终始顺旧”的守旧医生，反对为医草率武断。他本人在临证时总是精审入微，力求尽善尽美，在学术上则广采博集，探源索隐，孜孜不倦。所有这些无不受到后人的景仰。南北朝名医陶弘景说：“惟仲景一方，原为众方之祖。”赞美之情溢于言表。张仲景还为后人树立了朴素踏实的著作学风。《伤寒杂病论》风格朴实无华，是我国理论联系实际最优秀的医学经典，问世以后历代医家研究、注释、整理和发挥者约有800余家之多，注释《金匮要略》的也有近200家，形成了所谓伤寒学派和经方学派。张仲景及其著述对世界医学也产生了不小影响，日本、朝鲜、蒙古和越南等国都曾翻译张仲景的著作，促进了这些国家临床医学的研究。

药王孙思邈

孙思邈于隋文帝开皇元年（581）生于现今陕西省耀县孙家塬村“老堡子”一个普通农民的家庭。传说在初唐的贞观年间，唐太宗李世民得了心口疼的病，御医多次会诊都没有效果，后来有位民间医生被召进宫，很快就把病治好了。唐太宗特地把他封为药王。这位民间医生就是活了 101 岁的寿星孙思邈。

《千金方》书影

孙思邈生逢唐朝鼎盛时期，以极大的热忱和兴趣研习古代医籍，寻求民间医疗经验。为搜集验方、单方，他周游各地；为采集药材，精究药性，他跋山涉水，亲自登上五台山、太白山和峨眉山。他毕生精勤不倦，虚心好学，给后世留下了丰富而宝贵的精神财富。他所著的《千金方》堪称我国第一部临床实用百科全书。孙思邈坚信，人类最可宝贵的就是生命，生命的价值是千金都无法换得的，把书定名为《千金方》就是基于这种想法。

《千金方》是《千金要方》和《千金翼方》的合称。《千金要方》成书于唐高宗永徽三年（652），后来他考虑到此书尚有缺憾，又将 30 年所积累的医学经验心得补编成书，著成《千金翼方》，书名取“辅佐”（羽翼）之义。两书各 30 卷，详载唐以前医学家所著的医论、医方、诊法、用药、食养、导引和按摩等内容，并深刻论述了医学伦理学思想。名为方书，实则包括了为医必备的各种医学理论和实践知识，可称得上是我国现存最早的医学百科全书。《千金要方》共列 232 种疾病，5300 多个药方，连同《千金翼方》所收，前后收纳了 6500 多个方剂。在体例上是把疾病按所属脏腑进行分类，近似于近代临床医学的系统分类法。在编排次序上是首列总论提倡医德，其次分别论述妇科、儿科等各科证治。两书都是孙思邈多年的研究心得，对丰富我国医药学宝库贡献很大。

孙思邈详论医学道德，树立医德修养规范，对我国传统医德进行了一次系统归纳和总结。孙思邈有感于人类生命的延续首先得之于妇女和小儿，所以他研究医学总是以妇人和小儿为首要，其次才研究成人和老年人，这就是生不忘本的意思。他反对忽视幼儿保健问题，因而在自己这部集大成的著作中把妇幼科放在了头等地位，极力倡导妇女病和小儿病单独成科。孙思邈还提出临床上要针、灸并施，针、药并用，施行综合治疗。他善于综合治疗还反映在注重食疗的作用上，他力主把食物与药物结合起来治病。如用鹿甲状腺和羊甲状腺治疗大脖子病很有效果，同样在世界上领先。孙思邈非常重视预防，提出："上医治未病之病，中医治欲病之病，下医治已病之病。"高明的医生须着眼于"消未起之患，治未病之疾，医之于无事之前"；必须牢记预防疾病发生和防止疾病扩散，家居和远行要随时备有应对不时之需的药物。他的《千金要方·备急方》中特地记载了卒死、缢死、冻伤，以及虫兽咬伤、战伤、火伤之类的救急药方，至今仍十分珍贵。

孙思邈对药物学也进行了深入研究，留下大量珍贵的经验，不负"药王"之美称。他主张"天下物类皆是灵药，万物之中无一物而非药者，斯乃大医也"。中医学"万物皆药"的思想自孙思邈大力弘扬以来，产生了深远影响。为了熟悉药性，深究药理，他对许多药物进行实地采集、观察和运用，并且亲自种植药材细心观察研究。他重视药物采集时节、炮制加工，认识到药物品种、功效与产地有密切关系。还调查和整理了民间口耳相传的药学经验，并用民间谚语记录下来，深得人民崇敬。千百年来，用来纪念他的庙堂几乎遍及各地。唐末在他家乡陕西耀县城东3里药王山北山头为他立祠纪念。此后每年春二月，当地都举行纪念盛会，不仅怀念他的高超医术，也铭记他的高尚医德。

《千金要方》和《千金翼方》出版后，对后世影响很大。宋代郭思所著《千金宝要》，内容主要选自《千金方》。10世纪，日本丹波康赖的《医心方》，15世纪，朝鲜金礼蒙等撰写的《医方类聚》等都吸取了《千金方》的内容。

（干春松）

唐代颁布的国家药典：《新修本草》

医学史上，最早由国家组织多方面人员编撰并颁行全国使用的药学典籍，是我国唐代苏敬主编的《新修本草》，又称《唐本草》。

7 世纪上半叶，唐王朝建立初期，社会上所通行的药物学专书是南北朝时期陶弘景于 5 世纪末 ~6 世纪初编撰的《本草经集注》。《本草经集注》收载的药物虽有 730 种，但我国北方地区的药物较少。到唐初时，《本草经集注》已流通了百余年，《本草经集注》经过长期的多次转手传抄，不可避免地会有所遗漏和错讹，造成社会上用药的混乱。在此期间，人民群众的用药经验不断丰富，大量新药不断发现，加之当时国内外交通进一步发展，促进了我国内地和边疆之间、国内外医药学交流，新药品种也在增加。由于上述种种原因，编撰一部新的药物学专书，以适应当时医疗上的需要，就显得很有必要了。

当时担任唐朝议郎行右监门府长史骑都尉的医药学家苏敬，深感医疗上的迫切需要，特于唐显庆二年（657）向唐政府提出了编修新的中药学专书的建议。其时唐政府比较重视科学文化，很快就采纳了此建议，并指定当时担任太尉的长孙无忌领衔组织 20 余人进行编撰。编撰工作由具有专长的人员参加。在许多编撰者之中，有掌管医学的太医令和担任医疗的御医，有掌管药物的尚药奉御和药藏监，也有熟悉经籍图书的弘文馆大学士与学士，还有通晓历史的太史令等。但是，主编实际上仍然是苏敬。苏敬等人以《本草经集注》所载的药物为基础，广泛收集全国各地的药材。为了更好地做好这项工作，他们要求朝廷“普颁天下，营求药物”（《新修本草》序）。为此，唐政府特通令全国各郡县，将当地所出产药物，连同详细记录及描绘图样，送京城长安，供编撰新的药物学专书参考。

在唐代以前，较著名而又有较大影响的中药学专书，除《本草经集注》之外，就是汉代的《神农本草经》。临床治病有效是记载药物的关键。《新修本草》序言中明确地写道：“《本经》虽阙，有验必书；《别录》虽存，无稽必正。”《本经》就是指《神农本草经》；《别录》是指《名医别录》，其所载本草内容被收入《本草经集注》之中。苏敬等人在编撰药物学新著时，对上述两书所载药物及其他药物的取舍，是从它们是否有效验而定。苏敬等人，为了多方采纳民间用药经验与知识，常虚心地“下询众议”，注意征询群众对药物的意见。经过两年的不懈努力，于显庆四年（659）编纂成《新修本草》，后由唐政府命令予以颁行，使之在全国流通应用。

《新修本草》包括《本草》、《药图》、《图经》三部分内容。图文对照是本书重要特点之一。《本草》部分有20卷，记述药物的历史、产地、形态、辨别、性味、采制要点与治疗作用等。《药图》是根据药物实际形态描绘的图，25卷。《图经》是对《药图》的文字说明，共7卷。《本草》与《药图》另有目录各一卷，因此全书共54卷。从本书三部分所含卷数看，《药图》最多，近全书一半。《新修本草》收载药物850种，比《本草经集注》增加了100多种药。它广泛地记载了全国各地的药物，采集了较多的民间医疗经验，同时也吸收了边远地区少数民族的用药经验，并且还引进一些国外的药物知识。因此，它是7世纪时中国药学史上一次空前大总结。新增的药物如蓖麻子、蒲公英、诃黎勒、郁金、胡椒、茴香、阿魏、安息香、龙脑香、砂糖等。宋代《经史证类大观本草》引用了《新修本草》的一些内容，如“玉石部”记载的以白银、铝箔、水银制成的补牙剂。

《新修本草》自唐政府颁行后，很快在国内广泛流传。20世纪初，从敦煌藏经洞中发现有本书的唐代手抄本，抄写年代为唐乾封二年（667），即本书颁行后8年。当时《新修本草》在不长的时间内便传到了交通还不大便利的西北地区，可以看出本书迅速传播的情况。另外，本书也很早就流传到国外，731年日本曾有田边史手抄的《新修本草》出现。本书传到日本后，在相当长的一段时间里仍然备受重视。据901年至902年日本的《延喜式》记载：“凡医生皆读苏敬《新修本草》。”

虽然《新修本草》在当时具有较高的科学价值，但由于编撰者的局限性和当时的科学水平，书中有些内容还存在某些错误。此外，当时虽曾向全国广泛征集药物，但也不是包罗无遗。《新修本草》成书于1300多年前，因时间的推移，其中《药图》与《图经》两部分在宋代以后失传了。《本草》内容，原有唐乾封二年至四年（667~669）手抄本珍藏于敦煌石窟内，但是，自1840年鸦片战争后，外国殖民者相继入侵，各种身份的人陆续来到中国，他们之中不少人采用不同的手段破坏、掠夺、骗取了我国大量的珍贵文物。藏于敦煌石窟中的《新修本草》唐代手抄本，也在1907年被盗。后来，上述唐代手抄本的一些残卷片断，分别被收藏于英国伦敦不列颠博物馆和法国巴黎图书馆中。1955年以来，我国所印行的《新修本草》，一为清末兵部郎中傅云龙1889年在日本获《新修本草》手抄卷残卷加以模刻的影印本，一为1931年尚志均教授的辑复本。

（蒋燕）

我国古代的医学流派

中医学有不同的师承传授关系，产生了不同的学术见解，这是产生医学流派的条件。一些医家根据自己的临床经验和学习心得，各创新说，形成了不同的学术流派。我国古代的医学流派主要包括伤寒学派、寒凉学派、温病学派、脾胃学派、滋阴派、攻邪派等。他们各具特色，各有创见，都从不同的角度丰富和发展了中医学理论体系，促进了中医学理论研究和临床实践的发展。

伤寒学派

伤寒学派是以研究或阐发张仲景《伤寒论》的辨证论治和理、法、方、药为主要主张的众多医家形成的一大医学流派。发端于晋唐时期，形成于宋金时期，兴盛于明清时期，发展于近、现代。

东汉末年著名医家张仲景，在《内经》、《难经》的基础上，进一步总结前人的医学成就，并结合自己的临证经验，写成了我国第一部临床医学专著《伤寒杂病论》，倡导以六经辨证和脏腑辨证等方法，对外感疾病和内伤杂病进行辨证论治，从而确立了中医临床医学的辨证论治体系和理、法、方、药的运用原则，为后世临床医学的发展奠定了良好的基础，并成为历代医家辨证论治所遵循的经典著作。该书后经晋代医家王叔和编纂整理成《伤寒论》与《金匮要略》两部书。前书以阐述外感病辨治规律为主，后书则主要阐释内伤杂病的辨治规律。

由于历代医家通过整理、编次、校勘、注释《伤寒论》，融会进自己的临证经验与认识，丰富了伤寒学说的内容，扩大了应用范围，提高了学术水平。伤寒学派内部不同派别的争论，诸家对《伤寒论》条文的不同校勘与注释，在客观上成为伤寒学说不断发展的动力。

寒凉派

寒凉派是以宋金时代刘完素（刘河间）为代表的一个医学流派。刘完素在研究《素问》、《伤寒论》的基础上，创立了“火热论”，受运气学说的影响，强调“六气皆从火化”、“五志过极皆能生火”，因而对火热病机多有所阐发。寒凉派就是从运气学说出发，探讨火热病机，擅长治疗火热病证，善用寒凉药，后世称为寒凉派，或河间学派。

攻邪学派

攻邪学派是以张从正（张子和）为代表，以攻邪为治病的首要任务，主张“六气”致病，病由邪生，强调“邪留则正伤”，“邪去则正安”，倡导以汗、吐、下三法攻邪而祛病，从而成为攻邪派。张从正的攻邪学说发扬了《内经》攻邪的有关理论，纠正了当时医家盲目投补的现象，充实和发展了中医辨证论治理论，对后世医家如吴又可、赵学敏等治疗某些疾病产生了深远的影响。

脾胃学派

脾胃学派是李杲（李东垣）为代表，传张元素之学，阐发《素问》“土者生万物”的理论，创立了以补脾胃为主要治法的“脾胃论”，提出“内伤脾胃，百病由生”的论点，认为疾病的发生，多与脾胃内伤有关。强调脾胃属土，土为万物之母，生化之源，脾胃病则百病莫不由之而生，因而对脾胃升降理论多有阐发，故而又称“补土派”。脾胃学派创立的甘温除热等理论方法，惯于运用补中、升阳、益气、益胃等法，对后世颇有影响。

滋阴派

滋阴派是以朱震亨（朱丹溪）为倡导者的，以养阴为主，强调保存阴气对健康的重要意义的学派，又称丹溪学派。朱丹溪受到河间学派火热理论的影响，侧重阐述阴虚火旺之证。其倡导“相火论”，谓“阳常有余，阴常不足”，主张滋阴降火，论治多以补阴为主，对“相火”学说多有所发挥。丹溪学派不仅以养阴为特色，还擅长治疗气、血、痰、郁等杂病，故有“杂病用丹溪”之说。

温病学派

温病学派是以研究温热病为中心的学术流派。温热病学，是研究四时温热疾病发生、发展规律及其诊治方法的学科。到了明清时期，随着中医学对传染性热病认识的逐步深化，创新和发展了温热学说，并形成了温病学派，标志着对于温热疾病的认识和论治经验，已经发展到了一个新的阶段。其代表医家首推明代的吴又可，他所著的《温疫论》一书，首先提出了“戾气”学说，认为“温疫”的病原是“非风非寒非暑非湿，乃天地间别有一种异气所成”。其传染途径是从口鼻而入，而不是从肌表侵袭。这是对温病（特别是温疫）病因学的很大突破与发展，为以后温病学说的形成和完善奠定了基础。著名温病学家叶天士著《外感温热论》，发展了卫气营血理论，首创卫气营血辨证；吴鞠通著《温病条辨》，创立了三焦辨证，并发展了三焦湿热病机和临床湿温病辨证规律；薛生白著《湿热病篇》，提出了“湿热之病，不独与伤寒不同，且与温病大异”的独到见解；而王孟英著《温热经纬》等，系统地总结了明清时期有关外感传染性热病的发病规律，突破了“温病不越伤寒”的传统观念，创立了以卫气营血和三焦为核心的温热病辨证论治法则，从而使温热病学在病因、病机及辨证论治等方面形成了较为完整的理论体系。温病学派的理论和方法，对后世临床医学的影响颇大，到目前为止仍具有较高的研究价值。

（蒋燕）

中医学中的“神”

中医学中提到的“神”是人体生命活动的总称，其概念有广义、狭义之分。广义的“神”，是指人体生命活动总的外在表现，即所谓“精神”、“神气”。包括人的神志、面色、形体、动态、语言、呼吸和对外界的反应等各方面的表现。狭义的“神”，是指人的思维和意识活动，即所谓“神明”、“神志”。望诊中的“望神”应包括这两方面的内容。

《内经》对“神”的记载约有100多处，由于其所处章句文意不同，后世对“神”的解释也有多种，主要可概括为以下三种。

一种是指自然界事物的运动变化及其规律性。《易经》曰：“阴阳不测谓之神。”由于《内经》理论与先秦哲学的同源性，以及它强调人与天地统一的观点，因而，一方面《内经》根据自身的理论需要延伸了“神”的含义；另一方面又部分地保留了“神”的本义。《素问·阴阳应象大论》说：“阴阳者，天地之道也，万物之纲纪，变化之父母，生杀之本始，神明之府也。”阴阳的对立统一是自然界万物生长变化等运动的内在动力，是“神明”存在的前提，这也体现了《内经》

有关“神”的理论的唯物观。

另一种是指人体生命现象的总概括。《内经》把所有具有生命活动的物体均看做是“神”的一种体现，如《素问·六微旨大论》说：“出入废则神机化灭，升降息则气立孤危。”“神”在这方面的含义又分为以下三种：（1）指具有生命力的人。《灵枢·本神》说：“故生之来谓之精，两精相搏谓之神。”（2）指人体某些组织的生理功能。《素问·调经论》说：“神有余则笑不休，神不足则悲。”《素问·八正神明论》说：“血气者，人之神，不可不谨养。”（3）指内脏精气显露于外的征象。有诸于内必形诸于外。上述三方面均指人体的生命现象，包括人体生理活动与心理活动两方面，亦即后世所说的广义之“神”。

再一种是指人的精神活动，包括意识、思维、情志、灵感等。在《内经》中，“神”最典型的含义是指人的精神意识思维活动，即后世所说的狭义之“神”。《素问·灵兰秘典论》说：“心者，君主之官，神明出焉。”关于“神”的这一含义所包括的具体内容，《灵枢·本神》作了详细的论述：“所以任物者谓之心，心有所忆谓之意，意之所存谓之志，因志而存变谓之思，因思而远慕谓之虑，因虑而处物谓之智。”又说：“随神往来者谓之魂，并精而出入者谓之魄”；又言：“肝藏血，血舍魂……脾藏营，营舍意……心藏脉，脉舍神……肺藏气，气舍魄……肾藏精，精舍志。”“神”虽分属于五脏，但又总统于心。《素问·诊要经终论》说：“秋刺皮肤循理，上下同法，神变而止。”其所言之“神”，一般多释为针刺感应，认为是“神”的一种特殊含义，即指人的感觉。而意与志，除是思维过程的一部分外，也指人的高级精神调节系统。它对人体的其他精神、生理活动具有控制和调节作用。如《灵枢·本脏》说：“志意者，所以御精神，收魂魄，适寒温，和喜怒者也。”《内经》就人的情志活动，记载了喜、怒、忧、思、悲、恐、惊七种。如《素问·阴阳应象大论》说：“人有五脏化五气，以生喜怒悲忧恐。”又言：“脾在志为思。”后世将这七种情志活动称为七情。七情变化也是人精神活动的一种，属于“神”的范畴。《内经》所论许多神志病变，不仅病因在于七情所伤，而且症状也表现为七情变化。另外《素问·举痛论》说：“惊则心无所依，神无所归，虑无所定。”《灵枢·邪气脏腑病形》也说：“忧愁恐惧则伤心。”这均是基于“神”包括人的情志活动而言。另外，《内经》有多处提及的“鬼神”均是基于“神”自身的特性。

“神”不能脱离形体而单独存在。如《素问·上古天真论》中说“形与神俱”，“形神合一”。有形才能有神，形健则神旺，形衰则神惫。“神”是以精气作为物质基础的。“神”来自先天之精气与后天之水谷，精盛纳多则神旺，精衰纳少则神疲。《灵枢·平人绝谷篇》中说：“五脏安定，血脉和利，精神乃居。”故“神”是脏腑精气盛衰的外露征象，是五脏六腑功能的体现。通过对“神”的观察，可以了解病人精气盈亏、脏腑盛衰、疾病轻重与预后。

作为生命活动表现的“神”，是通过意识状态、语言、呼吸、形体动作、反应动力等方面表现出来的，而主要可以通过两目反映出来。由于目为五脏六腑精气之所注，内通于脑，为肝之窍、心之使，因而有“神藏于心，外候在目”的说法。所以，望神尤应重在察目。

（蒋燕）

中医临床常用的辨证方法

辨证就是分析、判断病属于什么症候的过程。即以阴阳五行、脏象经络、病因病机等基础理论为依据，通过对四诊获得的病史、症状及环境等各种临床资料进行综合分析，辨明其内在联系和各症状之间的相互关系，抓住主要矛盾，达到对疾病本质的认识，以及判断疾病属于什么症候、什么病。

临床主要的辨证方法有八纲辨证、病因辨证、气血津液辨证、脏腑经络辨证、六经辨证、卫气营血辨证、三焦辨证等。

八纲辨证是各种辨证方法的总纲，其以表里辨别病位，寒热辨别病因，虚实辨别病性，阴阳分辨疾病类别。八纲辨证比其他辨证方法高一层次，各种疾病均可用八纲加以分析归纳。其他辨证方法则是在八纲辨证的基础上进一步深化，又有各自的特点和侧重，可用于不同性质的疾病。如脏腑经络辨证主要是分辨疾病所在部位的，适用于内伤杂病，因内伤病的特点是发病较缓，病情变化较慢，病位的改变较小，故尤其需要明确病变所在部位。病因辨证的重点是从致病因素这方面分析六淫等外邪所致病证的特点，及饮食劳伤、七情、疫戾之气所致病症的特点。而气血津液辨证则主要是从人体气血津液化生、运行失常的方面，分析其所致病特点和变化规律的。

六经辨证、卫气营血辨证、三焦辨证则强调疾病的阶段性、层次性，更适合于外感病的辨证，因外感病发病较快，变化多而迅速。掌握疾病的阶段性尤为重要，其中六经辨证适合外感风寒引起的伤寒病；而卫气营血辨证和三焦辨证则适合于外感温热之邪所引起的温热病或湿热病。

（蒋燕）

民国初年关于废除中医的争论

近代以来，随着西方文化涌入我国，西医也开始产生越来越大的影响，从1848年至1914年间，英、日、德、法、美等国在我国大面积兴办医学院校，已逐渐形成了不同的派系，加之旧中国的统治者崇洋媚外，摒弃传统文化，中医学非但得不到发展和重视，而且还面临着被取消的境地，最终导致了民国初年关于废除中医的争论。

1914年，北平教育部总长汪伯唐发出废止中医中药的宣言。1930年，国民党政府中央卫生委员会通过了余云岫等西医提出的所谓《废止旧医以扫除医事卫生之障碍案》。该提案主要内容有三项：（1）中医登记限至1931年底止；（2）禁止中医办学校；（3）新闻杂志报纸一律禁止刊载中医中药消息和理论的文字。消息既出，举国哗然，全国17个省、132个团体、272个中医代表向南京政府提出强烈抗议，南洋各国发出800万人民的抗议通电，国民党内部也有不少反对者。迫于各方面压力，民国政府宣告此决议无效。但汪精卫在1934年6月召开的国民党中政会议上，又提出取缔中医中药，内容包括不让中医开业，中药不得生产销售等。

（蒋燕）

中国的食疗和药膳

食疗和药膳就是以食物当药治疗和预防疾病。中国独具特色的传统医药学认为，药可以入食，食也可以为药，就形成了食疗和药膳，中国民间有一种说法，就是“药补不如食补，食疗胜似医疗”。食疗在中国民间，无论古今，都很盛行。医食合一、医厨相通早在周代就已形成传统。在古代典籍中，有关食疗的论著很多，唐代医学家孙思邈所著的《千金要方》和《千金翼方》两部著作，都有专章论述食疗，对古代食疗学的发展产生了深远的影响。孙思邈认为，人的健康应以合理的饮食为基础，而不要擅自服药。医生应该先弄清疾病的起因，先以食疗治病，如果

《本草纲目》插图：木芙蓉

食疗效果不好，再用药治疗。孙思邈的食疗观点对我国的食疗方法、药膳制作产生了深远影响，逐渐地，食疗和药膳就成了中国民间很盛行的强身健体、防病治病的方式。

在我国，用日常蔬菜、食物防病治病，几乎是家喻户晓。家里有人伤风感冒，切几片生姜，加几段葱白，用红糖煮汤，趁热吃下，发发汗，一般都能见效。提起养生，有“上床萝卜，下床姜”的说法，就是早上吃姜，晚上吃萝卜。盐、醋、姜、葱、蒜等调味品的食疗作用，民间各有讲究，还随着实践不断发展。

食疗当中，“花馔”又自成一系。所谓“花馔”，就是将花做成菜。花馔起于春秋，盛行于唐朝。花卉有上千种，中国北方可食用的花卉就达 100 多种，至于中国西南部被称为“植物王国”的云南省，据说可食用的花卉竟达 260 多种。花馔可以治病，尤其是多食花馔对女性大有益处。比如玫瑰花，具有活血调经、养容保健的功效；以桃花、鱼、鲜虾配菜，可以补气血、强健脾胃，还有很好的养颜作用。

《本草纲目》插图：石南

药膳则是以药为食，变用药为用餐的方式来治病、防病。药膳从古流传至今，现在还越来越受欢迎，常见的有粥食、面点、羹汤和菜肴等。药膳大都很有讲究，如“孩儿粥”，是用山药、薏仁和柿饼等加大米煮粥，可治小孩脾胃虚弱。“川贝陈皮汤”可治风寒咳嗽；“参汁汤”则可用于病人和老人滋补养生。中国药膳不仅风行国内，而且还进入了国际市场。如橘皮茶、茯苓饼、菊花酒等中国药膳药饮，正进入越来越多的外国人的饮食生活中。

（蒋燕）

中药的性能

将药物多种性质及其治疗作用概括为性、味、归经、升降浮沉及有毒与无毒等方面，统称为中药的性能，简称药性。中药性能理论的基本内容包括性（四性——寒、热、温、凉）、味（五味——酸、苦、甘、辛、咸）、升降浮沉、归经、有毒与无毒等。此外，还有药物本身固有的性质，如质轻、质重、质润、质燥、气味芳香等，也是药物性能理论的一部分。

“寒凉”药，就是能够减轻或消除热性病症的药物，其药性属于寒性或是凉性。但寒与凉有程度上的差别。寒凉药物能抑阳助阴，一般说具有清热、泻火、解毒、凉血、滋阴等的作用。

“温热”药，就是能够减轻或消除寒性病症的药物，其药性属于温性或是热性。但温与热有程度上的区别。温热药物能抑阴助阳，一般具有散寒、温里、助阳的作用。

中药性能五味的“味”就是指药物的味道，是指药物有酸、苦、甘、辛、咸五种不同的味道。此外，还有淡味、涩味。前人认为淡为甘之余味，有“淡附于甘”之说；涩味作用与酸味作用相类似，而把涩味附于酸。传统称五味，实际上有七味。五味既代表了药物本质的味，又包含了药物作用的味。

“升浮”药具有上行、向外的趋向，分别具有升阳、发表、散寒、催吐、透疹等作用；“沉降”药有下行、向里的趋向，分别具有潜阳、收敛、清热、泻下、渗利、降逆、安神等作用。医生在临床上应该正确掌握药物升降浮沉的性能，针对病因与病势正确选药，使药物作用直达病所或逆转病势，或因势利导，恢复人体升降出入的正常功能，从而达到治疗目的。

“归经”是药物性能的重要标志，是指某种药物对某些脏腑及其经络的病变起着主要的或特殊的治疗作用。说明了药物作用的所在，表明了用药治病的适应范围，体现了药物对机体各部位病变的选择性作用。归经学说对临床的意义体现在三个方面：一是根据疾病不同表现，通过辨证诊断出病变所在脏腑经络的部位，按照归经来选择针对性强的药物治疗；二是对功效相似的药物便于区别应用；三是通过药物归经的主次，可以帮助识别药物作用的重点。又以归经为线索，可以探索某些药物的潜在功能。

药物性能的认识和论定，是我国历代医家在长期的医疗实践中，以阴阳、五行、脏腑、经络学说以及治疗法则为理论基础，以实践经验为依据，将对为数众多的药物各种特性及医疗作用的了解与认识，不断深化，加以概括和总结出来的。

（蒋燕）

藏医和藏药

藏医是以藏族为主的少数民族在漫长的医疗实践中创造发展起来的传统医学，是中国传统医药的重要组成部分。主要流行于藏族聚居的地区，包括西藏、青海、四川、甘肃等省区；同时，在南亚的印度、尼泊尔等国，藏医也较为流行。

藏医学具有十分明显的民族、社会和自然环境的特点，产生于青藏高原。青藏高原为高寒地区，在古代与外界交通极不方便，因而藏医学长期保持着它所固有的特点。比如，青藏高原动植物品种较为稀少，因此藏药多取自高山氧气稀薄环境中生长的耐寒动、植物等。佛教思想在西藏已渗透到社会各方面，所以藏医学自奠基时期便具有浓厚的藏传佛教的色彩。

藏医学在藏族人民长期的生产、生活和医疗实践中，逐步形成了自己独特的理论体系，其基本理论可概括为三因学说。藏医理论认为，人体内存在“龙”、“赤巴”、“培根”三大因素，饮食精微、血、肉、脂肪、骨、骨髓、精七大物质基础，小便、大便、汗三种排泄物。三大因素支配着七大物质基础及三种排泄物的运动变化。在正常生理条件下三者互相依存、互相制约，保持着相互协调和平衡，当三者中的任何一个因素或几个因素由于某种原因出现过于兴盛或衰微的情况时，则会出现龙病、赤巴病和培根病，治疗上就需要对三者进行调整，使其恢复到协调状态。其中，“龙”是维持人体生理活动的动力，其性质近似于汉族中医的风或气，但含义比中医的风或气更为广泛；“赤巴”译为汉语是胆或火，具有中医“火”的性质，主要功能是产生热能，维持体温，增强胃的功能；“培根”译为汉语是涎或水，它相当于中医的津、涎，但含义较为广泛，与人体内津液、黏液及其他水液的物质和机能保持着密切的关系。

藏医认为疾病发生的机理归根到底是由于“龙”、“赤巴”、“培根”三者之间失去平衡和协调，使身体的元气受到了伤害，因而危及健康。因此，藏医治疗的目的，就是调整这三大因素的偏盛偏衰，使其能够重新协调起来。

由于民族习惯及民俗关系，藏医对于人体解剖及生理有比较深入的了解。对于人体内的器官，藏医也认为有五脏六腑。五脏指心脏、肝脏、脾脏、肺脏和肾脏，六腑指大肠、小肠、胃、膀胱、胆和三姆休。古代藏医用各种形象的比喻来形容各脏器的生理功能，例如：心脏如国王，它端坐在宝座上，居人体胸腔的正中；肺脏犹如大臣和太子，围绕着君王；肝脏和脾脏似君王的大、小后妃，处在君王下端，但关系又很密切；肾脏像一座房屋的脊梁，没有它，身体就不能成为一栋大厦。可见古代藏医已对人体有了较为科学的认识。

藏医的特色疗法主要有五个方面内容。

其一是药物治疗。在用药物治疗时，藏医主张用药引子把所用的制剂引向患病的部位，例如用白糖作为药引子治疗单纯性的热病；用红糖块作为药引子治疗寒性病等。藏医对药物的服法也很有讲究。如丸药一般用开水送服，其中寒性病用热开水吞服；热性病用凉开水送服；至于混合型寒热兼有的疾病，就用温开水送服。

其二是灸法。藏医做灸的材料，与中医一样主要是艾叶。藏医施灸，一般都有固定的穴位。艾灸多用于寒性病，特别是消化不良、浮肿、水肿等。

其三是催吐法。就是利用服用药物导致呕吐从而达到治病目的的一种疗法。适应症状包括积食不化、胃中或上脘痞积、误食毒物以及腹中寄生虫上溢至口中而又返回腹内，还有胃中各种“培根”，包括紫痰、灰痰等，用催吐法皆可收到较好效果。但是催吐法不可用于体弱年老、妊妇、小儿。误服毒物，若时间已久，则毒物已不在胃中，也不可再催吐。

其四是敷法。即搽涂疗法，是一种通过外涂药物以治疗体内病症的方法，是藏医中比较特殊的方法。由于简便易行，民间常应用。藏医认为，搽涂疗法对身体具有补养的作用，它的适应症状也不少，可以用此法治疗皮肤粗糙、出血所致精血亏虚不足、精神不畅、劳累过度、失眠等。常用的搽药为油脂类，其次是软膏。

其五是药浴疗法。常用的药用温泉水为硫黄温泉、寒水石温泉、矾石温泉、五灵脂温泉和石灰石温泉。浴法分为水浴和敷浴两种，各有特色。以五种天然温泉治疗相应疾病的水浴疗法为最优，其作用是治疗外散于肌肉、内伏于骨髓之各种热病；敷浴法是将配制或经烧煮之后的药物装入布袋中，包扎或放置于病患部位，从而起到治疗作用。

（蒋燕）

十五

工商　赋税

“孔方兄”一词的来历

“孔方兄”作为钱的谑称，来源于西晋鲁褒的名文《钱神论》。文中写道：“钱之为体，有乾坤之象，内则其方，外由其圆……亲之如兄，字曰‘孔方’，失之则贫弱，得之则富昌。危可使安，死可使活，贵可使贱，生可使杀。是故，忿争非钱不胜，幽滞非钱不拔，怨仇非钱不解，令问非钱不发……谚曰：‘钱无耳，可使鬼。’凡今之人，唯钱而已！”因此，“孔方兄”便成了钱的别称，流传至今。

（单春梅）

黄金和白银

黄金和白银均属稀有贵金属，不可能大批量生产，却又都具有很高的经济价值，很早就被赋予了货币的职能。战国时，黄金被大量使用，开始发挥货币的某些职能。此时黄金作为货币，还是称量货币，按重量行使。它有两个单位，一个是斤，一斤合 16 两；另一个是镒，一镒合 20 两。秦和西汉时期，黄金盛行。秦统一后，规定黄金为上币，以镒为单位，但是流通范围有限。东汉魏晋以后，白银使用日趋增多。至宋开始，白银成为主要货币。

（单春梅）

元宝

“元宝”名称最早使用于唐肃宗时期，当时史思明在洛阳所铸的铜钱叫做“得壹元宝”和“顺天元宝”。在中国货币史上，正式把金银钱称作“元宝”始于元代。元初，首次将白银制成每枚重五十两的银锭，取名“元宝”。当时所铸元宝呈马鞍形，两端圆弧，中间束腰，在形制上与南宋和金的银锭十分相近。元代称金银钱为“元宝”，有元朝之宝的意思，黄金叫做金元宝，银锭叫做银元宝，后来也就成了金银货币约定俗成的通称。

（单春梅）

宋代白银成为主要货币

宋代时期，商业不断发展而铜钱缺乏，客观上需要一种较贵重的货币单位。另外，宋朝的对外贸易比较繁荣，而对外贸易之间多使用白银，这样白银在流通中逐渐占据优势。并且，宋代产银较多，具有丰富的白银资源。在以上相关因素的影响之下，白银遂成为宋代的主要货币。

（单春梅）

钞币

钞币是古代的纸币的通称。到清咸丰年间官票宝钞消亡为止，钞币的流通时间大约有870多年。我国最早的纸币，是北宋初年的“交子”。

早期的钞币，都是以兑换券形式出现的，凭券随时可以换取现钱或现银，所以是兑现的钞币。在宋、金和元初流通使用，大约有300多年。有宋代的交子、钱引，元代的中统元宝交钞等。

我国古代不兑现钞币，从元代中统钞开始，历经明、清两代，行使流通大约500余年。明代只发行了大明通行宝钞一种钞币。清代政府发行的钞币有两种，先是“钞贯”，后发行“户部官票”和“大清宝钞”。“户部官票”又叫做银票，“大清宝钞”又叫钱票、钱钞。

（单春梅）

法币政策和金元券

法币政策是1935年国民政府废止银本位制，实行的一次币制改革。其主要内容包含：（1）统一货币发行。以中央、中国、交通三银行（后加中国农民银行）所发行的纸币为法币；其他银行不得继续发行新钞票；所有完粮、纳税及一切公私款项支付和市场流通，均使用法币。（2）实行白银国有，禁止白银使用、流通。所有银圆、银两均须向中央等银行兑换法币。（3）放弃银本位制，采用外汇本位制，法币与英镑固定汇价，1 法币兑换英镑 1.25 先令。为维持法币稳定，三银行可以无限制买卖外汇。（4）国家白银移存英国作为外汇储备。1935 年，美国迫使民国政府签订《中美白银协定》，法币又与美元挂钩，1 法币兑换 0.2975 美元。外汇储备分存于英、美两国。

金圆券是民国政府发行的取代法币的一种纸币。法币是不兑现货币，发行不久，就发生通货膨胀，急剧贬值。1948 年 8 月，民国政府公布《金圆券发行办法》，用金圆券取代法币。规定每元金圆券含金量 0.22217 克，但不能兑换。1 元金圆券折合法币 300 万元，东北流通券 30 万元。并按纯金 1 市两合金圆券 200 元，纯银 1 市两合 3 元，银币每枚合 2 元，美钞每元合 4 元的比例限期强制兑换民间的金银和外币。结果，金圆券的膨胀速度比法币更快，不到 10 个月的时间，发行额增加了 6.5 万倍。

（单春梅）

人民币

人民币是新中国成立后法定本位货币，单位是元（圆），辅币是角和分。采用十进位制。人民币由国务院授权中国人民银行发行。简写符号为￥。

（单春梅）

行会

行会又称“行帮”，指古代城市中商人和手工业之间的同业组织。中国的行会始于唐代。隋唐时实行市坊制，坊为住宅区，不得从事商品贸易。市为从事工商行业的固定区域。每一行业聚集在一起，形成一个行列，这种街区被称作“行”。后来，同业商人形成的组织就称作“行”。入行的商人称为“行户”或“行人”，头目称“行头”、“行首”。行会的最重要功能在于抵制竞争，垄断利润。

一般来讲，商业行会分为两种：一是同一区域的同业组成的单一行会；一是按地域划分组成的商帮会馆。手工业行会也分为两种：由老板（店东、师傅）、帮工（雇工、客师）和学徒不同身份的人共同组成单一行业的行会以及由手工工匠组成的行会。

（单春梅）

市舶司

市舶司是中国古代管理对外贸易的机关。唐玄宗开元年间，广州即设有市舶使，一般由宦官担任。这就是市舶司的前身。市舶使的主要职责是检查出入海港的外商船舶、征收关税、收购政府专卖品等，也涉及外交事务。唐代充当市舶使一职的，多是皇帝的心腹宦官。此后的宋、元、明三代都沿袭设置。两宋时期，由于造船和航海技术的进步，海外贸易得到了空前发展。政府一方面多次派使臣赴海外招徕外商；另一方面于北宋开宝四年（971）在广州设立市舶司，管理对外贸易。当时市舶司的主要职责是管理舶商，征收船税，收买舶货，实行“禁榷”，并招待外商。至元代，元政府制定了整治市舶司的法则。在1314年，又修订颁布新的市舶法则22条。明确了市舶司的职责范围，加强了政府对海外贸易的控制。明朝则沿袭前朝之制，市舶司管理海外诸国朝贡和贸易事务，隶属于布政司。

（单春梅）

我国有两条丝绸之路

丝绸之路是对中国的丝和丝织品运销亚、欧、北非各国的古商路的誉称。根据海陆区分，分称“陆路丝绸之路”和“海上丝绸之路”。“海上丝绸之路”是从广州乘船经满剌加（今马六甲）海峡，到锡兰（今斯里兰卡）、印度、东非。据东非索马里等地出土文物证实，这条“海上丝绸之路”大约形成于我国宋朝。据史料记载，当年马可·波罗就是经“海上丝绸之路”往来中国的。

“陆路丝绸之路”也有两条。

一条是我们通常而言的丝绸之路，据《汉书·西域传》记载，此路系张骞出使西域开辟而成，共有三个分支。东起长安（西安），经河西走廊，北至乌鲁木齐，顺伊犁河下游通往里海沿岸。此为北路。从长安至敦煌后又分为两支，南路由敦煌出阳关西行，沿昆仑山麓过葱岭，西达大月氏（今新疆和阿富汗东北一带）、安息（今伊朗）、条氏（今阿拉伯半岛），最后到达罗马帝国。中路由敦煌出玉门关西行，沿天山南麓过葱岭，经大宛、康居（均在今中亚等国境内），再向西南行与南道汇合。

另外一条是“西南丝绸之路”。它由四川经云南过伊洛瓦底江，至缅甸北部的孟拱，再渡亲敦江到达印度东北的莫帕尔，然后，沿恒河流域转入印度西北，至伊朗高原。这条丝绸之路比前一条陆上丝绸之路还要早得多。据《汉书·张骞传》：“吾贾人往市之身毒国。身毒国在大夏东南可数千里。”所走即为此路。

（单春梅）

当铺的演变

当铺又称“典当”、“当店”、“押店”等，是以收取实物作为抵押，进行借贷融通的信用机构。具体做法是按借款人提供的质押品的价值折扣后发放贷款，定期收回本金和利息。典当业始创于南齐时代，由寺院经营当铺放款，称“质库”。由南北朝至明代1000余年间，当铺的发展大致分为三个阶段：第一阶段是从南北朝到中唐，此时当铺由寺庙经营，附属于佛寺；第二阶段是从中唐到宋末，此时除了寺庙经营当铺外，还出现民营和公营的典当；第三阶段是从宋末到明代，此时寺庙经营的当铺已经消失，随着商人资本的发展，典当业日趋兴盛，纯粹以营业为目的的当铺遍及全国。清代后，当铺依靠官府的生息银两发展迅速，产生了“公典”、“官典”之称，并按资本大小分为典、当、质、押、按、代等六类。新中国成立后，旧的当铺停歇。改革开放后，成都在1988年又出现了新中国第一家当铺。

（单春梅）

乾隆皇帝为什么不同意与英国通商

清乾隆五十八年（1793），英国国王派遣马戛尔尼带着使团访问中国，急欲打开中国的贸易门户。但是他们的通商要求遭到中国乾隆皇帝的拒绝。遭到拒绝的原因有三：一是清政府认为东南沿海的反清力量强大，担心发展海上贸易会助长反清力量的海陆结合；二是西方商人的海盗行径威胁沿海的安全；三是长期处于闭关锁国中的乾隆皇帝对外部世界的进步和西方的科学文明一概不知，却又为自己处于“盛世”之中而沾沾自喜，夜郎自大。于是，乾隆皇帝给英皇敕谕说：“天朝物产丰盈，无所不有，原不借外夷货物，以通有无。”（《熙朝纪政·纪英夷人入贡》）

（单春梅）

“三言二拍”中的商人形象

“三言二拍”是五种明代人辑著的话本集与拟话本集的总称，“三言”指《喻世明言》、《警世通言》、《醒世恒言》，“二拍”指《初刻拍案惊奇》和《二刻拍案惊奇》。“三言二拍”中的许多篇章描绘了市井生活，反映了市民阶层的价值观、婚姻观、爱情观，其中在正面反映商品题材的商贾类小说中，就描写了商人的日常生活和经商活动，塑造了形象丰满的新型商人形象，着重强调了商人的自我奋斗的意志和“治生”本领，肯定了贾道，认同了商人的社会功能，肯定了商人的高尚品德。《三言二拍》中商贾类小说对商人的自身修养素质及商人的经商谋略、经商技巧都做了多角度、多侧面的描写，笔下的商人大都外表俊美，勤劳节俭，讲究商业信誉。

（单春梅）

“幌子”的作用

幌子是我国早期出现的一种广告形式，起招徕生意的作用。“垆”作为店铺幌子的原始形式，出现在两汉时期，为以后的店铺装饰起了开创作用。幌的造型一般取自于商品或服务的形象，简洁明晰，在商业贸易中起着不可估量的作用。

（单春梅）

晚清的奖励实业条例

鸦片战争后，部分先进知识分子和有识之士开始认识到发展工商业的重要性，甲午战争后，变法图强的呼声愈来愈高。清政府因此开始实行“通商惠工”，变“抑商”为“恤商”。从1898～1907年，先后制定和颁布了五个奖励创办工商业的章程。清政府实行的奖励实业政策大致可分为两类：其一，为了吸引资金兴办实业，对投资者予以奖励。1903年，商部在《奖励公司章程》中，对集股兴办公司者，按标准分10等给予顾问官、议员，加授顶戴并赐给牌、匾，准子孙世袭议员等奖励。因国力问题，1907年的《改订奖励公司章程》，将原有授奖降低。同时还颁布了《华商办理实业爵赏章程》，以鼓励国内巨富和海外侨商投资兴办实业。该章程根据资本大小和工人多寡，分别授以不同等级爵衔，并加花翎、顶戴。其二，对生产与工艺方面的奖励。包括对新式工业、交通运输业、农业和对传统手工业、农业的奖励。1906年制定的《奖给商勋章程》规定，设五等商勋。对不够标准的官营手工业制品厂家授予匾额，对个体手工业工匠则颁给奖牌。

（单春梅）

民生主义

孙中山先生提出的中国资产阶级民主革命纲领“三民主义”的内容之一。民生主义是其中的“社会革命”的纲领，一般包含土地与资本两大问题。旧三民主义中民生主义的内容是土地国有，用平均地权的办法防止少数富人专利垄断造成贫富不均，以达到社会平等；在资本问题上，则确认“实业主义为中国所必需”，发展社会经济的途径为“节制资本”和发展“国家资本主义”。1924年的“新三民主义”中民生主义的中心为实行“种者有其田”和“节制资本”。

（单春梅）

门户开放

门户开放是19世纪末美国政府提出的侵华政策。中日甲午战争后，欧洲列强和日本掀起瓜分中国的狂潮，在中国强租军港和争夺势力范围。当时的美国正忙于与西班牙的战争而无暇顾及。战后，为维护和扩张美国在华的利益，分享各列强在华侵略的特权利益，美国于1899年9月至11月间，由国务卿海约翰向英、法、俄、德、日、意等国提出“门户开放”政策。其内容是：承认各国在华势力范围，各国在中国的任何所谓“势力范围”和租借地内的投资事业或任何既得利益他国不得干涉；各国在通商口岸、租借地和势力范围内，对他国货物征收的港口税和铁路货场运费，应与本国货物相等；各势力范围的口岸货物税一律按协定关税标准由中国政府征收。“门户开放”政策以所谓“机会均等，利益均沾”的原则，强迫中国市场对美国商品自由开放。

（单春梅）

中国第一任海关关长

中国洋关（海关）的奠基人是英国人李泰国，而其制度的完备、巩固和发展则是由英国人赫德完成。从1861～1911年，赫德在中国海关当了将近50年的总税务司，相当于现在的海关总署署长。他是现代意义上的中国海关的真正创立者。其在中国任职期间，控制中国的财政收入，不忘维护英国等列强的利益，是列强侵华的代表人物之一。另一方面，他通过创办新型海关，把西方一整套先进的管理制度和管理方法介绍到中国。赫德主政下的中国海关，实行全国海关垂直统一领导，进出口货物按章征税；主办同文馆；同时开创了中国现代邮政和海务等事业。

（单春梅）

状元下海

“状元下海”是指清末状元张謇放弃仕途，开办实业的事。张謇是江苏南通人，字季直，号啬庵，光绪二十年（1894）经“科举”考试，成为当科“状元”。其后，由于甲午海战战败，深重的民族危机与中外资本主义的发展，促使张謇弃仕“下海”，选择了实业救国的道路。1895 年冬，张謇筹建大生纱厂，开始了史无前例的状元办厂的事业，推动了中国近代经济发展，并从此开一代文人新风。

（单春梅）